铁路科技图书出版基金资助出版

列车运行图编制理论与方法

胡思继　著

中 国 铁 道 出 版 社

2013年·北 京

内 容 简 介

本书在对列车运行图组成要素进行基本阐述的基础上，对列车运行图结构参数、铁路通过能力计算、列车开行方案及列车运行图编制进行了深入的探索和研究，提出了列车运行图基本结构单元的概念，并借以研究列车运行图结构理论和列车晚点传播理论、引入列车运行图缓冲时间的概念，给出了实用的计算方法；提出列车运行图平均最小列车间隔时间的概念，给出了实用的计算方法；针对我国铁路以铁路局为单元的行车组织体系特点，立足于铁路网状结构研究，率先将单线铁路、复线铁路和铁路枢纽作为整体，实现复杂列车运行组织模式条件下编制网状线路列车运行图的重大突破；提出对高速铁路和既有单、双线铁路通过能力计算理论和方法；提出了基于网络的、实用的高速铁路旅客列车开行方案和中间站停车方案的分析计算方法，对列车运行图理论创新和实际运用有重要意义。

图书在版编目(CIP)数据

列车运行图编制理论与方法/胡思继著．—北京：中国铁道出版社，2013.11
铁路科技图书出版基金资助出版
ISBN 978-7-113-17254-1

Ⅰ.①列… Ⅱ.①胡… Ⅲ.①列车运行图—编制—研究 Ⅳ.①U292.4

中国版本图书馆 CIP 数据核字(2013)第 201880 号

书　　名：列车运行图编制理论与方法
作　　者：胡思继　著

责任编辑：金　锋　　**电话**：010-51873125　**电子信箱**：jinfeng88428@163.com
编辑助理：悦　彩
封面设计：崔　欣
责任校对：马　丽
责任印制：李　佳

出版发行：中国铁道出版社(100054，北京市西城区右安门西街 8 号)
网　　址：http://www.51eds.com
印　　刷：中煤涿州制图印刷厂北京分厂
版　　次：2013 年 11 月第 1 版　2013 年 11 月第 1 次印刷
开　　本：787 mm×1 092 mm　1/16　印张：21.75　字数：548 千
书　　号：ISBN 978-7-113-17254-1
定　　价：78.00 元

序 言

列车运行图是规定列车在区间和车站作业的铁路运输综合生产计划，是运输组织工作的中心环节。列车运行图的编制水平对提高运输能力、改善运输质量和保证行车安全起着重要作用。列车运行图的编制涉及线路、车站、路网、信号、机车、列车等多种设施和装备，是大量相关因素、多种目标综合协调、优化的结果。

美国、澳大利亚铁路以货运为主，货物列车运行组织的特点是大重量、低速度、低密度；日本及西欧部分国家铁路是客、货列车分线运行或在同一条线路上分时段运行，旅客列车运行组织的特点是高速度、高密度。

中国铁路运输强度居世界第一。为了充分利用线路能力，在繁忙干线上既要开行重载货物列车，又要实施客车提速，还要保持较高的行车密度。不同种类旅客列车尤其是客货列车之间速差大，列车运行交叉干扰多。由此可见，与其他国家相比，编制中国铁路列车运行图是一项复杂的系统工程。

北京交通大学胡思继教授长期从事“铁路列车运行组织工程技术”领域的科研和教学工作，取得了多项重要的理论和工程应用成果。在列车运行图编制理论和技术方面，他提出列车运行图基本结构单元的概念，并借以研究了列车运行图结构理论和列车晚点传播理论；针对我国铁路以铁路局为单元的行车组织体系的特点，基于列车运行图编制必须立足于铁路网状结构的思考，他成功解决了编制网状线路列车运行图的理论和工程技术难题；主持开发了我国铁路路网结构最复杂、运输工作量最大、客货列车运行关系最难处理的北京铁路局编图系统，以及哈尔滨、沈阳、南昌、昆明铁路局编图系统，并取得成功。率先将单线铁路、双线铁路和枢纽地区组成的铁路网作为一个整体，实现了在复杂列车运行组织模式条件下，编制网状线路列车运行图的重大突破，将我国铁路编图理论和计算机编图技术提升到了国际先进水平。在“铁路区间通过能力计算方法”研究中，他通过对列车晚点传播理论的研究，引入列车运行图缓冲时间概念，提出以建立列车运行弹性工作机制为原理，适应编制柔性列车运行图需要的铁路区间通过能力计算方法，从理论和工程应用上解决了长期以来只注重发挥铁路运输设备潜能，弱化运输质量的问题，优化协调了运输质量和运输能力之间的关系。本书正是他在上述理论研究和工程应用成果基础上撰写而成的，是我国铁路第一部高水平的列车运行图编制理论方面的论著，是一本既有理论创新，又紧密结合工作实际的好书。我希望本书的出版将进一步推进我国“铁路列车运行组织工程技术”领域里的理论研究和工程应用。

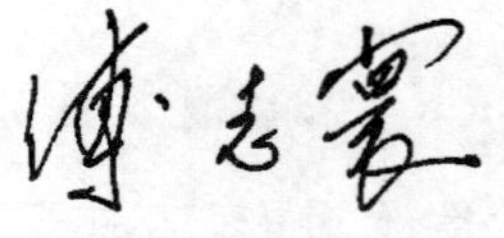

2013 年 1 月

前 言

铁路列车运行图(以下简称列车运行图)是用以表示列车在铁路区间运行及在车站到发或通过时刻的技术文件,它规定各次列车占用区间的程序,列车在每个车站的到达和出发(或通过)时刻,列车在区间的运行时间,列车在车站的停站时间以及机车交路、列车重量和长度等,是全路组织列车运行的基础。

列车运行图一方面是铁路运输企业实现列车安全、正点运行和经济有效地组织铁路运输工作的列车运行生产计划,另一方面它又是铁路运输企业向社会提供运输供应能力和承诺运输服务质量的一种有效形式,是铁路运输生产联结厂矿企业生产和社会生活的纽带。

列车运行图的编制质量,对于提高铁路运输效率,保证行车安全,改善铁路技术设备运用,加速机车车辆周转和旅客、货物送达,适应运输市场需要都有重要的意义。此外,列车运行图又是铁路运输工程科学最重要的组成部分,是当前各国铁路运输工程学科研究发展的重心。因此,列车运行图编制理论的发展不仅在铁路运输实际工作中发挥着极其重要的作用,而且也有重要的学科发展的理论意义。

列车运行图作为铁路运输工程中的核心技术和最主要的经营决策系统,涉及千百万旅客和货主的利益。由于中国铁路客货运输工程的复杂程度和运输强度都居世界第一,因此运用计算机编制中国铁路列车运行图难度很高。作者根据列车运行图应面向路网系统的技术特征,创造性地提出了网状线路列车运行图编制理论,解决了计算机编图中的重大理论问题,实现了路网列车运行图编制的智能化,以此理论为基础,主持原铁道部项目"网状线路列车运行图编制系统的研究",成功开发了我国铁路路网结构最复杂、运输工作量最大、客货列车运行关系最难处理的北京铁路局计算机编图系统以及哈尔滨、沈阳、南昌、昆明铁路局计算机编图系统,在实际工作中应用取得了很好的社会和经济效益;在铁路列车运行组织工程技术研究中,作者首次提出规划型和组织型列车运行组织工程技术的理论概念,建立了以调度指挥为核心的组织型列车运行组织工程技术和以列车运行图为依据,组织"按图行车"为核心的规划型列车运行组织工程技术理论体系,撰写出版了理论专著《列车运行组织及通过能力理论》,揭示了由计划经济向市场经济转变过程中,铁路列车运行组织工程技术由组织型向规划型发展的必然规律;在作者主持完成的原铁道部项目"铁路区间通过能力计算方法研究"中,通过对列车晚点传播理论的研究,引入列车运行图缓冲时间概念,提出以保证列车工作质量要求为依据、以建立列车运行弹性工作机制为原理的铁路区间通过能力工程计算方法，从理论上解决了长期以来只注重发挥铁路运输设备潜能，弱化运输质量的问题，优化了运输质量和运输能力之间的协调关系。

近年来，作者有机会承担“高速铁路网旅客列车运行组织相关技术的研究”、“高速铁路通过能力计算理论和方法的研究”等铁道部科技发展项目的研究工作，取得了一定的研究成果。在研究中，通过列车在中间站停车办理作业对区段区间占用的研究，提出了列车运行图平均最小列车间隔时间的理论概念，给出了实用的计算方法；在旅客列车开行方案编制方法的研究中，众多专家学者提出了有理论意义的，基于一定优化目标的数学模型，但由于计算参数难以支持，而失去了实用价值。我们在“旅客列车运行路线网规划”理论模型研究的基础上，提出了以最大限度提高旅客列车旅行速度、压缩旅客在途旅行时间为目标，基于网络的、有实用价值的旅客列车开行方案分计算法；我国高速铁路中间站多设置在地级市及国家旅游胜地所在地，始发、终到客流量大，且跨区段客流比重也大，每个中间站都要求有一定数量的旅客列车在中间站停车办理旅客上、下车作业。列车在中间站办理作业对列车占用区段时间带来很大的影响，成为制约高速铁路通过能力的关键因素。因此，优化旅客列车在中间站停车方案和基于一定停车方案条件下的列车运行组织方法，就成为高速铁路列车运行组织的一个难题。为此，我们研究提出了以方便区段管内旅客乘车出行和组织无换乘输送，压缩旅客在途旅行时间为目标的，编制旅客列车在中间站停车方案客流组合法和分析计算法。

本书是作者在总结50多年来从事“铁路列车运行组织工程技术”领域的科学研究和教学工作，特别是上述理论研究成果和工程实践基础上完成的，是对2007年出版的《列车运行图编制理论》一书的补充和完善。作者希望本书的出版有助于我国铁路列车运行图编制理论的发展和工程实践技术水平的进一步提高。

本书可供铁路运输专业教师、本专科学生和从事铁路列车运行工作的工程技术人员、管理人员和科研人员参考。

感谢全国人大财经委员会主任、原铁道部部长、中国工程院院士傅志寰教授在百忙中为本书作序。

在整理本书文稿过程中得到了武旭、赵宏、贾传峻、张晨、郑攀、宋亚萍、龙昭、王世伟、郎爽、郭晓青、侯依梦、吴慧敏、程家兴的帮助，在此对他们表示谢意。

限于作者的理论和业务水平，书中可能有不妥之处，衷心期望读者给予批评指正。

作　者

2013年7月于北京交通大学

目 录

第一篇

铁路列车运行图概述

第一章

列车运行图及铁路列车运行组织工程技术

第一节 列车运行图及其分类

一、列车运行图的意义

铁路在组织旅客和货物运输的生产过程中，列车运行是一个很复杂的环节，它要利用多种铁路技术设备，要求各个部门、各工种、各项作业之间互相协调配合，才能保证行车安全和提高运输效率。

列车运行图是用以表示列车在铁路区间运行及在车站到发或通过时刻的技术文件，它规定各次列车占用区间的程序，列车在每个车站的到达和出发（或通过）时刻，列车在区间的运行时间，列车在车站的停站时间以及机车交路、列车重量和长度等，是全路组织列车运行的基础。

列车运行图一方面是铁路运输企业实现列车安全、正点运行和经济有效地组织铁路运输工作的列车运行生产计划，它规定了铁路线路、站场、机车车辆等设备的运用，以及与行车各有关部门的工作，并通过列车运行图把整个铁路网的运输生产活动联系成为一个统一的整体，严格地按照一定的程序有条不紊地进行工作，保证列车按运行图运行，它是铁路运输生产的一个综合性计划；另一方面它又是铁路运输企业向社会提供运输供应能力和承诺运输服务质量的一种有效形式。从这个意义上讲，供社会使用的铁路旅客列车时刻表及“五定”货运班列运行计划等，实际上就是铁路运输服务供给能力目录。因此，列车运行图又是铁路组织运输生产和产品供应销售的综合计划，是铁路运输生产联结厂矿企业生产和社会生活的纽带。

铁路通过能力与列车正点运行及列车运行的流水性密切相关。列车运行生产计划即列车运行图的实现有赖于铁路区段通过能力的保证，特别是当列车运行过程发生波动，亦即发生偏离于计划的情况时，只有在有充分通过能力保证的条件下，才能确保运输生产按计划准时进行，列车才有可能重新恢复正点运行。

二、列车运行图的图形表示方法

列车运行图是运用坐标原理对列车运行时间、空间关系的图解表示，因而实际上它是对列车运行时空过程的图解。在列车运行图上，对列车运行时空过程的图解可以有两种不同的形式。其一为以横坐标表示时间，纵坐标表示距离。这时，列车运行图上的水平线表示分界点的中心线，水平线间的间距表示分界点间的距离；垂直线表示时间。其二为以横坐标表示距离，纵坐标表示时间。这时，列车运行图上的水平线表示时间；垂直线表示分界点中心线，垂直线间的间距表示分界点间的距离。目前我国铁路列车运行图采用第一种图形表示形式。

为了适应使用上的不同需要，列车运行图按时间划分方法的不同，可有如下三种格式：

1. 一分格列车运行图和二分格列车运行图

如图 1-1-1 所示，它的横轴分别以 1 min 和 2 min 为单位用细竖线加以划分，10 min 格和小时格用较粗的竖线表示。一分格图和二分格图主要在编制新列车运行图时使用。

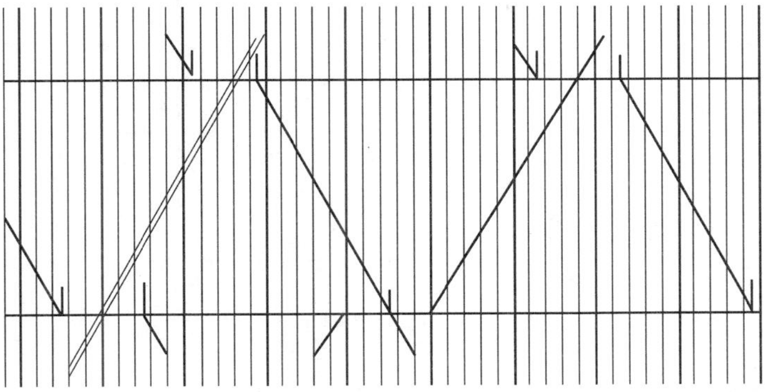

图 1-1-1　二分格列车运行图

2. 十分格列车运行图

如图 1-1-2 所示，它的横轴以 10 min 为单位用细竖线加以划分，半小时格用虚线表示，小时格用较粗的竖线表示。十分格图主要供列车调度员在日常调度指挥工作中编制列车运行调度调整计划和绘制实绩运行图时使用。

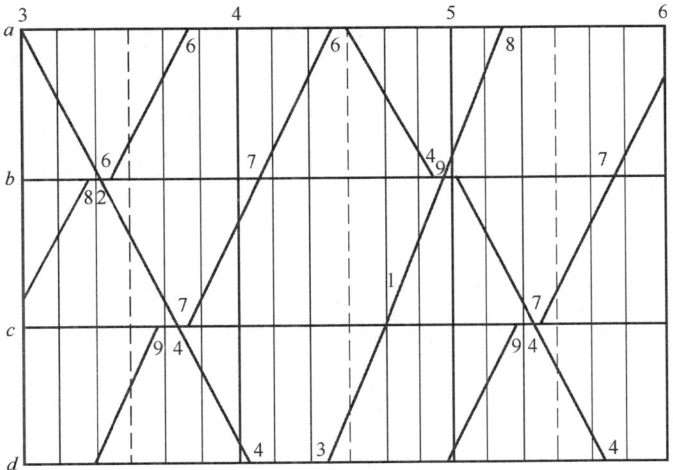

图 1-1-2　十分格列车运行图

3. 小时格列车运行图

如图 1-1-3 所示，它的横轴以 1 h 为单位用竖线加以划分。小时格图主要在编制旅客列车方案图和机车周转图时使用。

在列车运行图上，以横线表示车站中心线的位置，可有如下两种确定方法：

(1)按区间实际里程的比率确定，即按整个区段内各车站间实际里程的比例来确定横线位

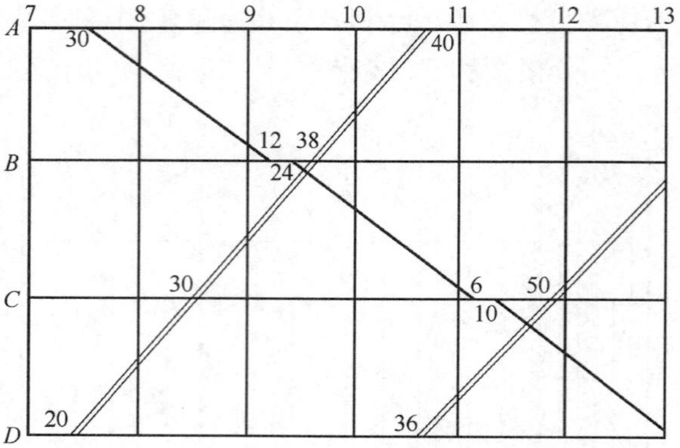

图 1-1-3 小时格列车运行图

置。采用这种方法时,列车运行图上的站间距离完全反映实际情况,能明显地表示出站间距离的大小。但由于各区间平面和纵断面各不一样,列车运行速度有所不同,这样列车在整个区段的运行线往往是一条斜折线,既不整齐,也不易发现列车区间运行时分上的差错,所以一般不采用这种方法。

(2)按区间运行时分的比率确定,即按整个区段内各车站间列车运行时分的比例来确定横线位置。采用这种方法时,可以使列车在整个区段的运行线基本上是一条斜直线,既整齐美观,也易于发现列车区间运行时分上的差错,所以一般用这一方法。如图 1-1-4 所示,*A*—*B* 段下行方向货物列车运行时分共计为 170 min,采用这一方法确定横线位置时,首先确定技术站 *A*、*B* 的位置,然后在代表 *A* 站的横线上任取一点 *A*,并以 *A* 点所对应的时间为原点,在代表 *B* 站的横线上向右截取相等于 170 min 的 *BF* 线段,得 *F* 点,同时按 *Aa*、*ab*、*bc*、*cd* 和 *dB* 区间的列车运行时分,将 *BF* 线段划分为五个时间段,连接 *A*、*F* 两点,得一斜直线。过五个时间段端点作垂直线,在 *AF* 斜直线上可得交点,过各该交点作水平线,即为代表 *a*、*b*、*c*、*d* 车站的横线。

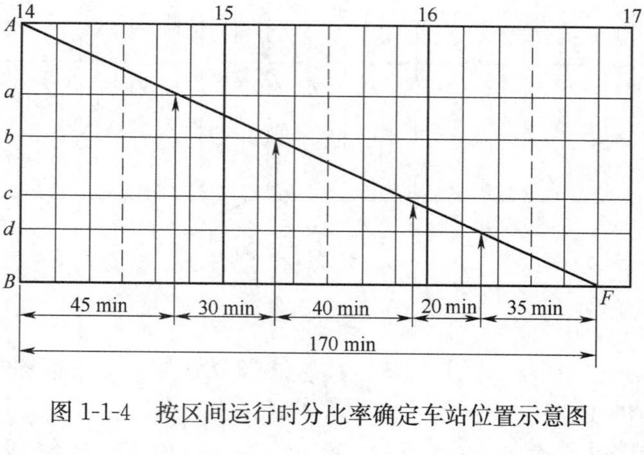

图 1-1-4 按区间运行时分比率确定车站位置示意图

列车运行图上的列车运行线(斜线)与车站中心线(横线)的交点,即为列车到、发或通过车站的时刻。根据列车运行图的格式,到发时刻有不同的表示方法。

(1)小时格、十分格列车运行图,用阿拉伯数字表示。在十分格图上,填写 10 min 以下数值;在小时格运行图上,填写 60 min 以下数值。所有表示时刻的数字,都填写在列车运行线与横线相交的钝角内。列车通过车站的时刻,一般填写在出站一端的钝角内。

(2)二分格列车运行图,单数整分用短竖线填记在两时分线中间,双数整分用短竖线填记在时分线上,15 s 用短竖线及线顶端加一向右上斜 45°短横填记在两整分线之间,30 s 用短竖线及线顶端加一向右短横填记在两整分线之间,45 s 用短竖线及线顶端加一向右下斜 45°短横填记在两整分线之间。

(3)一分格列车运行图,整分用短细竖线填记在时分线上,15 s 用短竖线及线顶端加一向右上斜 45°短横填记在两时分线之间,30 s 用短竖线及线顶端加一短横填记在两时分线之间,45 s 用短竖线及线顶端加一向右下斜 45°短横填记在两时分线之间。

三、列车运行图的分类

按使用范围以及铁路线路的技术设备(如单线、复线)和列车运行速度、上下行方向的列车数量、列车的运行方式等条件,列车运行图可以分为多种不同类型的列车运行图。

1. 按使用范围分类

(1)供铁路内部使用的列车运行图。它是铁路组织运输生产的依据,是实现“按图行车”的技术组织措施,是确保铁路运输产品质量的基础。在我国,通常以图形的列车运行图形式提供使用。

(2)供社会使用的列车运行图。它对铁路来说是铁路运输产品的供销计划,而对社会用户来说,则是旅客安排旅行计划、货主安排货物销售计划的依据。目前在我国,有旅客列车时刻表和“五定”班列时刻表两种列车运行图供社会使用。旅客列车时间表和班列时刻表应在新运行图实行之前向社会公布。

2. 按照区间正线数分类

(1)单线列车运行图。在单线区段,上下行方向列车都在同一正线上运行,因此,两个方向列车必须在车站上进行交会,如图 1-1-5 所示。

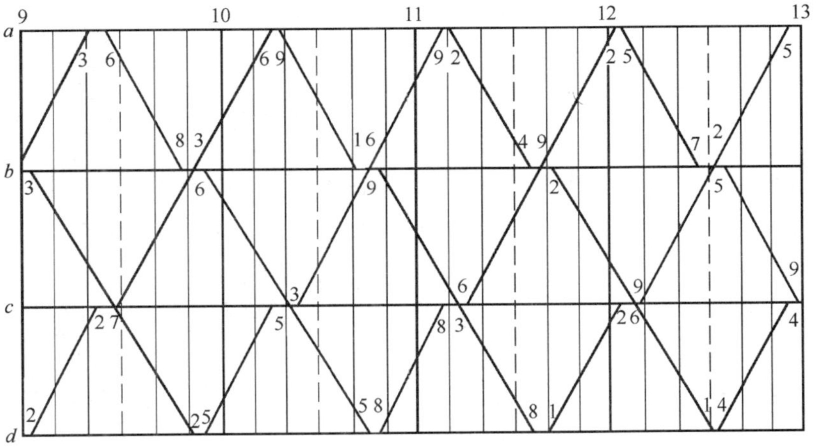

图 1-1-5　单线成对平行列车运行图

(2)双线列车运行图。在双线区段,上下行方向列车在各自的正线上运行,因此,上下行方向列车的运行互不干扰,可以在区间内或车站上交会。但列车的越行必须在车站上进行,如图 1-1-6 所示。

(3)单双线列车运行图。在有部分双线的区段,单线区间和双线区间各按单线列车运行图和双线列车运行图的特点铺画运行图,如图 1-1-7 所示。

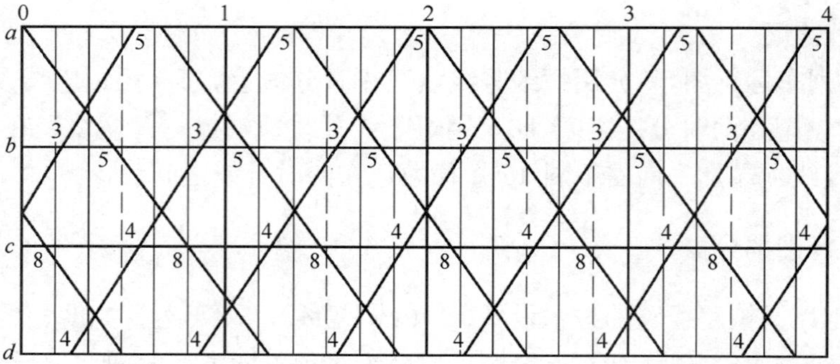

图 1-1-6 双线成对平行列车运行图

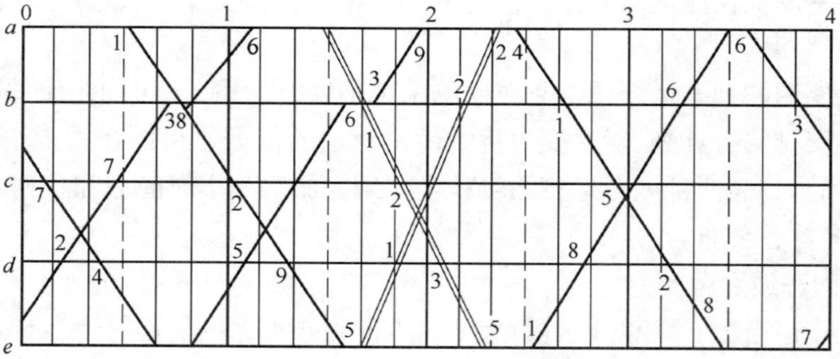

图 1-1-7 单双线列车运行图

3. 按照列车运行速度分类

(1)平行列车运行图。在同一区间内,同一方向列车的运行速度相同,且列车在区间两端站的到、发或通过的方式也相同,因而列车运行线相互平行,如图 1-1-5 和图 1-1-6 所示。

(2)非平行列车运行图。在列车运行图上铺画有各种不同速度的列车,且列车在区间两端站的到、发或通过的运行方式不同,因而列车运行线不相平行,如图 1-1-8 所示。

4. 按照上下行方向列车数分类

(1)成对列车运行图。这是上下行方向列车数相等的列车运行图,如图 1-1-5 和图 1-1-6 所示。

(2)不成对列车运行图。这是上下行方向列车数不相等的列车运行图,如图 1-1-9 所示。

5. 按照同方向列车运行方式分类

(1)连发列车运行图。在这种列车运行图上,同方向列车的运行以站间区间为间隔。单线区段采取这种列车运行图时,在连发的一组列车之间不能铺画对向列车,如图 1-1-9 所示。

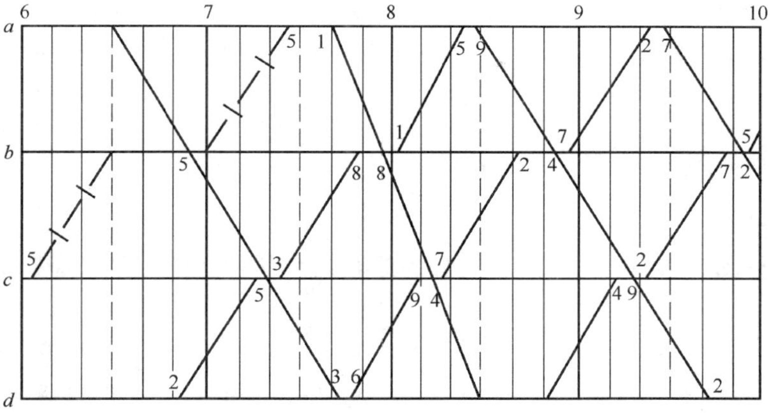

图 1-1-8　单线非平行列车运行图

(2)追踪列车运行图。在这种列车运行图上,同方向列车的运行以闭塞分区为间隔,在装有自动闭塞的单线或双线区段上采用,如图 1-1-10 所示。

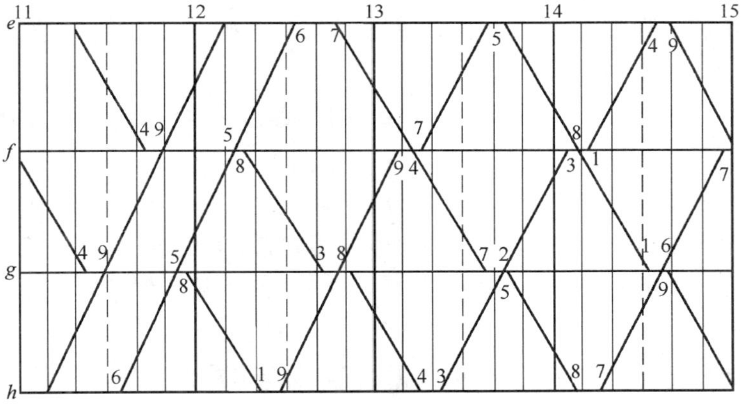

图 1-1-9　单线不成对列车运行图

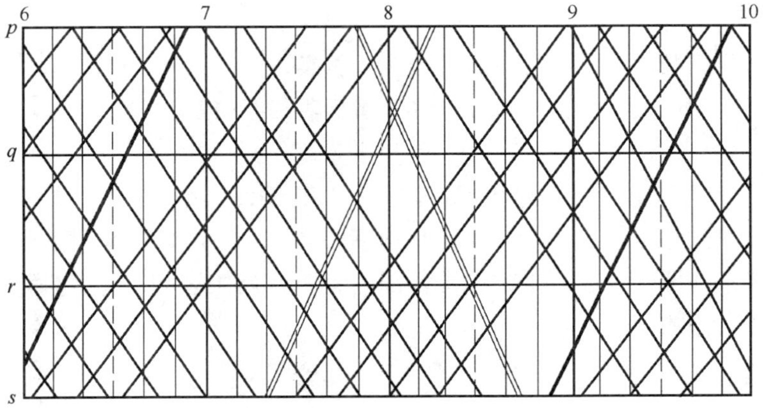

图 1-1-10　双线追踪非平行列车运行图

应该指出，上述分类都是针对列车运行图的某一特点而加以区别的。实际上，每张列车运行图都具有多方面的特点，例如某一区段的列车运行图（图 1-1-10），它既是双线的、非平行的，又是追踪的。

四、列车分类、列车车次和列车运行线

（一）列车分类

在列车运行图上铺画的列车运行线分为旅客列车、行包列车、货物列车以及单机和路用列车。

1. 旅客列车

（1）高速动车组旅客列车：使用时速 300～350 km 的动车组、运行经过允许时速 300 km 及以上线路的旅客列车。

（2）城际动车组旅客列车：使用时速 200 km 或 200 km 以上的动车组、运行经过允许时速 200 km 及以上城际铁路的旅客列车。

（3）动车组旅客列车：使用时速 200 km 的动车组、运行经过允许时速 200 km 及以上线路的旅客列车。

（4）直达特快旅客列车：使用时速 160～200 km 的车底、经过允许时速 160 km 及以上线路的旅客列车。

（5）特快旅客列车：使用时速 160～200 km 的车底、运行经过允许时速 160 km 及以上线路的旅客列车。

（6）快速旅客列车：使用时速 140 km 的车底、在较大车站停车的旅客列车。

（7）普通旅客列车：含普通旅客快车和普通旅客慢车，使用时速 100～140 km 的车底，停站根据客流需要确定，普通旅客快车的停站多于快速等级的旅客列车，普通旅客慢车的停站不受停站距离限制。

此外，还有通勤列车、临时旅客列车、旅游列车、动车组检测车等。

以上各类旅客列车，根据其运行经路范围的不同，又可分为跨局旅客列车和管内旅客列车两类。列车运行经路在两个及其以上铁路局范围内者为跨局旅客列车，列车运行经路在一个铁路局范围内者为管内旅客列车。

2. 行包列车

行包列车根据其技术水平和服务特色分为三大类：

（1）行邮特快专列：使用时速 160 km 的行邮车辆编组、按特快旅客列车运行标准运行的列车。

（2）行包快运专列：使用专用货车（P_{65}）进行行包运输的列车。

以上各类旅客列车根据其运行经路范围的不同又可分为跨局旅客列车和管内旅客列车两类。列车运行经路在两个及其以上铁路局范围内者为跨局旅客列车，列车运行经路在一个铁路局范围内者为管内旅客列车。

3. 货物列车

（1）直达货物列车，包括：

①货运“五定”班列，指在主要城市、港口、口岸间铁路干线上组织开行的“定点、定线、定车

次、定时、定价”的快速货物列车，它包括集装箱“五定”班列和普通货物“五定”班列两种组织形式。

②快运货物列车，特指以及时输送供港物资，特别是鲜活冷冻食品而开行的武汉江岸东站至深圳北站及上海新龙华东站、郑州北站至深圳北站的三趟直达货物列车，简称“三趟快车”。

③始发直达列车，指由一个车站所装货车组成，通过一个及其以上编组站不进行改编作业的货物列车，这类列车若由同一个或相邻两个调度区段的几个车站所装车组成，则可称为阶梯直达列车。其中煤炭直达列车和石油直达列车是指运送煤炭和石油的始发直达列车。

④空车直达列车，指由空车产生地编组，直接将空车输送至装车地的空车列车。

⑤技术直达列车，指在技术站编组，通过一个及其以上编组站不进行改编作业的货物列车。

(2)直通货物列车，指在技术站编组，通过一个及其以上区段站不进行改编作业的货物列车。

(3)区段货物列车，指在技术站编组，不通过技术站且在区段内不进行车辆摘挂作业的货物列车。

(4)摘挂列车，指在技术站编组，不通过技术站在区段内各中间站进行车辆摘挂作业，服务于区段管内车流输送的货物列车。

(5)小运转列车，指服务于技术站与相邻区段内几个中间站间或枢纽内各站间车流输送的货物列车。其中前者也可称之为区段小运转列车，而后者可称为枢纽小运转列车。

此外，还有挂有超限货物装载车的超限货物列车、总重超过万吨的万吨货物列车、冷藏列车、军用列车、自备列车和抢险救灾列车等。

4. 单机和路用列车

(1)单机和补机，其中单机包括客车单机、货车单机和小运转单机。

(2)试运转列车和经油动车、轨道车。

(3)路用列车和救援列车。

(二)列车车次

在列车运行图上，铺画有许多不同种类列车的运行线。为了便于识别起见，对各种列车采用不同的表示方法，并对每一列车冠以规定的车次，标在区段的首末两端区间相应列车运行线的上方。上行列车的车次为双数，下行列车的车次为单数。我国铁路规定向首都的方向为上行方向，反之为下行方向。

列车车次形式为“列车种类标识符＋车次号码”。旅客列车种类标识符由0～2位字母组成，车次号码由1～4位数字组成；因故折返旅客列车，在原车次前冠“F”。旅客列车车次总位数最多为7位。行包列车种类标识符为1位字母，车次号码由1～4位数字组成。行包列车车次总位数最多为5位。货物列车种类标识符由0～2位字母组成，车次号码由5位数字组成。货物列车车次总位数最多为7位。列车种类车次适用范围见表1-1-1。

表 1-1-1 旅客列车车次表

一	旅客列车						
1	高速动车组列车		G1～G9998	7	其中	跨三局及其以上	1001～1998
	其中	跨局	G1～5998			跨两局	2001～3998
		管内	G6001～G9998			管内	4001～5998
2	城际动车组列车		C1～C9998		(2)普通旅客慢车		6001～7598
	其中	跨局	C1～C1998		其中	跨局	6001～6198
		管内	C2001～C9998			管内	6201～7598
3	动车组旅客列车		D1～D9998	8	通勤列车		7601～8998
	其中	跨局	D1～D1998	9	临时旅客列车		L1～L9998
		管内	D2001～D9998		其中	跨局	L1～L6998
4	直达特快旅客列车		Z1～Z9998			管内	L7001～L9998
5	特快旅客列车		T1～T9998	10	临时旅游列车		Y1～Y998
	其中	跨局	T1～T4998		其中	跨局	Y1～Y498
		管内	T5001～T9998			管内	Y501～Y998
6	快速旅客列车		K1～K9998	11	动车组检测车		DJ5501～DJ5598
	其中	跨局	K1～K6998	12	回送出入厂客车底列车		001～00298
		管内	K7001～K9998	13	回送图定客车底		原车次前冠以“0”
7	普通旅客列车		1001～7598	14	因故折返旅客列车		原车次前冠以“F”
	(1)普通旅客快车		1001～5998				
二	行包列车						
1	行邮特快专列		X1～X198	2	行包快运专列		X201～ X298
三	货物列车						
1	直达货物列车			3	区段货物列车		30001～39998
	其中	货运“五定”班列	80001～81348	4	摘挂列车		40001～44998
		快运货物列车	81751～81998	5	小运转列车		45001～49998
		煤炭直达列车	82001～84998	6	超限货物列车		70001～70998
		石油直达列车	85001～85998	7	万吨货物列车		71001～72998
		始发直达列车	86001～86998	8	冷藏列车		73001～74998
		空车直达列车	87001～87998	9	军用列车		90001～91998
		技术直达列车	10001～19998	10	自备车列车		60001～69998
2	直通货物列车		20001～29998	11	抢险救灾列车		50001～52998
四	单机和路用列车						
1	单机		50001～52998	3	试运转列车		55001～55998
	其中	客车单机	50001～50998	4	轻油动车、轨道车		56001～56998
		货车单机	51001～51998	5	路用列车		57001～57998
		小运转单机	52001～52998	6	救援列车		58101～58998
2	补机		53001～54998				

(三)列车运行线

列车运行图上列车运行线的表示方法见表 1-1-2。

表 1-1-2　列车运行线表示方法表

列　车　种　类	列车运行线	说　　明
旅客列车	————————	红单线
临时旅客列车、临时旅游列车	——‖——‖——	红单线加红双线
行包快运专列	——○——○——	蓝单线加红圈
货运“五定”班列	——○——○——	蓝单线加蓝圈
快运货物列车、直达列车	————————	蓝单线
万吨货物列车	------------------------	蓝色断线
冷藏列车	—○—○—○—○—	黑线加红圈
直通货物列车、区段货物列车、小运转列车	————————	黑单线
摘挂列车	——+——|——	黑单线加“+”、“|”
路用列车	——○——○——	黑单线加蓝圈
单机	——△——△——	黑单线加黑三角
货物列车附挂补机	———————— ------------------------	黑单细线和黑细间隔线
回送客车车底列车	——□——□——	红单线加红方块

第二节　铁路列车运行组织工程技术

为安全、迅速、高效率、高质量地实现铁路运输过程，世界各国铁路的行车组织工作，通常都包括列车运行图、列车编组计划和调度指挥工作等几部分基本的技术组织环节。其中列车运行图和列车编组计划是年度规划性的行车组织基本技术文件，而调度指挥工作则是日常组织性的行车组织具体工作。因此，也可以将行车组织工作划分为年度性和日常性两部分工作。

尽管世界各国铁路行车组织工作的基本原理是完全一致的，但是对行车组织两部分工作的设计及其地位和作用的处理却是不完全一致的。以对行车组织两部分工作的设计及其地位和作用的处理为特征，可将世界各国铁路行车组织方法归纳为规划型和组织型两种类型的列车运行组织工程技术。

规划型列车运行组织工程技术是指以年度规划性的行车组织基本技术文件为基础，辅之以日常组织性的行车组织具体工作的行车组织方法。它要求严格按列车编组计划和列车运行图组织行车，工作模式如图 1-2-1 所示。

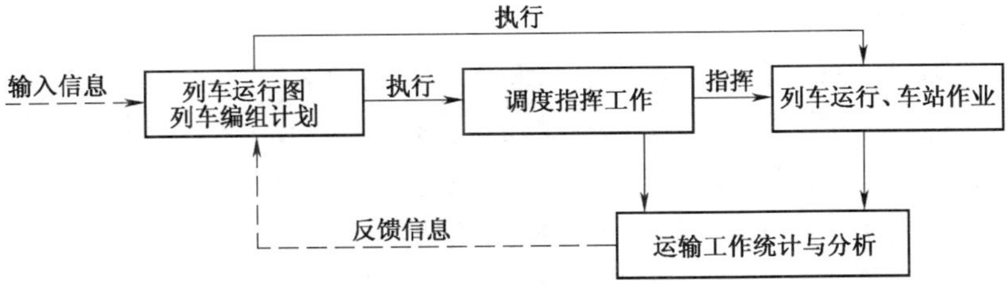

图 1-2-1　规划型列车运行组织工程技术模式图

规划型列车运行工程技术的铁路运输行车组织工作以充分满足运输市场对运输服务质量要求、提高铁路运输产品的竞争能力为目标,以详尽的货源、货流调查资料和准确的运输统计分析资料、车流调查资料为依据,运用系统规划的原理编制确定流线紧密结合的列车编组计划和列车运行图。因此,在通常情况下,对于列车编组计划和列车运行图的系统设计既可以达到较为优化的结果,又可以满足日常运输工作的需要。

质量良好的列车编组计划、列车运行图的系统设计,达到了可直接执行的要求。因而在日常运输工作中除特殊情况者外,车站可直接组织"按图行车"。显然,在这一体制下,调度指挥工作是辅助性的,它的职责在于更好地组织实现"按图行车",并完成日常运输统计分析工作。

组织型列车运行组织工程技术是指以年度规划性的行车组织基本技术文件为依据,以日常组织性的行车组织具体工作为主的行车组织方法。它要求按调度工作的日常运输工作计划组织行车,工作模式如图 1-2-2 所示。

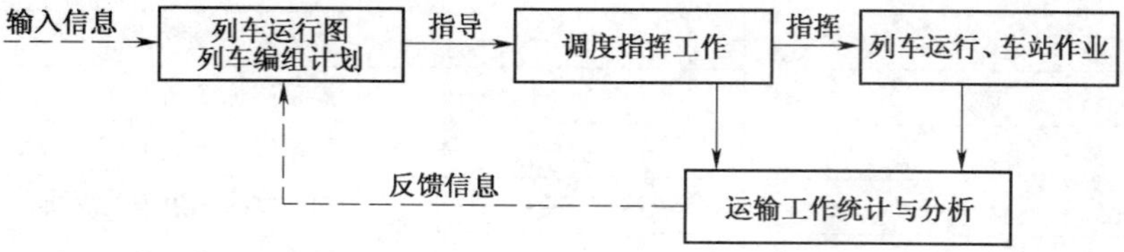

图 1-2-2 组织型列车运行组织工程技术模式图

组织型列车运行工程技术的铁路运输行车组织工作以充分利用铁路运输设备能力、不断提高机车车辆运用效率为目标,以货源、货流调查资料和运输统计分析资料、车流资料为依据,运用系统规划的原理编制确定普通列车编组计划和列车运行图。在这种情况下,列车编组计划和列车运行图具有一定的假定性和轮廓性,通常没有流线结合的设计。因此,它既不能保证系统工作达到优化的结果,也还不能满足日常运输工作的需要。

组织型列车编组计划和列车运行图的性质,决定了调度指挥工作在行车组织工作中的主导地位和重要作用,即行车组织工作在列车编组计划和列车运行图的指导下,必须根据日常运输工作变化了的情况,通过调度指挥的日常运输工作计划来具体组织行车工作。

显然,规划型列车运行组织工程技术是与市场经济体制相适应的铁路行车组织方法。按规划型组织行车工作具有铁路运输工作程序化、列车运行规律化、站段作业标准化的特点,因而它可以取得运输生产秩序稳定、运输服务质量高、日常运输组织工作简化、铁路运营工作现代化便于实现的必然结果。但是也应该指出,列车编组计划和列车运行图适应变化的能力是有一定限度的。为此,采用规划型行车组织方法的铁路,必须具有完善的规章制度、较高的基层工作水平和一定的铁路通过能力储备,并允许货物列车不满轴发车。这样,它在一定程度上将降低铁路运输设备的利用效率。

日本及德国等以实行完善的市场经济体制为特征的国家铁路基本上采用规划型行车组织方法,并可以德国铁路的行车组织方法为代表。长期以来,以实行计划经济体制为特征的我国、前苏联及部分东欧国家铁路则基本上采用组织型行车组织方法。从发展趋势上看,现代化管理科学在铁路运输工作中的应用,将大大提高铁路行车组织水平;新技术、新设备的应用,将大大改善铁路技术设备及铁路通过能力;铁路运输职工文化素质的提高,将大大改变铁路基层工作的面貌。另一方面,客观生产和运输市场的发展又将对铁路运输服务质量提出新的要求。

我国铁路的行车组织方法正逐步由组织型向规划型的方向发展。

社会主义市场经济体制在我国已初步形成的经济环境下，垄断性的运输供给已开始转变成为以竞争为特征的运输市场，而铁路货物运输组织及其经营管理仍基本上按在计划经济体制下培育形成的一整套机制运作。显然，市场的要求与铁路运输旧有的垄断性供给，首先是体制上的不适应和冲突，是运输管理理论上的矛盾，它导致铁路货物运输产品越来越突出地背离运输市场要求，并在竞争中失去曾经有过的优势，被迫地退出部分运输市场份额。对于企业经营者来说，市场是无情的。运输市场迫使铁路运输企业改革铁路货物运输管理体制，并在运输工作中“以充分利用铁路运输设备能力、不断提高机车车辆运用效率为目标”或“以充分满足运输市场对运输服务质量要求、提高铁路运输产品竞争能力为目标”做出选择。因此，包括铁路行车组织方法在内的铁路货物运输管理体制改革，组织严格“按图行车”，着力提高货物运输质量是势在必行。

列车运行图是决定铁路行车组织方法的核心技术和铁路运输管理科学的重要组成部分。因此，研究适应组织“按图行车”需要的列车运行图编制理论，既是实现我国行车组织方法改革发展的需要，也是铁路运输管理科学发展的需要。

第二章 列车运行图组成要素

第一节 列车运行图要素概述

列车运行图虽有各种不同的类型，但都是由一些基本要素所组成的。因此，在编制列车运行图之前，必须首先确定组成列车运行图的各项要素。

列车运行图要素包括：列车区间运行时分；列车在中间站的停站时间；机车在基本段和折返段所在站的停留时间标准；列车在技术站、客运站和货运站的技术作业过程及其主要作业时间标准；车站间隔时间；追踪列车间隔时间；线路和接触网维修“天窗”时间。

一、列车区间运行时分

列车区间运行时分是指列车运行于两个相邻车站（或车站与线路所）之间所需要的时间标准。它由机务部门采用牵引计算和试运转或采用动力试验车加以检验的方法确定。列车区间运行时分的数值，决定于许多因素，其中主要有：机车车辆类型及构造速度，列车重量标准，列车制动力，线路平纵断面和容许速度等。为了合理地查定各种列车的区间运行时分，必须正确规定及其计算有关的各种单项技术标准。

由于在机车牵引力一定的条件下，列车重量对于列车区间运行时分的数值影响很大，所以必须分别上下行方向对不同性质和不同重量标准的列车，如特快旅客快车、旅客快车、旅客列车、快运货物列车、货物列车及单机等分别计算其区间运行时分。

列车区间运行时分是按车站（或线路所）中心线之间的距离进行计算的。如车站的到发场或到达场、出发场、直通场等的车场中心线与车站中心线不一致时，应分别按以各车场中心线为标准的距离计算，如图 2-1-1 所示。

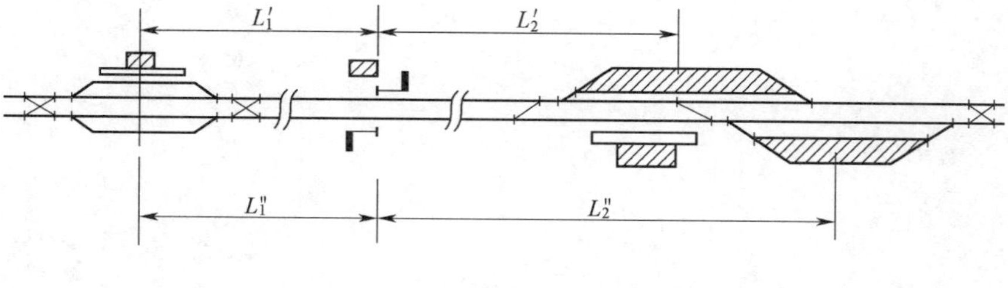

图 2-1-1 计算车站或线路所间列车运行时分距离图

区间运行时分还应根据上下行列车在每一区间的两端车站上不停车通过、一端停车一端通过和在两端车站上均停车几种情况分别查定，以便据以确定区间纯运行时分和起车、停车附加时分。

列车不停车通过区间两端车站所需的运行时分，称为区间纯运行时分（图 2-1-2 中的 t'' 及 t'）。

列车由车站起动出发比不停车通过车站所增加的运行时分，称为起车附加时分（图 2-1-2 中的 $t_{起}$）。列车到站停车比不停车通过车站所增加的运行时分，称为停车附加时分（图 2-1-2 中的 $t_{停}$）。

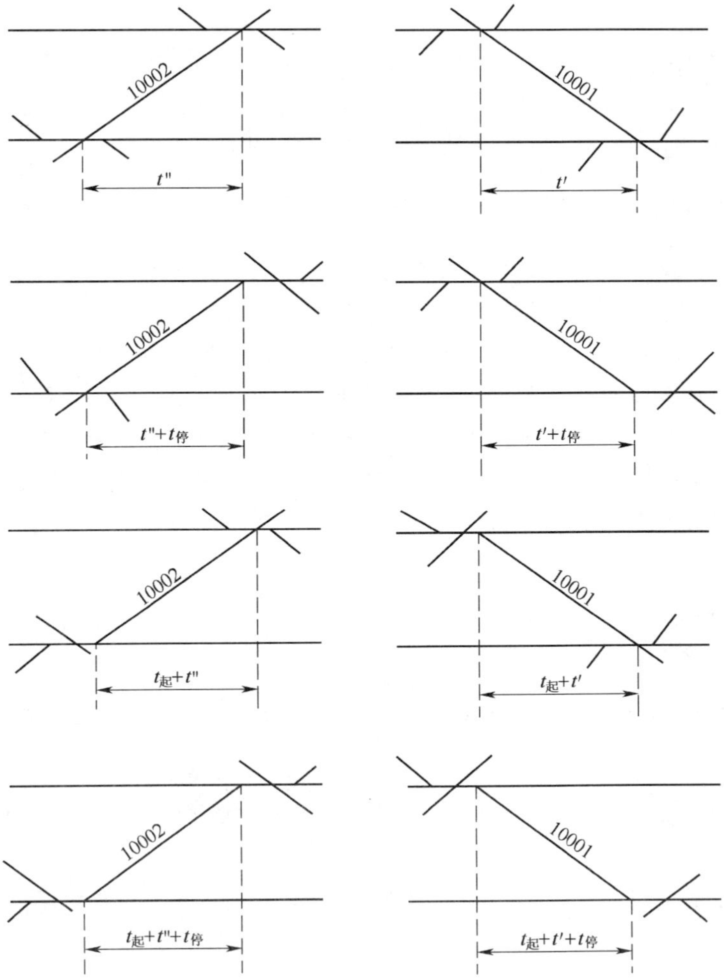

图 2-1-2　列车在区间两端车站上的运行方式图

列车起停车附加时分的长短，主要取决于机车类型、列车重量、列车在区间内的最高运行速度，以及进出站线路的断面与平面等情况。

二、列车在中间站的停站时间

列车在中间站的停站时间由下列原因而产生：

(1)进行必要的技术作业，如摘挂机车，试风和列车技术检查，机车乘务组换班等。

(2)客货运作业，如旅客乘降，行李、包裹、邮件的装卸，车辆摘挂，货物的装卸等。

(3)列车在中间站的会车和越行。

摘挂机车作业在采用补机地段的起点和终点站上进行。列车在中间站的技术检查和试风，一般在长大下坡道之前的车站上进行。当牵引区段较长，机车乘务组的连续工作时间超过规定标准时，也可能要采用中途换班的方式。

客货运作业停站时间，应根据各种列车的不同需要分别规定。对旅客列车规定旅客乘降、行李包裹和邮件的装卸所需要的停站时间；对摘挂列车规定摘挂车辆、取送车及不摘车装卸作业所需要的停站时间。

列车进行技术作业和客货运作业的时间标准，由每一车站用分析计算和实际查标相结合的方法分别确定。列车在中间站的各项作业，应尽可能平行进行。在满足实际需要的条件下，应最大限度地缩短列车停站时间，以提高列车的旅行速度。

三、机车在基本段、折返段所在站和动车组在配属站、折返站停留时间标准

机车在基本段、折返段所在站和动车组在配属站、折返站停留时间标准，取决于机车和动车组的运用方式。铁路机车的基本运用方式可有如下几种：

(1)肩回运转制交路。机车担当与基本段相邻区段的列车牵引任务。除需进行折返整备外，机车每次返回基本段所在站时，也需入段作业，如图 2-1-3 所示。

(2)半循环运转制交路。机车担当与基本段相邻两个区段的列车牵引任务，除需进折返段整备外，机车第一次返回基本段所在站时不入段，继续牵引列车向前方区段运行，到第二次返回基本段所在站时，才入段进行整备作业，如图 2-1-4 所示。

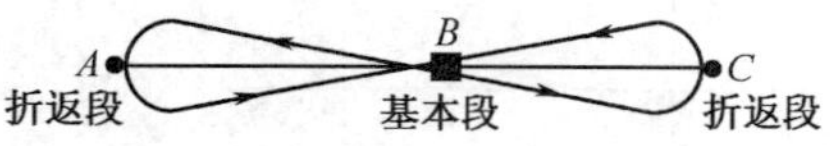

图 2-1-3　肩回运转制交路图

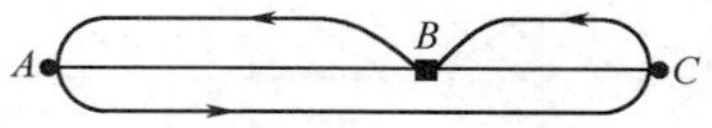

图 2-1-4　半循环运转制交路图

(3)循环运转制交路。机车担当与基本段相邻两个区段的列车牵引任务，除需进折返段整备及因中间技术检查需入基本段外，每次返回基本段所在站，都在车站上进行整备作业，如图 2-1-5 所示。

(4)环形运转制交路。机车在一个区段或枢纽内担当两个及以上往返的列车牵引任务之后，才入段进行整备作业，机车不需要转向，如图 2-1-6 所示。这种交路适用于担当市郊列车和小运转列车的牵引任务。

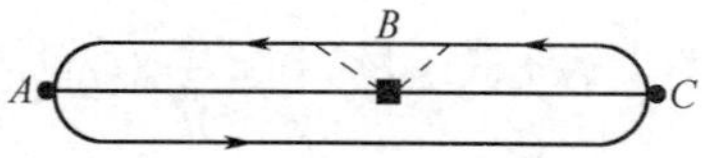

图 2-1-5　循环运转制交路图

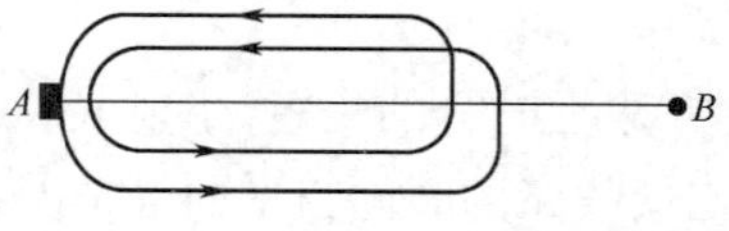

图 2-1-6　环形运转制交路

机车在基本段和折返段所在站办理必要作业所需要的最小时间，称为机车在基本段和折返段所在站的停留时间标准。机车在折返段所在站应办理的作业有：在到发线上的到达作业，包括到达试风、摘机车、准备机车入段进路等；机车入段走行；机车在段内作业；机车出段走行；在到发线上的出发作业，包括挂机车、出发试风等。综合以上各项作业所需要的时间，便可得出机车在折返段所在站的停留时间标准。如图 2-1-7 所示，10001 次列车机车自到达折返段所在站之时起至牵引 10004 次列车出发时止，在该站的停留时间(包括在段内的停留时间)为：

$$t_{折} = t_{到达} + t_{入段} + t_{整备} + t_{出段} + t_{出发} \quad (\text{min}) \qquad (2\text{-}1\text{-}1)$$

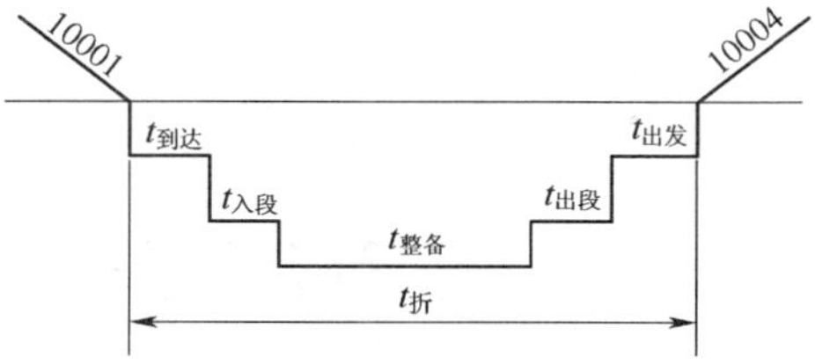

图 2-1-7　机车在折返段所在站作业过程图

上列各项作业时间，可根据分析计算和查标相结合的方法确定。

动车组是由动力车和拖车或全部由若干节动力车长期固定地连挂在一起组成的车组。它是列车的牵引动力装置（相当于机车）和载客的装置（相当于客车车底）固定为一体的特殊车底，具有机车和客车车底双重性质。动车组的基本运用方式有三种：

（1）固定运行区段的运用方式（简称固定运用方式）

与既有铁路客车车底的运用方式一致，动车组只在固定的区段内往返运行。固定运用方式又可分为站间固定运用方式和两区段运用方式，如图 2-1-8 所示。

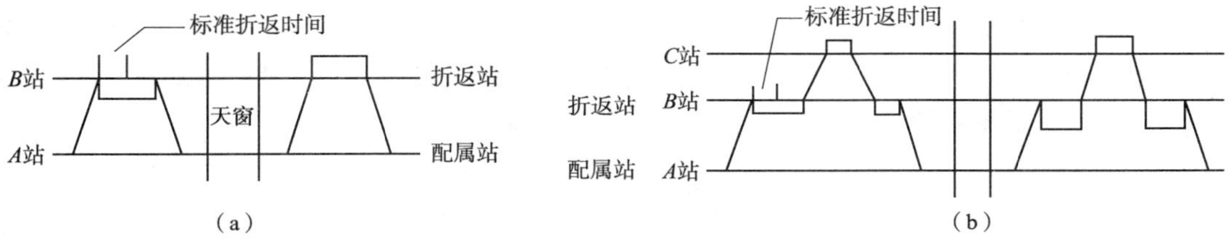

图 2-1-8　动车组固定运用方式示意图

（2）不固定运行区段的运用方式（简称不固定运用方式）

不固定运用方式以全线（或线路网）为系统，统筹考虑动车组的使用与维修来安排动车组的运用，也就是说，在假定各动车组无差别的前提下，不固定运行区段的动车组，根据需要和可能，可以在任何区段运行。

（3）半固定运行区段的运用方式（简称半固定运用方式）

半固定运用方式是指部分动车组采用固定运用方式，而其余动车组采用不固定运用方式，是介于固定运用方式和不固定运用方式之间的一种方式。

动车组运用过程中在配属站、折返站折返、整备作业时间标准，也可根据分析计算和查标结合的方法确定。

在编制列车运行图时，机务部门必须对每一区段的机车和动车组分别查定办理各项作业的时间标准，并规定机车在基本段、折返段所在站和动车组在配属站、折返站的停留时间标准。

四、列车在技术站、客运站和货运站的技术作业时间标准

为了保证车站与区段工作协调，必须编制与车站技术作业相配合的列车运行图。因此，在编制列车运行图时，需具备技术站、客运站和货运站技术作业过程的主要作业时间标准，包括：

（1）在到发车场内办理各种列车作业的时间标准。

（2）在驼峰或牵出线上解体和编组列车的时间标准。

(3)旅客列车车列在配属段、折返段所在站的停留时间标准。

(4)货运站办理整列或成组装卸作业时间标准。

上述各项时间标准,一般可根据《车站行车工作细则》确定。

第二节 车站间隔时间

一、车站间隔时间的意义

车站间隔时间是指在车站上办理两相邻列车的到达、出发或通过作业所需要的最小间隔时间。在查定车站间隔时间时,应遵守有关规章的规定及车站技术作业时间标准,以保证行车安全和最有效地利用区间通过能力。

常用的车站间隔时间包括相对方向列车不同时到达间隔时间、会车间隔时间、同方向列车连发间隔时间、同方向列车不同时发到间隔时间和不同时到发间隔时间等几种,其值大小与车站信号、道岔操纵方法、车站邻接区间的行车闭塞方法以及车站类型、接近车站线路的平、纵断面情况,机车类型、列车重量和长度等因素有关。车站办理接发列车的作业程序和各单项作业所需时间对车站间隔时间的数值也有很大影响。

车站办理各种单项作业所需时间和列车通过进站及出站距离的运行时间可通过写实测定,并参照实际情况加以分析平衡后确定。根据一般设备条件,车站办理列车到达、出发及通过作业时各单项作业的延续时间可按表 2-2-1 所列取值。

表 2-2-1 接发列车各种单项作业延续时间表

编号	作 业 项 目	作业时间(min)
1	车站值班员监督列车到达或通过,返回车站行车室	0.5~0.7
2	车站值班员向扳道员或信号员发出准备列车进路命令	0.2~0.3
3	扳道员或信号员报告列车到达、出发或通过进路准备妥当,车站值班员发出开放进站或出站信号的命令	0.2~0.3
4	扳道员或信号员报告整列到达停于警冲标内;对向列车出发进路准备妥当;报告列车整列出站	0.2~0.3
5	开放出站或进站信号(色灯信号机)的时间	0.1
6	两站间办理行车闭塞手续的时间: (1)单线自动闭塞,复线半自动闭塞 (2)单线半自动闭塞 (3)电话闭塞	 0.1 0.2~0.25 1.0
7	司机检查占用区间凭证,确认出站信号显示状态,车站值班员显示发车指示信号,列车起动	0.5~0.7
8	司机确认进站、出站、预告信号的显示状态时,列车所运行的时间	0.1~0.3
9	准备进路办理一个道岔的时间: (1)非集中联锁的道岔 (2)集中联锁的道岔	 0.2~0.4 0.1~0.2
10	电气集中装置准备进路的时间	0.1~0.15
11	车站值班员或扳道员走行 100 m 的时间	1.0

查定车站间隔时间的每一单项作业所需时间，应先以秒为单位，填制作业图表时再将秒折合成分。小数点后留一位，第二位四舍五入。最后确定车站间隔时间数值时，尾数超过0.4 min不足1 min者进整为1 min，不足0.4 min者，应考虑调整各单项作业时间标准的可能性，或予以舍去，或在必要时进整为1 min。

车站间隔时间应按每个车站的每一邻接区间分别计算查定，在旅客列车较多的区段，除应对旅客列车及货物列车分别查定外，编组站、区段站并应对客、货列车相互间的间隔时间进行查定。

二、相对方向列车不同时到达间隔时间

单线区段，相对方向列车在车站交会时，从某一方向列车到达车站之时起，至对向列车到达或通过该站时止的最小间隔时间，称为相对方向列车不同时到达间隔时间，简称不同时到达间隔时间($\tau_{不}$)，如图 2-2-1 所示。

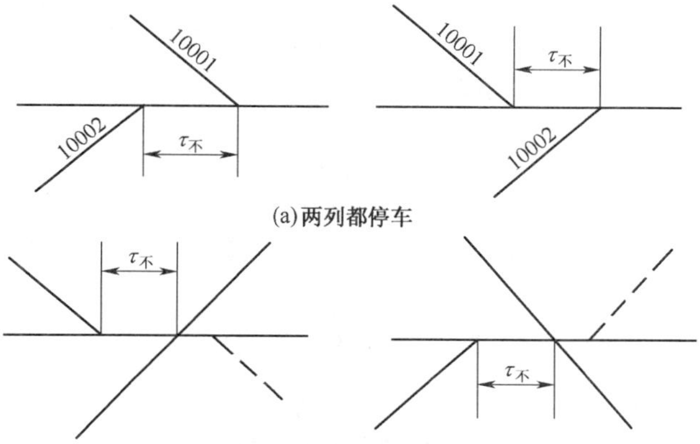

图 2-2-1　不同时到达间隔时间示意图

为了提高货物列车的旅行速度，除上下行列车均需在同一车站上停车进行技术作业或客货运作业外，原则上应根据具体情况使交会两列车中的一列不停车通过车站。因此，后到列车按不停车通过办理，是编制列车运行图和计算区间通过能力时应采用的主要形式。

当车站进站信号机外制动距离内进站方向为超过6‰的下坡道，以及在接入客运列车的同时，接入客运、军用、货物、路用列车，而接车线末端无隔开设备时，为确保行车安全，不允许相对方向同时接车。在禁止办理相对方向同时接车的各种情况下，相对方向列车到达车站时刻之间的最小间隔，必须满足查定的不同时到达间隔时间标准的要求。

不同时到达间隔时间的查定，应遵守下列条件：

(1)只有在确认第一列车整列到达停妥，并为后到的对向列车准备好接车进路(一般情况下可预先办理)以后，才能给对向列车开放进站信号。当后到列车不停车通过车站时，且须在为其准备发车进路、与邻站办理闭塞手续并开放正线出站信号之后，才能开放进站信号。

(2)进站信号开放时，后到的对向列车头部应当位于进站信号机外方一个制动距离(有预告信号机时为由预告信号机至进站信号机的距离)及司机确认信号显示时间内列车所运行的距离之和的地点，如图 2-2-2 所示。

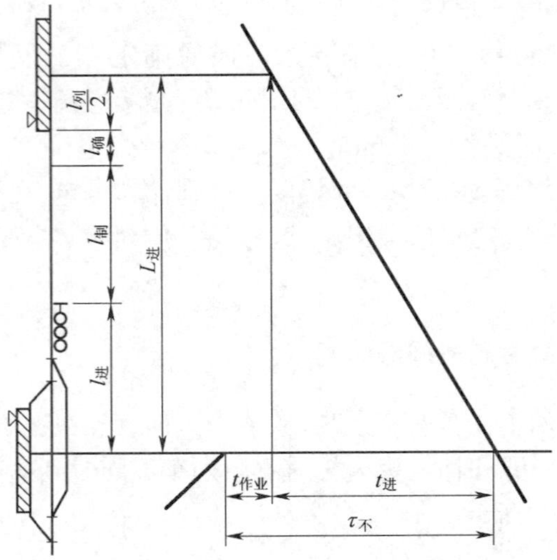

图 2-2-2 进站信号机开放时的列车位置与不同时到达间隔时间图

因此，不同时到达间隔时间由车站办理接发车作业所需要的时间 $t_{作业}$ 及后到列车通过进站距离 $L_进$ 所需的时间 $t_进$ 组成。其中，$t_{作业}$ 的数值主要取决于信号、联锁、闭塞设备类型，车站行车人员有关工种的配置数量及行车室所在地点等因素；$t_进$ 则取决于接近车站的线路平纵断面、进站信号机与预告信号机的配置、车站咽喉区的布置，以及列车的长度和进站速度等因素。

当以分析法计算时，不同时到达间隔时间的数值为：

$$\tau_不 = t_{作业} + t_进 = t_{作业} + 0.06\frac{L_进}{v_进}$$
$$= t_{作业} + 0.06\frac{0.5l_列 + l_确 + l_制 + l_进}{v_进} \quad (\text{min}) \qquad (2\text{-}2\text{-}1)$$

式中 $l_列$——列车长度，m；

$l_确$——司机确认进站显示状态时间内列车运行的距离，m；

$l_制$——列车的制动距离或由预告信号机至进站机的距离，m；

$l_进$——由进站信号机至车站（或车场）中心线的距离，m；

$v_进$——列车通过 $L_进$ 距离的平均运行速度，km/h；

0.06——将 km/h 转换为 m/min 时的系数。

由于车站两端所衔接方向的 $L_进$ 和 $v_进$ 不同，因此每一车站必须对上下行方向分别查定其不同时到达间隔时间。

在采用半自动闭塞、非集中联锁道岔，信号由车站行车室操纵时的相对方向列车不同时到达间隔时间的作业程序如表 2-2-2 所示。由表可见，$\tau_不$ 的数值一般为 4～5 min。

三、会车间隔时间（$\tau_会$）

在单线区段，自某一方向（上行或下行）列车到达或通过车站之时起，至由该站向这个区间（该列车开来区间）发出另一对向列车之时止的最小间隔时间，称为会车间隔时间（$\tau_会$）。其在运行图上的表示形式如图 2-2-3 所示。

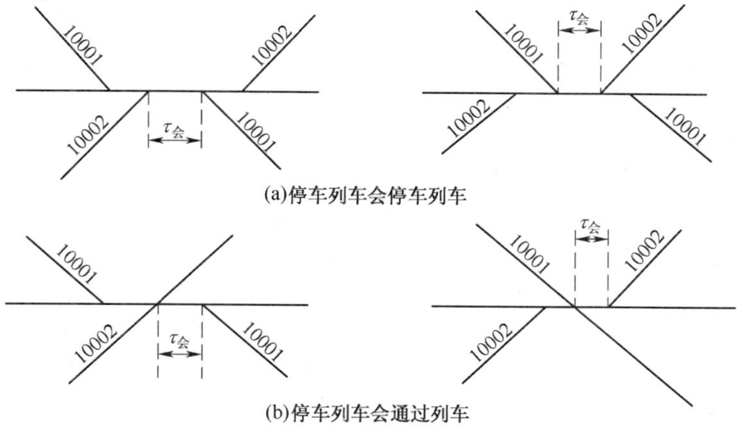

(a)停车列车会停车列车

(b)停车列车会通过列车

图 2-2-3　会车间隔时间示意图

表 2-2-2　不同时到达间隔时间的作业程序表

编号	作业项目	一列停车，一列通过		两列都停车	
		时间(min)	1　2　3　4	时间(min)	1　2　3　4　5
1	车站值班员命令扳道员准备第 10002 次列车接车进路	预办		预办	
2	扳道员准备 10002 次列车接车进路	预办		预办	
3	车站值班员监督 10001 次列车到达，返回行车室	0.5		0.5	
4	车站值班员听取扳道员报告 10001 次列车整列到达，停于警冲标内，将进站信号恢复定位，同时命令扳道员准备 10002 次列车的发车进路	0.3		0.3	
5	车站值班员与邻站办理闭塞手续	0.3			
6	扳道员准备好发车进路后向值班员报告 10002 次列车发车进路准备妥当	0.3		—	
7	车站值班员给 10002 次列车开放出站和进站信号(10002 次为停车列车时，仅开放进站信号)	0.3		0.3	
8	10002 次列车通过进站距离($L_进$)	2.6		3.8	
9	车站值班员监督 10002 次列车通过或到达	0.5		0.5	
不同时到达间隔时间		4.3		4.9	

会车间隔时间由下列因素组成：

(1)采用半自动或自动闭塞时

$$\tau_{会} = t_{作业} + t_{附} \quad (\text{min}) \tag{2-2-2}$$

(2)采用电气路签(牌)闭塞时

$$\tau_{会} = t_{作业} + t_{送} + t_{附} \quad (\text{min}) \tag{2-2-3}$$

式中 $t_{作业}$——车站行车人员确认进站列车到达或通过，为停留待发列车准备发车进路、办理闭塞手续、开放出站信号等项作业所需时间，min；

$t_{送}$——向待发列车司机送交路签(牌)的走行时间，min；

$t_{附}$——司机确认行车凭证、值班员显示发车指标信号至列车起动的一段时间，min。

会车间隔时间的大小，主要取决于信、联、闭设备的类型和车站行车人员的配备。采用半自动闭塞或路签折返使用、非集中联锁道岔、信号由车站行车室操纵时，相对方向列车会车间隔时间的作业程序见表 2-2-3。由表可见，$\tau_{会}$ 数值一般为 2～3 min。

表 2-2-3 会车间隔时间的作业程序表

编号	作业项目	半自动		路签折返使用	
		时间(min)	1 2 3	时间(min)	1 2 3
1	车站值班员监督 10002 次列车通过，返回行车室	0.5		0.5	
2	扳道员向车站值班员报告 10002 次列车整列通过，值班员将进站信号机恢复定位，命令扳道员准备 10001 次列车发车进路	0.3		0.3	
3	车站值班员与邻站办理闭塞手续	0.3		预办	
4	扳道员给 10001 次列车准备发车进路，并向车站值班员报告 10001 次列车发车进路准备妥当	0.3		0.3	
5	车站值班员给 10001 次列车开放出站信号	0.25		0.25	
6	车站助理值班员给 10001 次列车司机送交路签	—		1.35	
7	10001 次列车司机检查占用区间凭证、确认出站信号机显示状态、车站值班员显示发车指示信号、列车起动	0.7		0.7	
8	车站值班员监督 10001 次列车出发	0.5		0.5	
会车间隔时间		2.05		2.05	

四、同方向列车连发间隔时间

在单线或双线区段上，自列车到达或通过邻接的前方站(或线路所)之时起，至由本站(或线路所)再向该区间发出另一同方向列车之时止的最小间隔时间，称为同方向列车连发间隔时间($\tau_{连}$)，简称连发间隔时间。根据列车在区间两端车站停车或通过的不同情况，可有如图 2-2-4 所列四种形式。按照组成连发间隔时间的因素，四种形式可归纳为两种类型。

第一种类型为图 2-2-4 中的(a)和(b)两种形式。其共同点是后行列车均在本站不停车通过，其不同点仅在于前方站值班员所监督的列车，前者为不停车通过，后者是停车到达。两者所需时间差别很小，故可视为一类。由图 2-2-5 可见，这类连发间隔时间由两部分组成：

(1)区间两端车站办理有关接发车作业所需时间 $t_{作业}$。

(2)后行列车在本站通过进站距离 $L_{进}$ 的时间 $t_{进}$。

于是有

$$\tau_{连}=t_{作业}+t_{进}=t_{作业}+0.06\frac{L_{进}}{v_{进}}$$
$$=t_{作业}+0.06\frac{0.5l_{列}+l_{确}+l_{制}+l_{进}}{v_{进}}\quad(\text{min})\qquad(2\text{-}2\text{-}4)$$

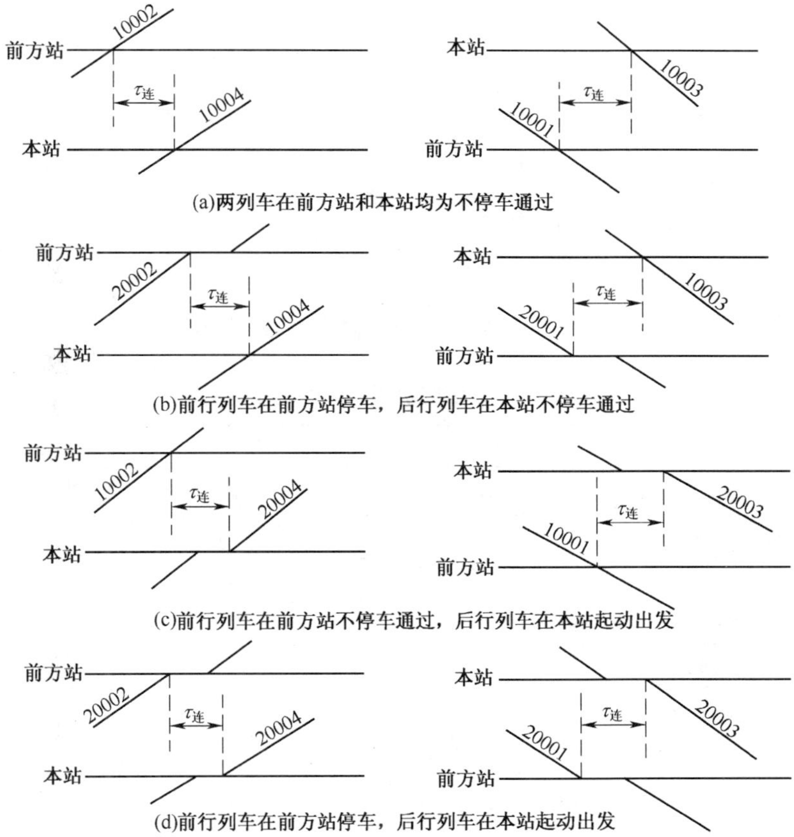

图 2-2-4　连发间隔时间示意图

这种类型连发间隔时间的组成因素与不同时到达间隔时间基本相同，其数值一般为 4～5 min。

第二种类型为图 2-2-4 中的(c)和(d)两种形式。其共同点是后行列车均为在本站起动出发，其不同点仅在于前方站值班员所监督的列车，前者为不停车通过，后者为到达停车。这种类型的连发间隔时间的作业内容与会车间隔时间基本相同，其数值一般为 2～3 min。

应注意的是，连发间隔时间的作业是发生在同一区间的两端站上，而不同时到达和会车间隔时间是发生在同一个车站上。

在半自动闭塞及道岔非集中操纵条件下，两类连发间隔时间的作业程序见表 2-2-4。

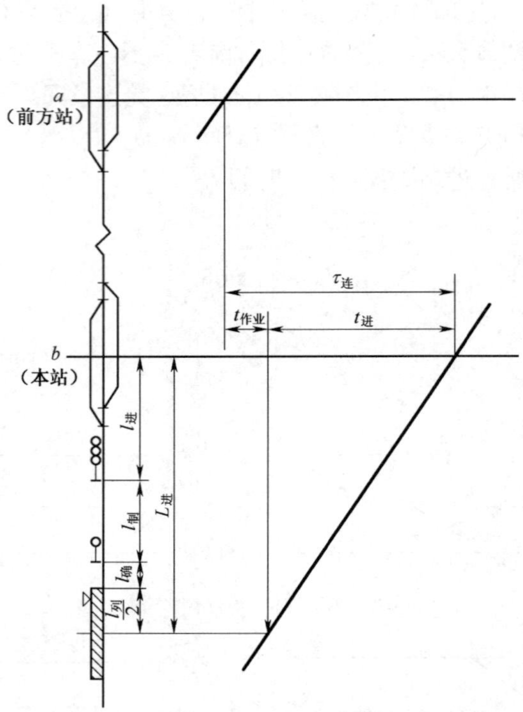

图 2-2-5 两列车通过前后站连发间隔时间组成图

表 2-2-4 连发间隔时间的作业程序表

编号	作业项目	第一类型 时间(min)	第一类型 1 2 3 4 5	第二类型 时间(min)	第二类型 1 2 3
1	前方站值班员监督 10002 次列车通过，返回行车室	0.7		0.7	
2	前方站值班员将进站信号手柄恢复定位	0.2		0.2	
3	两站办理 10004 次列车闭塞手续	0.3		0.3	
4	本站值班员确认 10004 次列车进路准备妥当	0.2		0.2	
5	本站值班员给 10004 次列车开放出站、进站信号(通过列车)	0.1		—	
6	本站值班员给 10004 次列车开放出站信号(停站待开列车)	—		0.1	
7	10004 次列车通过进站距离 $L_{进}$ 时间	2.6		—	
8	本站值班员给 10004 次列车显示发车指示信号、司机确认出站信号显示状态、列车起动	—		0.7	
9	本站值班员监督 10004 次列车通过或出发	0.5		0.5	
	连发间隔时间	4.1		2.2	

五、同方向列车不同时到发间隔时间和不同时发到间隔时间

自某方向列车到达车站时起，至由该站发出另一同方向列车时止的最小间隔时间，称为同方向列车不同时到发间隔时间（$\tau_{到发}$）。自列车由车站发出时起，至同方向列车到达车站时止的最小间隔时间，称为同方向列车不同时发到间隔时间（$\tau_{发到}$）。这两种间隔时间在运行图上的表现形式如图 2-2-6 所示。

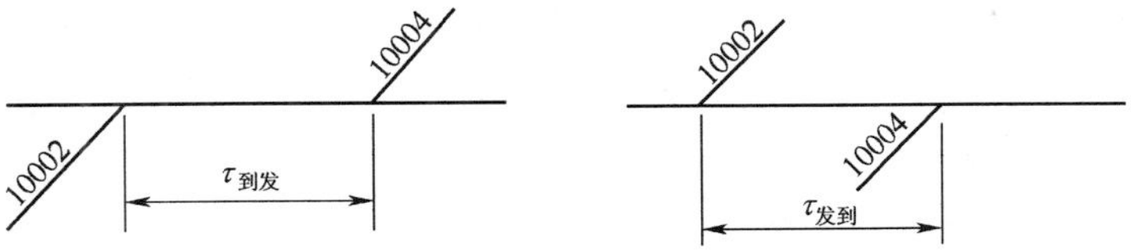

图 2-2-6　同方向列车不同时到发和不同时发到间隔时间图

凡禁止办理同时接发同方向列车的车站，都必须查定同方向列车不同时到发间隔时间和不同时发到间隔时间。在查定这两种间隔时间时，必须遵守以下两个条件：

(1)办理同方向列车不同时到发时，必须在列车全部到达并停在警冲标内方以后，另一个同方向列车方可从该站出发。

(2)办理同方向列车不同时发到时，必须在第一列车全部通过出发进路中的最后出站道岔以及车站办理有关作业之后，将要进站的另一同方向列车，应位于该站进站信号机外方 $l_{制}+l_{确}$ 的位置处。

根据上述条件，同方向列车不同时到发间隔时间为由车站值班员监督列车到达后，向同一方向发出另一列车所需办理必要作业的作业时间组成。它包括车站值班员监督列车到达、将进站信号手柄恢复定位、给出发列车送交占用区间许可凭证、开放出站信号，以及司机检查占用区间许可凭证、确认出站信号显示状态、车站值班员显示发车指示信号至列车起动所需作业时间。$\tau_{到发}$ 的数值与 $\tau_{会}$ 相类似，一般为 2～3 min。而同方向列车不同时发到间隔时间，则由以下三部分组成(如图 2-2-7 所示)：

(1)出发列车通过出站距离 $l_{出}$ 的时间 $t_{出}$。

(2)车站办理必要作业的时间 $t_{作业}$。

(3)到达的同方向列车通过进站距离 $L_{进}$ 的时间 $t_{进}$。

因而，可有

$$\tau_{发到}=t_{出}+t_{作业}+t_{进}\quad(\text{min})\tag{2-2-5}$$

由图 2-2-7 可见：

$$t_{出}=0.06\frac{l_{出}+0.5l_{列}}{v_{出}}\quad(\text{min})$$

$$t_{进}=0.06\frac{0.5l_{列}+l_{确}+l_{制}+l_{进}}{v_{进}}\quad(\text{min})$$

所以，同方向列车不同时发到间隔时间计算公式也可以写为

$$\tau_{发到}=t_{作业}+0.06\left(\frac{l_{出}+0.5l_{列}}{v_{出}}+\frac{0.5l_{列}+l_{确}+l_{制}+l_{进}}{v_{进}}\right)\quad(\text{min})\tag{2-2-6}$$

式中　$l_{出}$——由车站中心线至出发进路最外方道岔的距离，m；

$v_{出}$——列车由车站出发时，通过出站距离的平均速度，km/h。

$\tau_{发到}$的数值一般为 6～8 min。

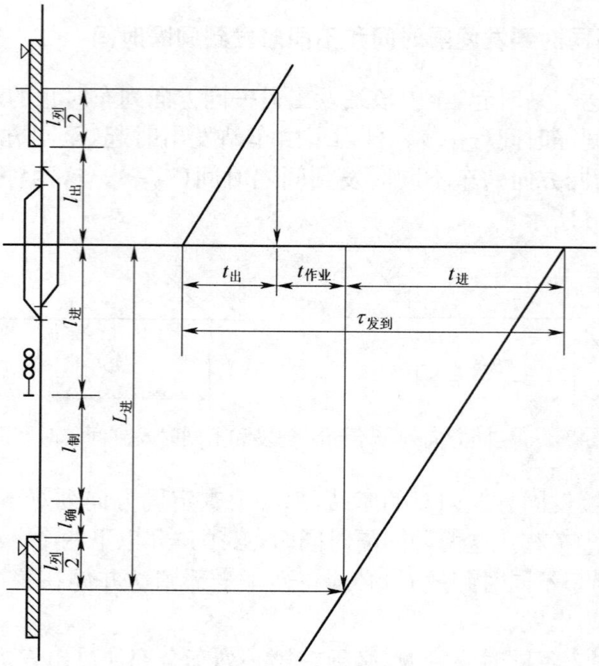

图 2-2-7 同方向列车不同时发到间隔时间组成图

六、相对方向列车不同时通过车站间隔时间

在一端连接双线区间、另一端连接单线区间的车站(或线路所)上,两个相对方向的列车不同时通过该站(或线路所)的最小间隔时间,称为相对方向列车不同时通过车站间隔时间($\tau_通$),如图 2-2-8 所示。

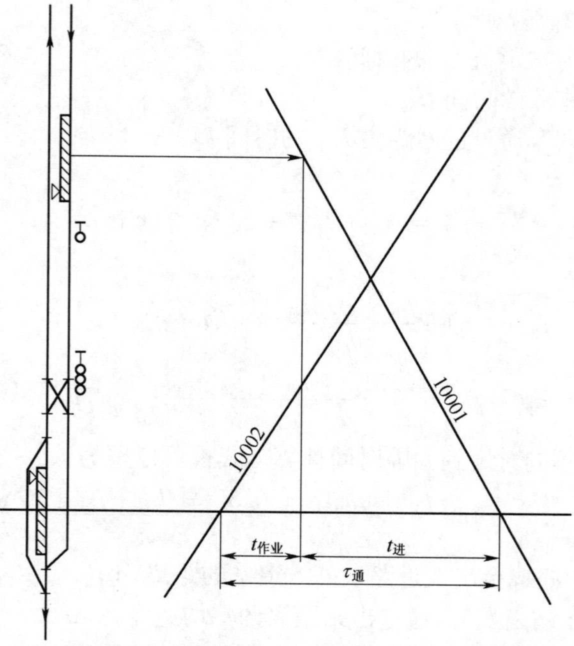

图 2-2-8 单双线区段相对方向列车不同时通过车站的间隔时间组成图

相对方向列车不同时通过间隔时间由车站办理各项作业的时间 $t_{作业}$ 和自双线区间接入列车通过进站距离 $L_{进}$ 的时间 $t_{进}$ 两部分组成，即

$$\tau_{通} = t_{作业} + t_{进} = t_{作业} + 0.06 \times \frac{0.5l_{列} + l_{确} + l_{制} + l_{进}}{v_{进}} \quad (\mathrm{min}) \qquad (2\text{-}2\text{-}7)$$

相对方向列车不同时通过车站间隔时间的作业程序见表 2-2-5。$\tau_{通}$ 的数值一般为 4～5 min。

表 2-2-5　不同时通过间隔时间的作业程序表

编号	作　业　项　目	作业时间(min)	1　2　3　4　5
1	车站值班员监督 10002 次列车通过，返回行车室	0.5	
2	扳道员向车站值班员报告 10002 次列车整列通过，值班员将进站手柄恢复定位，命令扳道员准备 10001 次列车发车进路(接车进路预办)	0.3	
3	值班员与邻站办理 10001 次列车闭塞手续	0.3	
4	扳道员准备 10001 次列车发车进路，并向值班员报告 10001 次列车通过进路准备妥当	0.4	
5	车站值班员给 10001 次列车开放出站和进站信号	0.2	
6	10001 次列车通过进站距离	2.8	
7	车站值班员监督 10001 次列车通过	0.5	
8	相对方向列车不同时通过间隔时间	4.5	

七、有敌对进路时的相对方向列车不同时发到及不同时到发间隔时间

在有敌对进路的车站，例如车站衔接有分歧方向或双线区间到发线设于正线的同一侧，自某一列车由车站发出时起至另一相对方向列车到达该站时止的最小间隔时间，称为有敌对进路时相对方向列车不同时发到间隔时间($\tau_{敌发到}$)；自某一方向列车到达车站之时起，至另一对向列车由该站发出之时止的最小间隔时间，称为有敌对进路时相对方向列车不同时到发间隔时间($\tau_{敌到发}$)，如图 2-2-9 和图 2-2-10 所示。

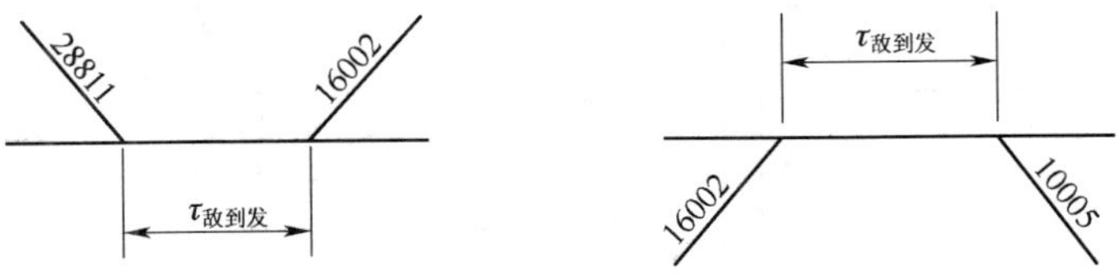

图 2-2-9　有敌对进路时相对方向列车不同时到发间隔时间示意图

间隔时间 $\tau_{敌到发}$ 和 $\tau_{敌发到}$ 计算确定原理与同方向列车不同时到发和不同时发到间隔时间基本相同。$\tau_{敌发到}$ 的数值，一般为 7～9 min；$\tau_{敌到发}$ 的数值一般为 2～3 min。

上述各种车站间隔时间数值大小，与列车运行速度和列车长度有关。因此，应分别对旅客列车和货物列车进行查定。

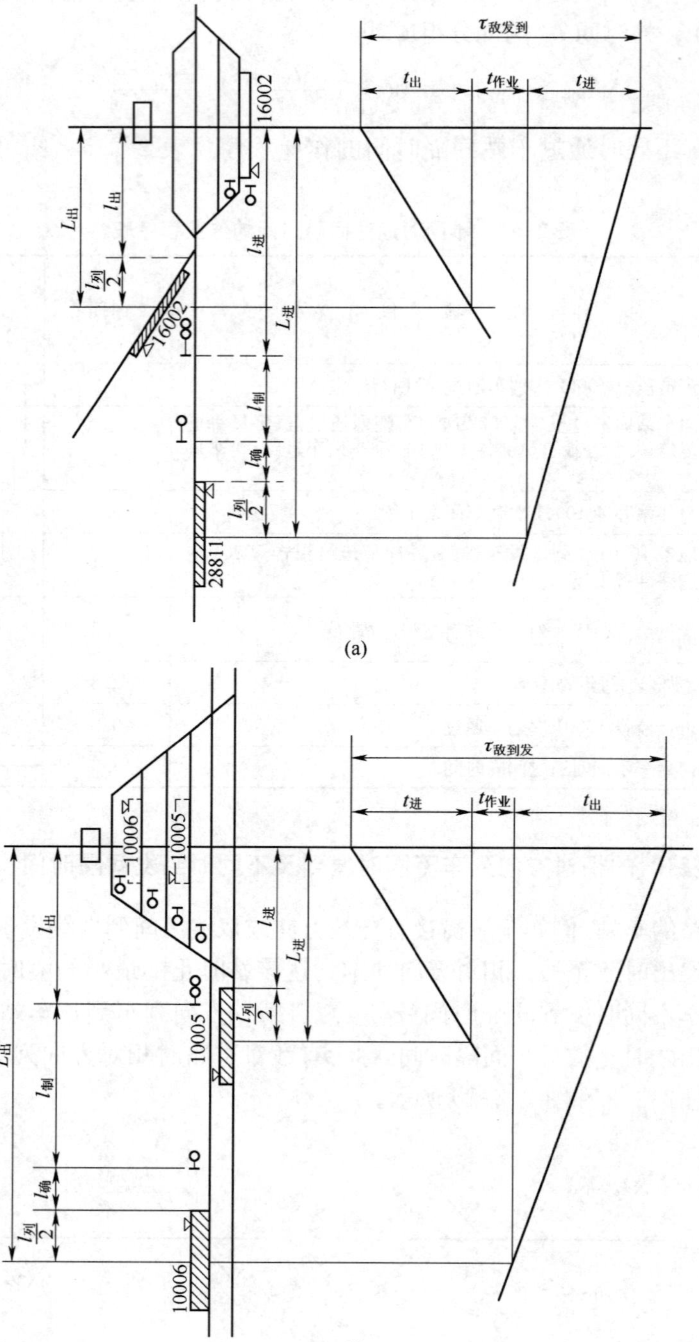

图 2-2-10 有敌对进路时相对方向列车不同时发到间隔时间示意图

第三节　追踪列车间隔时间

一、追踪列车间隔时间的意义

在自动闭塞区段，凡一个站间区间内同方向有两个以上列车以闭塞分区为间隔运行，称为追踪运行。追踪运行的两列车之间的最小间隔时间，称为追踪列车间隔时间(I)，在列车运行图上的表示形式如图 2-3-1 所示。

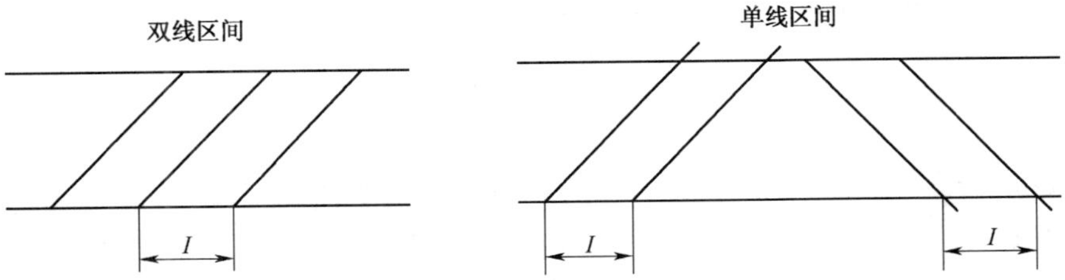

图 2-3-1　追踪列车间隔时间图

追踪列车间隔时间，决定于自动闭塞信号的制式、列车长度、列车运行速度，以及闭塞分区的长度等因素。目前，我国铁路采用三显示自动闭塞，设计时按货物列车间最小容许间隔时间为 6～10 min 来划分闭塞分区和配置信号机。闭塞分区的最小长度，应根据列车制动距离及自动停车装置动作过程中列车的空走距离确定，但一般不应小于 1 200 m。根据目前轨道电路传输信息的可靠性条件，自动闭塞分区的最大长度一般不应大于 2 600 m。但进站信号机外方的第一个闭塞分区的长度，一般不应大于 1 500 m。在实际运营过程中，如因牵引方式的改变或机型调整而引起列车重量、长度及运行速度发生变化，需重新查定追踪列车间隔时间。

二、三显示自动闭塞区段追踪列车间隔时间

在采用三显示自动闭塞的区段，前行列车尾部和后行列车首部之间，通常情况下需相隔三个闭塞分区，如图 2-3-2 所示。这样，可以保证后行列车经常能看到绿灯显示，从而不致降低其运行速度。这种情况称为追踪列车在绿灯下向绿灯运行，用分析法计算其追踪列车间隔时间($I_{道}^{绿}$)为：

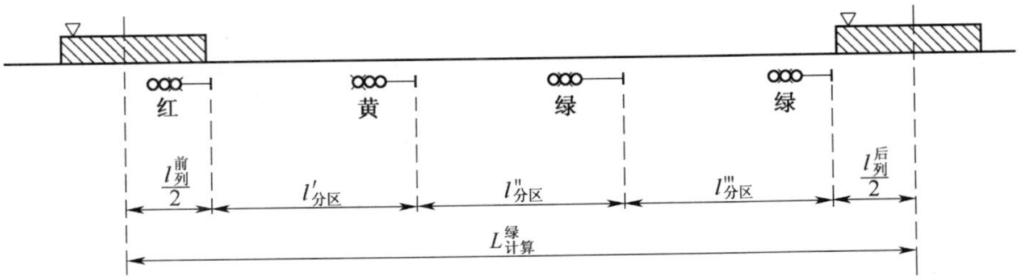

图 2-3-2　追踪列车向绿灯运行时的间隔距离图

$$I_{道}^{绿} = 0.06\frac{L_{计算}^{绿}}{v_{运}} = 0.06\frac{l_{列} + l'_{分区} + l''_{分区} + l'''_{分区}}{v_{运}} \quad (\text{min}) \qquad (2\text{-}3\text{-}1)$$

式中 $l_{列}$——列车平均长度，m，其计算公式为：

$$l_{列}=\frac{l_{列}^{后}}{2}+\frac{l_{列}^{前}}{2}$$

其中 $l_{列}^{前}$，$l_{列}^{后}$——分别为前后两列车的长度，m；

$l'_{分区}$，$l''_{分区}$，$l'''_{分区}$——各闭塞分区的长度，m；

$v_{运}$——列车通过 $L_{计算}^{绿}$ 距离的平均运行速度，km/h；

$L_{计算}^{绿}$——追踪列车在绿灯下向绿灯运行时的最小计算距离，m。

列车向绿灯运行是计算和查定追踪列车间隔时间的主要形式。如追踪列车间隔时间标准已定，则根据上式，闭塞分区的平均长度应为：

$$l_{分区}=\frac{\frac{I_{道}^{绿}v_{运}}{0.06}-l_{列}}{3}\quad (\text{m})$$

即闭塞分区的平均长度将取决于货物列车的平均运行速度，速度愈高，闭塞分区愈长，速度愈低，则闭塞分区愈短。这样，当列车在长大坡道上运行时，由于运行速度较低，如按 $I_{道}^{绿}$ 标准配置通过色灯信号机，闭塞分区的长度可能要小于 1 200 m 而不符合《技规》的规定。例如，$I_{道}^{绿}$ 标准为 10 min，DF_4 型机车的计算速度为 20 km/h，列车长度为 800 m，则闭塞分区的平均长度应为

$$l_{分区}=\frac{\frac{10\times 20}{0.06}-800}{3}=844(\text{m})$$

而按 $l_{分区}=1\ 200$ m 配置通过色灯信号机时，将有

$$I_{道}^{绿}=0.06\times\frac{3\times 1\ 200+800}{20}=13.2(\text{min})$$

这一数值又超过了给定标准，导致通过能力满足不了实际需要。

在这种情况下，为缩短追踪列车间隔时间，可以改用列车在绿灯下向黄灯运行的方案。此时，前后两列车之间的最小计算距离 $L_{计算}^{黄}$ 应为两个闭塞分区长度及司机确认信号显示由黄转绿时间内所走行的一段距离 $l_{确}$ 及列车长度之和，如图 2-3-3 所示。

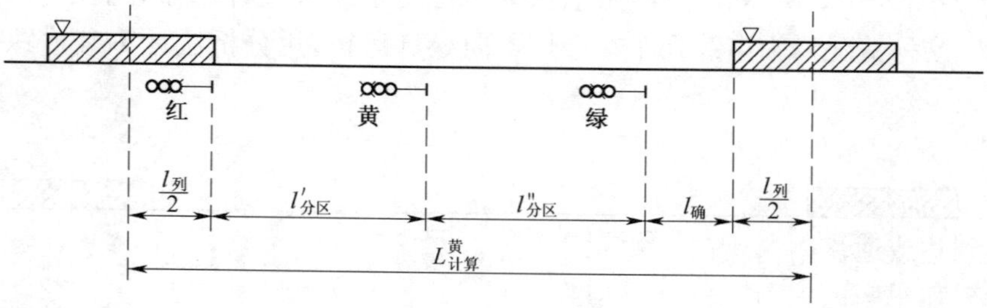

图 2-3-3 追踪列车向黄灯运行时的间隔距离图

这时的追踪列车间隔时间（$I_{道}^{黄}$）为：

$$I_{道}^{黄}=0.06\frac{L_{计算}^{黄}}{v_{运}}=0.06\frac{2l_{分区}+l_{列}+l_{确}}{v_{运}}$$

$$=0.06\frac{l_{列}+l'_{分区}+l''_{分区}}{v_{运}}+t_{确}\quad(\text{min})\qquad(2\text{-}3\text{-}2)$$

式中　$t_{确}$——司机确认信号转换显示的时间，min。

如上例，若 $t_{确}$ 取 0.3 min，可求得列车在绿灯下向黄灯运行方案下闭塞分区的平均长度为

$$l_{分区}=\frac{\dfrac{(I_{追}^{黄}-t_{确})v_{运}}{0.06}-l_{列}}{2}=\frac{\dfrac{(10-0.3)\times 20}{0.06}-800}{2}=1\ 217(\mathrm{m})$$

这样，既满足了 $I_{追}$ 不大于 10 min 的要求，也符合 $l_{分区}$ 不小于 1 200 m 的规定，说明在长大上坡道上采用列车在绿灯下向黄灯运行的方案是适宜的。

在自动闭塞区段，除计算列车在两站间各闭塞分区追踪运行的间隔时间标准外，还应对区段内每一车站分别上下行方向查定同方向发车、同方向到达或通过及两列车不停车通过车站的追踪列车间隔时间。

同方向发车的追踪列车间隔时间（$I_{发}$）是指自前行列车由车站发出或通过之时起，至由该站再发出另一同方向列车之时止的最小间隔时间，如图2-3-4所示。

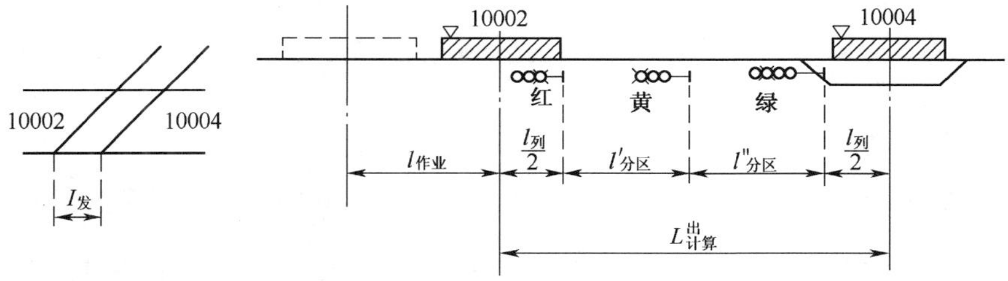

图 2-3-4　同方向发车的追踪列车间隔时间示意图

当追踪列车必须凭出站信号机的绿色灯光发车时，由于只有在前行列车腾空两个闭塞分区之后，出站信号机才能显示绿灯，因此，同方向发车的追踪列车间隔时间应为

$$I_{发}^{绿}=t_{作业}+0.06\,\frac{l_{列}+l'_{分区}+l''_{分区}}{v_{出}}\quad(\mathrm{min})\qquad(2\text{-}3\text{-}3)$$

当准许追踪列车凭出站信号机的黄色灯光发车时，则可有

$$I_{发}^{黄}=t_{作业}+0.06\,\frac{l_{列}+l'_{分区}}{v_{出}}\quad(\mathrm{min})\qquad(2\text{-}3\text{-}4)$$

式中　$t_{作业}$——车站值班员给后行列车开放出站信号、司机确认出站信号显示状态，车站值班员显示发车指示信号等项作业的时间，min；

$v_{出}$——前行列车通过 $L_{计算}^{出}$ 距离的平均运行速度，km/h。

同方向到达或通过的追踪列车间隔时间（$I_{到}^{停}$ 及 $I_{到}^{通}$）是指自前行列车到达车站之时起，至同方向的后行列车到达该站（停车）或通过该站（越行）之时止的最小间隔时间，当后行列车进站停车时（如图 2-3-5 所示），$I_{到}^{停}$ 的数值可按下式计算：

$$I_{到}^{停}=t_{作业}+0.06\,\frac{L_{计算}^{进停}}{v_{进}}=t_{作业}+0.06\,\frac{0.5l_{列}+l_{确}+l'_{分区}+l_{进}}{v_{进}}\quad(\mathrm{min})\qquad(2\text{-}3\text{-}5)$$

当后行列车在该站不停车通过时（如图 2-3-6 所示），为保证追踪列车向绿灯运行，$I_{到}^{通}$ 的数值应按下式计算：

$$I_{到}^{通}=t_{作业}+0.06\,\frac{L_{计算}^{进通}}{v_{进}}=t_{作业}+0.06\,\frac{0.5l_{列}+l'_{分区}+l''_{分区}+l_{进}}{v_{进}}\quad(\mathrm{min})\qquad(2\text{-}3\text{-}6)$$

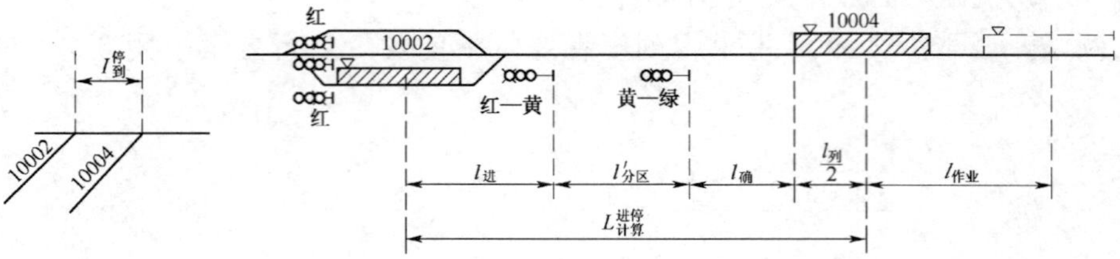

图 2-3-5 同方向列车到站停车的追踪列车间隔时间示意图

式中 $t_{作业}$——车站值班员确认前行列车整列到达及为后行列车准备进路和开放信号的作业时间，min；

$v_{进}$——后行列车通过 $L^{进}_{计算}$ 距离的平均运行速度，km/h。

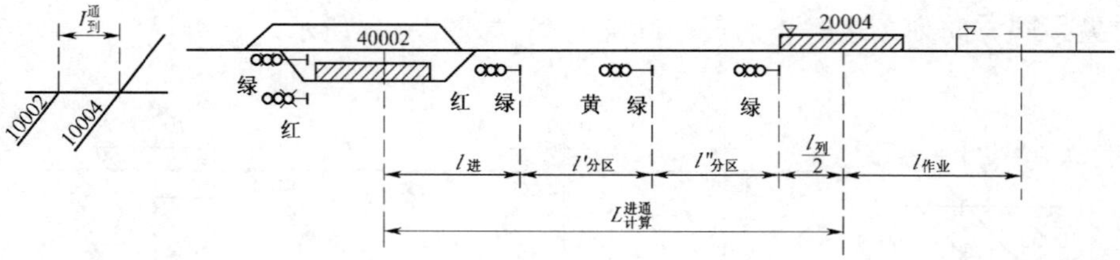

图 2-3-6 前行列车到站停车、后行列车不停通过车站的追踪间隔时间示意图

前后两列车不停车通过车站时的追踪列车间隔时间（$I_{通}$）是指自前行列车通过车站之时起，至同方向的后行列车再通过该站时止的最小间隔时间。在进出站信号机由人工控制和追踪列车向绿灯运行的条件下，必须前行列车通过出站道岔，由车站值班员给后行列车开放出站和进站信号之后，后行列车正处在与前行列车相隔三个闭塞分区（包括站内闭塞分区）的位置，如图 2-3-7 所示。这时，追踪列车不停车通过车站的间隔时间应为：

$$I_{通}=t_{作业}+0.06\frac{L^{通}_{计算}}{v_{进}}=t_{作业}+0.06\frac{l_{列}+l^{站}_{分区}+l'_{分区}+l''_{分区}+l_{岔}}{v_{通}}\quad(\text{min})\quad(2\text{-}3\text{-}7)$$

式中 $l^{站}_{分区}$——站内闭塞分区（进站信号机和出站信号机之间）的长度，m；

$v_{通}$——列车通过 $L^{通}_{计算}$ 的平均运行速度，km/h；

$l_{岔}$——出站机至最外方道岔的距离，m；

$t_{作业}$——车站值班员为后行列车开放出站和进站信号的时间，min。

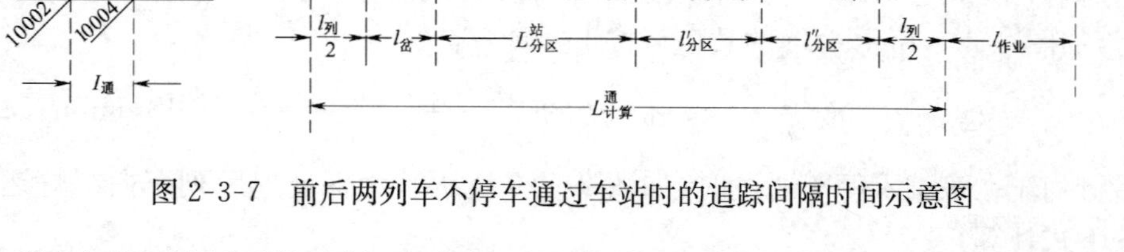

图 2-3-7 前后两列车不停车通过车站时的追踪间隔时间示意图

追踪列车间隔时间亦可用图解法确定，即根据牵引计算作出的运转时分曲线 $t=f(s)$，确定各种计算距离的列车运行时分（如图 2-3-8 所示），再加上相应的办理作业时间。

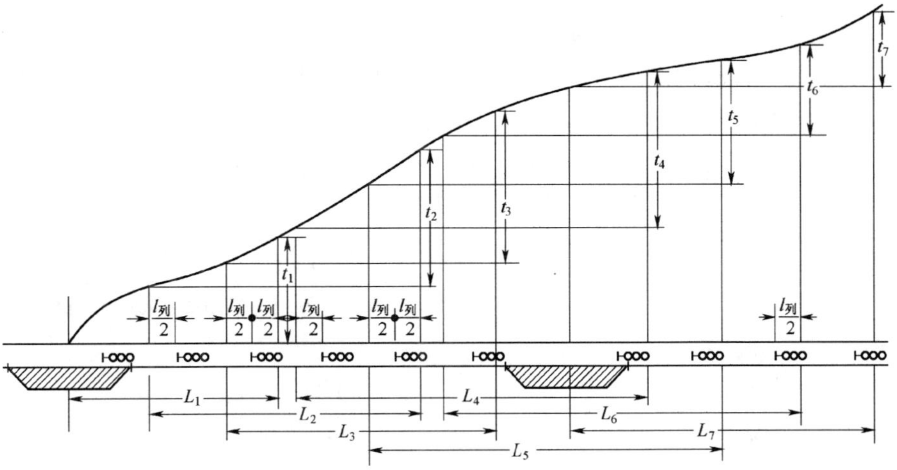

图 2-3-8　自动闭塞区段追踪间隔时间图解计算法图

在开行组合列车或重载列车的区段，应根据组合列车与普通货物列车前后位置的不同，分别确定 $I_{追}$、$I_{到}$、$I_{发}$ 和 $I_{通}$。

因为旅客列车和货物列车的运行速度不同，所以在确定货物列车与旅客列车之间的追踪间隔时间时，应按到站条件计算，如图 2-3-9(a)所示，即取 $I_{到}$，而确定旅客列车与货物列车的追踪间隔时间时，则应按从车站出发的条件计算，如图 2-3-9(b)所示，即应取 $I_{发}$。

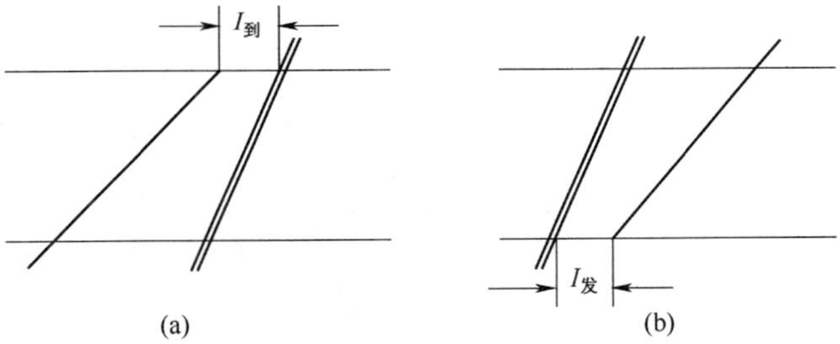

图 2-3-9　旅客列车和货物列车追踪间隔时间图

对各区间求出普通货物列车之间的上述几种追踪间隔时间之后，取其中最大的数值作为计算平行运行图通过能力时的追踪间隔时间。

三、四显示自动闭塞区间追踪列车间隔时间计算原理

1. 四显示自动闭塞的概念

一般称通过色灯信号机能显示诸如红(H)、黄(U)、绿黄(LU)和绿(L)四种灯光信号的自动闭塞为四显示自动闭塞。在国外，四显示自动闭塞通常在既有密度大、速度低、时间集中的市郊列车，又有直快和特快等列车运行的运输繁忙的市郊铁路上或列车速度高、制动距离长，运输繁忙的高速铁路上采用。

2. 四显示自动闭塞与三显示自动闭塞的区别

四显示自动闭塞的轨道电路根据前行列车位置，发出不同的码序，表示一定的限制速度。

当装设有超速防护装置时，列车超速运行，将迫使列车发生紧急制动。所以，四显示信号是具有预告功能的速差式信号。而我国铁路一直采用的三显示自动闭塞，各种信号显示没有具体速度要求，对超速没有速度监督作用，是无明显速度级差的信号。两种自动闭塞在运用功能方面的主要区别见表 2-3-1。

表 2-3-1 四显示与三显示自动闭塞运用功能比较表

项 目	四 显 示	三 显 示
地面信号显示	四显示(L、LU、U、H)	三显示(L、U、H)
机车信号系统	自动停车装置，侧线运行机车信号指示	自动停车装置，侧线运行无机车信号指示
制动距离分区数	2 个闭塞分区	1 个闭塞分区
列车追踪间隔	5 个闭塞分区	3 个闭塞分区
列车运行方向	每线双向运行	每线单向运行
列车行车凭证	以机车信号为主	以地面信号为主
闭塞分区长度	700～900 m	1 600～2 600 m

3. 追踪列车间隔时间

如图 2-3-10 所示，在四显示自动闭塞区间，列车追踪运行至少应保证有 5 个闭塞分区的间隔。其中防护区用于保护区间，要求列车停车；提醒区用于提醒司机，列车将进入减速地段。据此，在四显示自动闭塞条件下，在区间内运行的追踪列车间隔时间 $I_{追}$ 可按下式计算：

$$I_{追} = 0.06 \frac{5l_{分区} + l_{列}}{v_{运}} \quad (\text{min}) \qquad (2\text{-}3\text{-}8)$$

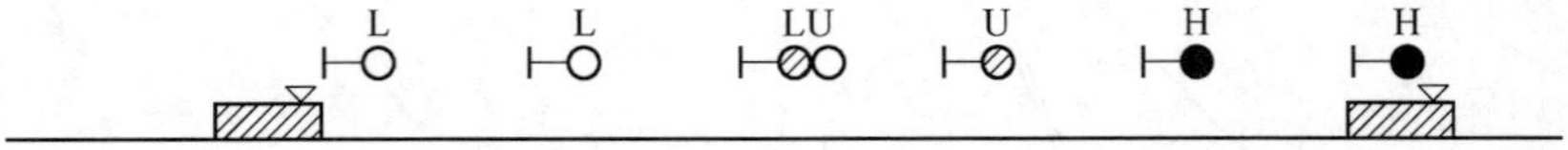

闭塞分区性质	提醒区	第一制动区	第二制动区	第三制动区	防护区	占用区
信息种类	提醒注意	预 告	预 告	停 车		

图 2-3-10 四显示追踪列车间隔图

若货物列车在限速地段的平均运行速度为 50 km/h，闭塞分区的长度为 800 m，列车长度为 1 000 m，则列车追踪间隔时间为：

$$I_{追}^{绿} = 0.06 \frac{1\,000 + 5 \times 800}{50} = 6(\text{min})$$

其他条件下的各种追踪列车间隔时间可按前述原理，结合四显示自动闭塞特点分别确定。

四、客运专线追踪列车间隔时间

1. 区间内运行追踪列车间隔时间

为了实现高速度、高密度的运输生产，客运专线将采用目前国际上最先进的目标距离模式速度控制方式，列车在区间内追踪运行的关系如图 2-3-11 所示。

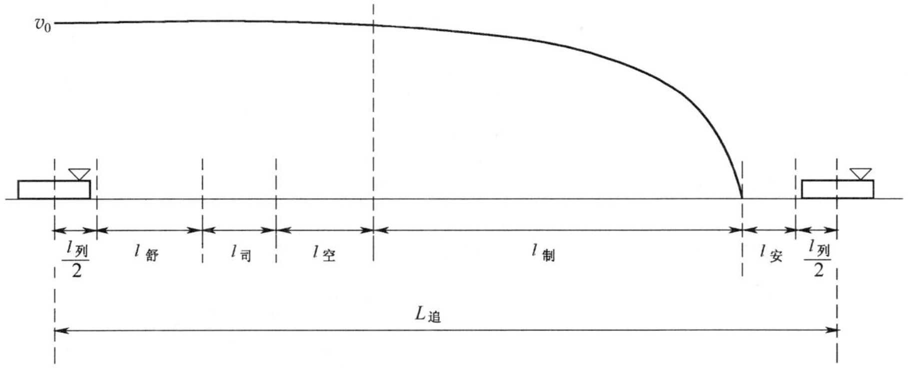

图 2-3-11　列车在区间内追踪运行示意图

前后行追踪运行列车间隔距离由如下几部分组成：

(1)司机舒适驾驶距离 $l_{舒}$。显然，$l_{舒}$ 越长，给司机提供的目标距离信息就越多，有利于司机从容驾驶，一般可取 1～2 个闭塞分区长度。

(2)列控车载设备接收到地面发送的减速制动预告信息并给出提示到司机操作时间内的列车走行距离 $l_{司}$。

(3)启动制动系统延时时间、牵引卸载时间以及制动空走时间内的列车走行距离 $l_{空}$。

(4)列车从实际最高运行速度 v_0 按司机常用减速度 a 减速制动到 0 的纯制动距离 $l_{制}$，即

$$l_{制}=\frac{v_0^2}{2a}$$

(5)安全防护距离 $l_{安}$。

(6)列车长度 $l_{列}$。

据此，区间内运行追踪列车间隔时间 I 可按下式计算：

$$I=0.06\,\frac{L_{追}}{v_{平}}=0.06\,\frac{l_{舒}+l_{司}+l_{空}+l_{制}+l_{安}+l_{列}}{v_{平}}\quad(\text{min})\qquad(2\text{-}3\text{-}9)$$

式中　$v_{平}$——列车在区间内运行的平均运行速度。

2. 到达车站追踪列车间隔时间

计算到达车站追踪列车间隔时间 $I_{到}$ 的确认条件是：前行列车完全进入股道并停稳后，调度集中系统自动为后行列车准备接车进路、开放进站信号，后行列车由规定速度降至站内道岔侧向允许运行速度值进入站内并完全驶入股道停车，如图 2-3-12 所示。

根据上述确认条件，$I_{到}$ 包括如下五部分：

(1)从前行列车完全进入股道并停稳，到调度集中系统自动为后行列车准备好接车进路、进站信号开放时间内的列车走行距离 $l_{到达}$。

(2)从进站信号开放，到列控系统车载设备接收到信息并给出减速制动信号、司机减速制动操作、制动机开始制动延时时间内列车走行距离 $l_{确}$。

(3)列车从规定的最高运行速度 v_0 减速到道岔侧向允许速度值 $v_{侧}$ 时间内列车走行距离 $l_{制}$。

(4)列车头部驶入股道后，从 $v_{侧}$ 减速到 0 走行时间内列车走行距离 $l_{列}$。

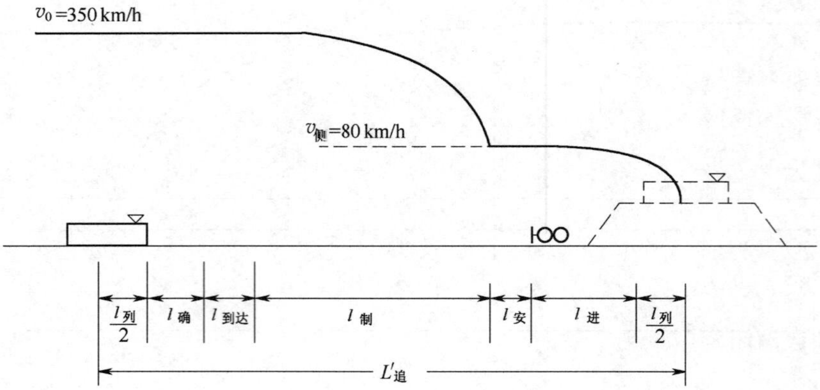

图 2-3-12 到达车站追踪列车关系示意图

(5)列车按 $v_侧$ 匀速经过安全防护地段和车站咽喉区部分地段的走行时间内列车走行距离($l_安+l_进$)。

据此,到达车站追踪列车间隔时间 $I_到$ 可按下式计算:

$$I_到 = 0.06\frac{L'_追}{v'_运} = 0.06\frac{l_{到达}+l_确+l_制+l_安+l_进+l_列}{v'_运} \quad (\text{min}) \qquad (2\text{-}3\text{-}10)$$

式中 $v'_运$——列车在 $L'_追$ 距离内的平均运行速度。

3. 车站发车追踪列车间隔时间

计算车站发车追踪列车间隔时间 $I_发$ 的确定条件是:前行列车腾空两个闭塞分区后才办理后行列车的发车作业、开放出站信号。其发车列车追踪示意图如图 2-3-13 所示。

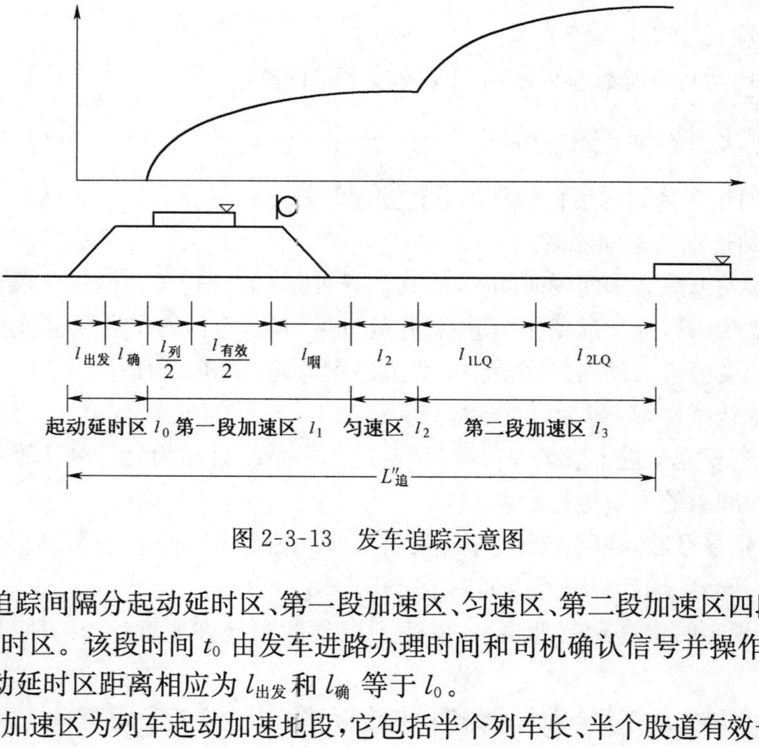

图 2-3-13 发车追踪示意图

发车列车追踪间隔分起动延时区、第一段加速区、匀速区、第二段加速区四段。

(1)起动延时区。该段时间 t_0 由发车进路办理时间和司机确认信号并操作的延时时间两部分组成。起动延时区距离相应为 $l_{出发}$ 和 $l_确$ 等于 l_0。

(2)第一段加速区为列车起动加速地段,它包括半个列车长、半个股道有效长、部分或全部咽喉区长度，用 l_1 表示。

(3)匀速区。由于列车在第一段加速区加速达到车站咽喉区道岔允许速度时未能驶出车站咽喉区，故而存在一段列车需以匀速运行的地段 l_2。

(4)第二段加速区 l_3，它由两个闭塞分区组成。

据此，车站发车追踪列车间隔时间 $I_{发}$ 可按下式计算：

$$I_{发}=0.06\frac{L''_{追}}{v''_{运}}=0.06\frac{l_0+l_1+l_2+l_3}{v''_{运}}\quad(\text{min})\tag{2-3-11}$$

式中　$v''_{运}$ ——列车在 $L''_{追}$ 距离内的平均运行速度。

五、移动自动闭塞追踪列车间隔时间计算原理

移动自动闭塞是在确保行车安全前提下，以使追踪列车间的间隔达到最小为目标，以车站控制装置和机车控制装置为中心的一个闭塞控制系统。在这一系统下，区间内运行的每一列车均与前方站的中心控制装置周期性地保持高可靠度的通信联系；车站中心控制装置接到列车信息后，根据列车牵引特性曲线及区间相关参数，解算出每一追踪列车的允许最大运行速度发送给列车，而对于接近进站的列车，则根据调度命令发出该列车进站及进入股道等信号。

采用移动自动闭塞系统可以有效地压缩追踪列车间隔时间，提高区间通过能力。在移动自动闭塞区间，追踪间隔时间如图 2-3-14 所示。

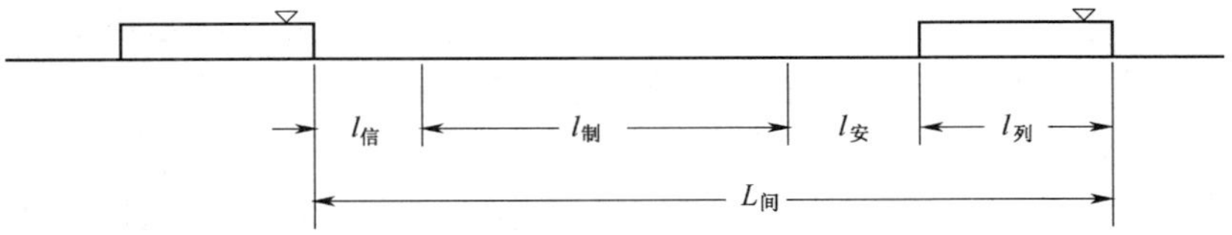

图 2-3-14　移动自动闭塞追踪列车间隔图

据此，在区间内运行的追踪列车间隔时间 $I_{追}$ 可按下式计算：

$$I_{追}=0.06\frac{l_{制}+l_{列}+l_{安}}{v_{运}}+t_{信}\quad(\text{min})\tag{2-3-12}$$

式中　$l_{制}$——列车制动距离，m；

$l_{安}$——系统安全防护距离，m；

$t_{信}$——列车动态信息传输时间，min。

第四节　线路及接触网维修“天窗”时间

在营业线路上，线路、桥隧、信号、通信、接触网及其他行车设备进行修理时，须保证行车安全，力争不中断行车，不降低行车速度，做到施工与行车两不误，减少施工对运输的干扰。为此，工作量不大、临时性的施工，例如，更换个别夹板、使用弯轨器整直钢轨、使用轨缝调整器、不拆开接头调整轨缝、桥梁施工试顶梁身并回落原位以及单根抽换桥枕等作业，都可以利用列车间隔进行，不必在列车运行图上留出空隙时间。但对工作量巨大或条件复杂、时间较长、须中断行车的施工，例如，线路改建及大中修、全区段换轨、电化施工、使用大型机械进行养路机

械化作业以及电气化铁路停电进行的接触网维修等，因必须封锁区间或限制列车运行速度，则应在列车运行图内预留空隙时间，以满足施工需要。

在列车运行图上预留施工或日常维修"天窗"，可以加强运输和施工部门双方的责任感，促使运输部门准确地按规定时间封锁区间，以保证工程能按计划质量良好地完成；同时，也约束了施工单位必须改进施工组织，保证在规定时间内完成全部作业而不致任意延长封锁时间、设置慢行地段、影响列车正常运行。经验证明，如不在列车运行图上为长期线路施工预留施工"天窗"，不为繁忙干线的线路维修预留维修"天窗"，而是采用临时调整办法，根据当时列车运行情况机动地规定区间施工封锁时间，往往会发生因区间封锁和开通不及时而使运输与施工单位之间互相扯皮。一方面会造成施工单位人力物力的浪费；另一方面也会造成运行秩序不应有的紊乱。特别是施工和设备日常维修没有必要的时间保证，设备的技术改造就不能按期完成，设备的质量就得不到改善，不仅提高列车重量和运行速度、增加列车密度等提高铁路通过能力的措施不能落实，而且行车安全也将得不到保证。因此，正确规定和合理使用施工及维修"天窗"将是一个值得重视的复杂的综合性问题。

必要的最小"天窗"时间，主要取决于工程项目和工程复杂程度、施工机械化水平、施工技术作业过程和劳动组织等因素。为此，施工部门应制定合理的施工组织设计，科学地提出封锁区间的要求，并采取以下措施将工期及每次"天窗"压缩到最小限度：

(1)选择合理的施工方法和相应的工作程序，建立必要的工队编制。

(2)编制工程进度日历指示图表。

(3)编制详细的技术作业过程，其中规定准备工作、基本工作、整理结束工作中的作业项目，所需时间标准，以及每顺序号工人在工作面上的配置。

(4)尽可能地采用机械化施工以提高工效、缩短工期。

(5)尽量减少列入基本工作中的作业项目，凡无需封锁区间也可完成的作业项目，应尽可能多地列入准备和整理工作项下。

(6)运用网络技术，找出关键路线，研究设备和工艺上存在的问题，提出改进措施，进行网络计划的优化。

(7)在同一施工封锁时间内尽可能多地组织多工种联合施工，平行作业，以减少封锁区间的次数和对运输工作的干扰等。

对具有一定通过能力后备的区段，在列车运行图上可能预留的"天窗"时间($t_{空隙}$)，可用下式近似地估算：

单线区段

$$t_{空隙} = 1\,440 - N_{换算} t_{占均}^{对} - \sum t_{附加} \quad (\text{min}) \tag{2-4-1}$$

复线区段

$$t_{空隙} = 1\,440 - (N_{换算} - N_{空隙}) t_{占均}^{列} - \sum t_{附加} \quad (\text{min}) \tag{2-4-2}$$

式中 $N_{换算}$——规定的客货行车量换算为平行运行图时的列车对数或列数；

$N_{空隙}$——施工期间组织反向行车时"天窗"时间内所放行的该方向的列车数；

$t_{占均}^{对}$，$t_{占均}^{列}$——放行一对(单线)或一列(双线)货物列车占用限制区间的时间，min；

$\sum t_{附加}$——"天窗"前后慢行损失的时分或空费时分，min。

显然，最小的和最大可能的"天窗"时间将随施工组织和行车组织方法而异，并不是固定的数值。这样，确定“天窗”时间，不仅要研究技术上的可能性，在很多情况下，还应研究经济上的合理性问题。实践表明，“天窗”时间过长，必然使列车密度不均衡，从而影响技术站作业和机车周转，并大幅度降低列车旅行速度，招致运营费用的巨大损失；“天窗”时间过短，又会使施工部门过度紧张，从而影响施工效率、工程质量和作业安全，并使工程列车进出封锁区间及准备结束作业占用“天窗”时间的比重增大，不能充分发挥施工机械及劳力的作用，不仅增大了施工费用，也将延长工期，增加线路慢行时间。因此，“天窗”时间过长或过短都是不合理的。当有几个技术上可能的方案可以采用时，应通过适当的技术经济比较来选择最合理的解决办法。

在线路施工作业组织中，整个作业进度以有决定性意义工种的进度为标准。如全部或部分采用机械施工，则以大型机械的有效工作时间为控制因素。每日的有效工作时间愈长，每日完成的进尺愈多，工期也就愈短。

大型线路机械（养路机械的配砟整形车、捣固车及动力稳定车、大修机械的龙门铺轨机、砟清筛机、液压起拨道机及捣固车等）每日的有效工作时间（$t_{有效}$）可按下式确定：

$$t_{有效} = t_{空隙} - t_{辅} \quad (\text{min}) \tag{2-4-3}$$

式中　$t_{辅}$——车站办理区间封锁开通时间、施工机械进出施工区间走行时间、机械设备作业前的准备及作业后的整理时间，以及线路大修作业的铺合拢轨和平砟时间等，一般需 50～60 min。

这样，在辅助时间相对固定的条件下，“天窗”时间越长，“天窗”利用率（有效工作时间与天窗时间之比）越高，一个“天窗”时间内所完成的进尺越多，完成一定延米线路所需工期越短，线路大修或维修成本也就越低。因此，施工部门总是希望“天窗”时间尽可能地长一些，以充分发挥机械设备的效率、降低施工或维修成本。但是，随“天窗”时间的增大，有关列车延误、机车车辆停留和列车起停车次数等运营支出将显著增加。为此，技术上可行且经济上合理的方案，应是使施工和运营换算费用之和达到最小值的方案。

在线路作业高度机械化的西欧、北美的部分国家和日本，线路大修“天窗”一般为 6 h 以上或全天封闭，线路维修“天窗”也在 3 h 以上。前苏联铁路规定线路大修“天窗”为 4～6 h，线路和供电设备的日常综合维修“天窗”为 2 h。我国目前的线路大修以中小机群作业，一般规定 2～3 h“天窗”。采用小机群进行线路日常维修，一般规定综合维修“天窗”为 1～1.5 h，工效很低。根据北京铁路局引进大型养路机械的实地运用经验，其经济合理的“天窗”时间为 4 h，最小不宜小于 3 h。

在电气化铁路，电力机车牵引列车运行时，受电弓沿接触网高速滑行取流，接触网经常处于振动、摩擦之中，从而产生电、热等因素的影响，再加上气候变化时接触网本身的热胀冷缩，其技术状态极易变化。为了严格地使接触的高度、水平位置、弹性等技术状态符合技术规范的要求，确保行车安全，必须经常对接触网进行检查、调整和维修。目前，我国电气化铁路多按供电臂停电进行接触网检修，一个供电臂的长度一般为 20～40 km，包括2～4个区间，由一个接触网工区负责，按照各种设备的检修周期，逐个区间进行检修。由于是按供电臂停电，必须确认“天窗”前的最后一列车到达指定停车站或通过供电臂所属各区间后，才能拉闸停电。因而，除“天窗”外，不可避免地还要产生一些额外损失时间 $t_{附加}$。双线区段采用 V 形“天窗”时，此项附加空费时间即为最大供电臂所包含的各区间的列车运行时分与办理停通电手续所需时分之和。如采用垂直型“天窗”，当各区间列车运行时分均大于追踪间隔时间，各中间站只允许停留一列同方向列车时，附加空费时间往往更大，并大大降低列车旅行速度，所以列车密度较大的区段一般不宜采用。

为减少接触网停电检修对通过能力的影响，应改按单一区间停电，即在某一区间进行接触网检修时，就断开该区间两端的隔离开关，并合上分相绝缘器两端的隔离开关，对同一供电臂的其他区间实行越区供电。这样，就可以大大减少同时停电的区间数，使 $t_{附加}$ 减少到最低限度。同时，也要研究扩大接触网带电作业项目的范围，以求进一步减少停电时间和次数。

目前，我国铁路规定的接触网检修"天窗"时间标准为 60～90 min，并要求尽可能组织工务、电务等有关部门综合利用这一"天窗"。如使用大型养路机械进行线路维修时，可在预留的接触网检修"天窗"的基础上适当扩大"天窗"时间。

第二篇

铁路列车运行图结构参数分析

第三章 列车运行图结构

第一节 列车运行图结构单元特征

一、运行列车组和列车种类组

1. 运行列车组

在列车运行图上相同或不相同运行方向两相邻列车所组成的列车运行图结构单元称为运行列车组，如图 3-1-1 所示。列车①和②、②和③以及③和④分别构成了列车运行图的运行列车组。显然，当区段一日内运行列车数为 N 时，可以有 $(N-1)$ 组运行列车组。若将当日最后一列车与次日第一列车也组成为一运行列车组，则可构成一个由 N 组运行列车组组成的循环运行列车组体系。

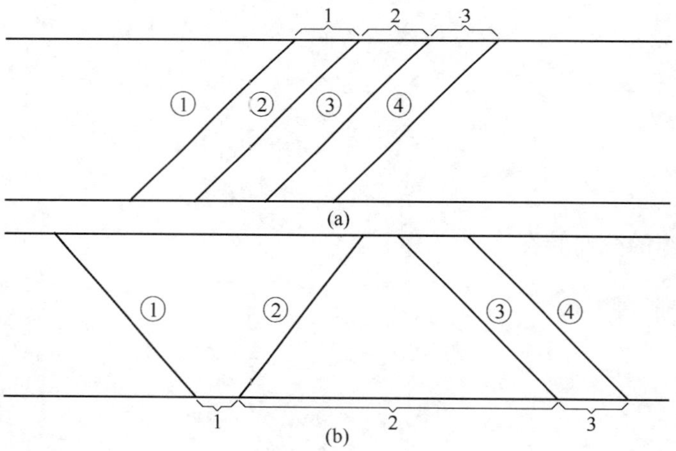

图 3-1-1 运行列车组构成图

2. 列车种类组

列车按其所承担运输任务的不同主要可分为旅客列车、行邮、行包列车和货物列车。旅客列车按其旅行速度的不同，又可分为特快列车、快速列车和普通旅客列车等；货物列车按其列车运行特征的不同，也可分为始发直达列车、技术直达列车、直通货物列车、区段货物列车、摘挂列车和小运转列车等。按一定要求将在该铁路区段内运行的上述“不同种类”列车归并组合而成的列车组称为列车种类组。

考虑到列车在区段内的运行状况与区间通过能力相关的主要因素是时间因素，在这里一般可以按列车种类及其列车的区间运行时分或列车的区段旅行时间为特征，将列车分类归并组合为列车种类组。为进一步简化列车分类，减少列车种类组，例如可规定：

(1)当“不同种类”列车的平均区间运行时分或平均区段旅行时间之差小于 10%时，可将这类“不同种类”列车合并为同一种类列车。

(2)当“某一种类”列车的列车数小于总列车数的 5%时，可将这类列车并入列车区间运行时分或区段旅行时间相近的列车种类组。

3. 可能运行列车组种类数

按运行列车组第一列车和第二列车(或称前行列车和后行列车)所属列车种组之不同，又可以将运行列车组分为若干不同种类的运行列车组。

因为任一列车种类组的列车均可以作为运行列车组的第一列车，又可以作为运行列车组的第二列车，所以对于组织单向行车的双线区段来说，可能的运行列车组种类数($n_{双}$)应为：

$$n_{双} = n_{组}^2 \tag{3-1-1}$$

式中 $n_{组}$——列车种类组数。

对于组织双向行车的单线区段来说，任一列车种类组的列车，除具有既可作为运行列车组的第一列车，又可作为运行列车组的第二列车的组合特征外，它还具有既可作为运行列车组的上行列车，又可作为运行列车组的下行列车的组合特征。因此，单线区段可能的运行列车组种类数($n_{单}$)应为：

$$n_{单} = (2n_{组})^2 = 4n_{组}^2 \tag{3-1-2}$$

其中，由相同种类列车构成的运行列车组称为相同种类运行列车组，而由不同种类列车构成的运行列车组称为不同种类运行列车组。在运行列车组中出现相同种类运行列车组的概率(W_g)可按下式计算：

$$W_g = \frac{N_g}{N} \tag{3-1-3}$$

式中 N_g——相同种类运行列车组数。

二、运行列车组的分布特征

运行列车组一般可以用列车运行图的列车运行间隔时间或列车运行时间来描述它在列车运行图上的分布特征。列车运行图上的列车运行间隔时间或不同列车运行时间或不同运行方向的列车序列分布通常是无规律的，因而它可以用随机分布来描述，亦即运行列车组在列车运行图上的分布通常可以用随机分布来描述。

对于组织单向行车的双线区段，若同方向列车按列车运行速度(亦即列车运行时间不同)只划分为两个列车种类组，而对于组织双向行车的单线区段，按列车运行方向不同也只划分为两个列车种类组，并分别用下标 0 和 1 表示，因而两类不同运行速度列车或不同运行方向列车的列车数可分别写为 n_0 和 n_1。相类似地，由相同种类列车组成的运行列车组数可写为 n_{00} 和 n_{11}，而由不相同种类列车组成的运行列车组数则可写为 n_{10} 和 n_{01}。对于 0 类列车来说它或者是在 0 类列车前运行或者是在 1 类列车之前运行，两者必居其一，故必有

$$n_0 = n_{00} + n_{01} \tag{3-1-4}$$

同理也有

$$n_1 = n_{11} + n_{10} \tag{3-1-5}$$

又因为全部列车是在一整天内循环运行的，故序列的最后列车将再次表现为在第一列车之前运行。在这一循环内也必有

$$n_{01} = n_{10} \tag{3-1-6}$$

这样,在区段上运行列车组总数 N 应为

$$N = n_{00} + 2n_{01} + n_{11} \tag{3-1-7}$$

若将相同与不相同种类运行列车组数积之差与不同种类列车数积之比,称为运行列车组系数(γ),则有

$$\gamma = \frac{n_{00}n_{11} - n_{01}^2}{n_0 n_1} \tag{3-1-8}$$

当两列车种类的列车数相等,即 $n_0 = n_1$,且 $n_{00} = n_{11}$ 时,则式(3-1-8)可写为

$$\gamma = \frac{n_{00}^2 - n_{01}^2}{(n_{00} + n_{01})^2} = \frac{n_{00} - n_{01}}{n_{00} + n_{01}} \tag{3-1-9}$$

在列车运行图中,每天只出现两次列车种类 0 和 1 之间的变换时,可称之为最稳定的列车运行图结构。这时系数 γ 达到最大值,即

$$\gamma_{\max} = \frac{(n_0 - 1)(n_1 - 1) - 1^2}{n_0 n_1} = 1 - \frac{1}{n_0} - \frac{1}{n_1} \tag{3-1-10}$$

在列车运行图中,最大可能频繁地出现 0 类列车与 1 类列车之间的变换时,可称之为最强烈变换的列车运行图结构。这时 $n_{00} = n_{11} = 0$,系数 γ 达到最小值,即

当 $n_1 < n_0$ 时

$$\gamma_{\min} = \frac{-n_1^2}{n_0 n_1} = -\frac{n_1}{n_0} \tag{3-1-11a}$$

当 $n_0 < n_1$ 时

$$\gamma_{\min} = \frac{-n_0^2}{n_0 n_1} = -\frac{n_0}{n_1} \tag{3-1-11b}$$

据此,仅当列车数 $n_0 = n_1$ 时,才能达到限界值 $\gamma_{\min} = -1$。

列车运行图的运行列车组序列结构实际出现情况处于两极限结构之间,它可按给定的概率作分析计算。若分别用 W_0、W_1 表示在列车运行图中出现 0 类和 1 类列车的概率,则有

$$W_0 = \frac{n_0}{N} \tag{3-1-12}$$

$$W_1 = \frac{n_1}{N} \tag{3-1-13}$$

因而,出现由 0 类列车组成运行列车组的概率 W_{00} 应为

$$W_{00} = W_0 W_0 = \frac{n_0^2}{N^2} \tag{3-1-14}$$

在总共 N 组运行列车组条件下可能出现由 0 类列车组成的运行列车组数 n_{00} 为

$$n_{00} = W_{00} N = \frac{n_0^2}{N} \tag{3-1-15}$$

与式(3-1-15)相类似,也有

$$n_{11} = \frac{n_1^2}{N} \tag{3-1-16}$$

$$n_{01} = n_{10} = \frac{n_1 n_0}{N} \tag{3-1-17}$$

将式(3-1-15)、(3-1-16)和(3-1-17)代入式(3-1-8),可得 $\gamma = 0$ 的结果。这意味着当运行列车组按随机规律出现时,必有 $\gamma = 0$。

例如，若将某双线区段运行列车，按列车运行时间划分为快速运行列车 S 和慢速运行列车 L 两大类，而相应的列车数各为 29 列和 69 列，则可按表 3-1-1 的方式构成不同列车运行图结构特征的运行列车组。

表 3-1-1　列车运行图结构分析表

第一列车 \ 第二列车		S	L	计
普通运行图结构	S	9	20	29
	L	20	49	69
	计	29	69	98
最稳定运行图结构	S	28	1	29
	L	1	68	69
	计	29	69	98
最强烈变换运行图结构	S	0	29	29
	L	29	40	69
	计	29	69	98

其中普通列车运行图结构按式(3-1-15)至式(3-1-17)计算运行列车组数有

$$n_{SS}=\frac{29\times 29}{98}=8.6\approx 9$$

$$n_{LL}=\frac{69\times 69}{98}=48.6\approx 49$$

$$n_{SL}=n_{LS}=\frac{29\times 69}{98}=20.4\approx 20$$

当列车运行图具有最稳定结构时，$n_{SS}=29-1=28$，$n_{SL}=1$，$n_{LL}=69-1=68$。按式(3-1-10)有

$$\gamma_{max}=1-\frac{1}{29}-\frac{1}{69}=0.951$$

当列车运行图具有最强烈变换结构时，$n_{SS}=0$、$n_{SL}=29$、$n_{LL}=40$。按式(3-1-11)有

$$\gamma_{min}=-\frac{29}{69}=-0.420$$

对于组织双向行车区段，设 n_0 和 n_1 分别为上下行两方向(或称 0 方向和 1 方向)运行列车数，β 为 0 方向列车数所占比重，故有：

$$n_0=\beta N \tag{3-1-18}$$

$$n_1=(1-\beta)N \tag{3-1-19}$$

将式(3-1-18)和(3-1-19)代入式(3-1-8)并经整理，可得变换列车运行方向的运行列车组数 n_{01}，即

$$n_{01}=\frac{(1-\gamma)n_0 n_1}{N} \tag{3-1-20}$$

将式(3-1-18)和(3-1-19)代入式(3-1-20)有

$$n_{01}=(1-\gamma)(1-\beta)\beta N \tag{3-1-21}$$

因而,出现变换列车运行方向运行列车组,亦即出现会车的概率 W_k 应为

$$W_k = \frac{2n_{01}}{N} = 2(1-\gamma)(1-\beta)\beta \tag{3-1-22}$$

当 $n_0=n_1$,即 $\beta=0.5$ 时,则有

$$W_{kg} = \frac{1-\gamma}{2} \tag{3-1-23}$$

对于随机的运行列车组序列,$\gamma=0$,则

$$W_{k0} = 2\beta(1-\beta) \tag{3-1-24}$$

两运行方向列车数相同、且运行列车组为随机序列,即 $\gamma=0$、$\beta=0.5$ 时,显然有

$$W_{kg0} = 0.5$$

三、类别运行列车组数

类别运行列车组数是指每一种类运行列车组的组数。

设区段内运行列车可分为 K 类,每一类列车既可作为运行列车组的第一列车,又可作为第二列车。若分别用 i、j($i=1$、2、…、K,$j=1$、2、…、K),表示运行列车组第一、第二列车的种类,在运行图中出现 i 类、j 类列车的概率为 W_i、W_j,则有

$$W_i = \frac{n_i}{N} \tag{3-1-25}$$

$$W_j = \frac{n_j}{N} \tag{3-1-26}$$

式中 n_i、n_j 各为 i 类、j 类列车数,且 $\sum n_i=\sum n_j=N$。

这样,同时出现 i 类和 j 类列车的概率 W_{ij} 应为

$$W_{ij} = W_i \cdot W_j = \frac{n_i n_j}{N^2} \tag{3-1-27}$$

相应地,运行列车组数 n_{ij} 为

$$n_{ij} = W_{ij} \cdot N = \frac{n_i n_j}{N} \tag{3-1-28}$$

显然,当 $i=j$ 时,n_{ij} 为相同种类运行列车组,当 $i\neq j$ 时为不相同种类运行列车组。若取 $K=3$($i=1$、2、3,$j=1$、2、3),且 $n_1=50$,$n_2=40$,$n_3=10$,$N=100$,则有

相同种类运行列车组 n_{11}、n_{22}、n_{33} 为

$$n_{11} = \frac{n_1^2}{N} = \frac{50^2}{100} = 25$$

$$n_{22} = \frac{n_2^2}{N} = \frac{40^2}{100} = 16$$

$$n_{33} = \frac{n_3^2}{N} = \frac{10^2}{100} = 1$$

不相同种类运行列车组 n_{12}、n_{13}、n_{23}、n_{21}、n_{31}、n_{32} 为:

$$n_{12} = n_{21} = \frac{n_1 \cdot n_2}{N} = \frac{50\times 40}{100} = 20$$

$$n_{13} = n_{31} = \frac{n_1 \cdot n_3}{N} = \frac{50\times 10}{100} = 5$$

$$n_{23} = n_{32} = \frac{n_2 \cdot n_3}{N} = \frac{40 \times 10}{100} = 4$$

第二节　列车运行间隔时间的概率分布

列车运行间隔时间(I_f)是指在列车运行图中从运行列车组第一列车由区间一端站出发或通过之间起，至运行列车组第二列车由区间同一车站或另一端站出发或通过时止的时间，如图3-2-1所示。观测时间域内所有列车运行间隔时间之和必等于观测时间域的长度 T_z，即

$$\sum I_f = T_z \tag{3-2-1}$$

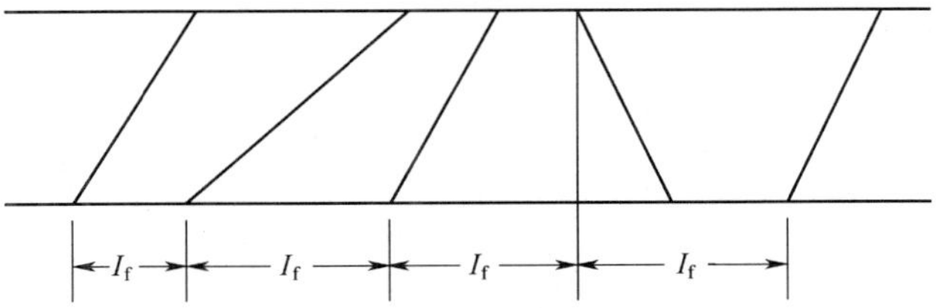

图 3-2-1　列车运行间隔时间图

因而，平均列车运行间隔时间($\bar{I}_f$)应为

$$\bar{I}_f = \frac{T_z}{N} \tag{3-2-2}$$

一般情况下列车运行间隔时间的概率分布可用爱尔朗分布来描述，即

$$h = N\mathrm{e}^{-K\alpha} \sum_{x=0}^{K-1} \frac{K\alpha^n}{n!} \tag{3-2-3}$$

式中　h——理论频数；

α——列车运行间隔时间 I_f 与平均列车间隔时间 $\bar{I}_f$ 之比值；

N——运行列车数；

K——参数，用下式计算确定：

$$K = \left(\frac{\bar{I}_f}{S_z}\right)^2 \tag{3-2-4}$$

其中　S_z——列车运行间隔时间的标准偏差，计算公式为：

$$S_z = a\sqrt{\frac{\sum x^2 f - (\sum xf)^2/N}{N-1}} \tag{3-2-5}$$

其中　a——列车运行间隔时间分组的组距，

x——按列车运行间隔时间组中值(I''_f)和临时均值(I'_f)计算的参数，计算公式为：

$$x = \frac{1}{a}(I''_f - I'_f) \tag{3-2-6}$$

K 可取 1 至∞的全部数值。当 $K=1$ 时，由式(3-2-3)可得负指数分布的形式，即

$$h = N\mathrm{e}^{-a} \tag{3-2-7}$$

当 $K=\infty$时，相应为一固定列车运行间隔时间的列车运行图。

在实际工作中，通常 K 值在 1 与 5 之间，且具有区段列车运行负荷越大、K 值越大的特征。这说明区段列车运行负荷越大，列车运行越有规律性。

例如，表 3-2-1 所列为 JG 区段观测期间（T_z＝1 440 min）的 94 个列车运行间隔时间，其均值为：

$$\bar{I}_f = \frac{1\,440}{94} = 15.32(\text{min})$$

表 3-2-2 为根据表 3-2-1 资料编制的列车运行间隔频数表。在组宽 a＝5 min，且取第三组中值 I'_f ＝12 min 为临时均值的条件下，表中的 x 值按下式计算：

$$x = \frac{1}{5}(I'_f - 12)$$

表 3-2-1　列车运行间隔时间表

6	15	12	14	20	13	21	14	10	7
15	13	23	15	14	10	21	45	9	9
10	8	39	17	21	15	32	9	19	20
16	15	49	14	15	23	9	11	10	54
8	12	11	4	17	15	10	9	9	13
6	20	32	7	12	10	9	8	8	11
8	10	41	14	7	21	36	22	10	33
15	4	8	23	4	16	5	10	13	8
36	15	9	9	12	9	13	19	11	7
11	16	8	14						

表 3-2-2　列车运行间隔时间频数表

I_f(min)	x	f	xf	x^2f
0～4	−2	3	−6	12
5～9	−1	25	−25	25
10～14	0	29	0	0
15～19	1	16	16	16
20～24	2	11	22	44
25～29	3	0	0	0
30～34	4	3	12	48
35～39	5	3	15	75
40～44	6	1	6	36
45～49	7	2	14	98
50～54	8	1	8	64
		94	62	418

根据表 3-2-2 的计算资料按式(3-2-5)和(3-2-4)计算，可得标准偏差 S_z 和爱尔朗分布参数 K，即

$$S_z = 5\sqrt{\frac{418 - 62^2/94}{94 - 1}} = \pm 10.07\ (\text{min})$$

$$K = \left(\frac{15.32}{10.07}\right)^2 = 2.32$$

因而，表 3-2-1 所列的列车运行间隔时间概率分布可用参数 $K=2$ 或$K=3$的爱尔朗分布来描述，即

$$h = N\mathrm{e}^{-2\alpha}(1+2\alpha) \tag{3-2-8a}$$

$$h = N\mathrm{e}^{-3\alpha}\left[1+3\alpha+\frac{2\alpha^2}{2}\right] \tag{3-2-8b}$$

在表 3-2-3 中列出了按式(3-2-8b)($K=3$)计算的理论频数 h 和观测频数 f。据此作 χ^2 检验可以证明理论分布与观测分布的偏差是随机的，亦即用爱尔朗分布来描述列车运行间隔时间的概率分布是可以接受的。

表 3-2-3　理论频数表

I_f(min)	a	Φ	$\sum h$	h	f	$f-h$	$(f-h)^2/h$
0	0	1 000	94	6	3	−3	1.500
4.5	0.294	0.940	88	21	25	4	0.762
9.5	0.620	0.715	67	24	29	5	1.042
14.5	0.947	0.460	43	18	16	−2	0.222
19.5	1.273	0.265	25	12	11	−1	0.083
24.5	1.600	0.143	13	13	10	−3	0.692
				94	94	0	4.301

第三节　列车对区段的占用

一、列车对一个区间的占用

1. 单向行车区间的占用

在组织单向行车的双线区段，列车对区间的占用通常可以用最小列车间隔时间来表示。将运行列车组数与相应的最小列车间隔时间相乘，并对各类运行列车组的乘积作加总计算可得列车对区间的总占用时间 T_c。将时间 T_c 与计算的时间长度 T_z 作比较可得区间的占用率 ρ，即

$$\rho = \frac{T_c}{T_z} \tag{3-3-1}$$

在实际工作中，$\rho=1$ 肯定是不可能的，为确保列车在区段内运行具有必要的流水性，研究表明通常可考虑采用 $\rho\leqslant 0.75$，而对于具有很大负荷的区段通常也应不大于 0.85。

用运行列车数(N)除以占用时间总值(T_c)可得平均列车占用区间时间($\bar{I}$)，即

$$\bar{I} = \frac{T_c}{N} \tag{3-3-2}$$

在列车运行图中安排的列车运行间隔时间与最小列车间隔时间之差称为运行图缓冲时间 t_r，如图 3-3-1 所示，该时间的总值 T_r 等于观测时间域长度(T_z)与占用时间总值(T_c)之差，即

$$T_r = T_z - T_c \tag{3-3-3}$$

利用缓冲时间总值可计算平均缓冲时间($\bar{t}_r$)，即

$$\bar{t}_r = \frac{T_z - T_c}{N} \tag{3-3-4}$$

缓冲时间总值 T_r 与时间 T_z 的关系也可以用缓冲率表示，即

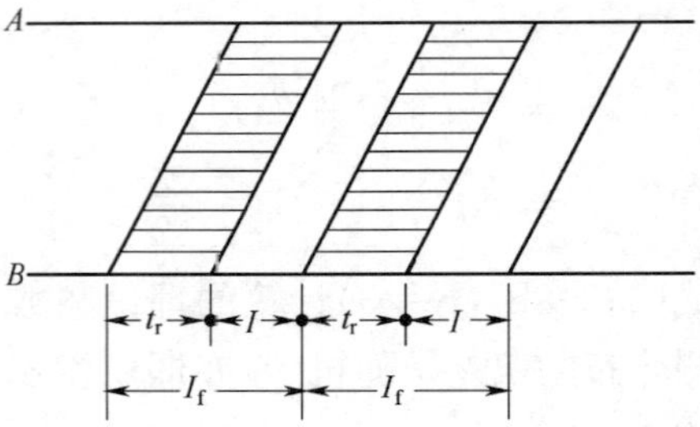

图 3-3-1 列车运行图缓冲时间示意图

$$\frac{T_r}{T_z}=1-\rho \tag{3-3-5}$$

例如有一长为 8.30 km 的单向行车区间。在该区间运行的 98 列列车被划分为 S 和 L 两类列车,列车的区间运行时间均值为 $t_S=9.90$ min、$t_L=14.16$ min。运行列车组的平均最小列车间隔时间见表 3-3-1。

表 3-3-1 平均最小列车间隔时间(min)表

第一列车 \ 第二列车	S	L
S	7.20	6.77
L	11.46	10.09

根据最小列车间隔时间和普通运行图结构的运行列车组数(见表 3-1-1)可有:

$$\begin{aligned} T_c &= 9\times 7.20+20\times 6.77+20\times 11.46+49\times 10.09 \\ &= 923.8 \approx 924\ (\text{min}) \end{aligned}$$

因而,区间占用率应为:

$$\rho=\frac{924}{1\ 440}=0.642$$

列车平均占用区间时间

$$i_c=\frac{924}{98}=9.43\ (\text{min})$$

缓冲时间总值 $T_r=1\ 440-924=516\ (\text{min})$

平均缓冲时间 $\bar{t}_r=\frac{516}{98}=5.27\ (\text{min})$

当列车运行图结构发生变化时,占用时间总值也将随之变化。在最稳定运行图结构条件下占用时间总值应为:

$$T_c=28\times 7.20+1\times 6.77+1\times 11.46+68\times 10.09=906\ (\text{min})$$

而在最强烈变换的运行图结构条件下,则有

$$T_c=0\times 7.20+29\times 6.77+29\times 11.46+40\times 10.09=932\ (\text{min})$$

由此可见,在单向行车区间列车运行图结构的变化对列车占用区间时间总值变化的影响并不大。

2. 双向行车区间的占用

在组织双向行车的单线区段,由图 3-3-2 可见,列车区间运行时间(t)为列车在区间两端站到发时间差的计算值,列车运行间隔时间(I_f)为两相邻列车发车时间差的计算值,而最小列车间隔时间对于相同运行方向的运行列车组为列车区间运行时间(t)与车站办理必要作业时间之和,对于相同运行方向的运行列车组则与双向行车区间相类似。

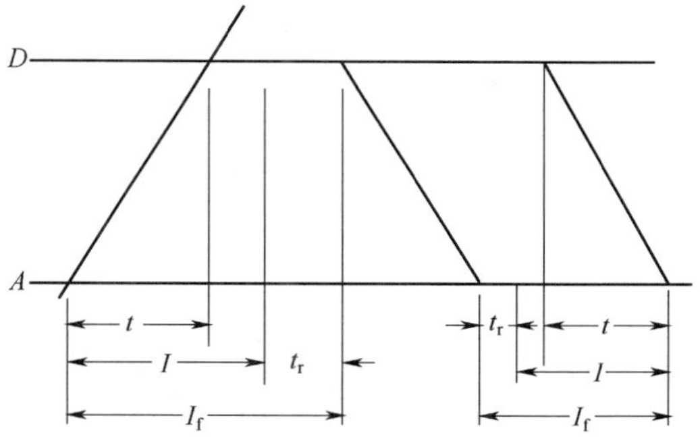

图 3-3-2　双向行车区间列车占用时间图

表 3-3-2 所列为组织双向行车区间 AD 的列车运行图资料，其中 t 为按列车到、发时间差计算的列车区间运行时间，带正号者为 AD 方向列车、带负号者为 DA 方向列车，共计 80 列；I_f 为按相邻列车发车时间差计算的列车运行间隔时间；I 为最小列车间隔时间；t_r 为列车运行图缓冲时间。

以列车区间运行时间为特征组成运行列车组的运行列车组频数表如表 3-3-3 所示，将该表所列频数与按不同运行列车组列车运行条件计算确定的最小列车间隔时间表 3-3-4 和表 3-3-5 相应的最小列车间隔时间相乘可得相应种类运行列车组占用区间时间值(见表 3-3-6)及占用时间总值，即 $T_c=922$ min。因而，区间占用率为：

$$\rho=\frac{922}{1\ 440}=0.64$$

列车平均占用区间时间为

$$\bar{I}=\frac{922}{80}=11.5\ (\text{min})$$

平均列车运行图缓冲时间为：

$$\bar{t}_r=\frac{518}{80}=6.5\ (\text{min})$$

表 3-3-2　单线区间 *AD* 列车运行图资料表

单位：min

列车在 A 站出发或到达时间	列车在 D 站的出发或到达时间	t	I_f	I	t_r
0:02	23:56	−6	18	11	7
0:14	0:29	+15	20	20	0
0:49	0:34	−15	22	20	2
0:56	1:11	+15	25	19	6
1:30	1:21	−9	31	14	17
1:52	2:07	+15	25	20	5
2:32	2:17	−15	21	19	2
2:38	2:47	+9	8	5	3
2:46	2:55	+9	30	5	25
3:16	3:28	+12	22	15	7
3:44	3:38	−6	16	3	13
4:06	3:54	−12	10	7	3

续上表

列车在A站出发或到达时间	列车在D站的出发或到达时间	t	I_f	I	t_r
4:16	4:04	−12	10	8	2
4:23	4:14	−9	14	12	2
4:28	4:34	+6	25	10	15
5:02	4:53	−9	8	6	2
5:07	5:01	−6	16	3	13
5:32	5:17	−15	12	10	2
5:38	5:29	−9	21	14	7
5:50	6:05	+15	19	19	0
6:18	6:09	−9	16	14	2
6:25	6:40	+15	20	19	1
6:57	6:45	−12	22	15	7
7:07	7:13	+6	11	11	0
7:33	7:18	−15	16	9	7
7:49	7:34	−15	15	12	3
7:55	7:49	−6	16	4	12
8:11	8:05	−6	6	3	3
8:20	8:11	−9	23	5	18
8:43	8:34	−9	14	12	2
8:48	8:54	+6	6	3	3
8:54	9:06	+12	20	8	12
9:14	9:23	+9	18	13	5
9:44	9:32	−12	10	9	1
9:48	9:42	−6	11	3	8
10:02	9:53	−9	16	13	3
10:09	10:21	+12	19	7	12
10:28	10:43	+15	17	9	8
10:45	10:57	+12	16	16	0
11:10	11:01	−9	6	5	1
11:19	11:07	−12	19	16	3
11:26	11:38	+12	22	17	5
12:03	11:48	−15	11	9	2
12:14	11:59	−15	27	20	7
12:26	12:41	+15	43	19	24
13:18	13:09	−9	7	4	3
13:31	13:16	−15	21	19	2
13:37	13:46	+9	22	13	9
14:08	13:59	−9	15	13	2
14:14	14:23	+9	14	14	0
14:43	14:28	−15	44	9	35
15:27	15:12	−15	32	20	12
15:44	15:59	+15	25	20	5
16:24	16:09	−15	22	19	3
16:31	16:43	+12	9	7	2

续上表

列车在 A 站出发或到达时间	列车在 D 站的出发或到达时间	t	I_f	I	t_r
16:40	16:55	+15	35	20	15
17:30	17:15	−15	20	18	2
17:35	17:41	+6	11	3	8
17:46	17:58	+12	15	3	7
18:01	18:10	+9	7	5	2
18:08	18:17	+9	8	5	3
18:16	18:25	+9	14	14	0
18:45	18:30	−15	26	19	7
18:56	19:05	+9	7	4	8
19:03	19:18	+15	23	12	11
19:26	19:32	+6	16	10	6
19:54	19:42	−12	12	9	3
20:00	19:54	−6	12	9	3
20:06	20:12	+6	16	9	7
20:28	20:22	−6	17	10	7
20:39	20:43	+9	12	12	0
20:57	20:51	−6	5	3	2
21:05	20:56	−9	29	12	17
21:25	21:31	+6	16	11	5
21:56	21:41	−15	21	19	2
22:02	22:11	+9	7	5	2
22:09	22:18	+9	7	5	2
22:16	22:28	+12	27	17	10
22:58	22:43	−15	45	19	26
23:28	23:40	+12	28	15	13
			$T_z=1\ 440$	$T_c=922$	$T_r=518$

表 3-3-3　运行列车组频数

第一列车 \ 第二列车	−15	−12	−9	−6	+6	+9	+12	+15	计
−15	3	—	1	1	1	4	2	3	15
−12	—	1	1	2	1	—	1	—	6
−9	1	1	1	1	3	1	1	3	12
−6	1	1	3	1	1	1	—	1	9
+6	2	1	1	1	—	—	2	—	7
+9	2	1	1	1	—	4	2	1	12
+12	2		1	2	—	2	—	2	9
+15	4	1	3	—	1	—	1	—	10
计	15	6	12	9	7	12	9	10	80

表 3-3-4　相同运行方向列车最小列车间隔时间表

单位：min

第一列车 \ 第二列车	6	9	12	15
6	4	3	3	3
9	6	6	5	4
12	9	8	7	7
15	12	10	9	9

表 3-3-5　不相同运行方向列车最小列车间隔时间表

单位：min

第一列车 \ 第二列车	6	9	12	15
6	9	10	10	11
9	12	13	13	14
12	15	16	16	17
15	18	19	19	20

表 3-3-6　运行列车占用区间时间表　　单位：min

第一列车 \ 第二列车	−15	−12	−9	−6	+6	+9	+12	+15	计
−15	27		10	12	18	76	38	60	241
−12		7	8	18	15		16		64
−9	4	5	5	6	36	13	13	42	124
−6	3	3	9	4	9	10		11	49
+6	22	10	10	9			6		57
+9	28	13	13	12		20	10	4	100
+12	34		16	30		16		14	177
+15	80	19	57		12		9		177
计	198	57	128	91	90	135	92	131	922

若把表 3-3-3 所列的多种类运行列车组按列车运行方向归并为两类列车的运行列车组（见表 3-3-7），则还可以据以研究列车运行图结构对双向行车区间占用时间的影响。

根据表 3-3-6 四部分时间可以计算四种运行列车组的平均占用区间时间，即

$$I_{00}=\frac{121}{19}=6.37\ (\text{min})\qquad I_{01}=\frac{357}{23}=15.52\ (\text{min})$$

$$I_{10}=\frac{353}{23}=15.35\ (\text{min})\qquad I_{11}=\frac{91}{15}=6.07\ (\text{min})$$

因而，在最稳定列车运行图结构条件下占用区间时间总值和区间占用率应为：

$$T_c=41\times6.37+1\times15.52+1\times15.35+37\times6.07=517\ (\text{min})$$

$$\rho=\frac{517}{1\ 440}=0.359$$

而在最强烈变换的运行图结构条件下则有：

$$T_c=4\times6.37+38\times15.52+38\times15.35+0\times6.07=1\ 197\ (\text{min})$$

$$\rho=\frac{1\ 197}{1\ 440}=0.831$$

由此可见，单线区间与双线区段不同，列车运行图结构变化将对列车占用区间时间总值变化产生重要影响。

表 3-3-7　两类运行列车组数表

第一列车 \ 第二列车		DA	AD	计
普通运行图结构	DA	19	23	42
	AD	23	15	38
	计	42	38	80
最稳定运行图结构	DA	41	1	42
	AD	1	37	38
	计	42	38	80
最强烈变换运行图结构	DA	4	38	42
	AD	38	0	38
	计	42	38	80

3. 区间占用时间总值的分析计算

列车运行图在划分为两分类列车的运行列车组结构条件下，列车对区间占用时间的总值可按下式计算：

$$T_c = n_{00} I_{00} + n_{01} I_{01} + n_{10} I_{10} + n_{11} I_{11} \tag{3-3-6}$$

对于随机的列车运行图结构，有 $\gamma=0$，因而根据式(3-1-8)可有

$$n_{00} n_{11} = n_{01}^2 \tag{3-3-7}$$

将式(3-1-15)、式(3-1-16)的关系代入式(3-3-7)，经整理可得：

$$n_{01} = \frac{n_0 n_1}{N} \tag{3-3-8}$$

将式(3-3-8)代入式(3-1-4)和式(3-1-5)，经整理可得：

$$n_{00} = \frac{n_0^2}{N} \tag{3-3-9}$$

$$n_{11} = \frac{(N - n_0)^2}{N} \tag{3-3-10}$$

将式(3-3-8)、式(3-3-9)和式(3-3-10)代入式(3-3-6)，经整理有：

$$T_c = \frac{1}{N}\{n_0^2[I_{00} + I_{11} - (I_{01} + I_{10})] + n_0[N(I_{01} + I_{10}) - 2NI_{11}] + N^2 I_{11}\} \tag{3-3-11}$$

以 n_0 对这一时间总值求导数并令导数等于 0，可得列车占用区间时间总值的最大值(T_{cmax})及其相应的 0 类列车数(n'_{00})，即

$$T_{cmax} = \frac{N[(I_{01} + I_{10})^2 - 4I_{00} I_{11}]}{4(I_{01} + I_{10} - I_{00} - I_{11})} \tag{3-3-12}$$

$$n'_{00} = \frac{N(I_{01} + I_{10} - 2I_{11})}{2(I_{01} + I_{10} - I_{00} - I_{11})} \tag{3-3-13}$$

图 3-3-3 为在最小列车间隔时间 $I_{00}=2$ min、$I_{01}=2$ min、$I_{10}=10$ min、$I_{11}=4$ min 和 $N=100$ 列时，列车占用区间时间总值与列车数 n_0 的相关曲线图，其中 $n'_{00}=33$ 列、$T_{cmax}=467$ min。

对于最稳定的列车运行图结构，因为 $n_{01}=n_{10}=1$、$n_{00}=n_0-1$、$n_{11}=n_1-1=N-n_0-1$，所以有

$$T_c = n_0(I_{00} - I_{11}) - I_{00} + I_{01} + I_{10} + (N-1)I_{11} \tag{3-3-14}$$

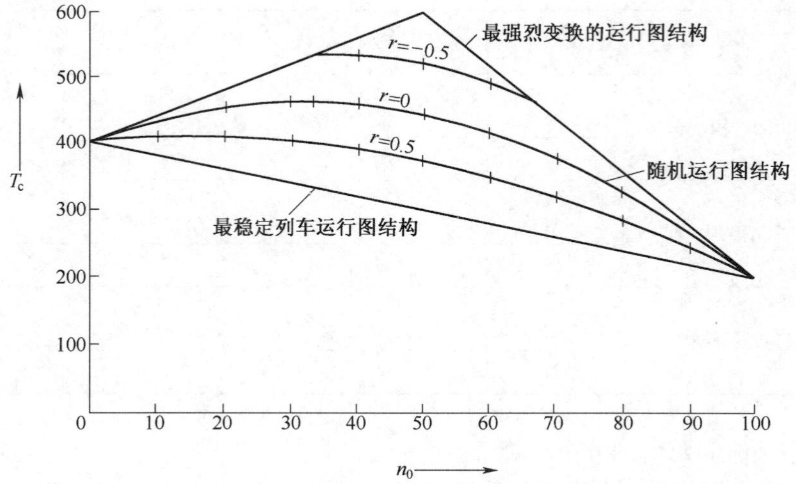

图 3-3-3 占用区间时间总值与 n_0 相关图

对于最强烈变换的列车运行图结构，若 $n_0 < n_1$，则 $n_{00}=0$、$n_{01}=n_{10}=n_0$、$n_{11}=N-2n_0$。因而有

$$T_c = n_0(I_{01}+I_{10}-2I_{11})+NI_{11} \tag{3-3-15}$$

若 $n_0 > n_1$，则 $n_{11}=0$、$n_{01}=n_{10}=n_1$、$n_{00}=N-2n_1$。因而有

$$T_c = (N-n_0)(I_{01}+I_{10}-I_{00})NI_{00} \tag{3-3-16}$$

在这一条件下，当 $n_0=0.5N$ 时具有最大的区间占用时间总值，即

$$T_{cmax} = \frac{N}{2}(I_{01}+I_{10}) \tag{3-3-17}$$

在图 3-3-3 中，$n_0=0.5$，$N=50$ 时，$T_{cmax}=600$ min。

设 β 为不同种类列车数的比例系数，即

$$\beta = \frac{n_0}{N} \tag{3-3-18}$$

这样，划分为两类列车的运行列车组四种运行列车组数比例关系可表示为：

β^2	$\beta(1-\beta)$	β
$\beta(1-\beta)$	$(1-\beta)^2$	$(1-\beta)$
β	$(1-\beta)$	1

因而，列车运行图的平均最小列车间隔时间 $\bar{I}_c$ 应为：

$$\bar{I} = \beta^2 I_{00} + \beta(1-\beta)(I_{01}+I_{10}) + (1-\beta)^2 I_{11} \tag{3-3-19}$$

以 β 对这一时间求导数并令导数等于 0，可得在 $\bar{I}$ 具有最大值时的临界比例系数(β_K)，即

$$\beta_K = \frac{I_{01}+I_{10}-2I_{11}}{2(I_{01}+I_{10}-I_{00}-I_{11})} \tag{3-3-20}$$

这时，平均最小列车间隔时间的最大值为：

$$\bar{I}_{max} = \frac{1}{2}[\beta_K(I_{01}+I_{10}-2I_{11})+I_{11}] \tag{3-3-21}$$

例如，某区间一日内办理列车运行的时间 $T_z=1\ 440-180=1\ 260$ (min)（其中 180 min 为施工天窗），放行 $N=N_S+N_L$ 列列车。若最小列车间隔时间 $I_{SS}=2$ min、$I_{SL}=2$ min、$I_{LS}=10$ min、$I_{LL}=4$ min，按式(3-3-20)有：

$$\beta_K=\frac{2+10-2\times2}{2(2+10-2-4)}=0.67$$

按式(3-3-21)这时平均最小列车间隔时间的最大值应为：

$$\bar{I}_{max}=\frac{1}{2}[0.67(2+10-2\times2)]+2=4.68(\text{min})$$

如果列车运行图平均缓冲时间 $\bar{t}_r=5$ min，则列车运行图的列车运行间隔时间 I_f 应为：

$$I_f=4.68+5=9.68\ (\text{min})$$

这样，在时间 T_z 内可放行的列车数为：

$$N=\frac{1\ 260}{9.68}=130(\text{列})$$

$$n_S=130\times0.67=87(\text{列})$$

$$n_L=130\times0.33=43(\text{列})$$

二、区间占用的排队问题

若把一个区间作为只具有一个服务台的服务系统看待，那么就可以运用排队论单通道排队模型来描述列车对区间占用的排队问题。在这一系统中，一次服务时间为最小列车间隔时间 I_c、每一顾客（列车）占用系统的时间为列车运行图的列车运行间隔时间或实际列车运行间隔时间 I_f。

在大多数情况下列车运行间隔时间 I_f 是随机分布的，可以用具有参数 K_Z 的爱尔朗分布来描述。最小列车间隔时间 I 常常也具有随机分布的特征，可以用具有参数 K_c 的爱尔朗分布描述。参数 K_z 可按式(3-2-4)计算，而参数 K_c 则可按下式计算：

$$K_c=\left(\frac{\bar{I}_c}{S_c}\right)^2 \tag{3-3-22}$$

式中，S_c 为最小列车间隔时间的标准偏差，它也可按式(3-2-5)计算。有时标准偏差 S_c 相对于平均最小列车间隔时间 $\bar{I}$ 是一个较小的数值。在这种情况下参数 K_c 的数值很大，可以把服务时间 I 作为一项常数看待。

因此，区间服务系统实际上也可以用 $E_K/D/1$ 服务系统来描述，对于 $E_2/D/1$ 系统并可用表 3-3-8 给出区间占用率与平均排队长度 $\bar{l}_w$ 的关系，而列车的平均排队时间 $\bar{t}_w$ 则可按下式计算：

$$\bar{t}_w=\bar{l}_w\bar{I}_f \tag{3-3-23}$$

例如，某区间在 $T_z=1\ 440$ min 内开行 $N=120$ 列列车，因而 $\bar{I}_f=1\ 440\div120=12.0$ (min)。若平均服务时间 $\bar{I}=7.2$ min，则区间占用率 $\rho=7.2\div12.0=0.6$。据此，由表 3-3-8 可得 $\bar{l}_w=0.175\ 8$，故每一列车进入区间的平均排队时间为：

$$\bar{t}_w=0.175\ 8\times12.0=2.1\ (\text{min})$$

因平均缓冲时间 $\bar{t}_r=12.0-7.2=4.8$ (min)，大于平均排队时间，所以可以说这一服务系统还具有增加运行列车数的潜力。当达到极限值，即 $\bar{t}_r^*=\bar{t}_w^*$ 时，则有

$$\bar{I}_f-\bar{I}=\bar{l}_w\bar{I}_f \tag{3-3-24}$$

将式(3-3-24)两边除以 $\bar{I}_f$ 经整理可得：

$$\bar{l}_w^* + \rho^* = 1 \tag{3-3-25}$$

占用率 ρ^* 是在任何情况下也不允许超过的数值。当达到这一数值时列车运行质量将受到严重损害。不同服务系统占用率与平均排队长度的限界值见表 3-3-9。

例如，$E_2/D/1$ 系统的占用率限界值 $\rho^*=0.684$，这时 $\bar{l}_w^*=0.316$。在 $\bar{I}=7.2$ min 时，允许开行的列车数 $N=1\,440\times0.684\div7.2=137$。因而平均缓冲时间 $\bar{t}_r^*=1\,440\div137-7.2=3.3$ (min)，这时平均排队时间 $\bar{t}_w^*=0.316\times1\,440\div137=3.3$ (min)。

当列车到达系统和系统的服务均需用爱尔朗分布来描述时，则构成了 $E_{kz}/E_{kc}/1$ 服务系统。这时参数 K_z 和 K_c 可综合为参数 ξ，即

$$\xi = \frac{K_z-1}{2K_z} + \frac{K_c-1}{2K_c} = 1 - \frac{1}{2}\left(\frac{1}{K_z} + \frac{1}{K_c}\right) \tag{3-3-26}$$

采用参数 ξ 系统的平均排队长度可近似地按下式计算：

$$\bar{l}_w = \frac{\rho(1-\xi\rho)}{1-\rho} - \rho \tag{3-3-27}$$

这时，在限界条件下(即 $\bar{l}_w^* + \rho^* = 1$)允许的占用率 ρ^* 为：

$$\rho^* = \frac{1-\sqrt{1-\xi}}{\xi} \tag{3-3-28}$$

允许开行的列车数 N^* 为：

$$N^* = \rho^* \frac{T_z}{\bar{I}_c} \tag{3-3-29}$$

列车进入区间的平均排队时间 $\bar{t}_w^*$ 在数值上等于平均列车运行图缓冲时间，即

$$\bar{t}_w^* = \frac{(1-\rho^*)\bar{I}}{\rho^*} \tag{3-3-30}$$

表 3-3-8 平均排列长度表

ρ	$\bar{l}_w$
0.1	0.000 6
0.2	0.004 8
0.3	0.016 5
0.4	0.041 2
0.5	0.088 5
0.6	0.175 8
0.7	0.345 1
0.8	0.722 4
0.9	1.812 6

表 3-3-9 占用率和平均排队长度限界值表

服务系统	ρ^*	$\bar{l}_w^*$
M/M/1	0.5	0.5
M/D/1	0.586	0.414
$E_2/D/1$	0.684	0.316
$E_3/D/1$	0.731	0.269
$E_4/D/1$	0.763	0.237
$E_5/D/1$	0.788	0.212
$E_6/D/1$	0.804	0.196
$E_7/D/1$	0.814	0.186
$E_8/D/1$	0.824	0.176
$E_9/D/1$	0.832	0.168
$E_{10}/D/1$	0.839	0.161

例如，某区间 $N=80$ 列、平均列车运行间隔时间 $\bar{I}_f=18$ min、标准偏差 $S_z=8.45$ min，故参数 $K_z=4.53$。平均最小列车间隔时间 $\bar{I}=11.5$ min、标准偏差 $S_c=5.6$ min，因而参数 $K_c=4.21$。这样：

$$\xi = \frac{4.53-1}{2\times4.53} + \frac{4.21-1}{2\times4.21} = 0.771$$

占用率 $\rho=11.5\div18.0=0.640$，按式(3-3-27)平均排队长度为：

$$\bar{l}_w = \frac{0.640 \times (1 - 0.771 \times 0.640)}{1 - 0.640} - 0.640 = 0.261$$

因而,平均排队时间应为:

$$\bar{t}_w = 0.261 \times 18.0 = 4.7\ (\text{min})$$

这一数值小于平均列车运行图缓冲时间 $\bar{t}_r = 18.0 - 11.5 = 6.5\ (\text{min})$。

按式(3-3-28)计算这一区间允许的占用率为:

$$\rho^* = \frac{1 - \sqrt{1 - 0.771}}{0.771} = 0.676$$

因而,平均排队长度 $\bar{l}_w^*$ 为:

$$\bar{l}_w^* = 1 - 0.676 = 0.324$$

区间允许开行的列车数 N^* 为:

$$N^* = 0.676 \times \frac{1\,440}{11.5} = 85(\text{列})$$

列车平均排队时间和平均列车运行图缓冲时间为:

$$\bar{t}_w^* = \bar{t}_r^* = \frac{(1 - 0.676) \times 11.5}{0.676} = 5.5\ (\text{min})$$

三、列车对整个区段的占用

区段通常由多个区间组成,一般可分别就每一区间研究列车对区间的占用,从中找出列车运行最困难的区间,并将这一区间作为整个区段的标准区间。但是要想对区段列车运行状态作出可靠的评价,还必须把整个区段作为一单个的系统来研究。

在这里,以描述了每一列车区间占用时间的整个区段列车运行图为出发点。在这种列车运行图中可以看出位于两占用时间之间的列车运行图缓冲时间,可对每一区间计算占用时间总值 T_c 和列车运行图缓冲时间总值 T_r,并据以计算区间占用率和缓冲率。

在图 3-3-4 中给出了其中 3 个区间运行图的摘录。图中在 6 条列车运行线之间就每一区间标出了列车运行图缓冲时间,3 个区间列车运行图缓冲时间总值为:

$$T_{r1} = 3 + 3 + 1 + 10 + 15 = 32\ (\text{min})$$

$$T_{r2} = 2 + 9 + 8 + 20 = 39\ (\text{min})$$

$$T_{r3} = 22 + 6 + 24 = 52\ (\text{min})$$

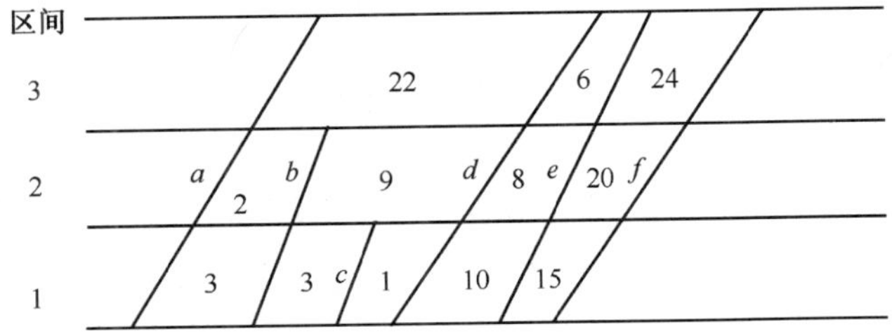

图 3-3-4　列车运行图缓冲时间说明图

将区间 1 和 2 两个区间的列车运行图缓冲时间加以综合时以其中较小者为标准。据此,对于列车 a、b 之间的列车运行图缓冲时间因为区间 2 小于区间 1,故应以区间 2 为标准,而对

于列车 b、d、c 则应以区间 1 为标准。依此类推,列车 d、e 为区间 2,列车 e、f 为区间 1。因而,区间 1 和 2 列车运行图缓冲时间的综合值应为:

$$T_{r1、2} = 2+3+1+8+15 = 29 \text{ (min)}$$

同理,若将区间 1、2 和 3 三个区间的列车运行图缓冲时间加以综合,其值应为:

$$T_{r1、2、3} = 2+3+1+6+15 = 27 \text{ (min)}$$

设按这一方法推算的区段列车运行图缓冲时间总值为 T_{rs},区段占用率为 ρ_s,则有

$$\rho_s = \frac{T_z - T_{rs}}{T_z} \tag{3-3-31}$$

在这里将区段占用率与区间占用率之比(即 $\rho_s : \rho$)称之为区间关联系数。根据对实际资料的统计整理,在非自动闭塞区段该系数与区段内区间数 α 之间的关系汇总列于表 3-3-10,这一关系也可以近似地用下式表示:

$$\frac{\rho_s}{\rho} = 0.883\,8 + 0.167\,6\alpha - 0.005\,14\alpha^2 \tag{3-3-32}$$

表 3-3-10 关 联 系 数 表

α	ρ_s/ρ	ρ_{sul}	α	ρ_s/ρ	ρ_{sul}
2	1.20	0.83	9	1.96	0.51
3	1.36	0.74	10	2.02	0.49
4	1.50	0.67	11	2.08	0.48
5	1.62	0.62	12	2.13	0.47
6	1.72	0.58	13	2.18	0.46
7	1.81	0.55	14	2.23	0.45
8	1.89	0.53	15	2.28	0.44

当各区间的区间占用率不相等时,作为近似值也可以采用各区间的均值。

区段允许全部占用,亦即 $\rho_s=1$ 时,区间允许占用率 ρ_{sul}(见表 3-3-10)也可按下式计算:

$$\rho_{sul} = \frac{1}{0.883\,8 + 0.167\,6\alpha - 0.005\,14\alpha^2} \tag{3-3-33}$$

例如,当 $\alpha=6$ 时,由表 3-3-10 可得 $\rho_{sul}=0.58$。若按式(3-3-33)计算,则有

$$\rho_{sul} = \frac{1}{0.883\,8 + 0.167\,6 \times 6 - 0.005\,14 \times 6^2} = 0.58$$

在已知区段开行列车数 N 的条件下,根据允许的区间占用率可按下式计算平均需要的列车运行图缓冲时间 t_{rerf},即

$$t_{rerf} = \frac{T_r}{N} = \frac{T_z(1-\rho_{sul})}{N} \tag{3-3-34}$$

例如,当 $\rho_{sul}=0.58$、$N=100$ 时,按式(3-3-34)计算,则有

$$t_{rerf} = \frac{1\,440 \times (1-0.58)}{100} = 6 \text{ (min)}$$

第四章

运行列车组平均最小列车间隔时间

第一节　双线区段运行列车组最小列车间隔时间

在双线区段，运行列车组最小列车间隔时间是指运行列车组两列车由区间同一车站出发或通过的最小必要间隔时间。

最小列车间隔时间 I 就每一种类运行列车组有不同情况。对于只具有两种列车种类组的区段，可能的运行列车组种类数为：

$$n_{双} = 2^2 = 4$$

在双线自动闭塞区段，组织列车追踪运行，四种运行列车组的构成情况如图 4-1-1 所示，图中各种运行列车组最小列车间隔时间，在相应区段具体条件下，可根据列车运行要求计算确定。

(a) 相同种类运行列车组

(b) 不同种类运行列车组

图 4-1-1　运行列车组构成图

相同种类运行列车组和以快速列车为第一列车的不相同种类运行列车组，一般按最小列车追踪间隔时间取值。但慢速列车为第一列车的不相同种类运行列车组应按如下方法取值：

$$I = I_{追} + \Delta t \tag{4-1-1}$$

式中 Δt 为慢速、快速列车在计算区间的运行时间差。对于有停车作业摘挂列车，为摘挂列车与快速列车的最大区间运行时间差；对于其他货物列车，按在区段内越行一次计算，近似地取货物列车与快速列车区段运行时间差之半的数值。

在双线半自动闭塞区段，列车在区段内以连发方式运行，四种运行列车组的构成情况如图 4-1-2 所示。最小列车间隔时间可按下式计算：

$$I = t_1 + \tau_{连} \tag{4-1-2}$$

式中　t_1——运行列车组第一列车的区间运行时分，min；

$\tau_{连}$——列车连发间隔时间，min。

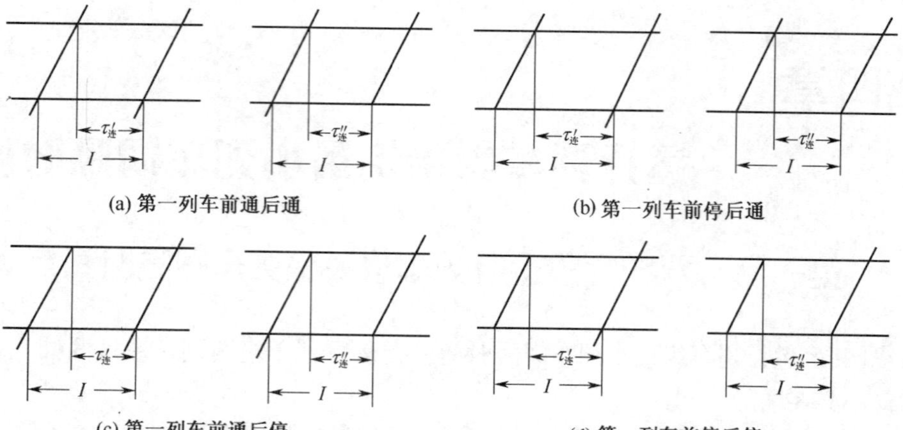

(a) 第一列车前通后通　(b) 第一列车前停后通

(c) 第一列车前通后停　(d) 第一列车前停后停

图 4-1-2　连发间隔时间构成图

第二节　单线区段运行列车组最小列车间隔时间

一、单线区段运行列车组

在单线区段，以运行列车组两列车运行方向为特征，可将运行列车组分为运行方向相同运行列车组（或称为连发运行列车组）和运行方向不相同运行列车组（或称为相向运行列车组）两类。

在单线区段，若以运行列车组两列车种类为特征，可将运行列车组分为相同种类运行列车组和不相同种类运行列车组。

二、连发运行列车组最小列车间隔时间

对于连发运行列车组，最小列车间隔时间虽与双线区段的概念相似，也是指运行列车组两列车由区间同一车站出发或通过的最小必要间隔时间，但是在包含的时间因素上却有所不同且它还与第一列车在区间两端站的运行情况相关。根据运行列车组第一列车在区间两端站运行情况之不同，每一种类连发运行列车组的可能构成情况如图 4-1-2 所示。

据此，区分不同情况的最小列车间隔时间可按如下公式计算：

1. 第一列车前通后通时

$$I = t_1 + \frac{1}{2}(\tau'_{连} + \tau''_{连}) = t_1 + \tau_{连} \tag{4-2-1}$$

式中　t_1——第一列车区间运行时分，min；

$\tau'_{连}$——第一列车前通或停、第二列车后通条件下的同方向列车连发间隔时间，min；

$\tau''_{连}$——第一列车前通或停、第二列车后停条件下的同方向列车连发间隔时间，min；

$\tau_{连}$——同方向列车连发间隔时间，min。

2. 第一列车前停后通时

$$I = t_1 + \tau_{加} + \frac{1}{2}(\tau'_{连} + \tau''_{连}) = t_1 + \tau_{加} + \tau_{连} \tag{4-2-2}$$

式中　$\tau_{加}$——列车加速附加时分，min。

3. 第一列车前通后停时

$$I = t_1 + \tau_{减} + \frac{1}{2}(\tau'_{连} + \tau''_{连}) = t_1 + \tau_{减} + \tau_{连} \tag{4-2-3}$$

式中　$\tau_{减}$——列车减速附加时分，min。

4. 第一列车前停后停时

$$I = t_1 + \tau_{加} + \tau_{减} + \frac{1}{2}(\tau'_{连} + \tau''_{连}) = t_1 + \tau_{加} + \tau_{减} + \tau_{连} \tag{4-2-4}$$

假定连发运行列车组第一列车在运行图中出现四种运行情况的概率是相等的，因而，计算连发运行列车组最小间隔时间的一般式也可以写为：

$$I = t_1 + \tau_{连} + \frac{1}{2}(\tau_{加} + \tau_{连}) \tag{4-2-5}$$

三、相向运行列车组最小间隔时间

对于相向运行列车组最小列车间隔时间是指运行列车组第一列车由区间一端站出发或通过之时起，至运行列车组第二列车由区间另一端站出发或通过时止的时间，其值与运行列车组第一、第二列车在运行图上铺画的优先级相关。

1. 当两列车的优先级相同时

按照运行列车组第一列车在区间两端站运行情况之不同，相向运行列车组的基本构成情况如图 4-2-1 所示。

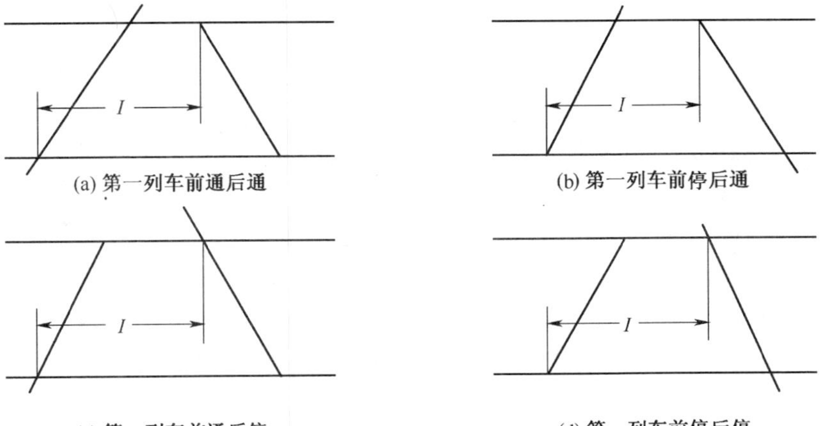

图 4-2-1　相向运行列车组构成图

据此，区分不同情况的最小列车间隔时间可按如下公式计算：

(1)第一列车前通后通时

$$I = t_1 + \tau_{会} \tag{4-2-6}$$

式中　$\tau_{会}$——会车间隔时间，min。

(2)第一列车前停后通时

$$I = t_1 + \tau_{加} + \tau_{会} \tag{4-2-7}$$

(3)第一列车前通后停时

$$I = t_1 + \tau_{减} + \tau_{不} \tag{4-2-8}$$

式中 $\tau_{不}$——相对方向列车不同时到达间隔时间,min。

(4)第一列车前停后停时

$$I = t_1 + \tau_{加} + \tau_{减} + \tau_{不} \tag{4-2-9}$$

假定由相同等级列车组成的相向运行列车组第一列车在运行图中出现四种情况的概率是相等的。因而,计算相向运行列车组最小列车间隔时间的一般式也可以写为:

$$I = t_1 + \frac{1}{2}(\tau_{加} + \tau_{减} + \tau_{不} + \tau_{会}) \tag{4-2-10}$$

2. 当两列车优先级不相同,且第一列车优先于第二列车时

这时运行列车组第一列车在区间终端上必取通过的铺画方式,而按其在区间始端站运行情况之不同,相向运行列车组可有如图 4-2-2 所示的基本构成情况。

(a) 优先列车前通后通　　(b) 优先列车前停后通

图 4-2-2 相向运行列车组构成图

据此,区分不同情况的最小列车间隔时间可按如下公式计算:

(1)优先列车前通后通时

$$I = t_1 + \tau_{会} \tag{4-2-11}$$

(2)优先列车前停后通时

$$I = t_1 + \tau_{加} + \tau_{会} \tag{4-2-12}$$

与列车等级相同的情况相类似,作为一般式也可以写为:

$$I = t_1 + \tau_{会} - \frac{1}{2}\tau_{加} \tag{4-2-13}$$

3. 当两列车优先级不相同,且第二列车优先于第一列车时

这时运行列车组第一列车在区间终端站必取停车待会的铺画方式,而按其在区间始端站运行情况之不同,相向运行列车组可有如图 4-2-3 所示的基本构成情况。

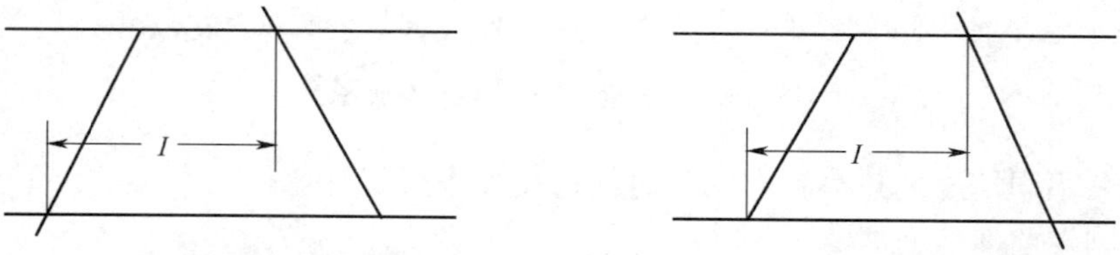

(a) 第一列车前通后停　　(b) 第一列车前停后停

图 4-2-3 相向运行列车组构成图

据此,区分不同情况的最小列车间时间可按如下公式计算:

(1)第一列车前通后停时

$$I = t_1 + \tau_{减} + \tau_{不} \tag{4-2-14}$$

(2)第一列车前停后停时

$$I = t_1 + \tau_{加} + \tau_{减} + \tau_{不} \tag{4-2-15}$$

因而，作为一般式也可以写为：

$$I = t_1 + \tau_{不} + \tau_{减} + \frac{1}{2}\tau_{加} \tag{4-2-16}$$

第三节 运行列车组平均最小列车间隔时间

运行列车组平均最小列车间隔时间是指运行列车组最小间隔时间的平均值。

设根据列车运行图查定的类别运行列车组数为 n_{ij}，而相应的最小列车间隔时间为 I_{ij}，则单双线区段运行列车组占用区间的总时间 B 应为：

$$B = \sum_{i,j=1}^{m} n_{ij} I_{ij} \tag{4-3-1}$$

式中 i——运行列车组第一列车的列车种类组序号；

j——运行列车组第二列车的列车种类组序号；

m——列车种类组数。

若一日内开行的全部列车数为 N，则平均最小列车间隔时间 $\bar{I}$ 可按下式计算：

$$\bar{I} = \frac{B}{N} \tag{4-3-2}$$

当所研究区段还没有列车运行图可提供利用时，可认为各种列车运行组的出现都是随机事件。在这种情况下以不同种类列车数和类别运行列车组最小列车间隔时间 I_{ij} 为基础，双线区段平均最小间隔时间可按下式计算：

$$\bar{I} = \frac{\sum_{i,j=1}^{m} n_i n_j I_{ij}}{\sum_{i,j=1}^{m} n_i n_j} \tag{4-3-3}$$

式中，n_i，n_j 各为列车运行组中第一、第二列车的种类别列车数。

表 4-3-1 和表 4-3-2 所列为某单线铁路区段 a 区间的列车运行图资料。表 4-3-3 为根据这一运行图资料编制的该区段 36 种可能运行列车组最小列车间隔时间计算结果汇总表。

表 4-3-4 为根据平均最小间隔时间计算原理，表 4-3-2 和表 4-3-3 的类别运行列车组数及其最小列车间隔时间等计算资料编制的 a 区间列车占用区间时间计算表。据此，可有

$$\bar{I} = \frac{4\ 291}{230} = 18.66(\text{min})$$

表 4-3-1 列车运行图资料表

车站	车站间隔时间			列车起停附加时会				列车区间运转时分			
				上行		下行		上行		下行	
	$\tau_{不}$	$\tau_{会}$	$\tau_{连}$	$\tau_{加}$	$\tau_{减}$	$\tau_{加}$	$\tau_{减}$	直快客车	货物列车	直快客车	货物列车
A	5	2	5	1	1	3	1	11	13	12	15
a	5	2	5	1	1	3	1				

表 4-3-2 运行列车组数表

第二列车 / 第一列车	A↑	A↓	B↑	B↓	C↑	C↓	计
A↑		7	5	1	6	9	28
A↓		4	2	3	14	5	28
B↑	3			2	1	12	18
B↓	1	1	1		9	1	13
C↑	9	10	2	6	13	32	72
C↓	15	6	8	1	29	12	71

表 4-3-3 最小列车间隔时间表

第二列车 / 第一列车	A↑	A↓	B↑	B↓	C↑	C↓
A↑	17.0	15.5	17.0	13.5	17.0	13.5
A↓	17.5	19.0	15.5	19.0	15.5	19.0
B↑	19.0	19.5	19.0	17.5	19.0	15.5
B↓	21.5	22.0	20.5	22.0	18.5	22.0
C↑	19.0	19.5	19.0	19.5	19.0	17.5
C↓	21.5	22.0	21.5	22.0	20.5	22.0

表 4-3-4 列车占用区间时间计算表

第二列车 / 第一列车			A↑	A↓	B↑	B↓	C↑	C↓	
			28	28	18	13	72	71	
A↑	28	n_{ij}		7	5	1	6	9	
		I_{ij}	17.0	15.5	17.0	13.5	17.0	13.5	
		$n_{ij}I_{ij}$		108.5	85.0	13.5	102.0	121.5	
A↓	28	n_{ij}		4	2	3	14	5	
		I_{ij}	17.5	19.0	15.5	19.0	15.5	19.0	
		$n_{ij}I_{ij}$		76.0	31.0	57.0	217.0	95.0	
B↑	18	n_{ij}	3			2	1	12	
		I_{ij}	19.0	19.5	19.0	17.5	19.0	15.5	
		$n_{ij}I_{ij}$	57.0			35.0	19.0	186.0	
B↓	13	n_{ij}	1	1	1		9	1	
		I_{ij}	21.5	22.0	20.5	22.0	18.5	22.0	
		$n_{ij}I_{ij}$	21.5	22.0	20.5		166.5	22.0	
C↑	72	n_{ij}	9	10	2	6	13	32	
		I_{ij}	19.0	19.5	19.0	19.5	19.0	17.5	
		$n_{ij}I_{ij}$	171.0	195.0	38.0	117.0	247.0	560	
C↓	71	n_{ij}	15	6	8	1	29	12	
		I_{ij}	21.5	22.0	21.5	22.0	20.5	22.0	
		$n_{ij}I_{ij}$	322.5	132.0	172.0	22.0	594.5	264	
计	230	$\sum n_{ij}I_{ij}$	572.0	533.5	346.5	244.5	1 346.0	1 248.5	4 291

第五章

列车运行图平均最小列车间隔时间

第一节　列车运行图平均最小列车间隔时间概述

列车在区段内运行占用区间的时间因素有：

(1) 列车区间运行时间。

(2) 在中间站停车或不停车办理行车作业时间。

(3) 在中间站停车办理客运作业时间。

最小列车间隔时间是指运行列车组两列车可以在同一区间内运行，且运行过程互不干扰的最小间隔时间。显然，在这一间隔时间内包含了列车区间运行时间、不停车办理列车追踪运行行车作业等时间因素，但不包含列车在中间站停车办理客运作业和越行时间，因而，仅用最小列车间隔时间来描述列车在区段内运行占用区间时间还不完整。为此，本书提出列车运行图平均最小列车间隔时间的概念。

一般说来，列车在中间站停车办理作业和组织列车越行只是列车运行图中的部分列车。因而，该项作业占用区间时间，并不发生在每一运行列车组的列车间隔时间中。为便于处理，在以下分析计算中，将列车在中间站停车办理作业和组织列车越行额外增加占用区间时间总值，平摊到每一运行列车组，称之为列车在中间站停车作业和越行平均额外占用区间时间（简称列车在中间站停车额外占用区间时间 $\Delta t_{占}$），并称平均最小列车间隔时间 $\bar{I}$ 与列车在中间站停车作业和越行平均额外占用区间时间 $\Delta t_{占}$ 之和为列车运行图平均最小列车间隔时间（$\bar{I}_{图}$），即

$$\bar{I}_{图}=\bar{I}+\Delta t_{占}$$

列车运行图平均最小间隔时间用为表示在运行图上平均每一运行列车组最小占用区间时间，是考虑了列车在中间站停车作业和越行对区间占用时间的平均最小列车间隔时间。

显然，列车运行图平均最小列车间隔时间问题也就是 $\Delta t_{占}$ 确定问题。

$\Delta t_{占}$ 的确定可采用调查法，也可以采用分析法。当铁路区段有实绩列车运行图资料可供使用时，应优先采用统计调查的方法。

第二节　高速铁路客流区段 $\Delta t_{占}$ 的分析计算

一、概　　述

1. 高速铁路旅客列车开行方案分析

(1)单一种类列车开行方案

在高速铁路线上，将两相邻或不相邻客运站间的铁路区段定义为客流区段。其中两相邻客运站间为短区段，不相邻客运站间为长区段。

在高速铁路区段只运行相同运行速度列车的列车运行组织方案称为单一种类开行方案。

在这一方案下，根据需要列车在中间站可以有停车或不停车的区分，停车办理作业列车也可以有停车次数和停车站不同的区分。

城际铁路一般采用单一种类列车开行方案。

(2)多种类列车开行方案

在高速铁路区段运行两种及以上运行速度列车的列车运行组织方案称多种类列车开行方案。在这一方案下，根据需要，任一种类列车在中间站都有停车或不停车的区分，停车办理作业列车也可以停车次数和停车站不同的区分。

根据对慢速列车运行组织方法的不同，多种类列车开行方案又可分为有越行和无越行两种组织方法。越行方式是指在慢速列车停车办理站组织快速列车利用停车时间越行慢速列车的列车运行组织方法；无越行方式是指在区段内不组织越行的列车运行组织方法。

客运专线一般采用多种类列车开行方案，并可根据实际运输要求，采用越行或无越行的列车运行组织方法。

当区段内开行的慢速列车较少，不可能在运行图有效时间内相对均匀分布到每一时间段内时，也可以采用慢速列车专用时间的列车运行组织方法。这时，慢速列车组织在某一个或多个时间段内铺画，快速列车在专用时间内组织越行慢速列车。

2. $\Delta t_{占}$的分析计算方法

根据列车开行方案的不同，$\Delta t_{占}$可以针对如下四种情况分别计算：

(1)相同种类运行列车组计算方法

对于只开行单一种类列车的城际铁路区段和高速铁路区段，列车间不存在速差，一般不会发生列车越行，而只出现列车因办理停车作业需要的旅客列车中间站停车，故$\Delta t_{占}$的计算可采用相同种类运行列车组旅客列车在中间站停车办理作业对区段占用时间影响的计算方法。

根据旅客列车在中间站停车方案的不同，相同种类运行列车组计算方法可以有两种，即

①概率分析法

概率分析法是指以两列均有停车运行列车组出现概率为基本参数，计算不额外占用区段时间停车次数的分析计算方法。一般在有停车列车数少于无停车列车数的区段采用。

②有停车列车组分析法

根据有停车运行列车组可产生不额外占用区段时间停车的原理，组成有停车列车组，寻求减少列车停车对区段时间占用的方法，称为有停车列车组分析法。一般在有停车列数大于无停车列车数的区段采用。

(2)基于无越行的计算方法

对于开行多种类列车的高速铁路区段，列车间存在速差时间(由于列车运行速度不同而造成的运行时间之差)，符合组成越行列车组组织越行的条件，但不组织列车越行，慢速列车占用区段时间已得到较好的利用时，可采用无越行方式组织列车运行。$\Delta t_{占}$的计算采用慢速列车停车对区段占用影响的计算方法。

(3)基于越行的计算方法

对于开行多种类列车的高速铁路区段，列车间存在速差时间，符合组成越行列车组组织越行的条件，组织列车越行可提高慢速列车占用时间利用效率，增加运行图弹性时，可采用越行方式组织列车运行。$\Delta t_{占}$的计算采用既考虑列车越行对区段占用影响，也考虑作业需要停车

影响，两类影响相结合的计算方法。

(4)相同和不相同种类运行列车组的计算方法

对于开行多种类列车的高速铁路，虽然列车间存在速差时间，但不符合组成越行列车组组织列车越行的条件，快速列车不可全部利用速差时间在中间站停车办理作业，需按运行图上出现的相同和不相同种类运行列车组的概率，采用分别计算列车在中间站停车对占用区段影响的计算方法。

因此，$\Delta t_{占}$的计算可归纳为如下三个方面的影响：

a. 相同种类运行列车组列车在中间站停车对区段的占用。

b. 对于不满足组成越行列车组的不相同种类运行列车组列车，在中间站停车对区段的占用。

c. 对于满足组成越行列车组的多种类列车，组织越行或不组织越行列车在中间站停车对区段的占用。

二、相同种类运行列车组旅客列车在中间站停车对区段的占用

1. 列车在中间站停车对区段占用的概率分析计算法

当有作业停车列车在运行图单列铺画时，如图 5-2-1(a)所示，每次停车均将增加一个其值为 $t_{停}$的区间占用时间。当有作业停车列车在运行图上两列连续成组铺画，且在区段内每列停车 1 次时，如图 5-2-1(b)所示，在三个铺画方案中左边两个方案增加 1 个 $t_{停}$的占用区间时间，而右边一个方案增加 2 个 $t_{停}$的占用区间时间(但这一方案在编图时是可以避免的，因此，实用方案为增加 1 个 $t_{停}$的占用区间时间)。在两列成组连续铺画列车中，一列在区段内停车作业 2 次，而另一列为停业作业 1 次时，如图 5-2-2(a)所示，将增加 2 个 $t_{停}$的占用区间时间；而当两列都停车作业 2 次时，如图 5-2-2(b)所示，在三个列举的铺画方案中左边两个方案增加 2 个 $t_{停}$的占用区间时间，而右边一个方案增加 3 个 $t_{停}$的占用区间时间(但这一方案照例在编图时是可以避免的，因而实用的方案是增加 2 个 $t_{停}$的占用区间时间)；在两列成组连续铺画列车中，其中一列停车作业 2 次，而一列停车 3 次时，如图 5-2-3(a)所示，将增加 3 个 $t_{停}$占用区间时间；而两列都停车 3 次时，如图 5-2-3(b)所示，用同样方法可以说明实用方案将增加 3 个 $t_{停}$的占用区间时间。通过上述分析说明，可得结论如下：

(1)对于“停通”不相同种类运行列车组，即有作业停车列车单独铺画方案，停车列车每次停车时将增加一个 $t_{停}$的占用区间时间。

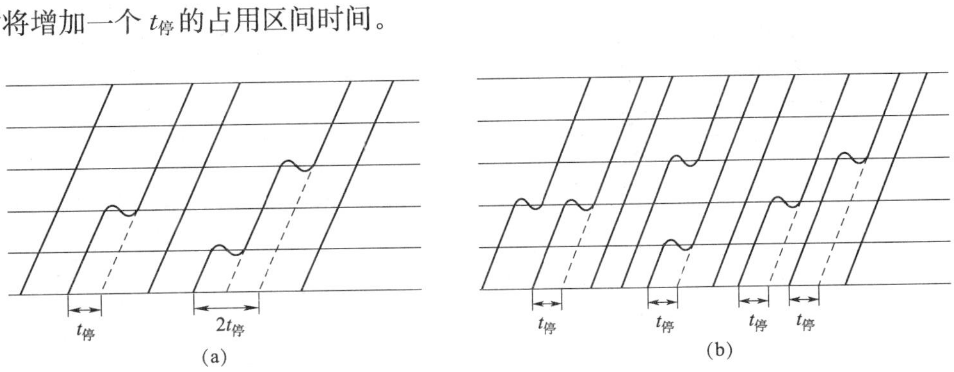

图 5-2-1 有作业停车运行列车组示意图

(2) 对于"停停"相同种类运行列车组，即有作业停车列车成组连续铺画方案，增加的 $t_{停}$ 个数等于运行列车组两列车中停车次数较大者的停车次数。

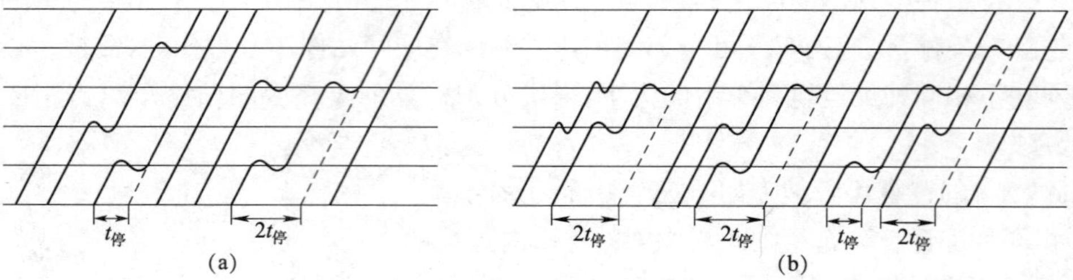

图 5-2-2 有作业停车运行列车组示意图

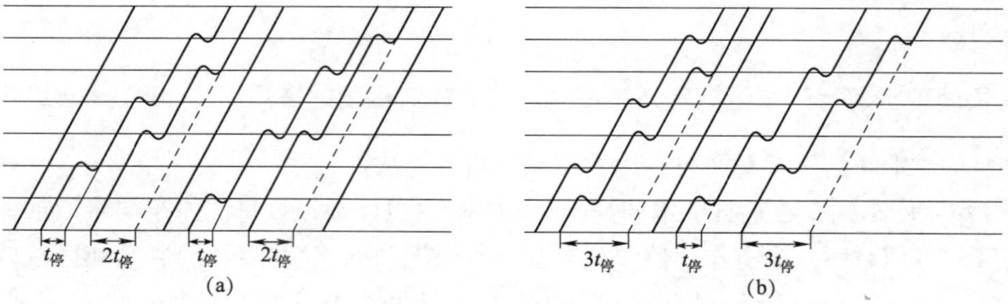

图 5-2-3 有作业停车运行列车组示意图

在运行图铺画的 N 列列车中，若以列车在中间站通过或停车作业为特征将列车分为两类时，在运行图上出现旅客列车有作业停车列车的概率 $W_{停}$ 为

$$W_{停} = \frac{N_{S停}}{N}$$

因而，出现由两列停车旅客列车组成的相同种类运行列车组的概率 $W_{停停}$ 为

$$W_{停停} = W_{停} \cdot W_{停} = \frac{N_{S停}^2}{N^2}$$

相应地，运行列车组组数 $n_{S停停}$ 可按下式计算：

$$n_{S停停} = N \cdot W_{停停} = \frac{N_{S停}^2}{N}$$

有作业停车列车又有在区段内停车次数不同的特征，若在运行图中出现 i 次停车列车和 j 次停车列车运行列车组的概率为 $W_{停停ij}$，则有

$$W_{停停ij} = \frac{N_{S停i}N_{S停j}}{N^2} \qquad (i = 1、2、3、\cdots, j = 1、2、3、\cdots)$$

因而，在停车列车连续铺画运行列车组中，由 i 次停车列车和 j 次停车列车组成运行列车组的组数 $n_{SS停停ij}$ 应为

$$n_{SS停停ij} = N \cdot W_{停停ij} = \frac{N_{S停i}N_{S停j}}{N} \qquad (i = 1、2、3、\cdots, j = 1、2、3、\cdots)$$

理论上"停停"运行列车组按前行列车和后行列车停车次数之不同，可有以下组合：

11、 12、 13、 …
21、 22、 23、 …
31、 32、 33、 …
⋮　⋮　⋮

组合 11、22、33、…的运行列车组称为相同停车次数运行列车组，列车停车次数为 2、4、6、…，增加占用区间时间分别为 $1t_{停}$、$2t_{停}$、$3t_{停}$、…，它意味着停车列车以这类形式连续铺画较单列铺画可减少区间占用时间 $1t_{停}$、$2t_{停}$、$3t_{停}$、…

组合 12、13、21、23、31、32、…的运行列车组，称为不相同停车次数运行列车组，列车停车次数为前、后行列车停车次数之和，增加占用区间时间 $t_{停}$ 个数为其中停车次数较大列车的停车次数，而减少对区间用占用时间 $t_{停}$ 个数为其中停车次数较少列车的停车次数。

这样，因旅客列车中间站停车作业而增加对区间占用时间 $t_{停}$ 可减少的个数 $\sum N_{SS停}$，可按下式计算：

$$\sum N_{SS停} = (\sum n_{SS停停i=j} + \sum n_{SS停停i\neq j})$$

式中　$\sum n_{SS停停i=j}$ ——相同停车次数（$i=j$）运行列车组可减少区间占用时间 $t_{停}$ 总个数；

$\sum n_{SS停停i\neq j}$ ——不相同停车次数（$i\neq j$）运行列车组可减少区间占用时间 $t_{停}$ 总个数。

旅客列车在中间站停车作业总次数为 $\sum N_{S停}$，在相同和不相同种类运行列车组中旅客列车可分别有 $\sum N_{LS停}$、$\sum N_{SS停}$ 次停车作业不产生额外占用区段时间的情况下，旅客列车在中间停车作业增加占用区间时间（$T_{停}$）可按下式计算：

$$T_{停} = [\sum N_{S停} - (\sum N_{LS停} + \sum N_{SS停})]t_{停}$$

2. 有停车列车组分析计算法

(1)列车停车时间

列车停车时间（$\sum t_{停}$）是指在中间站停车办理作业一次及其以上的列车，在中间站停车时间总量（如图 5-2-4 所示），即

对于停车 1 次的列车

$$\sum t_{停} = t_{停}$$

对于停车 2 次的列车

$$\sum t_{停} = 2t_{停}$$

对于停车 n 次的列车

$$\sum t_{停} = nt_{停}$$

$n=k$（k 为区段中间站数）的列车，即站站停的列车，称之为生成最大停车时间的列车，而 $n_{max}<k$（n_{max} 为区段停车次数最多的列车）的列车，称之为生成普通停车时间的列车。两类列车通称为生成停车时间列车。

(2)有停车列车组

由一列或多列（通常为一列）生成停车时间列车，多列通过采用运行图有利铺画方案，利用列车停车时间停车办理作业的普通列车组成的列车组，称为有停车作业列车组（如图 5-2-5 所

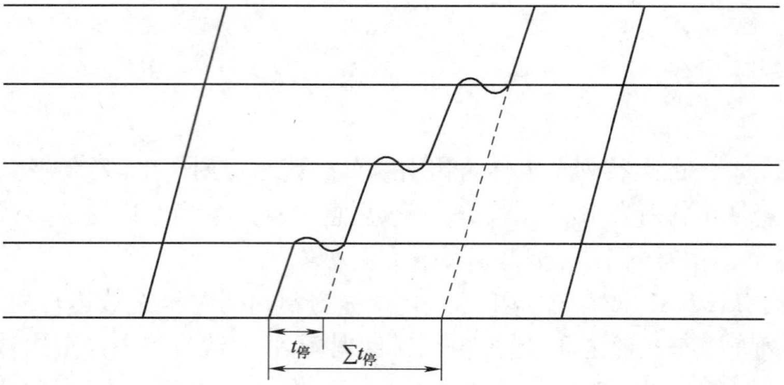

图 5-2-4 列车停车时间示意图

示)。在有停车列车组中,只发生在成停车时间列车在中间站停车占用区段时间,普通列车在中间站停车办理作业不额外占用区段时间。

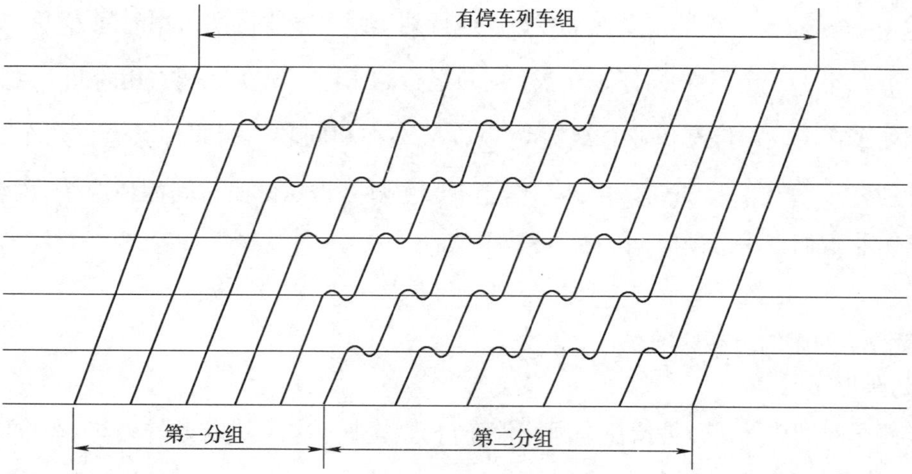

图 5-2-5 有停车列车组示意图

(3)有停车列车组的组成规则

为了充分利用列车停车时间,在设计有停车列车组组成方案时,应遵循如下规则:

规则 1 依次选在中间站停车次数最多的列车为生成停车时间列车,作为核心列车置于列车组的中心。核心列车可以是一列,也可以是多列,但一般以一列为宜。

规则 2 以核心列车的停车次数为基础,向核心列车前后两边依次配置停车次数递减的列车,直至停车次数为 1 的列车为止,组成第一分组和第二分组,构成有停车列车组,如图 5-2-5 所示。

规则 3 在列车组中,当两相邻列车的停车次数各为 n_1、n_2,且 $n_1 \geqslant n_2$ 时,将能实现两相邻列车占用区段时间的停车次数为 n_1 的列车铺画方案,称为有利铺画方案,如图 5-2-1 至图 5-2-3 所示。列车组两相邻车站的铺画必须采用有利铺画方案。

规则 4 列车组中的普通列车,可以是停车次数有序变化的列车,也可以是相同停车次数、不同停车站的列车,如图 5-2-6 所示。列车组中最大可能相同停车次数、不同停车站列车数见表 5-2-1。

若有停车列车组核心列车的停车次数为 $i(i=1,2,\cdots,k)$，k 为区段内有列车停车的中间站数。当有停车列车组的组成列车数 $m_{组}=5$ 时，用列车停车次数表示的列车组组合形式可有：

"11i11"，核心列车前、后各有停车次数为 1，在不同停车站停车列车两列，计 4 列；

"12i21"，核心列车前、后各有停车次数为 2，在不同停车站停车列车一列，计 2 列。

当 $m_{组}=7$ 时，同理可有：

"111i111"，停车次数为 1 的不同停车站列车 6 列；

"122i221"，停车次数为 2 的不同停车站列车 4 列；

"123i321"，停车次数为 3 的不同停车站列车 2 列。

依此类推，可得表 5-2-1 的数据。

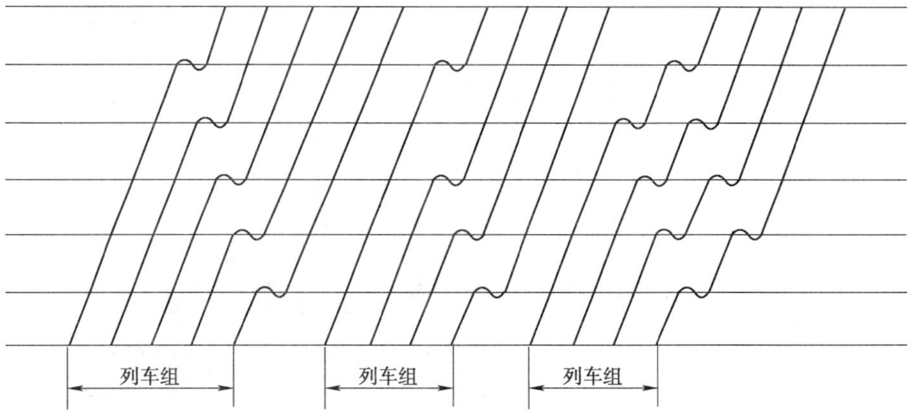

图 5-2-6　相同停车次数、不相同停车站列车组示意图

规则 5　在列车组中，停车次数和停车站相同的列车，可以多列连续铺画，如图 5-2-7(a) 所示。必要时也可以组成独立的有停车列车组。出现这类列车的概率见表 5-2-2。为了均衡有停车列车的分布，一般情况下，这类列车连续铺画的列车数以两列为宜。

当 $k=2$ 时，若列车停车一次，它在 1 站或 2 站停车的概率是相同的，即有

$$W_1=\frac{1}{2}=0.5$$

当 $k=3$ 时，若列车停车一次，同理可有

$$W_1=\frac{1}{3}=0.33$$

若列车停车两次，可能的停车站组合为 12、13、23，故每一组合出现的概率为

$$W_2=\frac{1}{3}=0.33$$

当 $k=4$ 时，照例有

$$W_1=\frac{1}{4}=0.25$$

若列车停车两次，可能的停车站组合为 12、13、14、23、24、34，故有

$$W_2=\frac{1}{6}=0.17$$

若列车停车三次，可能的停车站组合为123、124、234，故有

$$W_3 = \frac{1}{4} = 0.25$$

用同样的方法可以算出其他情况下的概率，见表5-2-2。

规则6 列车组普通列车停车站在区段内的分布，不受核心列车停车站范围的限制，如图5-2-7(b)所示。

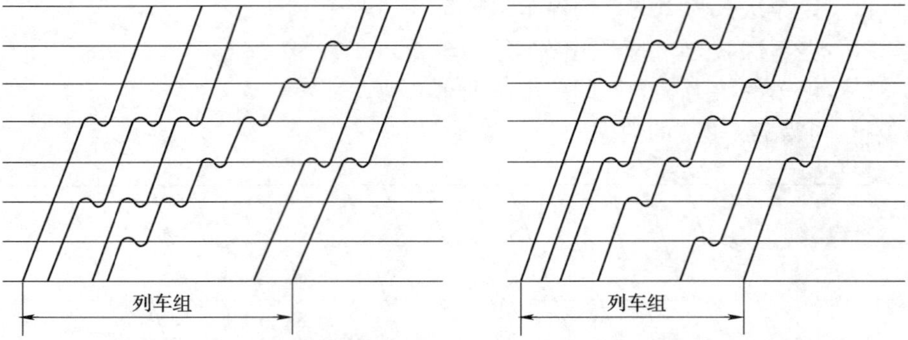

（a）相同停车次数和停车站列车连续铺画　（b）普通列车在区段范围内分布

图5-2-7 有停车列车组示意图

表5-2-1 列车组最大可能连续铺画相同停车次数列车数表

$m_{组}$	1	2	3	4	5	6	7	8	9
19	18	16	14	12	10	8	6	4	2
17	16	14	12	10	8	6	4	2	
15	14	12	10	8	6	4	2		
13	12	10	8	6	4	2			
11	10	8	6	4	2				
9	8	6	4	2					
7	6	4	2						
5	4	2							

表5-2-2 出现相同停车次数和相同停车站概率表

k	列车停车次数			
	1	2	3	4
2	0.50			
3	0.33	0.33		
4	0.25	0.17	0.25	
5	0.20	0.10	0.17	0.20
6	0.17	0.07	0.05	0.07
7	0.14	0.05	0.03	0.03
8	0.13	0.04	0.02	0.02
9	0.11	0.03	0.01	0.01
10	0.10	0.02		

(4)有停车列车组的组合方案

组合方案是指以达到需占用区段时间的停车次数最小为目标，规定不同停车次数列车组合成组的方案。组合方案采用由三部分组成的专用表格编制(见表 5-2-3)。

①数据部分

a. 停车次数别列车数(N_S)；

b. 停车次数别相同停站列车数(N_a)，可按下式计算：

$$N_a = W_a N_S$$

式中　W_a——出现相同停站列车的概率(见表 5-2-1)。

②组合方案部分

a. 将停车次数最多列车的列车数(N_h)填入组合 1 的核心列车格。N_h 表示采用组合 1 方案的有停车列车组的组数。

b. 依次将拟列入改组方案，停车次数较少列车的列车数(N_p 中的 N'_p)填入普通列车格。当 $N_p \geq 2N_h$ 时

$$N'_p = 2N_h$$

当 $N_p < 2N_h$ 时

$$N'_p = N_p$$

c. 当出现某一停车次数大于 1 的列车，列车数较大时，按不同停车站组合出现概率均匀分布的原理，则每一种组合列车数相应较大。这时，可以取

$$N'_p = 3N_h \text{ 或 } N'_p = 4N_h$$

d. 对于具有相同停车站列车

当 $N_a \geq 2N_h$ 时

$$N_p = 4N_h$$

当 $N_a < 2N_h$ 时

$$N_p = 2N_h \text{ 或 } N_p = 3N_h$$

e. 剩余列车(N_w)，是指扣除列入组合方案列车后的列车数，可按下式计算：

$$N_w = \sum N_p - N_p$$

f. 对剩余列车重复上述程序，直至 $N_w=0$。

g. 占用区段时间停车次数($\sum N_{S停占}$)，可按下式计算：

$$\sum N_{S停占} = \sum iN_{hi}$$

式中　N_{hi}——停车次数为 i 核心列车的列车数。

③说明部分

对组合中 N_p 作了调整应作必要的说明。

例如，设有 5 个中间站的某高速铁路区段，停车次数 1、2、3、4、5 的列车数各为 35、12、5、1、1(见表 5-2-3)。按表 5-2-2 的概率计算，停车 1 次列车同一停车站的有 5 列，停车 2 次列车出现同一停车站组合的次数为 1.2。

根据上述基本数据，首先将停车次数为 5 的列车数(1 列)填入组合 1 的核心列车栏。若将停车次数为 4 的 1 列列入这一组合，则将其填入普通列车栏。然后依次将停车 3 次、2 次的列车各两列(第一分组、第二分组各一列)填入普通列车栏。因为停车次数为 1 次的列车每一

中间站均有 7 列，可以连续铺画两列，故在普通列车栏内填入 4 列。原始列车数减去列入核心列车和普通列车的列车数，可得剩余列车数。

将剩余列车数作为组合的原始列车数，重复上述程序，可得组合 2、组合 3 和组合 4，直至剩余列车为零。

这一方案的占用区段时间列车停车次数为：

$$\sum N_{S停占} = 5\times1+3\times3+4\times2+1\times1=23$$

考虑到停车 4 次的列车（1 列）也可以作为核心列车列入方案，并形成方案二（见表 5-2-3）。这时，可有

$$\sum N_{S停占} = 5\times1+4\times1+3\times1+6\times2=24$$

因第一方案较第二方案占用区段时间停车次数少一次，为选用方案。

表 5-2-3　××区段有停车列车组组合方案表

方案		一					二					
列车停车次数		1	2	3	4	5	1	2	3	4	5	
列车数	计	35	12	5	1	1	35	12	5	1	1	
	其中相同停车站	5					5					
组合一	核心列车					1					1	
	普通列车	4	2	2	1		4	2	2			
	剩余列车	31	10	3			31	10	3	1		
组合二	核心列车			3						1		
	普通列车	12	6				4	2	2			
	剩余列车	19	4				27	8	1			
组合三	核心列车		4						1			
	普通列车	16					4	2				
	剩余列车	3					23	6				
组合四	核心列车	1						6				
	普通列车	2					23					
	剩余列车											
占用区段时间停车次数		23					24					
说明		计 9 组					计 9 组					

3. 概率分析法和有停车列车组分析法适用条件

设有停车列车数为 $N_{S停}$、总列车数为 N_S，有停车列车组的列车数为 $m_{组}$，则列车组组数 $n_{组}$ 应为：

$$n_{组} = \frac{N_{S停}}{m_{组}}$$

这时，列车组间分隔的列车数（m_b）应为：

$$m_b = \frac{N_S - N_{S停}}{n_{组}+1}$$

将 $n_{组}$ 代入上式，并经整理可得，

$$(m_{组}+m_b)N_{S停}+m_{组}\,m_b=m_{组}\,N_S$$

式中，$m_{组}\,m_b$ 一项相对较小的数值，为更清晰直观地反映问题，在以下分析中略去，故有

$$\frac{m_{组}}{m_{组}+m_b}=\frac{N_{S停}}{N_S}$$

根据上式编制的有停车列车在总列车数中所占比重（$N_{S停}/N_S$）与 $m_{组}$、m_b 关系见表 5-2-4。因为有停车列车组的组成列车数必须大于等于 2，在有停车列车数所占的比重为 1/3(33%)时，列车组间分隔列车数（m_b）为 4。随着比重的增加，m_b 减少。当比重达到 50%时，$m_{组}=m_b=2$，达到了有停车列车与无停车列车在运行图上分布均匀的状态。当比重超过 50%时，将有部分列车组的 $m_b=1$，直至比重增加到 2/3(67%)时，全部 $m_b=1$。因为 m_b 的最小值为 1，比重继续增加，就将使 $m_{组}$ 增大，甚至达到一个较大值。应该指出 $m_{组}>2$ 状况的出现时客观运输的需要，也是列车运行图有停车列车均匀分布的一种形态。

表 5-2-4　有停车列车比重与 $m_{组}$、m_b 关系表

$m_{组}$	m_b	$N_{S停}/N_S$
2	4	1/3
2	3	2/5
2	2	1/2
2	1	2/3
3	1	3/4
4	1	4/5
5	1	5/6
6	1	6/7

很明显，将在中间站有停车的列车组成列车组集中连续铺画，可以有效地减少占用区段时间的停车次数，提高区段通过能力。但是，当有停车列车数较少时，要求有停车列车在运行图有效时间内相对均匀分布，组成有停车列车组的概率就相对较小。若人为地将有停车列车集中连续铺画，将影响列车运行图编制质量。因此，当 $N_{S停}<(N_S-N_{S停})\left(即\dfrac{N_{S停}}{N_S-N_{S停}}<1\right)$时，一般应采用概率分析法做占用区段时间停车次数的分析计算。

随着有停车列车数的增加，组成有停车列车组的概率也随之增加。当达到 $N_{S停}\geqslant(N_S-N_{S停})\left(即\dfrac{N_{S停}}{N_S-N_{S停}}\geqslant1\right)$时，就可以由较小的 $m_{组}$ 开始组成有停车列车组集中铺画，并随着有停车列车数的加大而增加停车列车组的组成列车数。因此，当 $N_{S停}\geqslant(N_S-N_{S停})$时，可采用有停车列车组做占用区段时间停车次数的分析计算。

三、不相同种类运行列车组旅客列车在中间站停车对区段的占用

对于第一、第二列车各为慢速、快速列车（一类高速列车为快速列车、二类高速列车为慢速列车）的不相同种类运行列车组，存在由于第一、二列车运行速度不同，而产生的速差时间 $\Delta t_{运}$（如图 5-2-8 所示）。若旅客列车在中间站停车办理作业时间为 $t_{停}$，当车站的 $\Delta t_{运}\geqslant t_{停}$时，旅客

列车在该中间站停车办理作业将不产生额外占用区段时间。

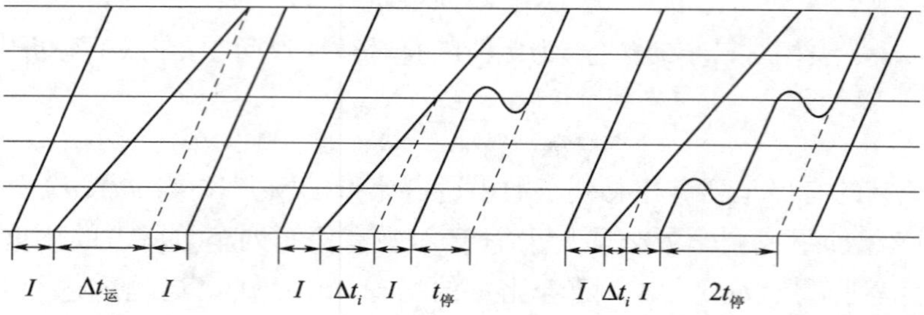

图 5-2-8 中间站停车影响示意图

设区段内运行列车数为 N，其中快、慢速列车数各为 N_S、N_L，则第一、第二列车各为慢、快速列车的运行列车组数 n_{LS}，可按下式计算：

$$n_{LS}=\frac{N_L \cdot N_S}{N}$$

若有停车作业旅客列车数为 $N_{S停}$，在运行列车组 n_{LS} 中有停站作业旅客列车的运行列车组数 $n_{LS停}$ 应为

$$n_{LS停}=\frac{N_{S停}}{N_S}n_{LS}=\frac{N_L \cdot N_{S停}}{N}$$

应该指出，各中间站的 $\Delta t_{运i}$ 是不同的。若近似地假定中间站的分布是均匀的，这时可用 $t_停$ 将 $\Delta t_运$ 等分为 m 段，即

$$m=\frac{\Delta t_运}{t_停}$$

则 m 为区段内达到 $\Delta t_{运i} \geqslant t_停$ 的车站数。如图 5-2-9 所示，当 $m=3$ 时，a、b、c 三个车站的 $\Delta t_{运i} \geqslant t_停$。但由于 a 站是旅客列车出发的区段端点站，其停站时间不计入列车对区段的额外占用时间，故仅将旅客列车在 b、c 站有停车作业可以不额外占用区段时间列入计算。也就是说，每一旅客列车最多可以在 $m-1$ 个中间站停车作业不额外占用区段时间。

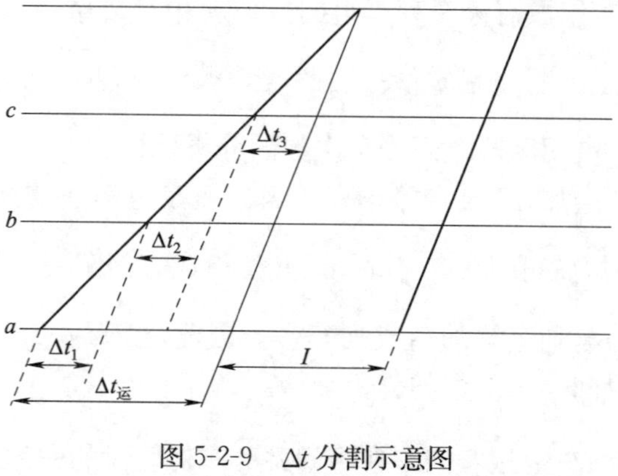

图 5-2-9 Δt 分割示意图

设在区段内有一次、两次、三次……停车作业的旅客列数各为 $N_{S停1}$、$N_{S停2}$、$N_{S停3}$……，则有作业停车旅客列车数 $N_{S停}$ 为

$$N_{S停}=N_{S停1}+N_{S停2}+N_{S停3}+\cdots$$

而旅客列车停车作业次数 $\sum N_{S停}$ 为

$$\sum N_{S停} = N_{S停1} + 2N_{S停2} + 3N_{S停3} + \cdots = \sum_{i} iN_{S停i} \quad (i = 1,2,3,\cdots,k)$$

在运行列车组 n_{LS} 中，有 i 次停车作业旅客列车的运行列车组数 $n_{LS停i}$ 为

$$n_{LS停i} = \frac{N_L \cdot N_{S停i}}{N}$$

因而，可实现旅客列车停车办理作业，不产生额外占用区段时间的停车次数 $\sum N_{LS停}$ 应为

$$\sum N_{LS停} = \frac{N_L}{N}\left[\sum_{i=1}^{m-2} iN_{S停i} + (m-1)\sum_{i=m-1}^{k} N_{S停i}\right]$$

式中 $\sum\limits_{i=1}^{m-2} iN_{S停i}$ 为 $i = 1,2,3,\cdots,m-2$ 时，$N_{S停i}$ 次停车均不产生额外占用区间时间；$\sum\limits_{i=m-1}^{k} iN_{S停i}$ 为 $i = m-1,\cdots,k$ 时，仅有 $m-1$ 次停车不产生额外占用区间时间。

实际上，满足 $\Delta t_{运i} \geqslant t_{停}$ 条件的中间站不一定正好是旅客列车的停车作业站，若取两者配对的概率为 γ，则实用的 $\sum N_{LS停}$ 应按下式取值：

$$\sum N_{LS停} = \frac{\gamma N_L}{N}\left[\sum_{i=1}^{m-2} iN_{S停i} + (m-1)\sum_{i=m-1}^{k} N_{S停i}\right]$$

在实际工作中，根据区段的具体情况，可取 $\gamma=0.6\sim0.8$。

四、在满足组成越行列车组必要条件的区段组织越行，列车在中间站停车对区段的占用

1. 列车越行时间的计算

(1)区域列车间隔时间

区域列车间隔时间(t_c)是指同方向慢速列车与快速列车运行列车组可确保在前方越行站才发生越行的列车出发间隔时间(如图 5-2-10 所示)，它可按下式计算：

$$t_c = I + \Delta t$$

式中　Δt——越行区间慢、快列车运行时间差。

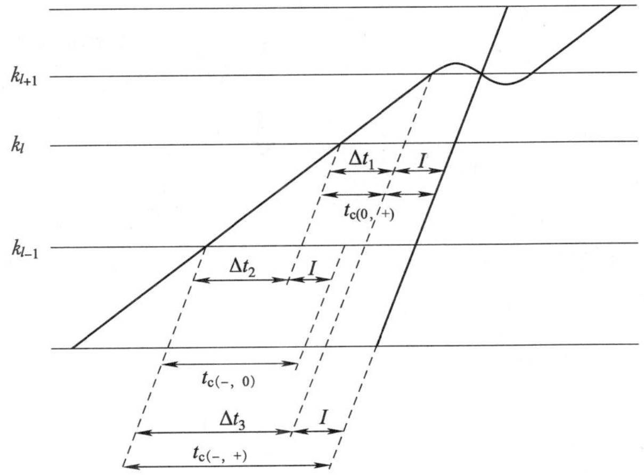

图 5-2-10　区域列车间隔时间示意图

对于越行区间 k_l 至 k_{l+1}，若用 L、S 分别表示慢速列车和快速列车，即可用 L∧S 表示第一列车为慢速列车，第二列车为快速列车的运行列车组，而运行列车组 L∧S 的区域列车间隔时间一般用符号 $t_{c(0,+)}$ 表示，括号内为越行站序号。同理，越行区间 k_{l-1} 至 k 和 k_{l-1} 至 k_{l+1} 运行列车组 L∧S 的区域列车间隔时间可用符号 $t_{c(-,0)}$ 和 $t_{c(-,+)}$ 表示，并令

$$t_{c(-,+)} - t_{c(-,0)} = \Delta t_c$$

$$(\Delta t_3 + I) - (\Delta t_2 + I) = \Delta t_3 - \Delta t_2 = \Delta t_1 = \Delta t_c$$

(2)列车越行时间

在高速铁路区段上，列车因被后行列车越行而引发的时间延误称为列车越行时间 t_u，它由等待越行时间 t_{wu} 和最小越行间隔时间 min t_u 两项时间组成(如图 5-2-11 所示)，即

$$t_u = t_{wu} + \min t_u$$

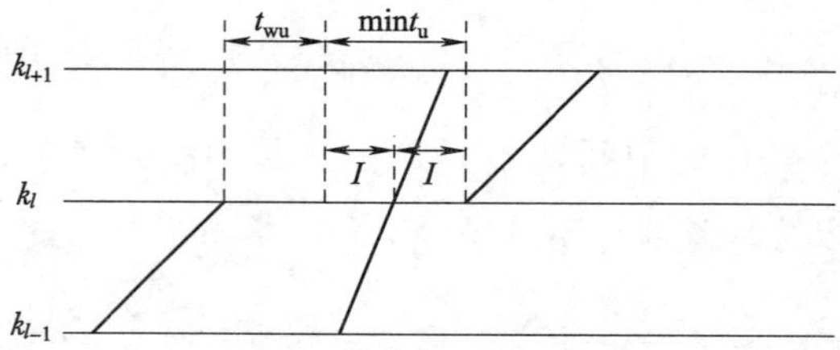

图 5-2-11 列车越行时间示意图

当从车站 k_{l-1} 至车站 k_l 运行列车组 L∧S 的列车间隔时间大于区域列车间隔时间，而从车站 k_{l-1} 至车站 k_{l+1} 的列车间隔时间又小于区域列车间隔时间时(如图 5-2-11 所示)，由于慢速列车在运行图上不处于最佳位置，将在越行站 k_l 被提前越行，并出现等待越行时间。在编制列车运行图和日常列车运行组织工作中，列车是分等级组织的，相同等级列车间不可能发生越行。列车等级为 2 的列车(相对为慢速列车 L)与等级为 1 的列车(相对为快速列车 S)之间列车间隔时间由区域列车间隔时间 t_c 和缓冲时间 t_r 组成。缓冲时间大小决定慢速列车在越行站 k_l 或 k_{l+1} 被越行。若缓冲时间至少可使列车 L 不受后行列车 S 干扰到越行站 k_{l+1}，那么列车 L 也可以从越行站 k_l 至越行站 k_{l+1} 区间的运行作为发车处理。

(3)越行站的等待越行时间

大多数情况下，列车运行图缓冲时间是随机分布的，其概率密度函数可以用负指标分布来描述，即

$$\omega(t_r) = \frac{1}{\bar{t}_r} e^{-t_r/\bar{t}_r}$$

当慢速列车 L 和后行快速列车 S 之间的缓冲时间不能使列车 L 无干扰地运行至下一越行站时，列车 L 将在越行站 k_l 等待越行，产生等待越行时间(如图 5-2-11 所示)。

运行列车组 L∧S 一次越行等待越行时间期望值为：

$$E[t_{wu}(\mathrm{L,S})] = \int_0^{\Delta t_c} t_r \frac{1}{\bar{t}_r} e^{-t_r/\bar{t}_r} dt_r$$

对上式求积分可得：

$$E[t_{wu}(\mathrm{L,S})] = \frac{1}{\bar{t}_r}\bar{t}_r^2 e^{-t_r/\bar{t}_r}\left(-\frac{t_r}{\bar{t}_r} - 1\right)\Bigg|_0^{\Delta t_c} = \bar{t}_r - e^{-\Delta t_c/\bar{t}_r}(\Delta t_c + \bar{t}_r)$$

式中，$\bar{t}_r$ 为列车运行图的实际平均列车运行图缓冲时间，它可按下式计算：

$$\bar{t}_r = \frac{1}{N}(T_{有效} - \sum n_{ij} I_{ij})$$

式中　n_{ij} 和 I_{ij}——运行图类别运行列车组数和相应的最小列车间隔时间；

N——列车运行图铺画列车数。

$$N = \sum_{ij} n_{ij}$$

在实际工作中，可近似地认为越行站在区段内分布是较为均匀的。这时，Δt_c 可按越行区间慢速列车与快速列车运行时间差取值。例如当 $\Delta t_c = 4$ min，$\bar{t}_r = 5$ min 时，可有

$$E[t_{wu}(L,S)] = 5 - e^{-4/5}(4+5) = 0.96(\text{min})$$

2. 一次越行的越行列车数和被越行列车数

越行可以是一列快速列车，也可以是追踪铺画的 w 列快速列车。当运行列车组 L∧S、S∧S 为相邻列车组时，可以组织一列或多列相邻的快速列车在同一车站越行一列慢速列车，也可以组织一列快速列车越行慢速列车，而其他快速列车随后追踪运行。从运行列车组占用区段时间角度出发，两种铺画效果是相同的。如图 5-2-12 所示，可有：

$$T_{组1} = \Delta t_1 + 3I + \Delta t_2 = \Delta t + 3I$$
$$T_{组2} = \Delta t_1 + 3I + \Delta t_2 = \Delta t + 3I$$

当 $t_u \geqslant t_停$ 时，$t_停$ 只能部分或全部吸收一列快速列车越行的时间。但当 $t_u < t_停$ 时，$t_停$ 时间不能为一列越行时间所全部吸收。为此，可以考虑采用 $w \geqslant 2$ 的越行方案。因此，$w \geqslant 2$ 是仅当 $t_u < t_停$ 的条件下，为充分利用 $t_停$ 时间采用的方案。应该指出，通常 $t_u \geqslant t_停$。所以，一般采用 $w=1$ 的越行方案。

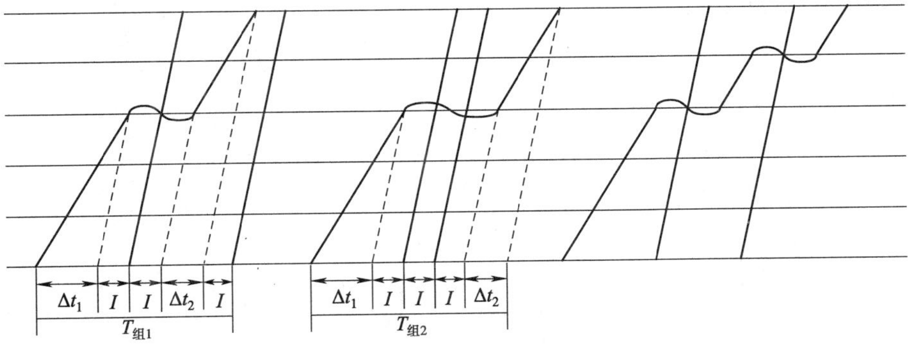

图 5-2-12　列车越行示意图

被越行的慢速列车可以是一列，也可以是连续铺画的多列（如图 5-2-13 所示）。为方便中间站上下车旅客乘车旅行和均衡中间站客流作业，一般不采用慢速列车多列连续铺画的方式。但从减少列车越行对占用区段时间影响出发，连续铺画还是具有意义的，但不应超过 2 列。

(1)慢速列车占用区段时间和空档时间

慢速列车占用区段时间（T_L）是指慢速列车在区间内运行，较快速列车额外多占用区段的时间，对于无越行的慢速列车（如图 5-2-14 所示），则有

$$T_L = \Delta t + n_L t_停$$

对于有越行的慢速列车（如图 5-2-15 所示），则有

$$T_L = \Delta t + (n_L - n_u) t_停 + n_u t_u$$
$$= \Delta t + n_L t_停 + (t_u - t_停) n_u$$

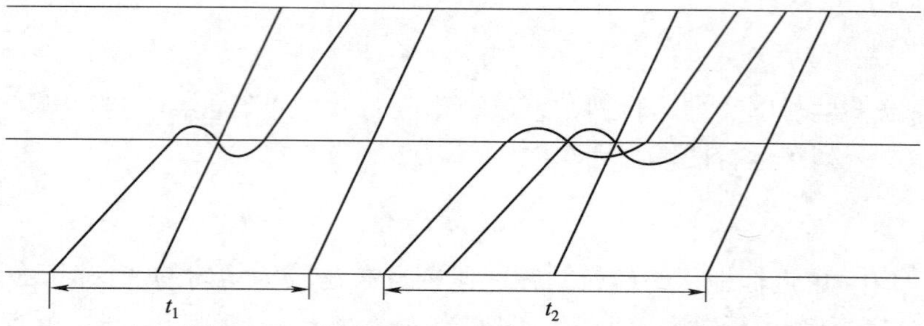

图 5-2-13 被越行慢速列车一列或两列示意图

式中 n_L、n_u——慢速列车有作业停车次数和越行次数。

时间 T_L 为快速列车有作业停车利用后剩余时间为空档时间(T_{Lb})。显然，当 T_{Lb} 趋近于 $(I+\Delta t')$ 时(如图 5-2-16 所示)，空档时间趋近于零，慢速列车占用区段时间得到充分利用。

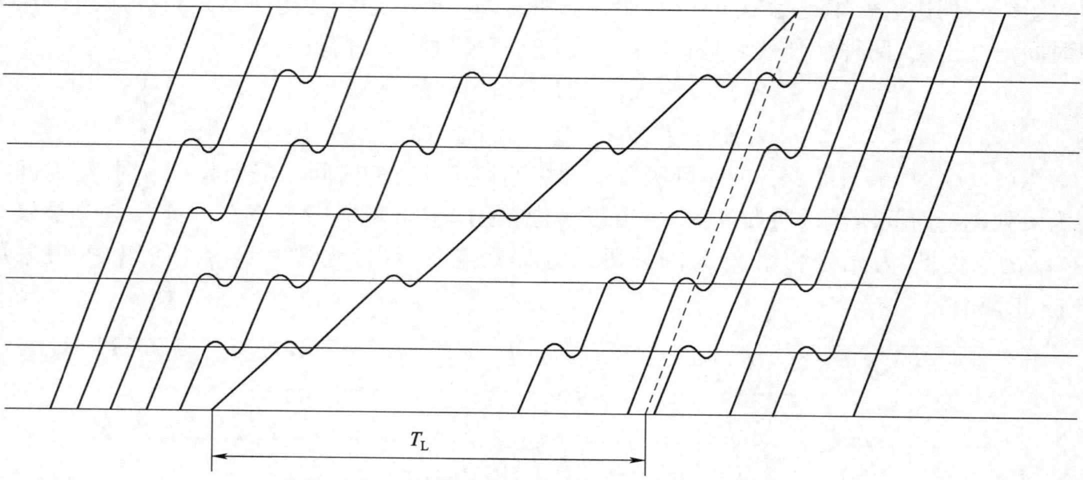

图 5-2-14 特殊形式越行列车组示意图(无越行)

注：T_L 为提速列车占用区段时间。

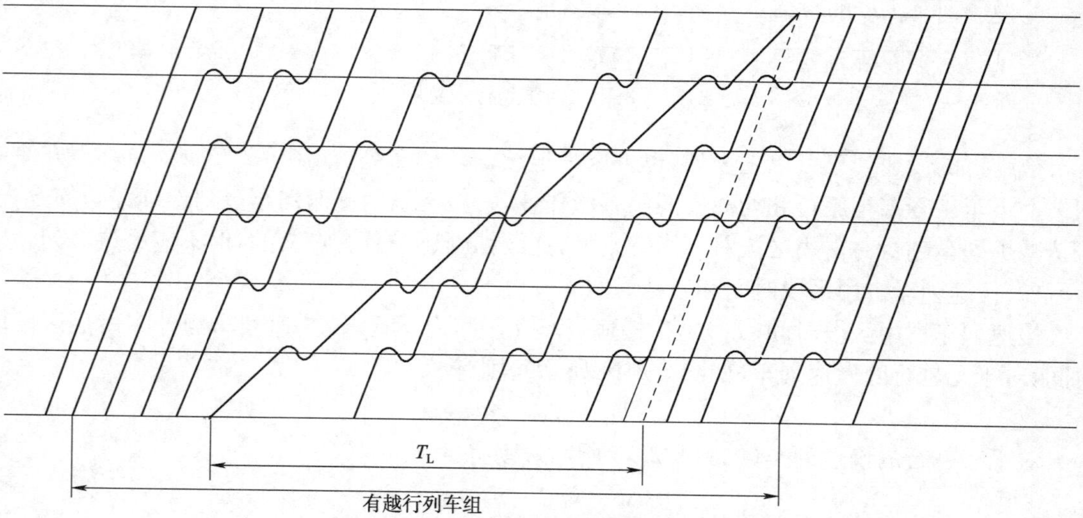

图 5-2-15 越行列车组示意图(有越行)

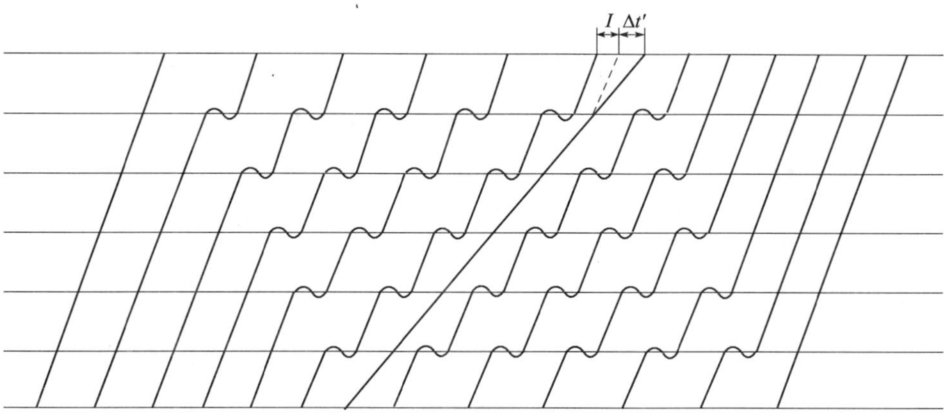

图 5-2-16　最小 T_{Lb}越行列车组示意图

(2)越行列车组

由一组越行慢速列车，且利用慢速列车占用区段时间停车办理作业的快速列车和慢速列车组成，并以无停车作业列车相隔的列车组称为越行列车组，如图 5-2-14 和图 5-2-15 所示。因此，越行列车组由三类列车组成：

①被越行的慢速列车，可以是一列，也可以是多列，当为多列时，一般应采用连续铺画的方式。

②越行的快速列车，列车数等于慢速列车被越行次数。这类列车在越行站，必须是无停车作业，而在其他车站有作业停车的列车。

③位于慢速列车运行线两端，与越行列车相邻的非越行有停车作业快速列车，这类列车可以是每端一列，也可以是多列。

越行列车组慢速列车数 $m_{组}$数值不宜过大。对 $m_{组}$的这一数值要求，既可以减少列车运行图编制的工作量，也可以避免中间站旅客上下车集中在几个时间段，不利于提高旅客运输服务质量；同时，相隔的无作业停车快速列车数 m_b，应与 $m_{组}$保持相对的均衡，确保在中间站有停车作业和无作业快速列车在运行图上分布的相对均衡。对于高速铁路区段，一般都开行一定数量的慢速列车，$m_{组}$的数值不会太大，能够满足上述要求。

越行列车组的显著特点是，快速列车利用慢速列车占用区段时间可在 1 个、2 个、…、k 个中间站停车办理作业（k 为区段内中间站数）。因此，越行列车组的快速列车在中间站停车办理作业将不产生额外占用区段时间。这样，当全部中间站有作业停车的快速列车都能编入越行列车组时，则列车在中间站有作业停车额外占用区段时间为零。

当慢速列车的越行次数为零时，作为越行列车组的特殊形式，如图 5-2-15 所示，也具有越行列车组的特征，可以按越行列车组处理。

(3)越行列车组的组数

当 $k=1$ 时，越行列车组的组数等于慢速列车数 N_L。

当 $k\geqslant2$ 时，由于越行列车组的慢速列车数可以大于 1，越行列车组的组数可能小于慢速列车数 N_L。

设 $T_{有效}$为列车运行图有效时间，ρ 为有效时间利用系数，$\bar{t}_L$ 为慢速列车区段平均旅行时间，越行列车组数为 $n_{u组}$。若慢速列车在 $T_{有效}$时间内均匀分布，则有：

$$n_{u组} \leqslant \frac{T_{有效}\rho}{\bar{t}_L}$$

式中 ρ 根据如下因素确定：

①在 $n_L=1$ 的条件下，慢速列车运行线在运行图上的时间间隔。

②运行图有效时间为慢速列车所利用的程度。

③为编制运行图过程中，充分运用慢速列车占用区段时间而移动运行线预留必要的调整时间。

在实际工作中 ρ 可取 0.6～0.8。

当 $n_{u组}<N_L$ 时，不可能全部越行列车组都采用 $n_L=1$ 的方案，须采用 $n_L=2$ 的越行列车组 $n_{u组2}$ 可按下式计算：

$$n_{u组2} = N_L - n_{u组}$$

对于 $k=1$ 的区段，当 $N_L \bar{t}'_L > T_{有效}\rho$ 时，可采用连续铺画慢速列车的办法，但一般以两列连续铺画为限，如图 5-2-17 所示。这时，

$$T_{有效}\rho \leqslant xt' + (N_L - 2x)t' + xI$$

经整理可得

$$x = \frac{N_L t' - T_{有效}\rho}{t' - 2I}$$

式中　x——须采用慢速列车连续铺画的越行列车组数。

这时，列车越行额外占用区段的时间 T_u 为：

$$T_u = (N_L - 2x)t_u + x(t_u + 2I)$$

设某区段 $k=1$、$t_u=16$ min、$N_L=17$、$I=5$ min、$T_{有效}=1\ 000$ min，取 $\rho=0.8$，则有：

$$N_L t' = 17 \times 54 = 918 > T_{有效}\rho = 1\ 000 \times 0.8 = 800$$

因而，需组织部分慢速列车连续铺画，即

$$x = \frac{918-800}{54-10} = 2.6 \approx 3$$

$$T_u = (17 - 2 \times 3) \times 16 + 3 \times (10 + 16) = 254(\text{min})$$

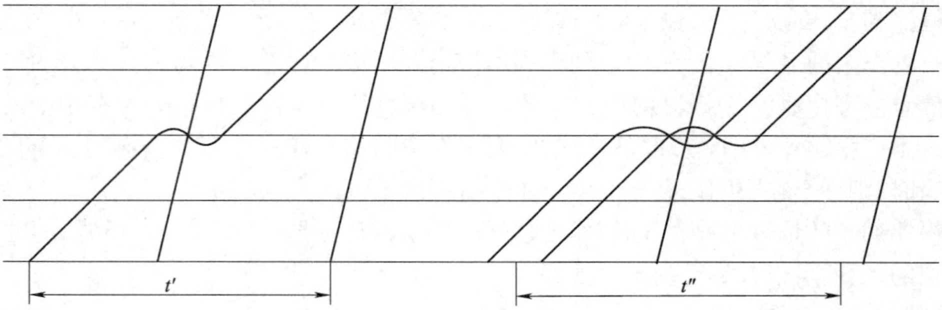

图 5-2-17　$k=1$ 越行列车组示意图

(4)组成越行列车组的列车数

分布均匀性是指有作业停车快速列车和无作业停车快速列车在运行图上的分布，要避免有作业停车快速列车过于集中的现象出现。有作业停车快速列车分布的均匀性可以用越行列

车组快速列车数 $m_{组}$ 和越行列车组间相隔的无停车作业快速列车数 m_b 来表征。

设有作业停车快速列车数为 $N_{S停}$，则有

$$m_{组} = \frac{N_{S停}}{n_{u组}}$$

而 m_b 则为

$$m_b = \frac{N_S - N_{S停}}{n_{u组} + 1}$$

若令 $m_{组} + m_b = m$ 为扩展列车组的组成列车数，则在已确定越行列车组组数的情况下，m 可以按下式计算：

$$m = \frac{N_S - m_b}{n_{u组}}$$

式中 m_b 是一项相对较小的数，对 m 的计算影响不大，为简化计算略去不计，则有

$$m = \frac{N_S}{n_{u组}}$$

据此，$m_{组}$、m_b 可按如下方法计算：

$$m_{组} = \frac{N_{S停}}{N_S} \times m$$

$$m_b = m \times m_{组}$$

(5)快速列车组成越行列车组利用慢速列车占用区段时间的条件

越行列车组的功能是：快速列车利用慢速列车占用区段时间在中间站停车办理作业；快速列车可以在区段的任一中间站停车办理作业。

组成具有上述两项功能的越行列车组，应满足的必要条件是：

①对于有越行的越行列车组

$$\frac{\Delta t}{t_{停}} - (n_u + 1) \geqslant K$$

式中　K——区段的中间站数；

n_u——慢速列车被越行次数。

如前所述，越行次数不宜过多，一般取 1 次为宜。当 $n_u = 1$ 时，则有：

$$\frac{\Delta t}{t_{停}} - 2 \geqslant K$$

$$\frac{\Delta t}{t_{停}} \geqslant K + 2$$

②对于无越行的越行列车组

慢速列车占用区段时间仅考虑了速差时间时

$$\frac{\Delta t}{t_{停}} - 1 \geqslant K$$

$$\frac{\Delta t}{t_{停}} \geqslant K + 1$$

实际上慢速列车还有在中间站有作业停车占用区段时间。设慢速列车在中间站有作业停车次数为 n_L，则必要条件应写为：

$$\frac{\Delta t}{t_{停}} \geqslant K + 2 - n_L$$

因而,对于无越行的越行列车组应为

$$\frac{\Delta t}{t_{停}} \geqslant K+1-n_L$$

(6)越行列车组慢速列车有作业停车占用区段时间次数

对于 $n_L=1$ 的越行列车组,从停车对区段占用角度出发,可将慢速列车有作业停车分为两类:

①停车作业与越行相结合的第一类停车,这类停车次数等于列车越行次数,它不额外产生占用区段的时间。

②仅为办理作业而发生的第二类停车,这类停车将产生额外占用区段时间。

设 $N_L=1$ 越行列车组慢速列车有作业停车次数为 $\sum N_{L停1}$,列车越行次数为 $\sum n_{u1}$,则慢速列车有作业停车占用区段时间的次数 $\sum N_{L停12}$ 为

$$\sum N_{L停12}=\sum N_{L停1}-\sum n_{u1}$$

对于 $N_L \geqslant 2$ 的越行列车组,从停车对区段占用角度出发,可将慢速列车有作业停车分为三类:

①停车作业与越行相结合的第一类停车。由于列车作业与越行同时进行,这类停车不产生额外占用区段时间,如图 5-2-18 所示。当慢速列车停车次数相同时,第一类停车次数为 $2n_u$;当慢速列车停车次数不相同时,第一类停车次数为($n_{u1}+n_{u2}$),即两慢速列车越行次数之和。

②两慢速列车在同一时间段内发生的有作业停车为第二类停车。这一类停车可以减少一次停车占用区段时间。设 $n_L=2$ 的越行列车组的总停车次数为 $\sum n_{L停2}$,第二类停车次数为 $\sum n_{u2}$,则剩余慢速列车停车次数 $\sum N'_{L停22}$ 为:

$$\sum N'_{L停22}=\sum N_{L停2}-\sum n_{u21}$$

通常,越行后剩余的停车次数不可能全部两两发生在同一时间段内。在这里,若取这一情景发生的概率为 50%,则第二类停车的次数 $\sum N''_{L停22}$ 为:

$$\sum N''_{L停22}=0.5\sum N'_{L停22}$$

其中 50%可以为不额外占用区段时间的停车。为充分利用第二类停车可以减少占用区段时间停车次数的技术特征,同一越行列车组的两列慢速列车最好取停车次数多的列车。

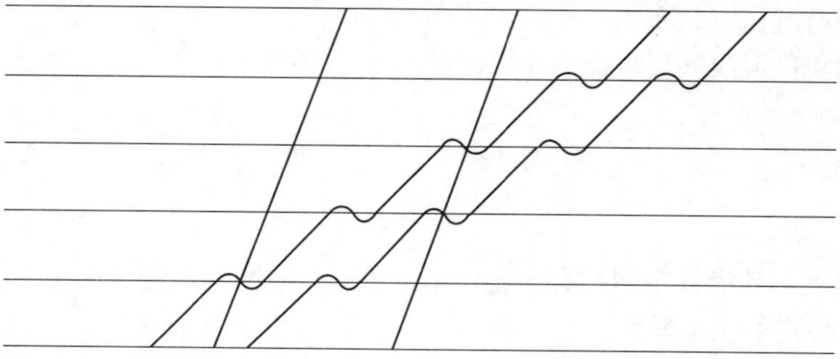

图 5-2-18 慢速列车有停车作业示意图

③有作业停车且需占用区段时间的第三类停车。在慢速列车总停车次数中扣除第一类停车次数和第二类停车中不额外占用区段时间的次数，可得需占用区段时间的停车次数（$\sum N_{L停23}$），即：

$$\begin{aligned}\sum N_{L停23} &= \sum N_{L停2} - (\sum n_{u21} + 0.25\sum N'_{L22}) \\ &= \sum N_{L停2} - [\sum n_{u21} + 0.25(\sum N_{L停2} - \sum n_{u21})] \\ &= 0.75(\sum N_{L停2} - \sum n_{u21})\end{aligned}$$

因此，占用区段时间的慢速列车有作业停车次数可按表 5-2-5 计算。

表 5-2-5　慢速列车有作业停车占用区段时间次数计算表

区段	$n_L=1$			$n_L=2$			计 $\sum N_{L停}$
	$\sum N_{L停1}$	$\sum n_{u11}$	$\sum N_{L停12}$	$\sum N_{L停2}$	$\sum n_{u21}$	$\sum N_{L停23}$	
	①	②	③	④	⑤	⑥	
			①－②			0.75(②－②)	
A							
B							
C							

(7)列车越行和有作业停车占用区段时间 $T_占$

$$\begin{aligned}T_占 &= T_u + T_停 \\ &= n_u t_u + t_停 \sum N_{L停}\end{aligned}$$

(8)越行列车组专用时间

当 N_L 较小，致使 $m_组$ 数值较大时，为优化运行图编制质量，需将运行图有效时间划分为两部分：一部分供越行列车组使用，一部分供剩余列车使用。供越行列车组使用的时间称之为越行列车组专用时间。若越行列车组数大于 1，越行列车组专用时间，可按越行列车组分块，均匀分布在运行图有效时间域内。

对于未列入越行列车组的剩余快速列车，可利用越行列车组专用时间的剩余时间来放行。设未列入越行列车组的有停车作业的快速列车数为 $N_{S停b}$，其中停车 i 次的列车数为 $N_{S停bi}$，则有

$$N_{S停b} = N_{S停} - N_L(m_组 - 1)$$

$$N_{S停bj} = \frac{N_{S停b} N_{S停i}}{N_{S停}}$$

由 N_S 及其中的 $N_{S停b}$ 构成的列车集，组成了相同种类运行列车组，可按相同种类运行列车组旅客列车在中间站停车办理作业对区段占用的分析计算原理计算 $T'_停$。

五、在满足组成越行列车组必要条件的区段不组织越行，列车在中间站停车对区段的占用

1. 特殊形式越行列车组

如前所述，特殊形式越行列车组是指由有作业停车的慢速列车和快速列车组成（如图 5-2-15 所示），越行次数为零，且满足组成越行列车组必要条件的列车组。它也具有快速列车利用

慢速列车占用区段时间停车办理作业，而不额外占用区段时间特征。

2. 慢速列车停车办理作业占用区段时间

对于 $n_L=1$ 的特殊形式越行列车组，由于无越行，不发生停车作业与越行相结合的第一类停车，而仅有为办理作业发生的第二类停车，这类停车将产生额外占用区段时间。

对于 $n_L=2$ 的特殊形式越行列车组，由于无越行，不发生停车作业与越行相结合的第一类停车，而仅有为办理作业而发生的第二、三类停车。

①两慢速列车在同一时间段内发生的有作业停车为第二类停车。这一类停车可以减少一次停车占用区段时间。通常，两慢速列车停车不可能全部两两发生在同一时间段内。在这里，取这一情景发生的概率为50%。

设 $n_L=2$ 的越行列车组慢速列车的总停车次数为 $\sum N_{L停2}$，其中第二类停车次数为 $\sum N_{L停22}$，则有

$$\sum N_{L停22}=\frac{0.5\sum N_{L停2}}{2}=0.25\sum N_{L停2}$$

②有作业停车且需占用区段时间的停车次数 $\sum N_{L停23}$。

在慢速列车总停车次数中扣除第二类停车中不额外占用区段时间的次数，可得需占用区段时间的停车次数，即

$$\sum N_{L停23}=\sum N_{L停2}-0.25\sum N_{L停2}=0.75\sum N_{L停2}$$

因此，占用区段时间的慢速列车停车次数（$\sum N_{L停}$）应为：

$$\sum N_{L停}=\sum N_{L停1}+0.75\sum N_{L停2}$$

3. 列车越行有利性分析

(1)组织一次越行的时间损失（$t_{u损}$）

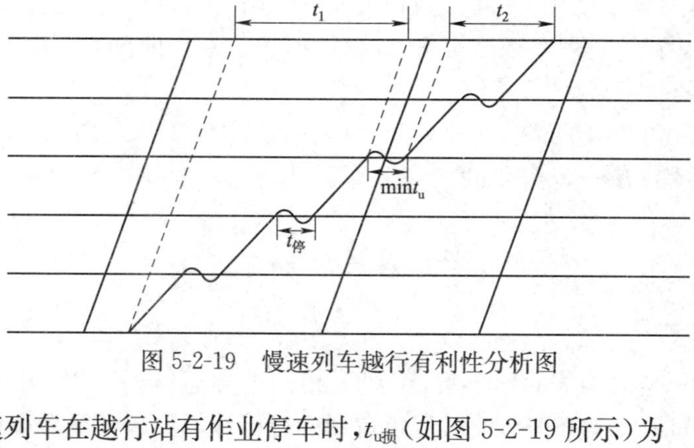

图 5-2-19 慢速列车越行有利性分析图

当被越行慢速列车在越行站有作业停车时，$t_{u损}$（如图 5-2-19 所示）为

$$\begin{aligned}t_{u损}&=\min t_u-t_停\\&=(2I+\tau_{加减})-(t_{作业}+\tau_{加减})\\&=2I-t_{作业}\end{aligned}$$

当越行站不是慢速列车有作业停车站时，$t_{u损}$ 为

$$t_{u损}=\min t_u=2I+\tau_{加减}$$

(2)组织一次越行的时间节省($t_{节}$)

组织列车越行可以在越行时间(t_u)内放行一列在越行站无作业的快速列车,可以节省其值为 I 的时间,即

$$t_{节} = I$$

显然,当 $t_{u损} \leqslant t_{节}$ 时,从对区段时间占用出发,组织越行是有利的,亦即组织列车越行的有利条件是:

当越行站是慢速列车有作业停车站时

$$2I - t_{作业} \leqslant I$$

$$I \leqslant t_{作业}$$

当越行站不是慢速列车有作业停车站时

$$2I + \tau_{加减} \leqslant I$$

$$I + \tau_{加减} \leqslant 0$$

从上述分析可以看出,当越行站不是慢速列车有作业停车站时,组织列车越行的有利性条件不可能成立,而在有作业停车站组织列车越行的有利性条件,一般情况下也是不可能成立的,但即使不成立,损失也不大。所以,组织列车越行的必要条件是,越行站必须是慢速列车的停车站。

4. 有越行和无越行列车组的运用

设有越行、无越行列车组慢速列车占用区段时间各为 T_{Lu}、T_{Ln},则必有

$$T_{Lu} > T_{Ln}$$

因此,从慢速列车占用区段时间角度出发,一般情况下采用无越行方式组织列车越行是有利的。

由图 5-2-14 可以看出,慢速列车占用区段时间为越行列车组的快速列车停车作业利用后剩余空档时间(T_{Lb})为:

$$\begin{aligned} T_{Lb} &= T_L - n_S t_{停} \\ &= (\Delta t + n_L t_{停}) - n_S t_{停} \\ &= \Delta t + (n_L - n_S) t_{停} \end{aligned}$$

式中　n_S——与慢速列车相邻快速列车的中间站停车作业次数。

当 $T_L = n_S$ 时(见图 5-2-16),空档时间达到最小值,T_L 时间得到充分利用;当 $n_S > n_L$ 时,如图 5-2-20(a)所示,时间 Δt 被利用了$(n_S - n_L)t_{停}$;空档时间偏小;当 $n_S = n_L$ 时,如图 5-2-20(b)所示,时间 Δt 未被利用,空档时间保持 Δt 不变;当 $n_S < n_L$ 时,如图 5-2-20(c)所示,在 Δt 的基础上增加了$(n_L - n_S)t_{停}$,空档时间扩大。据此,在组成越行列车组时,应选停车次数较多的快速列车作为慢速列车的相邻列车。

一定量的空档时间可以作为运行图缓冲时间加以利用,但超过一定数值时,就将称为无效时间。为此,可通过组织越行的方法,来提高空档时间的利用效率。这时,可为越行的快速列车提供专用的运行图缓冲时间,从而增加这类列车应对列车运行情况变化的能力,进一步提高列车运行图调整的灵活机动性。

在实际工作中,采用有越行或无越行方案组织列车运行,应根据具体情况确定。一般来说,区段能力利用状态为紧张型区段,以采用无越行方案为宜。当越行列车组的 $n_S < n_L$ 时,可以考虑采用有越行方案。

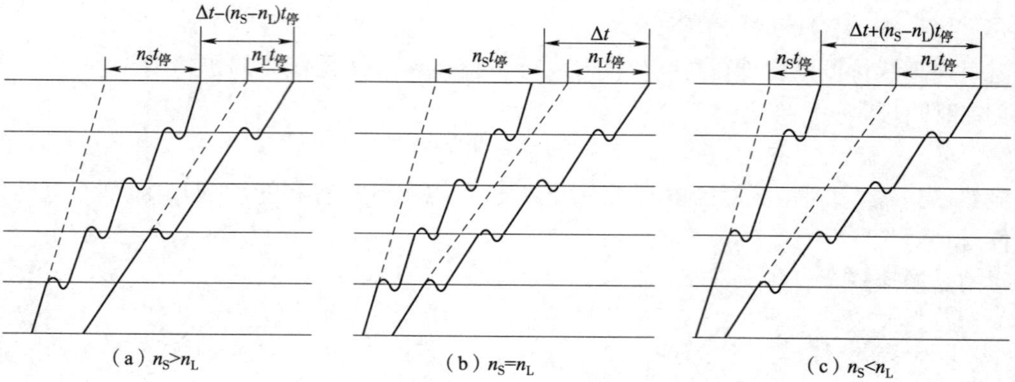

图 5-2-20 无越行越行列车组空档时间示意图

六、$\Delta t_{占}$的计算

1. 对于采用相同种类运行列车组计算方法的高速铁路区段

根据区段旅客列车开行方案，选择概率分析法或列车在中间站停车时间运用分析法。

(1)概率分析法

首先，计算旅客列车在中间站停车可不额外增加对区间占用的次数($\sum N_{SS停}$)，即

$$\sum N_{SS停} = (\sum N_{SS停停i=j} + \sum N_{SS停停i\neq j})$$

据此，旅客列车在中间站停车办理作业增加的占用区段时间 $T_{停}$和 $\Delta t_{占}$为：

$$T_{停} = (\sum N_{S停} - \sum N_{SS停})t_{停}$$

$$\Delta t_{占} = \frac{T_{停}}{N}$$

(2)停车时间运用分析法

①采用专用表格编制列车组组合方案，确定占用区段时间停车次数。

②计算 $T_{停}$和 $\Delta t_{占}$。

2. 对于采用基于越行计算方法的高速铁路区段

(1)计算越行列车组组数和越行列车组参数 $m_{组}$、m_{b}、u。

(2)检查是否满足组成越行列车组的两项必要条件。满足条件时，转入下一步计算，否则应考虑采用相同和不相同种类运行列车组计算方法。

(3)计算越行次数和慢速列车额外占用区段时间的停车次数。

(4)计算越行和有作业停车额外占用区段时间。

(5)计算 $\Delta t_{占}$。

3. 对于采用基于无越行计算方法的高速铁路区段

(1)计算越行列车组参数。

(2)检查采用是否满足组成越行列车组必要条件。满足条件时，转入下一步计算，否则应采用相同或不相同种类列车开行方案。

(3)计算慢速列车额外占用区段时间的停车次数。

(4)计算停车额外占用区段时间 $T_{停}$。

(5)计算 $\Delta t_{占}$。

4. 对于采用相同和不相同种类运行列车组计算方法的高速铁路区段

(1)按不相同种类运行列车组旅客列车在中间站停车办理作业对区段占用的分析计算原理计算 $\sum N_{LS停}$。

(2)按相同种类运行列车组旅客列车在中间站停车办理作业对区段占用的分析计算原理计算 $\sum N_{SS停}$。

(3)计算 $\Delta t_{占}$。

$$\Delta t_{占} = \frac{1}{N}\left[\sum N_{S停} - \left(\sum N_{LS停} + \sum N_{SS停}\right)\right] t_{停}$$

七、算　例

1. 旅客列车开行方案和基础数据

图 5-2-21 为某高速铁路 A、B、C 区段示意图，表 5-2-6、表 5-2-7 所列为该高速铁路 A、B、C 区段的旅客列车开行方案数据及相关的基础数据。

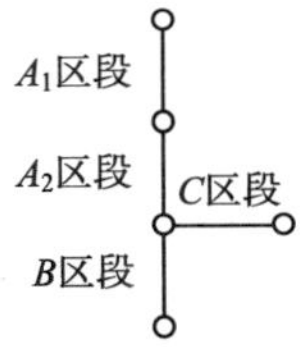

图 5-2-21　某高速铁路 A、B、C 区段示意图

表 5-2-6　旅客列车开行方案数据表

区段	快速列车						慢速列车				
	N_S	$N_{S停}$	停车次数				N_L	$N_{L停}$	停车次数		
			1	2	3	计			1	2	3
A_1、A_2	52	42	20	20	2	66	10	10	2	5	3
B	49	42	20	20	2	66	3	3	1	1	1
C	60	45	20	20	5	75					

表 5-2-7　基 础 数 据

区段	$T_{有效}$(min)	t_L(min)	$t_{停}$(min)	Δt(min)	K	$\bar{I}$
A_1	1 000	110	7	50	5	7.00
A_2	1 000	80	7	38	5	6.50
B	1 000	100	7	40	4	7.00
C	1 000	100	7	40	5	8.00

2. C 区段 $\Delta t_{占}$ 的计算

假设 C 区段采用单一种类列车开行方案，应采用相同种类运行列车组计算方法。

(1)计算不额外占用区段时间的停车次数

因有停车列车数 $N_{S停}$ 大于无停车列车数($N_S - N_{S停}$)，采用停车时间运用分析计算法的原理计算不占用区段时间停车次数,计算结果见表 5-2-8。

(2)计算列车在中间站停车占用区段时间停车次数 $T_{停}$ 和 $\Delta t_{占}$

总停车次数为 75,占用区段时间停车次数为 35。据此,可有

$$T_{停}=35\times 7=245(\text{min})$$

$$\Delta t_{占}=\frac{245}{60}=4.08(\text{min})$$

表 5-2-8 占用区段时间停车次数计算表

停车次数		1	2	3
列车数		20	20	5
第一次组合	核心列车			5
	普通列车		10	
	剩余列车	20	10	
第二次组合	核心列车		10	
	普通列车	20		
	剩余列车			
占用区段时间停车次数		35		

3. A、B 区段 $\Delta t_{占}$ 的计算

区段 A、B 采用多种类列车开行方案,根据条件可选择采用面向多种类列车开行方案的计算方案。

(1)计算越行列车组数和参数 $m_{组}$、m_b 和 u

越行列车组数计算结果见表 5-2-9,组成越行列车组必要条件参数计算结果见表 5-2-10。不难发现,A_1 区段较好地满足组成越行列车组的必要条件,既可以选择组织越行的行车组织方法,也可以选择不组织越行的行车组织方法;A_2 区段不满足组成越行列车组的必要条件。应采用相同和不相同运行列车组计算方法计算列车在中间站停车额外占用区段时间。B 区段满足组成越行列车组的必要条件,可以组织越行,也可以不组织越行,但因慢速列车数较少,$m_{组}$的数值较大,不满足均衡分布的条件,故应采用越行列车组专用时间域的计算方法。

表 5-2-9 $n_{组}$ 计算表

区段	$T_{有效}$(min)	ρ	t_L(min)	$n_{组}$	$N_{L停}$
A_1	1 000	0.7	110	6	10
A_2	1 000	0.7	80	9	10
B	1 000	0.7	100	9	3

表 5-2-10 必要条件参数计算表

区段	Δt(min)	K	$t_{停}$(min)	$\frac{\Delta t}{t_{停}}$	$K+2-n_L$		
					$n_L=1$	$n_L=2$	$n_L=3$
A_1	50	5	7	7	7	6	5
A_2	38	5	7	5	7	6	5
B	40	4	7	5	5	4	3

(2)A_1 区段列车在中间站停车额外占用区段时间

①采用越行方案时

a. 计算越行额外占用区段时间

采用每一越行列车组越行一次的越行方案，其计算结果见表 5-2-11。

b. 计算慢速列车在中间站停车额外占用区段时间

根据慢速列车在中间站总停车次数和相关扣减次数计算的慢速列车停车占用区段时间见表 5-2-12。

c. 计算 $\Delta t_{占}$ 和 $\bar{I}_{图}$

$$\Delta t_{占} = \frac{T_u + T_{停}}{N}$$

$$\bar{I}_{图} = \bar{I} + \Delta t_{占}$$

计算结果见表 5-2-13。

表 5-2-11　越行占用区段时间计算表

越行列车组								t_u	T_u
$n_L=1$			$n_L=2$			组数	越行次数		
1	2	3	1	2	3				
2				5	3	6	10	16	96

表 5-2-12　慢速列车停车占用区段时间计算表

停车次数		越行次数		占用时间停车次数			$t_{停}$	$T_{停}$
$n_L=1$	$n_L=2$	$n_L=1$	$n_L=2$	$n_L=1$	$n_L=2$	计		
2	19	2	16		2	2	7	14

表 5-2-13　$\Delta t_{占}$ 和 $\bar{I}_{图}$ 计算表

T_u	$T_{停}$	N	$\Delta t_{占}$	$\bar{I}$	$\bar{I}_{图}$
96	14	66	1.66	7.00	8.66

②采用无越行方案时

根据无越行方案慢速列车在中间站停车占用区段时间的计算原理，$\Delta t_{占}$ 和 $\bar{I}_{图}$ 计算结果见表 5-2-14、表 5-2-15。

表 5-2-14　慢速列车占用时间停车次数计算表

特殊形式越行列车组						停车次数		占用时间次数		
$n_L=1$			$n_L=2$			$n_L=1$	$n_L=2$	$n_L=1$	$n_L=2$	计
1	2	3	1	2	3					
2				5	3	2	19	2	14	16

表 5-2-15　$\Delta t_{占}$ 和 $\bar{I}_{图}$ 计算表

$t_{停}$	$T_{停}$	N	$\Delta t_{占}$	$\bar{I}$	$\bar{I}_{图}$
7	112	66	1.70	7.00	8.70

(3)A_2 区段列车在中间站停车额外占用区段时间

①相同种类运行列车组列车在中间站停车不占用区段时间的停车次数

按概率分析计算法计算的列车在中间站停车不占用区段时间次数见表 5-2-16,为 27 次。

②不相同种类运行列车组在中间站停车不占用区段时间停车次数

按照 $\sum N_{LS停}$ 计算原理,计算结果见表 5-2-17,为 8 次。

③占用区段时间停车次数、$\Delta t_{占}$ 和 $\bar{I}_{图}$

区段总停车次数减去不占用区段时间停车次数可得到占用区段时间停车次数,见表 5-2-18。$\Delta t_{占}$ 和 $\bar{I}_{图}$ 计算结果见表 5-2-19。

表 5-2-16 不占用区段时间停车次数计算表

项目	快速列车						慢速列车					
	n_{11}	n_{22}	n_{33}	n_{12}	n_{13}	n_{23}	n_{11}	n_{22}	n_{33}	n_{12}	n_{13}	n_{23}
组数	6	6		6	1	1						
停车次数	6	12		6	1	2						
计	27						0					

表 5-2-17 不占用区段时间停车次数计算表

N	N_L	r	$N_{S停1}$			Δt	$t_{停}$	m	K	$\sum N_{LS停}$
			1	2	3					
62	10	0.7	20	20	2	40	7	5	5	8

表 5-2-18 占用区段时间停车次数计算表

停车次数			不占用时间次数			占用时间停车次数
快速	慢速	计	相同	不相同	计	
66	20	86	27	8	35	51

表 5-2-19 $\Delta t_{占}$ 和 $\bar{I}_{图}$ 计算表

占用时间次数	$t_{停}$	$T_{停}$	N	$\Delta t_{占}$	$\bar{I}$	$\bar{I}_{图}$
51	7	357	62	5.76	7.00	12.76

(4)B 区段 $\Delta t_{占}$ 的计算

由于 N_L 小,需采用越行列车组专用时间方法来处理越行与停车的关系。

①计算越行列车组额外占用区段时间

a. 列车越行占用区段时间

若取 $N_L=1$,且越行次数为 1 时,形成了 3 个越行列车组,列车越行额外占用区段时间

$$3\times16=48$$

b. 列车有作业停车额外占用区段时间次数(见表 5-2-3)

$$0.75\times(6-3)\approx2$$

因此,越行列车组额外占用区段时间 T_u 为

$$T_u=48+2\times7=62$$

②计算剩余快速列车有作业停车额外占用区段时间

a. 计算 $N_{S停b}$ 和 $N_{S停i}$

若越行列车组中有作业停车快速列车数 4，则有

$$N_{S停b} = 42 - 3 \times 4 = 30$$

其中一次、二次、三次停车的列车数 $N_{S停i}$

$$N_{S停1} = 30 \times 20 \div 42 = 14$$

$$N_{S停2} = 30 \times 20 \div 42 = 14$$

$$N_{S停3} = 30 \times 2 \div 42 = 1.4 \rightarrow 1$$

b. 计算不同停车次数列车组合的运行列车组数

$$N_{11} = 14^2 \div 30 = 7$$

$$N_{22} = 14^2 \div 30 = 7$$

$$N_{33} = 1^2 \div 30 = 0$$

$$N_{12} = 14 \times 14 \div 30 = 7$$

$$N_{13} = 14 \times 1 \div 30 = 0.46 \rightarrow 0$$

$$N_{23} = 14 \times 1 \div 30 = 0.46 \rightarrow 0$$

c. 计算不额外占用区段时间的停车次数

$$\sum N_{S停} = 7 \times 1 + 7 \times 2 + 7 \times 1 = 28$$

d. 计算有作业停车占用区段时间

$$T_{停} = [(14 \times 1 + 14 \times 2 + 1 \times 3) - 28] \times 7 = 119$$

③计算 $\Delta t_{占}$ 和 $\bar{I}_{图}$

$$\Delta t_{占} = \frac{62 + 119}{45} = 4.02(\text{min})$$

$$\bar{I}_{图} = 5 + 4.02 = 9.02(\text{min})$$

第三节　双线铁路区段 $\Delta t_{占}$ 的分析计算

一、摘挂列车在中间站停车办理作业对区间占用

1. 摘挂列车运行图铺画方案

在双线区段，摘挂列车运行图铺画方案是指以最大限度缩短区段管内车流在中间站停留时间、加速顺向车流挂运，均衡中间站装卸车作业为目标，合理安排摘挂列车线位，优化前、后行摘挂列车铺画时间间隔关系的规划方案。图 5-3-1(a)、(b)分别为最松散铺画方案和最紧密铺画方案。

在最松散铺画方案条件下，区段内同一时间只有一列摘挂列车。由于顺向车流有较为充分的作业时间，可以确保及时挂运，且车站一日内装卸车货运作业较为均衡，但后行摘挂列车不能利用前行摘挂列车的运行图空档。若定义由 $i(i=1、2、3、\cdots、k)$ 列摘挂列车组成共用一个 $t_{摘}$ 占用区间时间的列车组为摘挂列车组，则在最松散铺画方案条件下，摘挂列车组的 $i=1$ 组数 $N_{摘挂组}$ 为：

$$N_{摘挂组} = N_{摘挂} k$$

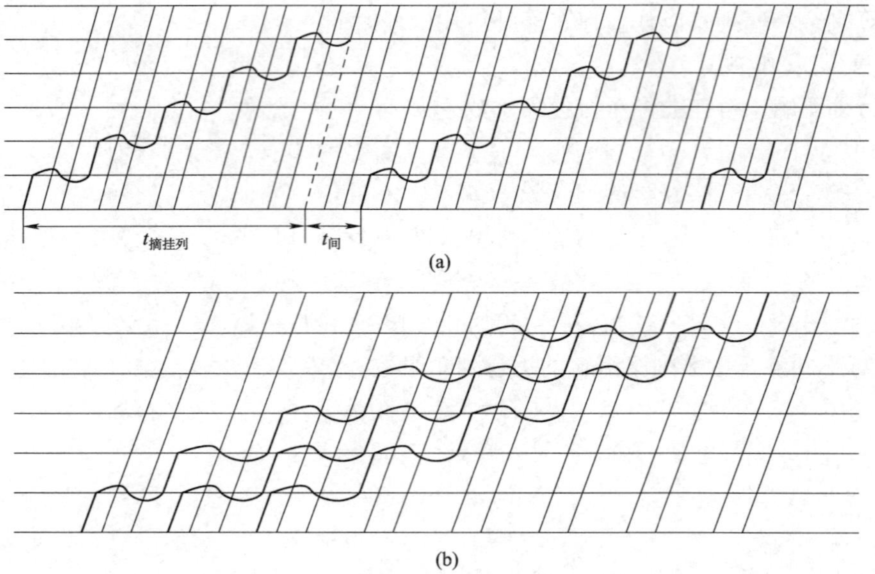

图 5-3-1 摘挂列车运行图铺画方案图

式中 $N_{摘挂}$——区段开行摘挂列车数；

k——摘挂列车平均停车作业站数。

此外，最松散铺画方案还需受如下条件限制，即：

$$N_{摘挂}(t_{摘挂列}+t_{间})\leqslant 24$$

式中 $t_{摘挂列}$——摘挂列车在区段两端站间的旅行时间，如图 5-3-1(a)所示；

$t_{间}$——在最松散铺画条件下，两相邻摘挂列车发到时间差，如图 5-3-1(a)所示。

在最紧密铺画方案条件下，区段内同一时间可有多列摘挂列车。由于前、后行摘挂列车间隔时间较短，不能保证顺向车流当日挂运，且车站一日内装卸车货运作业集中在一个时间段内，不利于车站作业组织。但后行摘挂列车可最大限度地利用前行摘挂列车的运行时间空档，可减少摘挂列车占用区间时间。这时，组成摘挂列车组的 $i=2、3、\cdots、k$，而组数 $N_{摘挂组}$ 为：

$$N_{摘挂组}=k+(N_{摘挂}-1)$$

应该指出，最松散铺画方案和最紧密铺画方案是两个极端方案，不宜于实际工作采用。在分析计算中，一般选用处于极端方案之间的中间方案。若选用方案的摘挂列车组数用极端方案的均值表示，则有：

$$N_{摘挂组}=\frac{1}{2}[N_{摘挂}k+k+(N_{摘挂}-1)]$$

$$=\frac{1}{2}[N_{摘挂}(k+1)+(k-1)]$$

因而平均每一编排列车组的列车数 $N_{摘挂组列}$ 为

$$N_{摘挂组列}=\frac{N_{摘挂}k}{N_{摘挂组}}$$

$$=\frac{2N_{摘挂}k}{N_{摘挂}(k+1)+(k-1)}$$

2. 摘挂列车铺画方式

图 5-3-2 为摘挂列车在运行图上铺画示意图。由图可以看出，若以摘挂列车及其前、后行

列车种类为特征加以区分，摘挂列车铺画方式可有如下四种类型：

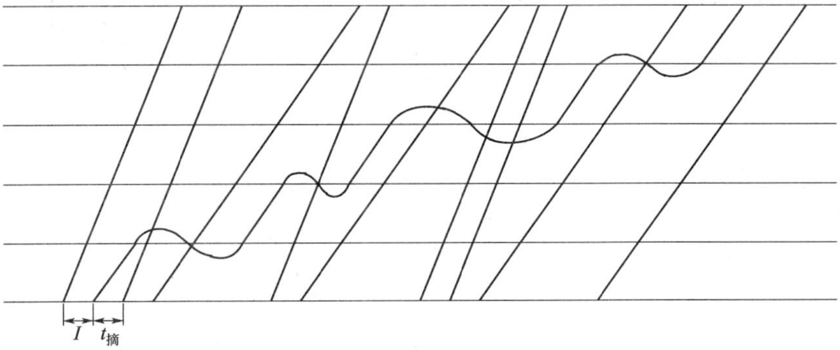

图 5-3-2　摘挂列车在运行图上铺画示意图

(1)货物列车型，如图 5-3-3(a)所示，是指摘挂列车的前、后列车均为货物列车的铺画方式。这时，除摘挂列车运行区间外，其他区间均产生其值为 $t_{摘}$ 的运行图空档，可供铺画其他摘挂列车使用，从而形成由 $i=2、3、\cdots、k$ 摘挂列车组成，共用一个 $t_{摘}$ 时间的摘挂列车组。$t_{摘}$ 按下式计算：

$$t_{摘}=I+t_{加减}$$

(2)旅客列车型，如图 5-3-3(b)所示，是指摘挂列车的前、后行列车均为旅客列车的铺画方式。这时，若摘挂列车按区段内最大区间条件铺画运行线，则其他区间均可产生其值大于或等于 $t_{摘}$ 的运行图空档，可供铺画其他摘挂列车使用，从而也可以形成 $i=2、3、\cdots、k$ 的摘挂列车组。

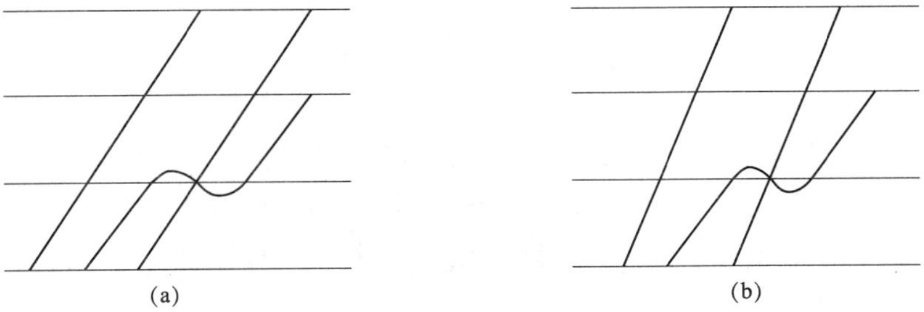

图 5-3-3　摘挂列车在运行图铺画方式示意图

(3) 旅客列车、货物列车型，如图 5-3-4 所示，是指摘挂列车的前、后行列车分别为旅客列车和货物列车的铺画方式。这时，将在客、货列车间产生 $\Delta t_{运}$ 的速差时间。若用 $t_{摘}$ 将 $\Delta t_{运}$ 划分为 m 个运行区间。由图 5-3-4(b)可以看出，当摘挂列车由第 $2、3、\cdots、m$ 运行区间插入客、货列车之间运行时，可以不额外占用区间时间。也就是说，在这一类型铺画方式下，$m-1$ 列车摘挂列车可以分别在第 $2、3、\cdots、m$ 运行区间运行，而不产生额外占用区间时间。

图 5-3-4(a)为在第一区间旅客列车、货物列车间铺画摘挂列车的示意图。这时，摘挂列车组将产生其值为 $t_{摘}$ 的占用区间时间。除特殊需要者外，编制运行图时应尽可能避免这一情况发生。

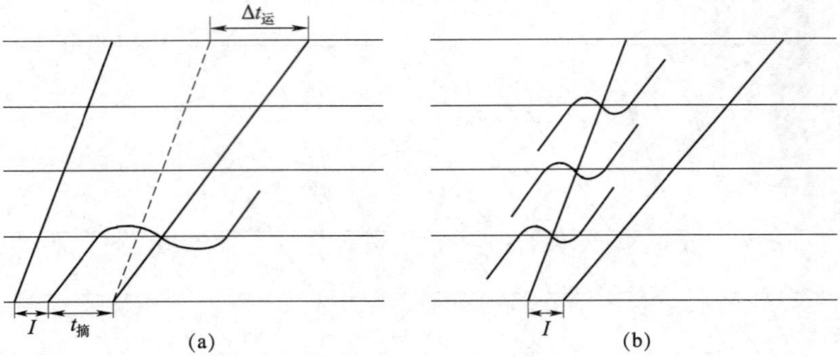

图 5-3-4　摘挂列车在运行图铺画方式示意图

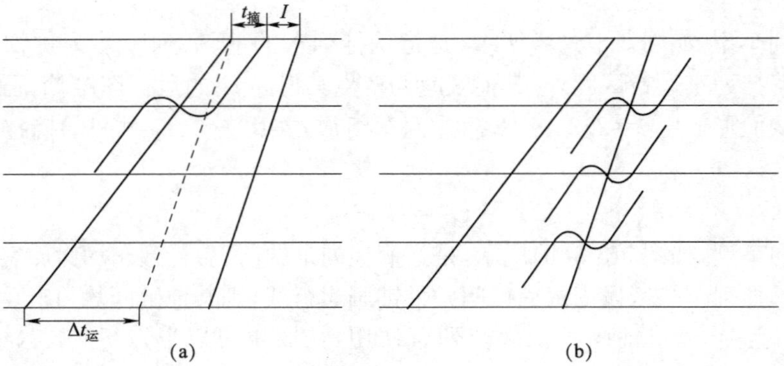

图 5-3-5　摘挂列车在运行图铺画方式示意图

(4)货物列车、旅客列车型，如图 5-3-5 所示，是指摘挂列车的前、后列车分别为货物列车和旅客列车的铺画方式。由图 5-3-5(b)可以看，当摘挂列车由第 1、2、…、$m-1$ 运行区间插入货物列车、旅客列车之间运行时，可以不额外占用区间时间。也就是说，在这一铺画方式下，$m-1$列车摘挂列车可以分别在第 1、2、…、$m-1$ 运行，而不产生额外占用区间时间。

图 5-3-5(a)的情况与图 5-3-4(a)相类似，在编图时应尽可能避免。

3. 计算摘挂列车组组数

摘挂列车铺画方式分析表明，摘挂列车组按其与 $t_{摘}$ 的关系，可分为需占用区间时间和不需占用区间时间两类。其中货物列车型和旅客列车型铺画方式下的摘挂列车组需占用区间时间，而其他两种铺画方式下的摘挂列车组不需占用区间时间。

设区段运行货物列车数(不包括摘挂列车)为 N_L、旅客列车数为 N_S，则需占用区间时间运行列车组数(n_{SS}、n_{LL})应为：

$$n_{SS}=\frac{N_S^2}{N_S+N_L}\qquad n_{LL}=\frac{N_L^2}{N_S+N_L}$$

货物列车型铺画方式相当于在运行列车组 L∧L 之间插入摘挂列车，而旅客列车型铺画方式相当于在运行列车组 S∧S 之间插入摘挂列车。因此，n_{LL} 和 n_{SS} 就是可形成需占用区间时间摘挂列车组 m 组数。

n_{LL}、n_{SS}在运行列车组中所占的比重 γ_{LL}、γ_{SS}为：

$$\gamma_{LL}=\frac{n_{LL}}{N_S+N_L}$$

$$\gamma_{SS}=\frac{n_{SS}}{N_S+N_L}$$

这样，在 $N_{摘挂组}$ 摘挂列车组中，属于货物列车型和旅客列车型铺画方式的摘挂列车组组数 $N_{摘挂组LL}$、$N_{摘挂组SS}$ 可按下式计算：

$$N_{摘挂组LL}=\gamma_{LL}\cdot N_{摘挂组}$$

$$N_{摘挂组SS}=\gamma_{SS}\cdot N_{摘挂组}$$

因而，若定义需占用时间 $t_{摘}$ 的摘挂列车组为计算摘挂列车组，则计算摘挂列车组组数为 $N'_{摘挂组计}$，可按下式计算：

$$\begin{aligned}N'_{摘挂组计}&=\gamma_{LL}\cdot N_{摘挂组}+\gamma_{SS}\cdot N_{摘挂组}\\&=(\gamma_{LL}+\gamma_{SS})N_{摘挂组}\end{aligned}$$

对于货客型和客货型铺画方式的摘挂列车，满足 $\Delta t_{运i}\geqslant t_{摘}$ 条件的中间站不一定正好是摘挂列车的停车作业站，且有可能 $(m-1)<N_{摘挂组列}$，也不能确保每一摘挂列车停车作业都有 $\Delta t_{运i}$ 可供利用。因此，在实际工作中，满足 $\Delta t_{运i}\geqslant t_{摘}$ 条件的中间站与摘挂列车停车作业中间站配对的概率必小于 1、而大于 0。若取两者配对的概率为 r，一般可取 0.6～0.8，则货客型和客货型铺画方式的计算摘挂列车组 $N''_{摘挂组计}$ 为：

$$N''_{摘挂组计}=(1-r)(N_{摘挂组}-N'_{摘挂组计})$$

因此，需占用时间 $t_{摘}$ 的计算摘挂列车组 $N_{摘挂组计}$ 可按下式计算：

$$N_{摘挂组计}=N'_{摘挂组计}+N''_{摘挂组计}$$

将 $N'_{摘挂组计}$ 和 $N''_{摘挂组计}$ 代入上式，并经整理可得

$$N_{摘挂组计}=\frac{1}{2}[N_{摘挂}(k+1)+(k+1)][1-r(\gamma_{SS}+\gamma_{LL})]$$

4. 摘挂列车停车作业占用区间时间

摘挂列车停车作业占用区间时间 $T_{摘挂}$ 按下式计算：

$$T_{摘挂}=N_{摘挂组计}t_{摘}$$

式中　$t_{摘}$——摘挂列车旅客列车型和货物列车型铺画方案，摘挂列车占用区间时间的加权平均值，即

$$t_{摘}=\frac{\gamma_{LL}(I+t_{加减})+\gamma_{SS}(I+t_{加减}+\Delta t_i)}{\gamma_{LL}+\gamma_{SS}}$$

其中　Δt_i——摘挂列车运行区间(指两停车站间区间)速差时间。

二、列车越行占用区段时间

1. 摘挂列车空档

由于摘挂列车在有作业停车的中间站，需办理货车摘挂等耗时较长的作业，一般停车时间较长。为了减少摘挂列车停车对区段的占用时间，通常利用摘挂列车的停站作业时间组织一列或多列快、慢列车越行，如图 5-3-6 所示。在这一停车组织方案下，列车运行图摘挂列车空档是指因在摘挂列车两相邻停车站间的站间区间铺画列车运行线，而在运行图其他区间形成的未被利用的时间。“空档”为越行列车在沿途中间站不需额外占用区段间时间停车办理作业提供了条件，如图 5-3-7 和图 5-3-8 所示，从而可以在摘挂列车运行时间域内，形成一个具有

快、慢速列车停车办理作业不额外占用区段时间为特征的列车组。

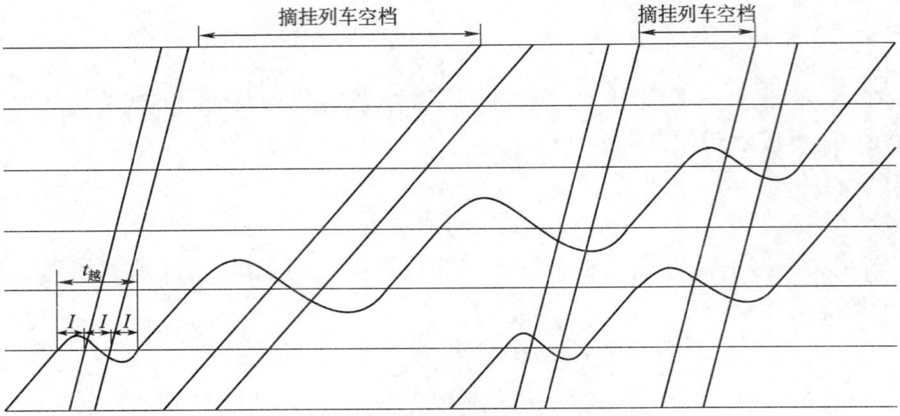

图 5-3-6　快、慢速列车越行摘挂列车示意图

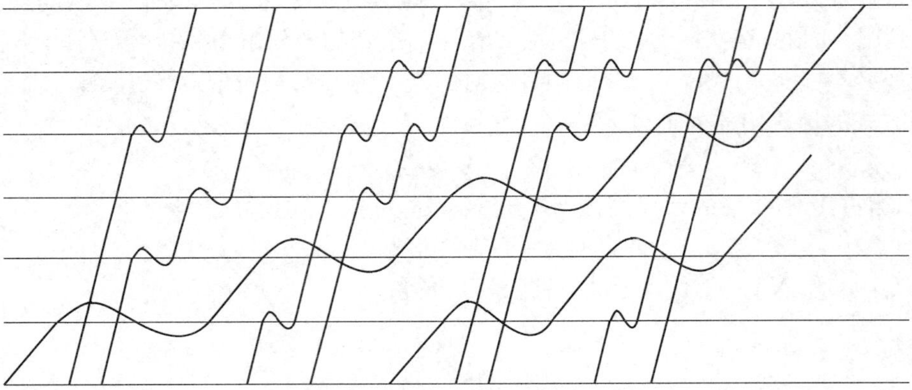

图 5-3-7　摘挂列车空档利用示意图

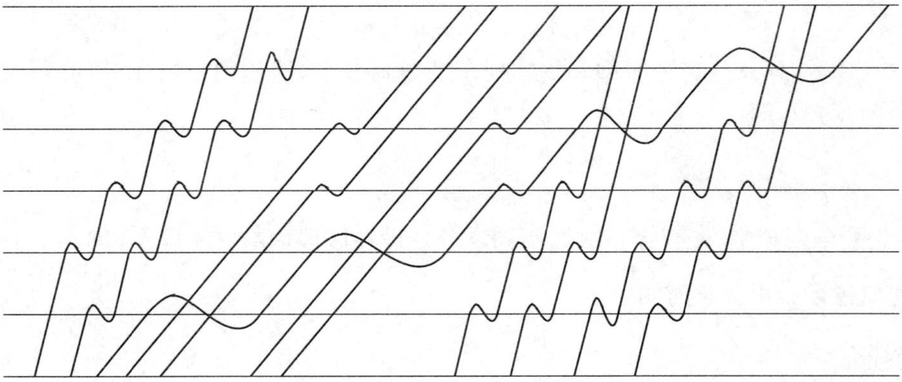

图 5-3-8　摘挂列车空档利用示意图

2. 列车越行占用区段时间

设摘挂列车在中间站平均停车作业时间为 $t_{摘作业}$，其中包括 $t_{摘}$ 中的($I+t_{加减}$)时间(亦即一列越行列车占用区段时间)和摘挂列车的发车间隔时间 I。因此，在 $t_{摘作业}$ 时间中，可供列车越行的时间，亦即计入越行额外占用区段时间 $t_{越}$ 为：

$$t_{越} = t_{摘作业} - (2I + t_{加减})$$

若 $t_{摘作业}$ 时间内不包括加减速附件时间，上式也可以写为：

$$t_{越} = t_{摘作业} - 2I$$

这样，在摘挂列车停车作业时间内，可连续越行列车数 $n_{越}$ 为：

$$n_{越} = \frac{t_{越}}{I} + 1 = \frac{t_{摘作业}}{I} - 1$$

在 $n_{越}$ 计算中，应取进整的整数值。因此，应计入越行额外占用的区段时间 $T_{越}$ 为：

$$T_{越} = (n_{越} - 1) I N_{摘挂组计}$$

将 $n_{越}$ 代入上式，经整理可得：

$$T_{越} = N_{摘挂组计}(t_{摘作业} - 2I)$$

应该指出，越行摘挂列车的快、慢列车，通过利用摘挂列车空档，在沿途中间站停车办理作业可以不额外占用区段时间。但在上述计算中是以如下假定为前提的：

(1)越行列车在摘挂列车有作业的车站不停车通过。

(2)多列连续越行列车为相同种类列车。

上述假定在编制列车运行图时，一般是可以达到的。

3. 非摘挂列车运行时间域运行列车数

设在非摘挂列车运行时间域内运行的列车数为 N，区段内运行的列车总数(不包括摘挂列车)为 $N_{总}$，则有

$$N_{总} = N + n_{越} N_{摘挂组计}$$

若在区段内运行的列车中，在中间站有停车的列车为 $N'_{停}$，有停车列车所占比重为 $\gamma_{停}$，即

$$\gamma_{停} = \frac{N'_{停}}{N_{总}}$$

这样，在越行列车中，有作业停车列车数为 $N_{越停}$ 为：

$$N_{越停} = n_{越} N_{摘挂组计} \gamma_{停}$$

在非摘挂列车运行时间域运行列车中，有作业停车列车数为 $N_{停}$，其中快、慢速列车中的停车列车数为 $N_{S停}$、$N_{L停}$，则有

$$N_{停} = N'_{停} - N_{越停}$$

$$N_{S停} = N_{停} \gamma_{S停}$$

$$N_{L停} = N_{停} \gamma_{L停}$$

式中，$\gamma_{S停}$、$\gamma_{L停}$ 各为有作业停车列车数中，快、慢速列车的比重。

在有作业停车列车中，又有停车次数不同之分。设在区段内有 i 次停车(即在 i 个中间站停车办理作业)的快速列车为 $N_{S停i}$，则有

$$N_{S停i} = N_{停} \gamma_{S停i}$$

相应地，也有

$$N_{L停i} = N_{停} \gamma_{L停i}$$

式中，$\gamma_{S停i}$、$\gamma_{L停i}$ 各为 i 次停车的快、慢速列车的停车列车的比重。

三、非摘挂列车运行时间域列车在中间站停车办理作业对区段的占用

1. 运行列车组的划分

若以列车在中间站是否停车办理作业为特征划分运行列车组，则可划分为“停停”“通通”

"停通"和"通停"(如图 5-3-9 所示)四种类型的运行列车组。如前已述,在非摘挂列车运行时间域内开行的有停车列车数为 $N_{停}$,总列车数为 N。设无停车列车数为 $N_{通}$,则有

$$N = N_{停} + N_{通}$$

因而,四种类型运行列车组的组数,可按如下方法计算

$$n_{停停} = \frac{N_{停}^2}{N}$$

$$n_{通通} = \frac{N_{通}^2}{N}$$

$$n_{停通} = n_{通停} = \frac{N_{通} N_{停}}{N}$$

"通通"运行列车组在中间站没有停车,不产生额外占用区段时间;"停通"和"通停"运行列车组,即有作业停车列车单独铺画方案,列车每次停车作业均将增加一个 $t_{停}$ 的占用区段时间;"停停"运行列车组占用区段时间,根据停车列车在运行图上的铺画方案不同,而有所不同。图 5-3-9 中给出不同停车站停车一次、不同停车站停车两次、相同停车站停车一次的"停停"运行列车组占用区段情况。因此,列车在中间站停车办理作业对区段占用的问题,主要发生在"停停"运行列车组上。

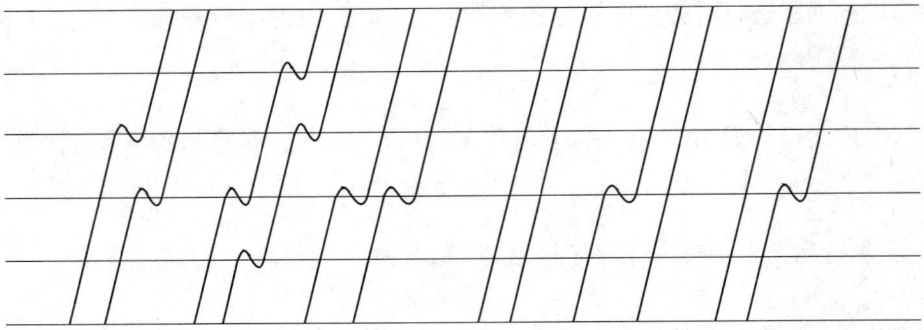

图 5-3-9 以停车、不停车分类的运行列车组示意图

2."停停"运行列车组对区段占用的分析

在区段内运行的列车种类很多,若按运行速度不同基本上可分为慢速列车和快速列车两类,则"停停"运行列车组又可分为"快快""慢慢""快慢""慢快"四种类型的运行列车组。设有停车列车中快速列车为 $N_{停S}$、慢速列车为 $N_{停L}$,则有:

$$n_{停停SS} = \frac{N_{停S}^2}{N}$$

$$n_{停停LL} = \frac{N_{停L}^2}{N}$$

$$n_{停停SL} = n_{停停LS} = \frac{N_{停S} N_{停L}}{N}$$

其中"停停 SS"和"停停 LL"为相同列车种类运行列车组,如图 5-3-10 所示。对高速铁路区段"停停"运行列车组的研究表明,有作业停车快速列车、慢速列车采用成组连续铺画方案,增加的 $t_{停}$ 个数等于运行列车组两组列车中停车次数较大者的停车次数。

对于"停停 LS"不相同种类运行列车组,如图 5-3-11 所示,因前行列车有速差时间(Δt)和

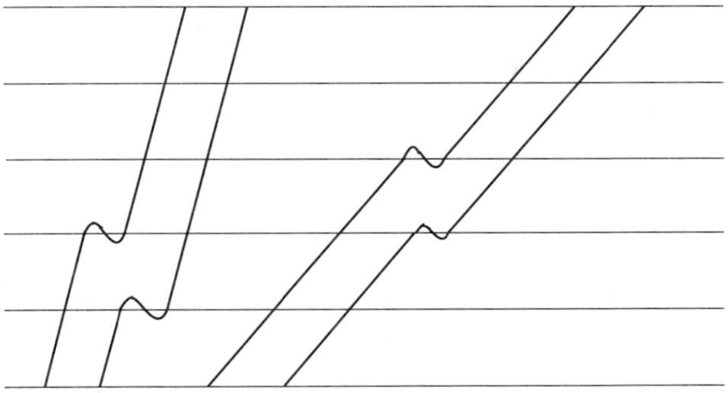

图 5-3-10　停车相同种类列车组图

停车时间($\sum t_{停}$)可供后行列车办理作业停车使用，故有：

当 $\sum t_{停S} \leqslant (\Delta t + \sum t_{停L})$ 时，后行列车在中间站停车办理作业不额外占用区段时间；

当 $\sum t_{停S} > (\Delta t + \sum t_{停L})$ 时，后行列车在中间站停车办理作业将产生其值为 $\Delta t_{占S}$ 的额外占用区段时间，即

$$\Delta t_{占S} = \sum t_{停S} - (\Delta t + \sum t_{停L})$$

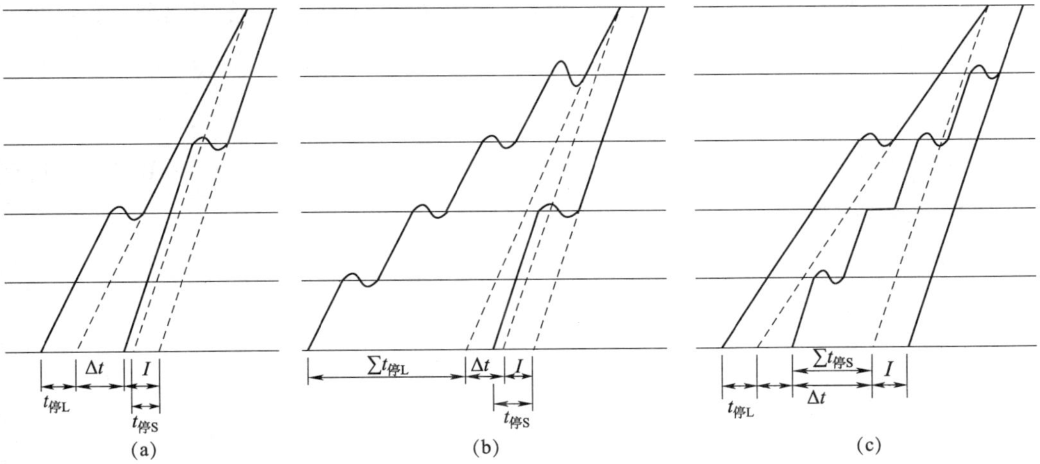

图 5-3-11　停车不相同列车种类运行列车组图

通常情况下，快速列车在中间站停车次数有限，发生后一种情况的概率很小。一般可按第一种情况处理，即后行列车在中间站停车不额外占用区段时间。

对于“停停 LL”不相同列车种类列车组(如图 5-3-12 所示)，因为后行列车有速差时间(Δt)可供前行列车办理作业使用，故有

当 $\sum t_{停S} \leqslant \Delta t$ 时，前行列车在中间站停车办理作业不额外占用区段时间；

当 $\sum t_{停S} > \Delta t$ 时，前行列车在中间站停车办理作业将产生其值为 $\Delta t_{占S}$ 的额外占用区段时间，即

$$\Delta t_{占S} = \sum t_{停S} - \Delta t$$

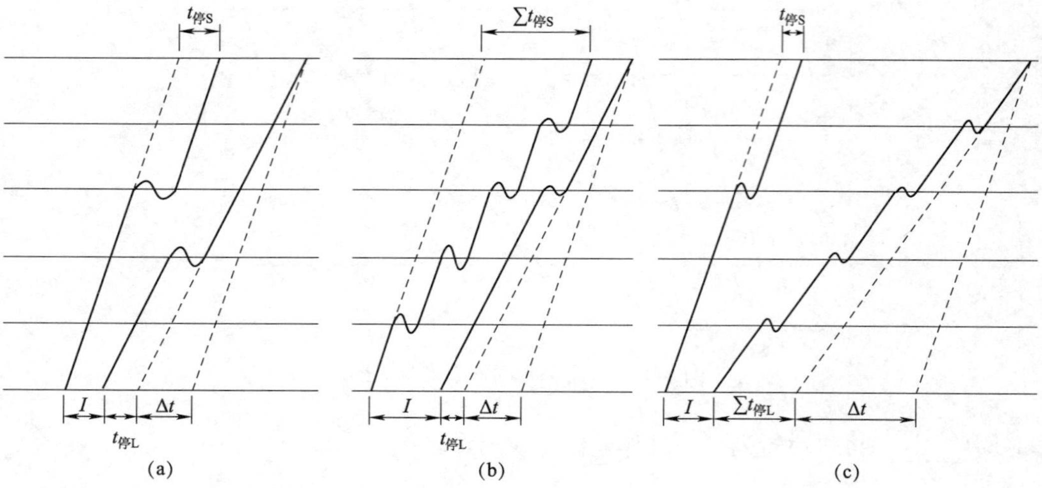

图 5-3-12 停车不相同列车种类运行列车组图

通常情况下，快速列车在中间站停车办理作业次数有限，发生后一种情况的概率很小。一般也可按第一种情况处理，即前行列车在中间站停车办理作业不额外占用区段时间。

3. 不同停车次数组合的运行列车组及其对区间的占用

有作业停车列车又有在区间段内停车次数不同的特征。若在运行图中出现 i 次停车次数和 j 次停车列车运行列车组的概率为 $W_{停停ij}$，则有

$$W_{停停ij} = \frac{N_{S停i}N_{S停j}}{N^2} \qquad (i = 1,2,3,\cdots;j = 1,2,3,\cdots)$$

因而，在停车列车连续铺画运行列车组中，有 i 次停车列车和 j 次停车列车组成运行列车组的组数为 $n_{停停ij}$ 应为

$$n_{停停ij} = N \cdot W_{停停ij} = \frac{N_{S停i}N_{S停j}}{N} \qquad (i = 1,2,3,\cdots;j = 1,2,3,\cdots)$$

相应地，可有

$$n_{SS停停ij} = \frac{N_{S停i}N_{S停j}}{N}$$

$$n_{LL停停ij} = \frac{N_{L停i}N_{L停j}}{N}$$

$$n_{SL停停ij} = n_{LS停停ij} = \frac{N_{S停i}N_{L停j}}{N}$$

理论上“停停”列车运行组按前行列车和后行列车停车次数之不同，可有以下组合：

11、12、13、…

21、22、23、…

31、32、33、…

⋮

根据对高速铁路区段“停停”运行列车组的分析研究，对于“停停 SS”“停停 LL”运行列车组组合 11、22、33、…相同停车次数运行列车组，列车停车次数为 2、4、6、…，可减少占用区段时间停车次数为 1、2、3、…

组合 12、13、21、23、31、32、…不相同停车次数运行列车组，列车停车次数为前、后行停车次数之和，减少对区段占用时间 $t_{停}$ 个数为其中停车次数较少列车的停车次数。

对于“停停 SL”运行列车组，组合 11、12、13、…，21、22、23、…，等等，列车停车次数之和为 2、3、4、…，3、4、5、…，等等，可减少占用区段时间停车次数为组合的第一位数。

对于“停停 LS”运行列车组，组合 11、12、13、…，21、22、23、…，等等，列车停车次数之和为 2、3、4、…，3、4、5、…，等等，可减少占用区段时间停车次数为组合的第二位数。

这样，“停停”运行列车组，因列车在中间站停车作业而增加对区段占用时间（$t_{停}$）的个数，可减少个数（$N'_{停停}$）可按下式计算：

$$N'_{停停}=(\sum n_{SS停停i=j}+\sum n_{SS停停i\neq j})+(\sum n_{LL停停i=j}+\sum n_{LL停停i\neq j})+(\sum n_{SL停停i}+\sum n_{LS停停j})$$

式中　$\sum n_{SS停停i=j}$、$\sum n_{LL停停i=j}$——相同停车次数（$i=j$）快、慢速列车运行列车组可减少区段占用时间 $t_{停}$ 总个数；

$\sum n_{SS停停i\neq j}$、$\sum n_{LL停停i\neq j}$——不相同停车次数（$i\neq j$）快、慢速列车运行列车组可减少区段占用时间 $t_{停}$ 总个数；

$\sum n_{SL停停i}$、$\sum n_{LS停停j}$——不相同列车种类运行列车组可减少占用区段时间 $t_{停}$ 总个数。

非摘挂列车运行时间域列车在中间站停车作业总次数为 $\sum N_{停}$，在相同和不同列车种类运行列车组中有 $\sum N'_{停停}$ 次停车作业不产生额外占用区段时间的情况下，列车在中间停车作业增加占用区间时间（$T_{停}$）可按下式计算：

$$T_{停}=(\sum N_{停}-\sum N'_{停停})t_{停}$$

4. 有作业停车列车比重较大区段的分析计算

在双线铁路区段，一般情况下有作业停车列车组比重（$\gamma_{停}$）相对较小，通常在 50%以下。列车在中间站有作业停车对区段的占用，可采用上述的概率分析法做分析计算。当 $\gamma_{停}>50\%$ 时，有作业停车的聚集度相对的较大，并且随 $\gamma_{停}$ 的增加而增大。对于这类区段，非摘挂列车运行时间域列车停车对区段占用的分析计算，可参照高速铁路停车列车组分析计算法做分析计算。这时，一般应选有停车慢速列车为列车组的核心列车。

四、双线铁路区段列车在中间站停车办理作业额外占用区段总时间

在双线铁路区段，列车额外占用区段时间（$T_{占}$）由列车在中间站停车办理作业占用时间（$T_{停}$）、列车越行占用区间时间（$T_{越}$）和摘挂列车停车作业占用区间时间（$T_{摘}$）三部分构成。据此，可得

$$T_{占}=T_{停}+T_{越}+T_{占}$$

而 $\Delta t_{占}$ 和 $\bar{I}_{图}$ 为：

$$\Delta t_{占}=\frac{T_{占}}{(N_{总}+N_{摘挂})}$$

$$\bar{I}_{图}=\bar{I}+\Delta t_{占}$$

五、算　例

1. 列车运行图数据

表 5-3-1 为某双线铁路区段列车运行图数据表。

表 5-3-1　计算数据表

列车种类	N（列）	$N_{停}$（列）			$t_{停}$（min）	$\Delta t_{运}$（min）	$\min t_u$（min）	$t_{摘}$（min）	$t_{摘作业}$（min）	$\bar{I}$（min）
		一次	二次	三次						
A	27									9.8
B	16	8	8		6	24				
C	34									
D	8						14			
E	12			12				8	30	
计	97									

2. 摘挂列车在中间站停车办理作业对区段的占用

(1)客、货运行列车组数及其比重

$$n_{SS}=\frac{n_S^2}{n_S+n_L}=\frac{43^2}{43+42}=22$$

$$n_{LL}=\frac{n_L^2}{n_S+n_L}=\frac{42^2}{43+42}=21$$

$$\gamma_{SS}=\frac{n_{SS}}{n_S+n_L}=\frac{22}{43+42}=0.26$$

$$\gamma_{LL}=\frac{n_{LL}}{n_S+n_L}=\frac{21}{43+42}=0.25$$

(2)计算摘挂列车组数

若取 $r=0.8$，则有

$$\begin{aligned}N_{摘挂组计}&=\frac{1}{2}[N_{摘挂}(k+1)+(k-1)][1-r(\gamma_{SS}+\gamma_{LL})]\\&=\frac{1}{2}[12(3+1)+(3-1)][1-0.8(0.26+0.25)]=15\end{aligned}$$

(3)摘挂列车占用区段时间

$$T_{摘挂}=N_{摘挂组计}t_{摘}=15\times 8=120(\text{min})$$

3. 列车越行占用区段时间

$$\begin{aligned}T_{越}&=N_{摘挂组计}(t_{摘作业}-2I)\\&=15\times(30-2\times 9.8)=156(\text{min})\end{aligned}$$

4. 列车在中间站停车办理作业占用区段时间

(1)越行列车数

$$n_{越}\ N_{摘挂组计}=\left(\frac{t_{摘作业}}{I}-1\right)N_{摘挂组计}=\left(\frac{30}{9.8}-1\right)\times 15=30$$

(2)非摘挂列车运行时间域运行列车数

$$N = 85 - 30 = 55$$

(3)有作业停车列车比重

$$\gamma_{停} = \frac{N_{停}}{N_{总}} = \frac{16}{85} = 0.188$$

(4)越行列车中有作业停车列车数

$$N_{越行} = n_{越} N_{摘挂组计} \gamma_{停} = 30 \times 0.188 = 6$$

(5)非摘挂列车运行时间域有作业停车列车数

$$N_{停} = N'_{停} - N_{越行} = 16 - 6 = 10$$

(6)“停停”运行列车组数

$$n_{停停} = \frac{N_{停}^2}{N} = \frac{10^2}{55} = 2$$

有作业停车列车全部为B类旅客列车，故有

$$n_{停停} = n_{停停SS} = 2$$

按停车次数组合为：

$$n_{停停SS11} = \frac{N_{S停1} N_{S停1}}{N} = \frac{5 \times 5}{55} = 0.45$$

$$n_{停停SS12} = n_{停停SS21} = \frac{N_{S停1} N_{S停2}}{N} = \frac{5 \times 5}{55} = 0.45$$

$$n_{停停SS22} = \frac{N_{S停2} N_{S停2}}{N} = \frac{5 \times 5}{55} = 0.45$$

若将 $n_{停停SS11}$ · $n_{停停SS22}$取整为1，则可减少占用区段时间 $t_{停}$个数为 $3\sum N'_{停停}$ 。

(7)非摘挂列车运行时间域有作业停车列车数总停车次数

$$\sum N_{停} = 1 \times 5 + 2 \times 5 = 15$$

(8)停车列车占用区段时间

$$T_{停} = (\sum N_{停} - \sum N'_{停停}) t_{停} = (15 - 3) \times 6 = 72(\text{min})$$

5. 列车在中间站停车办理作业额外占用区段总时间和 $\Delta t_{占}$、$\bar{I}_{图}$

$$T_{占} = T_{摘挂} + T_{越} + T_{停} = 120 + 156 + 72 = 348(\text{min})$$

$$\Delta t_{占} = \frac{T_{占}}{(N_{总} + N_{摘挂})} = \frac{348}{97} = 3.59(\text{min})$$

$$\bar{I}_{图} = \bar{I} + \Delta t_{占} = 9.80 + 3.59 = 13.39(\text{min})$$

第四节　单线铁路区段 $\Delta t_{占}$的分析计算

一、单线区间运行列车组概述

在单线区段，以区间为通过能力计算单元，并以其中列车运行图最小列车间隔时间 $\bar{I}_{图}$最大区间通过能力作为区段通过能力。列车运行图平均最小列车间隔时间，由平均最小列车间隔时间($\bar{I}$)和列车在中间站停车额外占用区间时间($\Delta t_{占}$)两部分组成，即

$$\bar{I}_{图} = \bar{I} + \Delta t_{占}$$

其中平均最小列车间隔时间最大的区间可称为一级困难区间，列车在中间站停车额外占

用区间时间最大的区间为二级困难区间。若一级困难区间同时也是二级困难区间，则只需计算该区间两端中间站列车停车额外占用区间时间即可，否则应按列车在中间站停站次数的多少，依次计算列车在中间站停车额外占用区间时间，直至找到 $\bar{I}_{图}$ 最大区间为止。

$\Delta t_{占}$ 与区间两端站运行列车组的停车方案相关，因此，在分析计算 $\Delta t_{占}$ 时，应将区间两端站作为一个整体来研究。

单线区段运行列车组按运行方向特征，可以划分为相同运行方向运行列车组和不相同运行方向运行列车组两类。设区段内运行的上、下行方向运行列数为 N_1、N_2，按照平均概率的原理，各类运行列车组数可按如下公式计算：
对于相同运行方向运行列车组

$$n_{11}=\frac{N_1^2}{N_1+N_2} \qquad n_{22}=\frac{N_2^2}{N_1+N_2}$$

对于不相同运行方向的运行列车组

$$n_{12}=n_{21}=\frac{N_1\cdot N_2}{N_1+N_2}$$

当区段采用成对运行图时($N_1=N_2$)则有

$$n_{11}=n_{22}=\frac{N_1^2}{N_1+N_2} \qquad n_{12}=n_{21}=\frac{N_1^2}{N_1+N_2}$$

由此可见，对于采用成对运行图的单线区段，必有 $n_{11}=n_{12}=n_{21}=n_{22}$。

在单区段运行的列车除有列车运行方向特征外，还有列车种类特征。为简化分析计算起见，若将上行或下行方向运行的列车仅划分为快速列车和慢速列车两类，并设每一运行方向列车中快速列车和慢速列车各为 N_S、N_L 列，则运行列车组 n_{11}、n_{22}、n_{12}、n_{22} 还可以分为 S∧S、L∧L、S∧L、L∧S 四种类型，相应的运行列车组数可按如下公式计算：

$$n_{SS}=\frac{N_S^2}{N_S+N_L} \qquad n_{LL}=\frac{N_L^2}{N_S+N_L} \qquad n_{SL}=n_{LS}=\frac{N_S\cdot N_L}{N_S+N_L}$$

二、相同运行方向运行列车组

1. 相同种类运行列车组

(1)列车在中间站不停车通过方案

相同运行方向又相同种类运行列车组，包括上行方向运行列车组和下行方向运行列车组。在列车种类仅划分为快慢两类的条件下，上下行方向均包括快速列车运行列车组和慢速运行列车组(如图 5-4-1 所示)。

列车在中间站不停车方案，作为分析比较的基础方案，占用区间时间 $t_{占}$ 为

$$t_{占}=t+\tau_{连} \tag{5-4-1}$$

式中 t——列车区间运行时分；

$\tau_{连}$——列车连发间隔时间(图中用 τ 表示)。

(2)列车在中间站停车额外占用区间时间

快速列车运行列车组 S∧S、慢速列车运行列车组 L∧L 在区间两端中间站停车，理论上可以有停车 1 次、2 次、3 次、4 次共四类方案。在以下分析计算中，以运行列车组 S∧S 作为研究对象。当需对运行列车组 L∧L 作为分析计算时，只需将计算参数 t_S、$t_{停S}$ 等改为 t_L、$t_{停L}$ 即可。

①运行列车组在区间两端中间站停车 1 次的方案

图 5-4-2 为运行列车组在困难区间两端中间站停车 1 次的 4 个可能方案，其中(a)、(c)方案分别为第二列车和第一列车在 2 站、1 站停车的方案，列车占用 3 区间和 1 区间的时间分别产生了一个 $t_{停S}$的增量，但列车占用 2 区间的时间不变。因此，若将(a)、(c)方案与基础方案(如图 5-4-1 所示)加以比较，计算列车占用区间时间比较差，即列车停车额外占用区间时间($\Delta t_{占2}$)，可有

$$\Delta t_{占2}=0$$

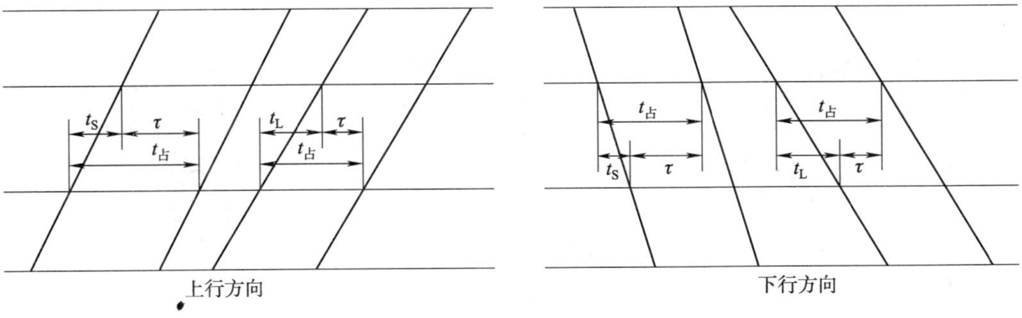

图 5-4-1　相同运行方向相同种类列车组基本方案图

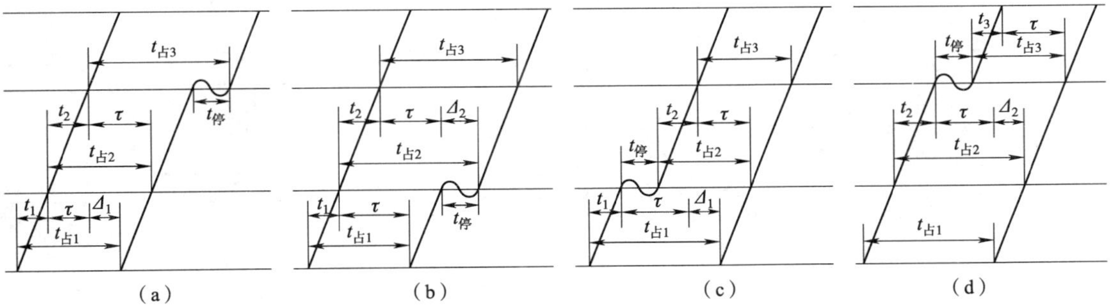

图 5-4-2　列车在中间站行车方案图

(b)、(d)方案因第二列车和第一列车在 1、2 站停车，列车占用 1 区间、3 区间时间分别产生了一个 $t_{停S}$的减少量。这时，对于(b)方案

$$\tau_{连}+t_{1S}+t_{停S}=t_{2S}+\tau_{连}+\Delta_2$$

$$\Delta_2=t_{1S}+t_{停S}-t_{2S}$$

式中 Δ_2 为因 $t_{停S}$引发的列车占用第二区间的变化量，该数值可能为正值也可能为负值。因为区间 2 是困难区间，必有 $t_{2S}>t_{1S}$，所以 Δ_2 为正值的条件是 $t_{停S}>t_{2S}-t_{1S}$，故有，当 $\Delta t_{停S}>t_{2S}-t_{1S}$时，取 Δ_2 为

$$\Delta_2=t_{停S}-t_{2S}+t_{1S}$$

式中 Δ_2 即为列车停车引发的额外占用区间($\Delta t_{占2}$)。

当 $t_{停S}\leqslant t_{2S}-t_{1S}$时，为 Δ_2 负值，因为列车占用区间 2 的时间(基础方案)是不可能有减少量的，这时 Δ_2 应取值为 0。故有

$$\Delta_2=\Delta t_{占2}=0$$

对于(d)方案，可有

$$\tau_{连}+\Delta_2+t_{2S}=t_{停S}+t_{3S}+\tau_{连}$$
$$\Delta_2=t_{停S}+t_{3S}-t_{2S}$$

与(b)方案相对应的也有
当 $t_{停S}>t_{2S}-t_{3S}$时，取

$$\Delta_2=\Delta t_{占2}=t_{停S}-t_{2S}+t_{3S}$$

当 $t_{停S}\leqslant t_{2S}-t_{3S}$时，取

$$\Delta_2=\Delta t_{占2}=0$$

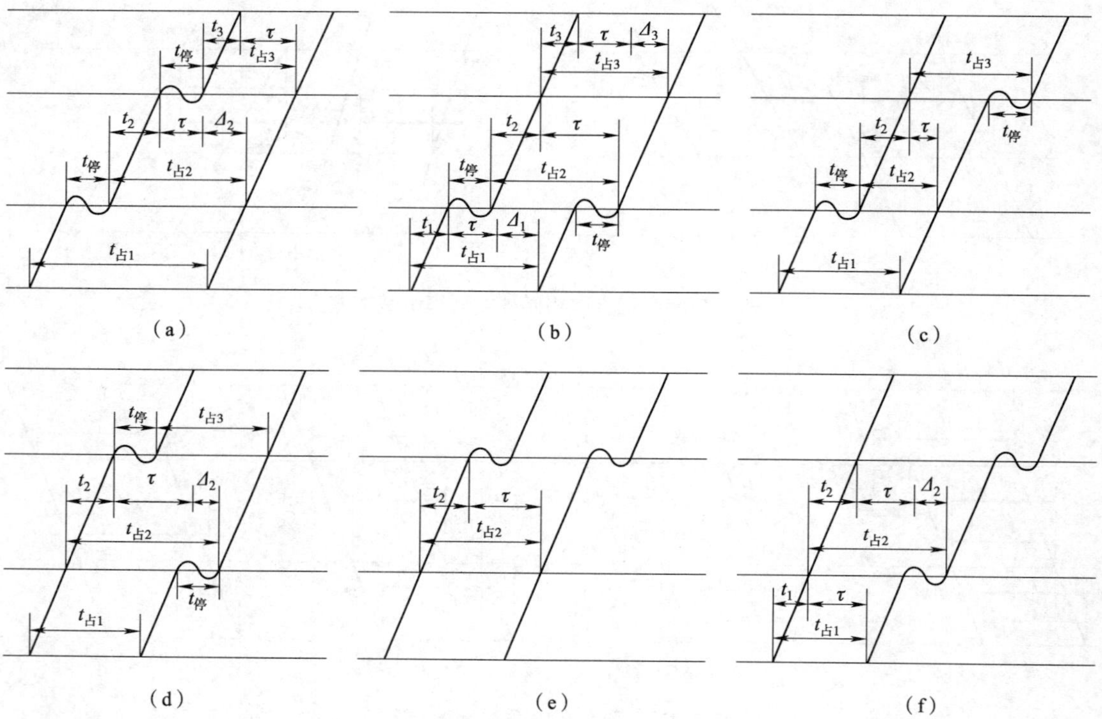

图 5-4-3　列车在中间站停车方案图

②运行列车组列车在区间两端中间站停车 2 次的方案

图 5-4-3 为运行列车组列车在困难区间两端中间站停车 2 次的 6 个可能方案。其中(b)、(e)方案分别为运行列车组列车在 1、2 站同时停车的方案。列车占用 1、2、3 区间时间不变。因此，与基础方案比较，计算列车停车额外占用区间时间为：

$$\Delta t_{占2}=0$$

(a)方案为运行列车组第一列车在 1、2 站停车方案，Δ_2 与列车占用 3 区间的关系和一次停车的(d)方案相类似。因此，也有
当 $\Delta t_{停S}>t_{2S}-t_{1S}$时，取

$$\Delta_2=\Delta t_{占2}=t_{停S}-t_{2S}+t_{3S}$$

当 $t_{停S}\leqslant t_{2S}-t_{3S}$时，取

$$\Delta_2=\Delta t_{占2}=0$$

(f)方案为运行列车组第二列车在1、2站停车方案。Δ_2 与列车占用1区间的关系和1次停车的(b)方案相类似。因此，也有

当 $t_{停S}>t_{2S}-t_{1S}$ 时，取

$$\Delta_2=\Delta t_{占2}=t_{停S}-t_{2S}+t_{1S}$$

当 $t_{停S}\leqslant t_{2S}-t_{1S}$ 时，取

$$\Delta_2=\Delta t_{占2}=0$$

(c)方案为运行列车组第一、二列车分别在2、1站停车方案，是1次停车(a)、(c)方案的组合。虽然列车占用1、3区间的时间分别增加了一个 $t_{停S}$，但列车占用2区间的时间不变。因此，有

$$\Delta t_{占2}=0$$

(d)方案为运行列车组第一、二列车分别在2、1站停车方案。由图5-4-3可以看出，按 Δ_2 与列车占用1区间时间的关系分析，可有

$$\tau_{连}+t_{1S}+t_{停S}=t_{2S}+\tau_{连}+\Delta_2$$

$$\Delta_2=t_{1S}-t_{2S}+t_{停S}$$

若按 Δ_2 与列车占用3区间时间的关系分析，则有

$$\tau_{连}+\Delta_2+t_{2S}=t_{停S}+t_{3S}+\tau_{连}$$

$$\Delta_2=t_{3S}-t_{2S}+t_{停S}$$

因此，Δ_2 可按如下两个条件确定：

第一条件，按与区间1关系确定

当 $t_{停S}>t_{2S}-t_{1S}$ 时

$$\Delta_2=\Delta t_{占2}=t_{停S}-t_{2S}+t_{1S}$$

当 $t_{停S}\leqslant t_{2S}-t_{1S}$ 时

$$\Delta_2=\Delta t_{占2}=0$$

第2条件，按与区间3关系确定

当 $t_{停S}>t_{2S}-t_{3S}$ 时

$$\Delta_2=\Delta t_{占2}=t_{停S}-t_{2S}+t_{3S}$$

当 $t_{停S}\leqslant t_{2S}-t_{3S}$ 时

$$\Delta_2=\Delta t_{占2}=0$$

若 $t_{停S}>t_{2S}-t_{1S}$，且 $t_{停S}>t_{2S}-t_{3S}$，则

$$\Delta_2=\Delta t_{占2}=\max[(t_{停S}-t_{2S}+t_{1S}),(t_{停S}-t_{2S}+t_{3S})]$$

③运行列车组列车在区间两端中间站停3次的方案

图5-4-4为运行列车组在困难区间两端中间站停车3次的4个方案，其中(a)方案列车占用1、2区间的时间与2次停车的(b)方案相同，(c)方案列车占用2、3区间的时间与2次停车的(e)方案相同，只是占用3区间或1区间的时间增加了一个 $t_{停S}$。因此，和停车两次的(b)、(e)方案相类似，也有

$$\Delta t_{占2}=0$$

(b)方案为运行列车组第一列车在2站停车、第二列车在1、2站停车的方案。

因一、二列车均在2站停车，故运行列车组占用2、3区间的时间相同，且与列车占用1区间的时间存在如下关系：

$$t_{2S}+\tau_{连}+\Delta_2=\tau_{连}+t_{1S}+t_{停S}$$

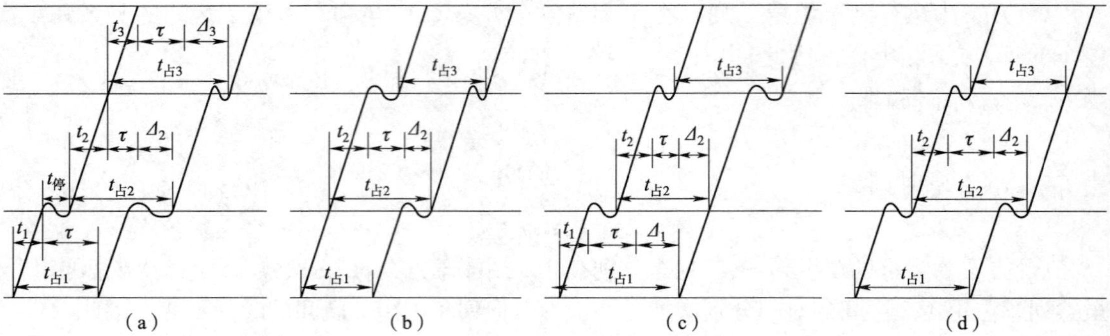

图 5-4-4 列车在中间站停车方案图

$$\Delta_2 = t_{1S} + t_{停S} - t_{2S}$$

据此，可有

当 $t_{停S} > t_{2S} - t_{1S}$ 时，

$$\Delta_2 = \Delta t_{占2} = t_{停S} - t_{2S} + t_{1S}$$

当 $t_{停S} \leqslant t_{2S} - t_{1S}$ 时

$$\Delta_2 = \Delta t_{占2} = 0$$

(d)方案为运行列车组第一列车在1、2站停车，第二列车在1站停车的方案。因1、2列车均在1站停车，故运行列车组占用1、2区间的时间相同，且与列车占用3区间时间存在如下关系：

$$\tau_连 + \Delta_2 + t_{2S} = t_{停S} + t_{3S} + \tau_连$$

$$\Delta_2 = t_{停S} + t_{3S} - t_{2S}$$

据此，也有

当 $t_{停S} > t_{2S} - t_{3S}$ 时

$$\Delta_2 = \Delta t_{占2} = t_{停S} - t_{2S} + t_{3S}$$

当 $t_{停S} \leqslant t_{2S} - t_{3S}$ 时

$$\Delta_2 = \Delta t_{占2} = 0$$

④运行列车组列车在区间两端中间站停车4次的方案

图5-4-5所示为运行列车组列车在困难区间两端中间站停车4次的方案。因运行列车组两列车均在1、2站停车，占用1、2、3区间时间完全相同，且与基础方案的数值相等，故有

$$\Delta t_{占2} = 0$$

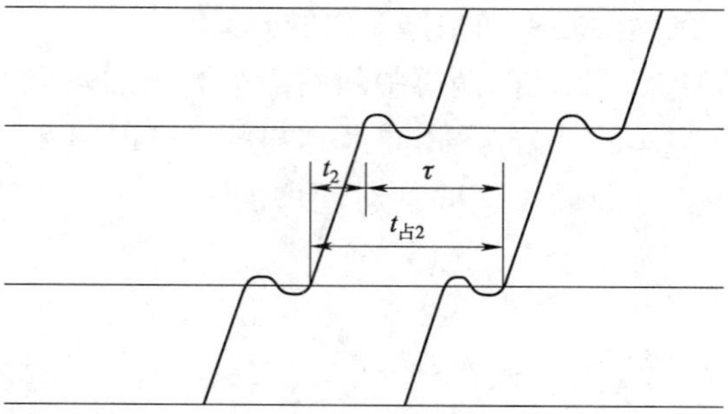

图 5-4-5 列车在中间站停车方案图

以上S∧S运行列车组 $\Delta t_{占2}$ 计算公式汇总列于表5-4-1，相应地也可以列出L∧L运行列

车组 $\Delta t_{占2}$ 的计算公式（见表 5-4-2）。

表 5-4-1　$\Delta t_{占2}$ 计算公式汇总表

停车次数	方案	与 1 区间的关系		与 3 区间的关系		与 1、3 区间的关系		无条件
		$t_{停S}>t_{2S}-t_{1S}$	$t_{停S}\leqslant t_{2S}-t_{1S}$	$t_{停S}>t_{2S}-t_{3S}$	$t_{停S}\leqslant t_{2S}-t_{3S}$	$t_{1S}>t_{3S}$	$t_{3S}>t_{1S}$	
1	(a)							0
	(b)	$t_{停S}-t_{2S}+t_{1S}$	0					
	(c)							0
	(d)			$t_{停S}-t_{2S}+t_{3S}$				
2	(a)			$t_{停S}-t_{2S}+t_{3S}$				
	(b)							0
	(c)							0
	(d)	$t_{停S}-t_{2S}+t_{1S}$	0	$t_{停S}-t_{2S}+t_{3S}$	0	$t_{停S}-t_{2S}+t_{1S}$	$t_{停S}-t_{2S}-t_{3S}$	
	(e)							0
	(f)	$t_{停S}-t_{2S}+t_{1S}$	0					
3	(a)							0
	(b)	$t_{停S}-t_{2S}+t_{1S}$	0					
	(c)							0
	(d)			$t_{停S}-t_{2S}+t_{3S}$	0			
4								0

表 5-4-2　$\Delta t_{占}$ 计算公式汇总表

停车次数	方案	与 1 区间的关系		与 3 区间的关系		与 1、3 区间的关系		无条件
		$t_{停L}>t_{2L}-t_{1L}$	$t_{停L}\leqslant t_{2L}-t_{1L}$	$t_{停L}>t_{2L}-t_{3L}$	$t_{停L}\leqslant t_{2L}-t_{3L}$	$t_{1L}>t_{3L}$	$t_{1L}<t_{3L}$	
1	(a)							0
	(b)	$t_{停L}-t_{2L}+t_{1L}$	0					
	(c)							
	(d)			$t_{停L}-t_{2L}+t_{3L}$	0			
2	(a)			$t_{停L}-t_{2L}+t_{3L}$	0			
	(b)							
	(c)							
	(d)	$t_{停L}-t_{2L}+t_{3L}$	0	$t_{停L}-t_{2L}+t_{3L}$	0	$t_{停L}-t_{2L}+t_{1L}$	$t_{停L}-t_{2L}+t_{1L}$	
	(e)							0
	(f)	$t_{停L}-t_{2L}+t_{1L}$	0					
3	(a)							
	(b)	$t_{停L}-t_{2L}+t_{1L}$	0					
	(c)							0
	(d)			$t_{停L}-t_{2L}+t_{3L}$	0			
4								0

(3)运行列车组数

由表5-4-1和表5-4-2可以看出，对于困难区间（区间2），在1(b)、1(d)、2(a)、2(d)、2(f)、3(b)、3(d)这7个方案可能存在列车在中间站停车额外占用区间时间。因此，需计算上述方案的运行列车组数，设N_S、N_{S1}、N_{S2}各为上行或下行快速列车数和在1、2站停车列车数，N_L、N_{L1}、N_{L2}各为上行或下行慢速列车数和在1、2站停车列车数，$N=N_S+N_L$，则各方案的运行列车组数计算公式可写为：

$$n_{S2}=\frac{N_{S2}\cdot N_S}{N}\quad [1(b)方案,1(d)方案] \tag{5-4-2}$$

$$n_{S12}=\frac{N_{S1}\cdot N_{S2}\cdot N_S^2}{N^3}\quad [2(a)方案,2(d)方案,2(f)方案] \tag{5-4-3}$$

$$n_{S212}=\frac{N_{S2}^2\cdot N_{S1}\cdot N_S^2}{N^5}\quad [3(b)方案] \tag{5-4-4}$$

$$n_{S121}=\frac{N_{S1}^2\cdot N_{S2}\cdot N_{S3}^3}{N^5}\quad [3(d)方案] \tag{5-4-5}$$

$$n_{L2}=\frac{N_{L2}\cdot N_L}{N} \tag{5-4-6}$$

$$n_{L12}=\frac{N_{L1}\cdot N_{L2}\cdot N_L^2}{N^3} \tag{5-4-7}$$

$$n_{L212}=\frac{N_{L2}^2\cdot N_{L1}\cdot N_L^3}{N^5} \tag{5-4-8}$$

$$n_{S12}=\frac{N_{L1}^2\cdot N_{L2}\cdot N_L^3}{N^5} \tag{5-4-9}$$

(4)列车在中间站停车额外占用区间总时间

在采用成对运行图条件下，必有$N_1=N_2$，相应地也必有$n_{11}=n_{22}=n_{12}=n_{21}$，$n_{11}+n_{22}=\frac{1}{2}(N_1+N_2)$，即相同运行方向运行列车组占总组数的一半，也可以说相当于占一个列车运行方向的列车数。因此，相同运行方向运行列车组列车在中间站停车额外占用区间时间，可就相当于一个运行方向列车数的列车作分析计算。

对于S∧S运行列车组

当$t_{停S}>t_{2S}-t_{1S}$时

$$T_{停S11}=(n_{S2}+n_{S12}+n_{S12}+n_{S212})(t_{停}+t_{1S}-t_{2S}) \tag{5-4-10}$$

当$t_{停S}>t_{2S}-t_{3S}$时

$$T_{停S12}=(n_{S2}+n_{S12}+n_{S12}+n_{S212})(t_{停S}+t_{3S}-t_{2S}) \tag{5-4-11}$$

当$t_{停S}>t_{2S}-t_{1S}$，$t_{停S}>t_{2S}-t_{3S}$，且$t_{1S}>t_{3S}$时

$$T_{停S13}=(T_{停S11}+T_{停S12})-(t_{停S}-t_{2S}+t_{3S})n_{S12} \tag{5-4-12}$$

当$t_{停S}>t_{2S}-t_{1S}$，$t_{停S}>t_{2S}+t_{3S}$，且$t_{1S}<t_{3S}$时

$$T_{停S14}=(T_{停S11}+T_{停S12})-(t_{停S}-t_{2S}+t_{1S})n_{S12} \tag{5-4-13}$$

对于L∧L运行列车组

当$t_{停L}>t_{2L}-t_{1L}$时

$$T_{停L11}=(n_{L2}+n_{L12}+n_{L12}+n_{L212})(t_{停L}+t_{3L}-t_{2L}) \tag{5-4-14}$$

当$t_{停L}>t_{2L}-t_{3L}$时

$$T_{停L12}=(n_{L2}+n_{L12}+n_{L12}+n_{L212})(t_{停L}+t_{3L}-t_{2L}) \tag{5-4-15}$$

当 $t_{停L}>t_{2L}-t_{1L}$，$t_{停L}>t_{2L}-t_{3L}$，且 $t_{1L}>t_{3L}$时

$$T_{停L13}=(T_{停L11}+T_{停L12})-(t_{停L}+t_{3L}-t_{2L})n_{L12} \tag{5-4-16}$$

当 $t_{停L}>t_{2L}-t_{1L}$，$t_{停L}>t_{2L}-t_{3L}$，且 $t_{1L}<t_{3L}$时

$$T_{停L14}=(T_{停L11}+T_{停L12})-(t_{停L}+t_{1L}-t_{2L})n_{L12} \tag{5-4-17}$$

若分析计算区段符合条件的 S∧S，L∧L 运行列车组列车停车额外占用区间总时间各为 $T_{停S1}$和 $T_{停L1}$，则有

$$T_{停1}=T_{停S1}+T_{停L1} \tag{5-4-18}$$

（5）算例

假定表 5-4-3 为单线区段困难区间 $\Delta t_{占}$计算数据表，列车在中间站停车额外占用区间时间可计算如下：

①计算检查条件

对于 S∧S 运行列车组

$$t_{停S}=7<(t_{2S}-t_{1S})=16-8=8$$
$$t_{停S}=7>(t_{2S}-t_{1S})=16-10=6$$

表 5-4-3　$\Delta t_{占}$计算数据表

列车数			t(min)						$N_{S停}$		$N_{L停}$		$t_{停}$(min)	
			S			L								
快速	慢速	计	1	2	3	1	2	1	1	1	1	2	S	m
10	25	35	8	16	10	10	18	12	1	2	2	15	7	11

满足 $t_{停S}>(t_{2S}-t_{3S})$的条件

对于 L∧L 运行列车组

$$t_{停L}=12>(t_{2L}-t_{1L})=18-10=8$$
$$t_{停L}=12>(t_{2L}-t_{3L})=18-12=6$$
$$t_{1L}=10<t_{3L}=12$$

因此，满足 $t_{停L}>(t_{2L}-t_{1L})$，$t_{停L}>(t_{2L}-t_{3L})$，$t_{3L}>t_{1L}$的条件。

②计算产生额外占用区间时间的运行列车组组数

根据满足的计算条件，需计算 n_{S2}、n_{L12}、n_{S12}、n_{L2}、n_{S121}、n_{L121}，即

$$n_{S2}=\frac{2\times10}{35}=0.6\approx1$$

$$n_{S12}=\frac{1\times10\times2\times10}{35^3}\approx0$$

$$n_{S121}=\frac{1\times10\times2\times10\times1\times10}{35^5}\approx0$$

$$n_{L2}=\frac{15\times25}{35}=7.5\approx8$$

$$n_{L12}=\frac{2\times25\times15\times25}{35^3}\approx0$$

$$n_{L121}=\frac{2\times25\times15\times25\times2\times25}{35^5}\approx0$$

③计算列车在中间站停车额外占用区间总时间

$$T_{停S12}=(1+0+0+0)\times(7-16+10)=1(\text{min})$$
$$T_{停L12}=(8+0+0+0+0)\times(12-18+12)=48(\text{min})$$
$$T_{停}=1+48=49(\text{min})$$

从这一分析计算中可以看出，列车在中间站停车方案，理论上虽有停车1次、2次、3次和4次，有15种方案，但由于停车3次、4次方案概率很小，在实际工作中一般不大可能出现，在以下分析计算中略去。

2. 不相同种类运行列车组

(1)列车在中间站不停车方案

相同运行方向、不相同种类运行的车组，每个方向有两种形式，即第一列车为快速列车或慢速列车。作为分析研究的基础方案[如图5-4-6(a)所示]方案可有

$$t_{占2}=t_{2L}+\tau_{连}+\Delta_2$$
$$\tau_{连}+\Delta_2+t_{2S}=t_{3L}+\tau_{连}$$
$$\Delta_2=t_{3L}-t_{2S}$$

式中 t_{3L}，t_{2S}是一个变化量，可能 $t_{3L}>t_{2S}$，也可能 $t_{3L}<t_{2S}$。

显然，当 $t_{3L}>t_{2S}$时，Δ_2 为正值，应取 $\Delta_2=t_{3L}-t_{2S}$，故有

$$t_{占2}=t_{2L}+t_{3L}-t_{2S}+\tau_{连}$$

相应地，当 $t_{3L}\leqslant t_{2S}$时，Δ_2 为负值或零，应取 $\Delta_2=0$，故有

$$t_{占2}=t_{2L}+\tau_{连}$$

式中 t_{1S}、t_{2S}、t_{3S}和 t_{1L}、t_{2L}、t_{3L}各为快、慢速列车在1、2、3区间的运行时间。

对于(b)方案，则有

$$t_{占2}=t_{2S}+\tau_{连}+\Delta_2$$
$$\tau_{连}+\Delta_2+t_{2S}=t_{1L}+\tau_{连}$$
$$\Delta_2=t_{1L}-t_{2S}$$

与(a)方案相类似，在这里可能 $t_{1L}>t_{2S}$，也可能 $t_{1L}<t_{2S}$，当 $t_{1L}>t_{2S}$时，Δ_2 为正值，应取 $\Delta_2=t_{1L}-t_{2S}$，故有

$$t_{占2}=t_{1L}+\tau_{连}$$

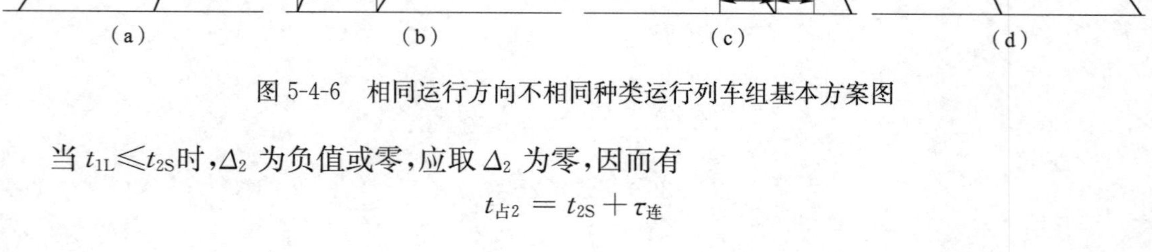

图5-4-6 相同运行方向不相同种类运行列车组基本方案图

当 $t_{1L}\leqslant t_{2S}$时，Δ_2 为负值或零，应取 Δ_2 为零，因而有

$$t_{占2}=t_{2S}+\tau_{连}$$

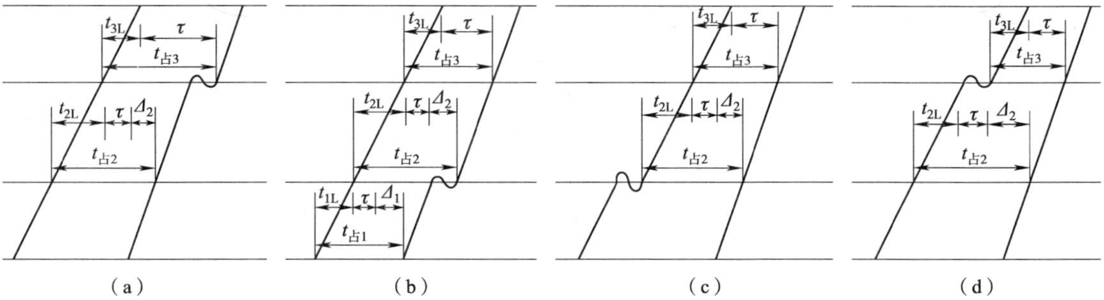

图 5-4-7　列车在中间站停车方案图

(2)L∧S 运行列车组列车在区间两端中间站停车额外占用区间时间

①运行列车组列车在区间两端站停车 1 次的方案

(a)方案为运行列车组第二列车在 2 站停车的方案，由图 5-4-7 可以看出：

$$t_{占2} = t_{2L} + \tau_{连} + \Delta_2$$

$$\tau_{连} + \Delta_2 + t_{2S} + t_{停S} = t_{3L} + \tau_{连}$$

$$\Delta_2 = t_{3L} - t_{2S} - t_{停S}$$

这样，当 $t_{1L} > t_{2S}$ 且 $t_{停S} \leqslant t_{3L} - t_{2S}$ 时，Δ_2 为正值，应取 $\Delta_2 = t_{3L} - t_{2S} - t_{停S}$，故有

$$t_{占2} = t_{2L} + t_{3L} - t_{2S} + \tau_{连} - t_{停S}$$

若将(a)方案与中间站不停车的基础方案(如图 5-4-6 所示)加以比较，计算列车在中间站停车额外占用区间时间($\Delta t_{占2}$)，则有

$$\Delta t_{占2} = - t_{停S}$$

同理，当 $t_{2L} \leqslant t_{2S}$ 时，Δ_2 为负值或零，应取 $\Delta_2 = 0$，故有

$$t_{占2} = t_{2L} + \tau_{连} - t_{停S}$$

$$\Delta t_{占2} = - t_{停S}$$

应该指出，$\Delta t_{占2}$ 等于 $t_{2L} + \tau_{连}$ 的基础方案值是不可能减少的，出现这一计算结果表明，为确保 $\Delta t_{占2} = t_{2L} + \tau_{连}$，应取 $\Delta t_{占3} = t_{3L} + \tau_{连} + t_{停S}$，这时可有

$$\Delta t_{占2} = 0$$

(b)方案为运行列车组第二列车在 1 站停车的方案，(c)方案为运行列车组第一列车在 1 站停车方案，两个方案运行列车组占用 2、3 区间的情况相同，由图 5-4-7 可以看出：

$$t_{占2} = t_{2L} + \tau_{连} + \Delta_2$$

$$\tau_{连} + t_{2S} + \Delta_2 = t_{3L} + \tau_{连}$$

$$\Delta_2 = t_{3L} - t_{2S}$$

这样，当 $t_{3L} > t_{2S}$ 时，Δ_2 为正值，应取 $\Delta_2 = t_{3L} - t_{2S}$。故有

$$t_{占2} = t_{2L} + t_{3L} - t_{2S} + \tau_{连}$$

$$\Delta t_{占2} = 0$$

当 $t_{3L} \leqslant t_{2S}$ 时，Δ_2 为负值或零，应取 $\Delta_2 = 0$，可有

$$t_{占2} = t_{2L} + \tau_{连}$$

$$\Delta t_{占2} = 0$$

(d)方案为运行列车组第一列车在 2 站停车方案，由图 5-4-7 可得

$$t_{占2} = t_{2L} + \tau_{连} + \Delta_2$$

$$t_{停L} + t_{3L} + \tau_{连} = \tau_{连} + \Delta_2 + t_{2S}$$

$$\Delta_2 = t_{2L} - t_{2S} + t_{停L}$$

这样，当 $t_{3L} > t_{2S}$ 时，Δ_2 为正值，应取 $\Delta_2 = t_{3L} - t_{2S} + t_{停L}$，故有

$$t_{占2} = t_{2L} + t_{3L} - t_{2S} + \tau_{连} + t_{停L}$$

$$\Delta t_{占2} = t_{停L}$$

当 $t_{3L} \leqslant t_{2S}$ 且 $t_{停L} > t_{3L} - t_{2S}$ 时，Δ_2 仍为正值，应取 $\Delta_2 = t_{3L} - t_{2S} + t_{停L}$，故有

$$t_{占2} = t_{2L} + t_{3L} - t_{2S} + \tau_{连} + t_{停L}$$

$$\Delta t_{占2} = t_{停L}$$

当 $t_{3L} \leqslant t_{2S}$ 且 $t_{停L} < t_{3L} - t_{2S}$ 时，Δ_2 为负值或零，应取 $\Delta_2 = 0$，故有

$$t_{占2} = t_{2L} + \tau_{连}$$

$$\Delta t_{占2} = 0$$

②运行列车组在区间两端中间站停车 2 次的方案

(a)方案为运行列车组第一列车在 1、2 站停车的方案，由图 5-4-8 可得

$$t_{占2} = t_{2L} + \tau_{连} + \Delta_2$$

$$\tau_{连} + \Delta_2 + t_{2S} = t_{停L} + t_{3L} + \tau_{连}$$

$$\Delta_2 = t_{2L} - t_{2S} + t_{停L}$$

这一情况与一次停车的(d)方案相同，可按同样方法作分析计算。

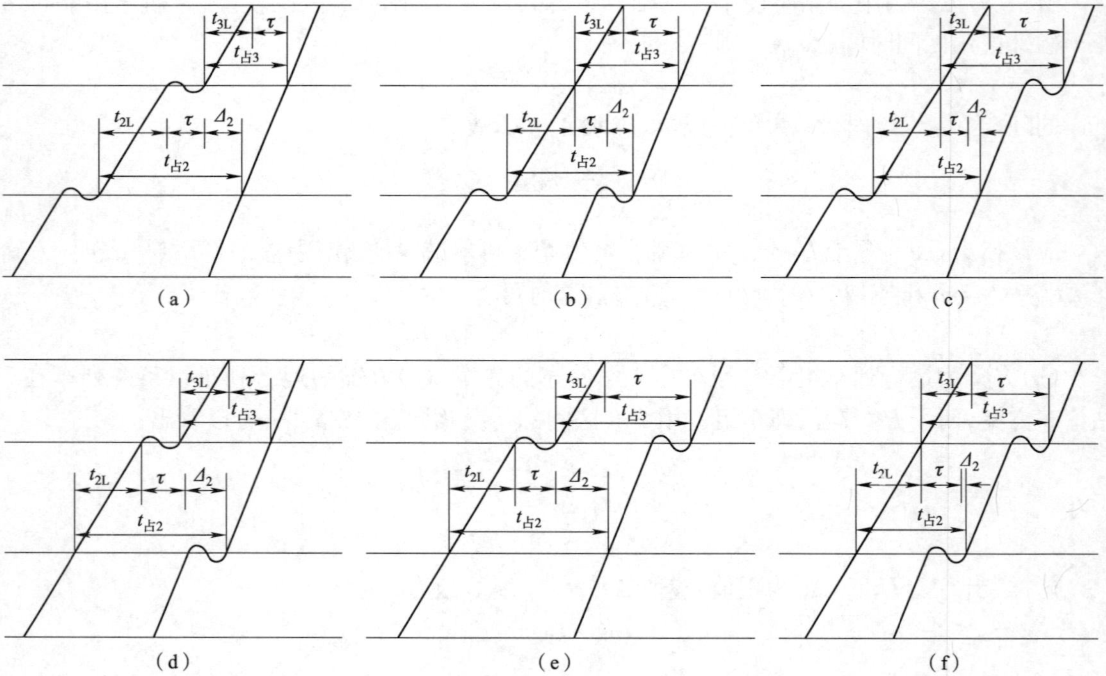

图 5-4-8　列车在中间站停车方案图

(b)方案为运行列车组第一、二列车在 1 站停车方案，由图 5-4-8 可得

$$t_{占2} = t_{2L} + \tau_{连} + \Delta_2$$

$$\tau_{连} + \Delta_2 + t_{2S} = t_{3L} + \tau_{连}$$
$$\Delta_2 = t_{3L} + t_{2S}$$

这一情况与一次停车的(b)方案相同,可按同样方法作分析计算。

(c)方案为运行列车组第一列车在1站停车、第二列车在2站停车的方案,(f)方案为运行列车组第二列车在1、2站停车方案,由图5-4-8可以看出,两个方案运行列车组占用2、3区间的情况与一次停车的(a)方案相同。因此,也有

$$\Delta t_{占2} = 0$$

(d)方案为运行列车组第一列车在2站停车、第二列车在1站停车的方案,由图5-4-8可得

$$t_{占2} = t_{2L} + \tau_{连} + \Delta_2$$
$$\tau_{连} + \Delta_2 + t_{2S} = t_{停L} + t_{3L} + \tau_{连}$$
$$\Delta_2 = t_{3L} + t_{停L} - t_{2S}$$

这一情况与1次停车的(d)方案相同,可按同样方法分析计算。

(e)方案为运行列车组第一、二列车均在2站停车的方案,由图5-4-8可得

$$t_{占2} = t_{2L} + \tau_{连} + \Delta_2$$
$$\tau_{连} + \Delta_2 + t_{2S} + t_{停S} = t_{3L} + \tau_{连} + t_{停L}$$
$$\Delta_2 = t_{3L} - t_{2S} + t_{停L} - t_{停S} = t_{3L} - t_{2S} + \Delta t_{停}$$

式中,$\Delta t_{停} = t_{停L} - t_{停S}$。

这一情况与1次停车的(d)方案相类似,可按同样方法分析计算,只需将(d)方案计算公式中的$t_{停L}$改为$\Delta t_{停}$即可。

以上计算公式汇总列于表5-4-4。

表5-4-4　$\Delta t_{占2}$计算公式汇总表

停车次数	方　案	$t_{3L}>t_{2S}$	$t_{3L}\leqslant t_{2S}$		条　件
			$t_{停L}>t_{3L}-t_{2S}$	$t_{停L}\leqslant t_{3L}-t_{2S}$	
1	(a)				0
	(b)				0
	(c)				0
	(d)	$t_{停L}$	$t_{停L}$	0	
2	(a)	$t_{停L}$	$t_{停L}$	0	
	(b)				0
	(c)				0
	(d)	$t_{停L}$	$t_{停L}$	0	
	(e)	$\Delta t_{停}$	$\Delta t_{停}$	0	
	(f)				0

③L∧L运行列车组数

由表5-4-4可以看出,当$t_{3L}>t_{2S}$,$t_{3L}\leqslant t_{2S}$,但$t_{3L}>t_{2S}-t_{3L}$时,1(d)、2(a)、2(d)、2(e)四个方案列车在1、2中间站停车对占用区间时间有影响。因此,需计算相关方案运行列车组数,即

$$n_{L2} = \frac{N_{L2} \cdot N_S}{N} \qquad [1(d)\ 方案] \tag{5-4-19}$$

$$n_{L12} = \frac{N_{L1} \cdot N_{L2} \cdot N_S^2}{N^3} \qquad [2(a)\ 方案] \tag{5-4-20}$$

$$n_{L2S1} = \frac{N_{L2} \cdot N_S \cdot N_{S1} \cdot N_L}{N^3} \qquad [2(d)\ 方案] \tag{5-4-21}$$

$$n_{L2S2} = \frac{N_{L2} \cdot N_S \cdot N_{S2} \cdot N_L}{N^3} \qquad [2(e)\ 方案] \tag{5-4-22}$$

④列车在中间站停车额外占用区间总时间

当 $t_{3L}>t_{2S}$ 或 $t_{3L}\leqslant t_{2S}$、$\Delta t_{停L}>t_{23}-t_{3L}$ 时，可按如下公式计算列车在中间站停车额外占用区间总时间：

$$T_{停2} = (n_{L2} + n_{L12} + n_{L2S1})t_{停L} + n_{L2S1} \cdot \Delta t_{停} \tag{5-4-23}$$

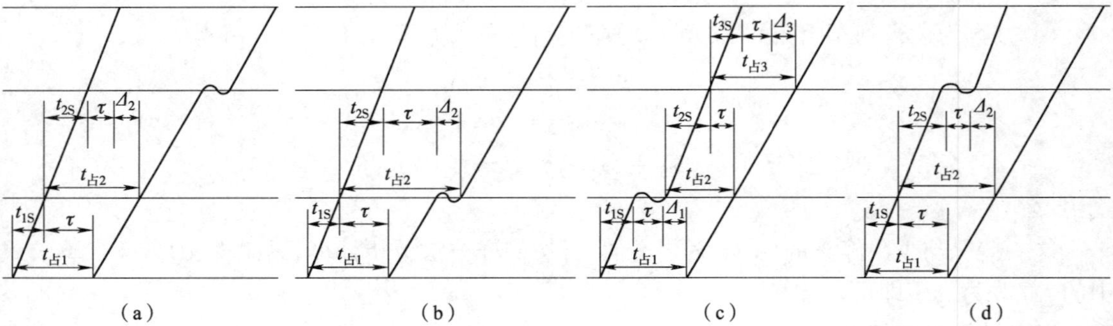

图 5-4-9 列车在中间站停车方案图

(3)S∧L 运行列车组列车在区间两端中间站停车额外占用区间时间

①运行列车组列车在区间两端中间站停车 1 次的方案

(a)方案为第二列车在 2 站停车方案，由图 5-4-9 可得

$$t_{占2} = t_{2S} + \tau_{连} + \Delta_2$$

$$t_{2S} + \tau_{连} + \Delta_2 = \tau_{连} + t_{1L}$$

$$\Delta_2 = t_{1L} - t_{2S}$$

这样，当 $t_{1L}>t_{2S}$ 时，Δ_2 为正值，应取 $\Delta_2=t_{1L}-t_{2S}$，故有

$$t_{占2} = t_{1L} + \tau_{连}$$

$$\Delta t_{占2} = 0$$

当 $t_{1L}\leqslant t_{2S}$ 时，Δ_2 为负值或零，应取 $\Delta_2=0$，故有

$$t_{占2} = t_{2S} + \tau_{连}$$

$$\Delta t_{占2} = 0$$

(b)方案为第二列车在 1 站停车的方案，由图 5-4-9 可得

$$t_{占2} = \tau_{连} + \Delta_2 + t_{2S}$$

$$t_{2S} + \tau_{连} + \Delta_2 = \tau_{连} + t_{1L} + t_{停L}$$

$$\Delta_2 = t_{1L} - t_{2S} + t_{停L}$$

这样，当 $t_{1L}>t_{2S}$ 时，Δ_2 为正值，应取 $\Delta_2=t_{1L}-t_{2S}+t_{停L}$，故有

$$t_{占2}=t_{1L}+\tau_{连}+t_{停L}$$
$$\Delta t_{占2}=t_{停L}$$
当 $t_{1L}\leqslant t_{2S}$，但 $t_{停L}>t_{2S}-t_{1L}$ 时，Δ_2 仍为正值，应取 $\Delta_2=t_{1L}-t_{2S}+t_{停L}$，故有
$$\Delta t_{占2}=t_{停L}$$
当 $t_{1L}\leqslant t_{2S}$ 时，且 $t_{停L}\leqslant t_{2S}-t_{1L}$ 时，Δ_2 为负值或零，应取 $\Delta_2=0$，故有
$$t_{占2}=t_{2S}+\tau_{连}$$
$$\Delta t_{占2}=0$$
(c)方案为第一列车在 1 站停车的方案，由图 5-4-9 可得
$$t_{占1}=t_{1S}+\tau_{连}+\Delta_1$$
$$t_{占2}=t_{2S}+\tau_{连}$$
$$t_{占3}=t_{3S}+\tau_{连}+\Delta_3$$
因为
$$t_{停S}+t_{2S}+\tau_{连}=t_{1L}+\tau_{连}+\Delta_1$$
$$\Delta_1=t_{2S}+t_{停S}-t_{1L}$$
$$\tau_{连}+t_{2L}=t_{3S}+\tau_{连}+\Delta_3$$
$$\Delta_3=t_{2L}-t_{3S}$$
所以
$$t_{占1}=t_{1S}+t_{2S}-t_{3L}+\tau_{连}+t_{停S}$$
$$t_{占2}=t_{2S}+\tau_{连}$$
$$t_{占3}=t_{2L}+\tau_{连}$$
由此可得
$$\Delta t_{占2}=0$$
(d)方案为第一列车在 2 站停车的方案，由图 5-4-9 可得
$$t_{占2}=\tau_{连}+t_{2S}+\Delta_2$$
$$\tau_{连}+t_{1L}=t_{2S}+\tau_{连}+\Delta_2$$
$$\Delta_2=t_{1L}-t_{2S}$$
这一情况与(a)方案相同，可以按同样的方法作分析计算。

②运行列车组在区间两端中间站停车 2 次的方案

(a)方案为第一列车在 1、2 站停车的方案，由图 5-4-10 可以看出
$$t_{占2}=t_{2S}+\tau_{连}+\Delta_2$$
$$t_{停S}+t_{2S}\tau_{连}+\Delta_2=\tau_{连}+t_{1L}$$
$$\Delta_2=t_{1L}-t_{2S}-t_{停S}$$
这样，当 $t_{1L}>t_{2S}$ 且 $t_{停S}\leqslant t_{1L}-t_{2S}$ 时，Δ_2 为正值，应取 $\Delta_2=t_{1L}-t_{2S}-t_{停S}$，故有
$$t_{占2}=t_{1L}-t_{停S}+\tau_{连}$$
$$\Delta t_{占2}=-t_{停S}$$
当 $t_{1L}\leqslant t_{2S}$ 时，Δ_2 为负值，应取 $\Delta_2=0$，故有
$$t_{占2}=t_{2S}+\tau_{连}$$
$$\Delta t_{占2}=0$$
$\Delta t_{占2}=-t_{停S}$ 的情况与 L∧S 运行列车组 1 次停车(a)方案相同。同理，也应取 $\Delta t_{占2}=0$。

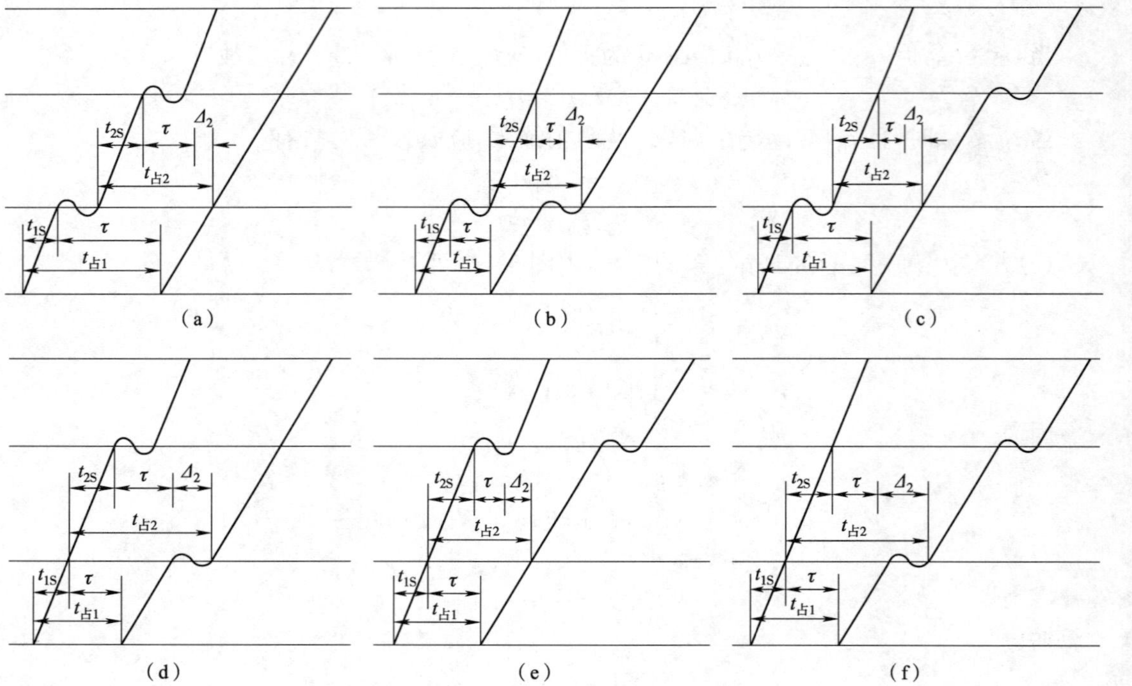

图 5-4-10 列车在中间站停车方案图

(b)方案为一、二列车在 1 站停车的方案，由图 5-4-10 可得

$$t_{占2} = t_{2S} + \tau_{连} + \Delta_2$$

$$\tau_{连} + t_{1L} + t_{停L} = t_{停S} + t_{2S} + \tau_{连} + \Delta_2$$

$$\Delta_2 = t_{1L} - t_{2S} + \Delta t_{停}$$

这样，当 $t_{1L} > t_{2S}$ 时，Δ_2 为正值，应取 $\Delta_2 = t_{1L} - t_{2S} + \Delta t_{停}$，故有

$$t_{占2} = t_{1L} + \tau_{连} + \Delta t_{停}$$

$$\Delta t_{占2} = t_{停S}$$

当 $t_{1L} \leqslant t_{2S}$，但 $\Delta t_{停} > t_{2S} - t_{1L}$ 时，Δ_2 仍为正值，应取 $\Delta_2 = t_{1L} - t_{2S} + \Delta t_{停}$，故有

$$t_{占2} = t_{1L} + \tau_{连} + \Delta t_{停}$$

$$\Delta t_{占2} = \Delta t_{停}$$

当 $t_{1L} \leqslant t_{2S}$ 且 $\Delta t_{停} \leqslant t_{2S} - t_{1L}$ 时，Δ_2 为负值或零，应取 $\Delta_2 = 0$，故有

$$t_{占2} = t_{1L} + \tau_{连}$$

$$\Delta t_{占2} = 0$$

(c)方案为第一列车在 1 站停车，第二列车在 2 站停车的方案，由图 5-4-10 可得

$$t_{占2} = t_{2S} + \tau_{连} + \Delta_2$$

$$\tau_{连} + t_{1L} = t_{停S} + t_{2S} + \tau_{连} + \Delta_2$$

$$\Delta_2 = t_{1L} - t_{2S} - t_{停S}$$

这一情况与 1 次停车(b)方案相类似，仅将(b)方案 Δ_2 计算公式的 $t_{停L}$ 改为 t_{2S} 即可。因此，可以用同样的方法作分析计算，在计算中将 $\Delta t_{占2}$ 计算公式中的 $t_{停L}$ 改为 $t_{停S}$。

(d)方案为第一列车在 2 站停车，第二列车在 1 站停车的方案。由图 5-4-10 可得

$$t_{占2} = t_{2S} + \tau_{连} + \Delta_2$$

$$\tau_{连} + t_{1L} + t_{停L} = t_{2S} + \tau_{连} + \Delta_2$$

$$\Delta_2 = t_{1L} - t_{2S} + t_{停L}$$

这一情况与一次列车(b)方案相同，可按同样的方法作分析计算。

(e)方案为第一、二列车在 2 站停车的方案，由图 5-4-10 可得

$$t_{占2} = t_{2S} + \tau_{连} + \Delta_2$$

$$\tau_{连} + t_{1L} + t_{停L} = t_{2S} + \tau_{连} + \Delta_2$$

$$\Delta_2 = t_{1L} - t_{2S}$$

这一情况与 1 次停车(a)方案相同，可按同样的方法作分析计算。

(f)方案为第二列车在第 1、2 站停车的方案，由图 5-4-10 可得

$$t_{占2} = t_{2S} + \tau_{连} + \Delta_2$$

$$\tau_{连} + t_{1L} + t_{停L} = t_{2S} + \tau_{连} + \Delta_2$$

$$\Delta_2 = t_{1L} - t_{2S} + t_{停L}$$

这一情况与 1 次停车(b)方案相同，可按同样方法作分析计算。

以上 $\Delta t_{占2}$ 的计算公式汇总列于表 5-4-5。

表 5-4-5 $\Delta t_{占2}$ 计算公式汇总表

停车次数	方案	$t_{1L} > t_{1S}$	$t_{1L} \leqslant t_{2S}$		无条件
			$t_{停L} > t_{2S} - t_{1L}$	$t_{停L} \leqslant t_{2S} - t_{1L}$	
1	(a)	0		0	
	(b)	$t_{停L}$	$t_{停L}$	0	
	(c)				0
	(d)	0		0	0
2	(a)				0
	(b)	$\Delta t_{停}$	$\Delta t_{停}$	0	
	(c)	$t_{停S}$	$t_{停S}$	0	
	(d)	$t_{停L}$	$t_{停L}$	0	
	(e)	0		0	
	(f)	$t_{停L}$	$t_{停L}$	0	

③S∧L 运行列车组数

由表 5-4-5 可以看出，1(b)、2(b)、2(c)、2(d)、2(f)五个方案，列车在 1、2 站停车将产生额外占用区间时间。因此，需计算上述方案的运行列车组数，计算公式为：

$$n_{L1} = \frac{N_{L1} \cdot N_S}{N} \quad [1(b)\ 方案] \tag{5-4-24}$$

$$n_{S1L1} = \frac{N_{S1} \cdot N_L \cdot N_{L1} \cdot N_S}{N^3} \quad [2(b)\ 方案] \tag{5-4-25}$$

$$n_{L1S2}=\frac{N_{L1}\cdot N_{S}\cdot N_{S2}\cdot N_{L}}{N^{3}} \quad [2(c)\text{ 方案}] \tag{5-4-26}$$

$$n_{S2L1}=\frac{N_{S2}\cdot N_{L}\cdot N_{L1}\cdot N_{S}}{N^{3}} \quad [2(d)\text{ 方案}] \tag{5-4-27}$$

$$n_{L12}=\frac{N_{L1}\cdot N_{L2}\cdot N_{S}^{2}}{N^{3}} \quad [2(f)\text{ 方案}] \tag{5-4-28}$$

④列车在中间站停车额外占用区间总时间

根据表 5-4-5 的资料，计算公式可写为：

$$t_{停3}=[(n_{L1}+n_{L1S2}+n_{S2L1}+n_{L12})t_{停L}+n_{S1L1}\cdot \Delta t_{停}] \tag{5-4-29}$$

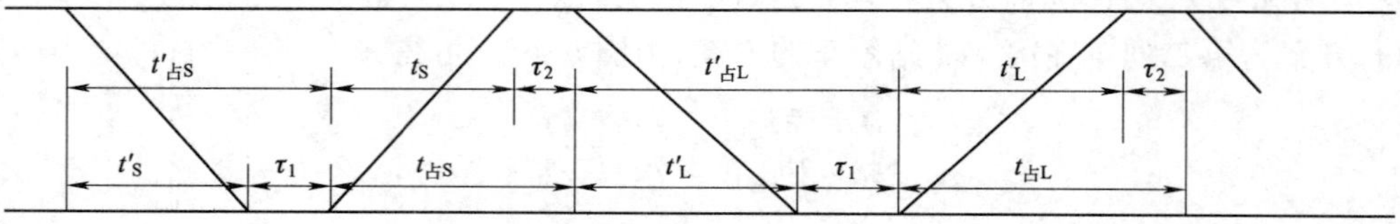

图 5-4-11 相向运行列车组构成图

三、不相同运行方向运行列车组

1. 不相同运行方向运行列车组的特征

不相同运行方向运行列车组或称相向运行列车组，具有如下特征：

(1)运行列车组由上下行不同运行方向列车组成

运行列车组由上行列车和下行列车或下行列车和上行列车构成(如图 5-4-11 所示)，同时，上下行列车还可以按列车种类不同加以划分。

运行列车组占用区间时间按列车运行方向和列车种类之不同可以分为如下四种：

①第一列车为上行快速列车的运行列车组

$$t_{占}=t_{S}+\tau_{2}$$

②第一列车为下行快速列车的运行列车组

$$t_{占}=t'_{S}+\tau_{1}$$

③第一列车为上行慢行列车的运行列车组

$$t_{占}=t_{L}+\tau_{2}$$

④第一列车为下行慢行列车的运行列车组

$$t_{占}=t'_{L}+\tau_{1}$$

上述式中 t_S、t'_S、t_L、t'_L 各为快、慢速列车上、下行区间运行时分；τ_1、τ_2 各为 1、2 中间站的车站间隔时间。

(2)运行列车组具有运行图结构性停车

运行图结构性停车是指从单线区段列车运行图上，两相向列车在中间站办理交会的需要必须安排其中一列车在中间站停车待会而产生的停车(如图 5-4-12 所示)，它属于运行图固有的结构性因素，与列车在中间站停车办理作业无关。

运行图结构性停车发生在运行列车组中的任一列车，且在每一中间站发生，每次停车时间

称为会车时间($t_{会}$)，由车站间隔时间 $\tau_{不}$ 和 $\tau_{会}$ 两部分组成，即

$$t_{会}=\tau_{不}+\tau_{会}$$

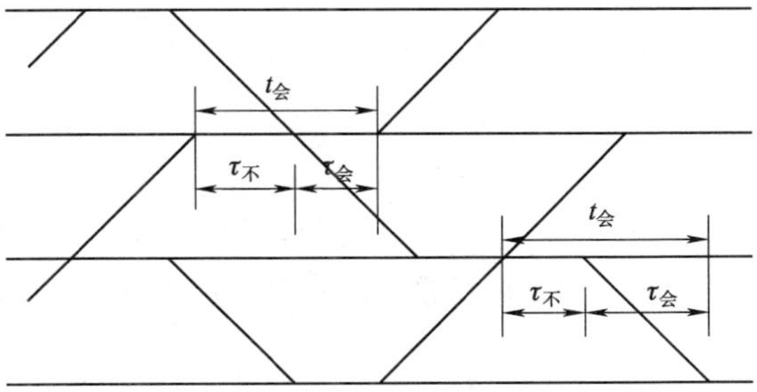

图 5-4-12　列车运行图结构性停车示意图

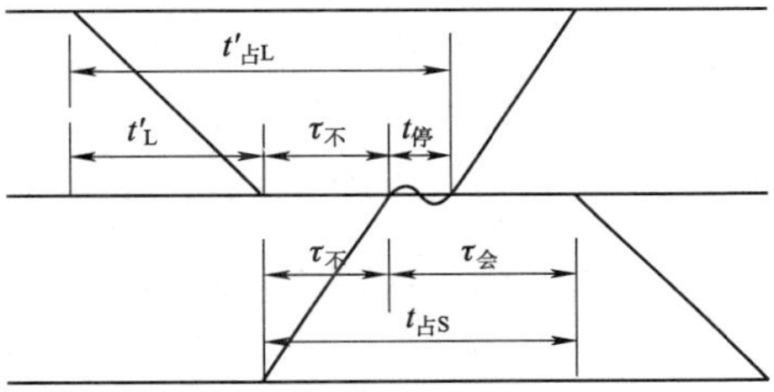

图 5-4-13　旅客列车与待会列车交会示意图

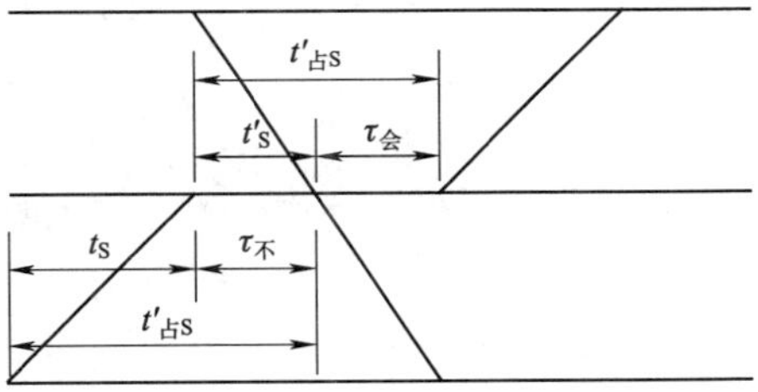

图 5-4-14　旅客列车停车待会方案示意图

2. 旅客列车在中间站停车办理作业额外占用区间时间

旅客列车在中间站停车办理作业时间一般较短，在运行图上可采用如下两种铺画方案：

(1)与待会货物列车交会方案

旅客列车与待会货物列车交会方案是指在运行图结构会车方案基础上，加上旅客列车停车时间因素的方案(如图 5-4-13 所示)，适用于停车时间较短的直达、直通旅客列车。这时

$$t_{占1}=t'_{L}+\tau_{不}+t_{停}+\tau_{减}$$

$$t_{占2}=t_{S}+\tau_{不}+\tau_{减}$$

其中 $t_{占1}$ 增加额外占用区间时间 $t_{停S}$，即

$$\Delta t_{占}=t_{停S}$$

设在中间站 i 停车办理作业的上行或下行方向直达、直通旅客列车为 N_{Si}，其中相同运行方向运行列车组和不相同运行方各列车组各安排 50%的停车次数(以下各类列车亦同)，则有

$$t_{停Si}=N_{Si}\cdot t_{停S} \tag{5-4-30}$$

式中　$t_{停Si}$——直通、直达旅客列车在站停车办理作业额外占用中间站总时间。

(2)旅客列车停车作业待会方案

①当 $t_{停} \leqslant t_{会}$ 时

旅客列车停车作业待会方案是不改变运行图结构的方案(如图 5-4-14 所示),这时

$$t_{占1} = t'_{L} + \tau_{会}$$

$$t_{占2} = t_{S} + \tau_{不} + \tau_{减}$$

$t_{占1}$、$t_{占2}$虽互有变化,但$t_{会}$时间不变(即 $\Delta t_{占}=0$),只是产生 $t_{会}$时间的列车由货物列车改会旅客列车。这时,$t_{会}$既承担了运行图结构功能,又承担了旅客列车作业功能,适用于停站时间较长的普通旅客列车。

②当 $t_{作业} > t_{会}$ 时

当 $t_{作业} > t_{会}$ 时,旅客列车将产生额外占用区间时间,即

$$\Delta t_{占} = t_{作业} - t_{会}$$

这一情景适用于区段管内的短途旅客列车。设在 i 中间站办理作业的短途旅客列车数和额外占用区间总时间各为 N'_{Si} 和$\sum t'_{停Si}$,则有

$$\sum t'_{停Si} = N'_{Si} \cdot \Delta t_{占} \tag{5-4-31}$$

3. 货物列车在中间站停车办理作业额外占用区间时间

(1)普通货物列车

①对于单方向停车办理列车作业的车站

在这里,普通货物列车是指扣除摘挂列车后的货物列车。

设单线区段上行或下行运行的普通货物列车数为 N_{L},需在 i 中间站停车办理作业的上行或下行列车数为 N_{Li},一般情况下必有

$$N_{L} - N_{Si} \geqslant N_{Li}$$

这意味着,在 i 中间站停车办理作业的普通货物列车,一般都会有运行图结构会车时间可供利用。

当 $t_{作业} \leqslant t_{会}$ 时,普通货物列车在中间站的作业,可以在列车会车时间内完成,不产生额外占用区间时间;当 $t_{作业} > t_{会}$ 时,普通货物列车在中间站的作业,不能在列车会车时间内完成,将产生额外占用区间时间($\Delta t_{占}$)

$$\Delta t_{占} = t_{作业} - t_{会}$$

设在办理单方向列车作业 $t_{作业} > t_{会}$ 的中间站,办理列车数和额外占用区间总时间各为 N'_{Li}和 $t'_{停Li}$,则有

$$t'_{停Li} = (t_{作业} - t_{会})N'_{Li} \tag{5-4-32}$$

②对于双方向停车办理列车作业的车站

根据运行图结构特征,双方向列车停车办理作业站将发生优先接入下行列车或上行列车的问题。当优先接入下行方向列车时,下行列车占用区间时间(如图 5-4-15 所示)为

$$t_{占} = t_{L} + \tau_{不} + \tau_{会} + \tau_{会}$$

而上行列车占用区间时间

$$t_{占} = t_{L} + \tau_{会}$$

相反,优先接入上行列车时,亦然。

显然,优先接入列车区间的列车占用区间时间,将产生额外占用区间时间,即

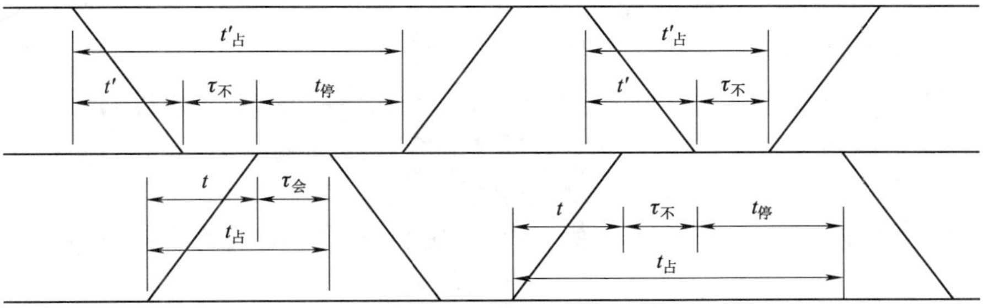

图 5-4-15　中间站双方向列车停车办理作业方案图

$$\Delta t_{占} = \tau_{不}$$

当双方向停车作业站两相邻区间大小相差较大时，通过采用由小区间优先接入列车的办法通常也只能部分吸收 $\Delta t_{占}$。因此，一般应采用交错优先接入上行或下行列车的办法，来平衡两相邻区间的 $t_{占}$，并使 $\Delta t_{占}=0$。

对于 1 区间，可有

$$[(t_L + \tau_{不} + \tau_{会} + \tau_{不}) + (t_L + \tau_{会})] \div 2 = t_L + \tau_{不} + \tau_{会} = t_{占}$$

对于 2 区间，可有

$$[(t_L + \tau_{会}) + (t_L + \tau_{不} + \tau_{会} + \tau_{不})] \div 2 = t_L + \tau_{不} + \tau_{会} = t_L + \tau_{会} = t_{占}$$

这样，两相邻区间的 $t_{占}$ 相等，且 $\Delta t_{占}=0$。

③摘挂列车

单线段摘挂列车在中间站停车办理作业，对占用区间时间的影响机理，与双线区段基本相同，可以参照采用双线区段的分析计算方法作分析计算。

4. 单线区段列车在中间站停车办理作业额外占用区间总时间

根据单线区段列车运行组织的特点，单线区段列车在中间站停车额外占用区间时间，按相同运行方向运行列车组和不相同运行方向运行列车组分别计算。在相同运行方向运行列车组中，又按相同列车种类和不相同列车种类运行列车组作分析计算，而在不相同种类运行列车组中又有单一列车为快速列车或慢速列车的区分。因此，在单线区段，分别就四种运行列车组作了分析计算，即：

(1)相同运行方向、相同种类运行列车组列车在中间站停车额外占用区间总时间 $T_{停1}$。

(2)相同运行方向、不相同列车种类的 L∧S 运行列车组列车在中间站停车额外占用区间总时间 $T_{停2}$。

(3)相同运行方向、不相同列车种类的 S∧L 运行列车组列车在中间站停车额外占用区间总时间 $T_{停3}$。

(4)不相同运行方向运行列车组在中间站停车额外占用区间总时间 $T_{停4}$。

故有：

$$T_{停} = T_{停1} + T_{停2} + T_{停3} + T_{停4}$$

因而，$\Delta t_{占}$

$$\Delta t_{占} = \frac{T_{停}}{N_1 + N_2}$$

四、分析计算程序

1. 分析计算工作程序

(1)根据平均列车最小间隔时间计算数值,确定 $\bar{I}$ 值最大的一级困难区间。

(2)根据中间站列车作业需要(技术作业需要和客、货运业务需要)规定中间站停车办理作业的列车数,并据以确定二级困难区间及其次困难区间等。

(3)当一、二级困难区间为同一区间时,该区间则为该区段的限制区间,只需分析计算该区间的 $\Delta t_{占}$。

(4)当一、二级困难区间不是同一区间时,需按区间两端站列车停车次数的多少,依次分析计算 $\Delta t_{占}$ 和 $\bar{I}_{图}$,直至确定限制区间为止。

2. 分析计算的数据处理程序

(1)相同方向运行列车组列车在中间站办理作业对区间的占用

相同运行方向运行列车组包括上行方向运行列车组和下行相同方向运行列车组。通常情况下,单线铁路区段采用成对列车运行图,这时必有 $n_{11}=n_{22}$,即上下行运行方向列车组的数量及其构成是完全相同的。若一个运行方向运行列车组额外占用区间时间总值为 $T_{停}$,则另一方向运行列车组列车停车额外占用区间总值也必为 $T_{停}$。因此,上下行运行方向只需分析计算一个方向的 $T_{停}$ 即可。

①满足条件检查。列车在困难区间两端站停车方案和在困难区间两相邻区间运行时间与 $\Delta t_{占}$ 相关。据此,在分析计算中得出了多种情景下的 $\Delta t_{占}$ 计算条件。这样,在对具体区段作分析计算时,首先应确定计算区间适用的计算条件及其列车停车将产生额外占用区间时间的停车方案。

②对将产生额外占用区间时间的停车方案,给出相应的运行列车组组数的计算公式。

③根据将产生额外占用区间时间停车方案 $\Delta t_{占}$ 的计算方法和相应的列车运行组组数,计算额外占区间总值。

以上分析计算按相同运行方向列车运行组的相同种类和不相同种类运行组分别计算。

(2)不相同运行方向运行列车组列车在中间站办理作业对区间的占用

①旅客列车。按直达、直通旅客列车、普通旅客列车和短途旅客列车分别确定计算适用条件和计算方法。

②货物列车。按普通货物列车和摘挂列车分别确定适用条件和计算方法。

第六章 列车运行图缓冲时间

第一节　列车进入晚点及缓冲时间的分布函数

一、列车进入晚点分布函数

1. 列车进入晚点

列车由任一车站出发，对于其相邻区间而言，可称之为该列车进入区间。若列车由任一车站出发晚点，即将产生列车进入区间晚点，亦即当列车由任一车站进入区间的实际时刻偏离于列车运行图规定时刻，简称列车进入晚点，并定义列车实际进入区间时间与列车运行图规定的计划发车时间之差为列车进入晚点时间。

众所周知，列车运行图规定了列车到达、出发或通过车站的时刻，各次列车均应严格按运行图规定的时刻运行。然而实际列车运行是一个十分复杂的运输生产过程，它需要利用多种铁路技术设备，同时要求与运输相关各部门、各工种、各项作业之间相互协调配合。因此，列车实际在车站的到达、出发或通过，通常不可能完全按照列车运行图规定的时刻进行，而是以列车运行图规定时刻为基点，在一定范围内波动。认识和掌握这一波动的波动范围和波动规律，对改进列车运行图的编制，充分利用铁路区间通过能力以及维护正常的运输生产秩序都有重要的意义。

2. 列车进入晚点的分布函数

设区间每日运行列车数为 N，N 列列车中出现列车进入晚点的数为 N_t，其比率则可称之为晚点率或发生列车进入晚点的概率 g，它可用下式表示：

$$g=\frac{N_t}{N} \tag{6-1-1}$$

若每日列车进入晚点时间总值为 t(min)，则每一运行列车的平均进入晚点时间 $\bar{t}$ 应为：

$$\bar{t}=\frac{t}{N}\quad(\text{min}) \tag{6-1-2}$$

而每一晚点列车所摊到的平均列车进入晚点时间 t_m 则应为：

$$t_m=\frac{t}{N_t}\quad(\text{min}) \tag{6-1-3}$$

因而，g、$\bar{t}$、t_m 之间存在着如下关系：

$$t_m=\frac{\bar{t}}{g} \tag{6-1-4}$$

现假定出现列车进入晚点的概率分布服从负指数分布规律，因而出现其值为 t 的列车进入晚点概率密度 ω_t 应为：

$$\omega_t=a\mathrm{e}^{-mt} \tag{6-1-5}$$

式中，a 和 m 为概率密度函数的参数。

由概率分布可得：

$$1 = g_0 + \lim_{x \to 0} \int_x^{\infty} \omega_t \mathrm{d}t \tag{6-1-6}$$

式中，g_0 为 $t=0$ 时的概率，其值为

$$g_0 = 1 - g \tag{6-1-7}$$

因此，式(6-1-6)也可以写为：

$$1 = 1 - g + \lim_{x \to 0} \int_x^{\infty} \omega_t \mathrm{d}t$$

$$g = \lim_{x \to 0} \int_x^{\infty} \omega_t \mathrm{d}t = a \int_0^{\infty} \mathrm{e}^{-mt} \mathrm{d}t = -\frac{a}{m} \mathrm{e}^{-mt} \Big|_{t=0}^{t=\infty} = \frac{a}{m} \tag{6-1-8}$$

这样，参数 a 可按下式求出，即

$$a = mg \tag{6-1-9}$$

将式(6-1-9)的 a 代入式(6-1-5)可得：

$$\omega_t = mg\mathrm{e}^{-mt} \tag{6-1-10}$$

在这里，参数 m 为晚点列车平均进入晚点时间的倒数，即

$$m = \frac{1}{t_{\mathrm{m}}} \tag{6-1-11}$$

3. 列车进入晚点分布函数的 χ^2 检验

显然，式(6-1-10)所反映的是当列车进入晚点的频率是随机事件时的分布规律，并假定该分布服从负指数分规律。对我国区段实际列车晚点资料作统计分析及 χ^2 检验表明，这一假设是可接受的。

二、列车运行图缓冲时间分布函数

1. 列车运行图缓冲时间

列车最小间隔时间是保证车站能完成必要的接发列车作业和确保列车在区间内安全运行的时间。在具体铺画列车运行图时，由于受列车种类不同、列车在运行图上相互位置的安排和区间通过能力利用率等因素的影响，列车运行图中实际安排的列车发车间隔时间或到、发间隔时间往往大于最小列车间隔时间。如前所述，列车运行图规定的列车运行间隔时间与最小列车间隔时间之差为列车运行图缓冲时间，简称缓冲时间。缓冲时间对于缓解列车晚点对后行列车运行的影响有重要意义。

2. 缓冲时间的分布函数

通过对大量列车运行图缓冲时间分析可以发现，小值缓冲时间出现的频率通常都大于大值缓冲时间出现的频率。因此，一般认为缓冲时间的概率分也可以用负指数分布规律来表示，并假定缓冲时间可以用一个以一定限界值 t_{r} 开始的理论频数总值来描述，即

$$\sum_{t_{\mathrm{r}}}^{\infty} h_{\mathrm{r}} = N\mathrm{e}^{-t_{\mathrm{r}}/\bar{t}_{\mathrm{r}}} \tag{6-1-12}$$

式中　t_{r}——一定数值的缓冲时间，min；

$\bar{t}_{\mathrm{r}}$——平均缓冲时间，min；

N——日运行列车数；

h_{r}——数值为 t_{r} 的缓冲时间的出现频数。

设 W_r 为出现其值为 t_r 的缓冲时间的概率，因而也有

$$\sum_{t_r}^{\infty} W_r = \frac{1}{N}\sum_{t_r}^{\infty} h_r \tag{6-1-13}$$

因而，可得在 $t_r = t_r$ 至 $t_r = \infty$ 范围概率密度 ω_t 的分布函数，即

$$\int_{t_r}^{\infty} W_r \mathrm{d}t_r = \mathrm{e}^{-t_r/\bar{t}_r} \qquad W_r = \frac{1}{\bar{t}_r}\mathrm{e}^{-t_r/\bar{t}_r} \tag{6-1-14}$$

χ^2 检验表明，缓冲时间的这一假设分布也是可以接受的。

第二节　两相邻列车间的晚点传播

一、运行列车组的类型

运行列车组以其组成列车等级（或优先级）为特征，可分为如下类型：

1. 由同等级列车组成的第一类运行列车组。
2. 由不相同等级列车组成，且高等级列车为前行列车的第二类运行列车组。
3. 由不相同等级列车组成，且高等级列车为后行列车的第三类运行列车组。

二、第一类运行列车组两列车间晚点的传播

如图 6-2-1 所示，运行列车组第一和第二列车之间存在着一个其值为 I 的最小列车间隔时间，且两列车间又有其值为 t_r 的缓冲时间。当第一列车进入区间的晚点时间 t_1 大于第二晚点时间 t_2 和缓冲时间之和时，第二列车就将产生其值为 t_{f2g} 的列车增晚时间。在这里，将这类列车增晚时间定义为列车晚点传播的后效晚点时间，简称列车后效晚点时间。

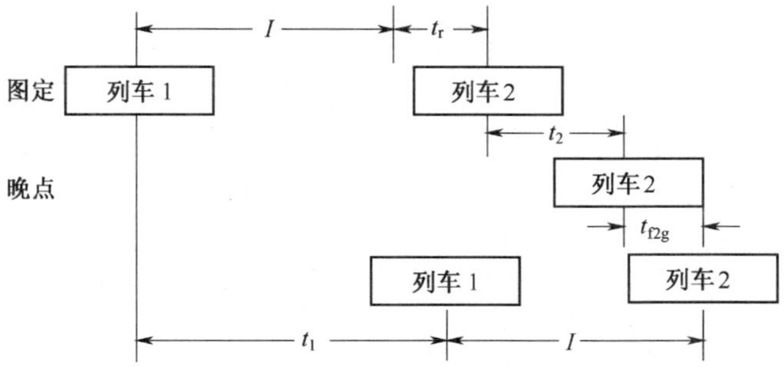

图 6-2-1　第一类运行列车组两列车间晚点传播说明图

因为

$$t_1 + I = I + t_r + t_2 + t_{f2g} \tag{6-2-1}$$

所以，在这一条件下的列车后效晚点时间 t_{f2g} 可按下式计算：

$$t_{f2g} = t_1 - (t_r + t_2) \tag{6-2-2}$$

当第一列车的晚点时间大到致使比第二列车可能进入区间的时间还要晚时（如图 6-2-2 所示），在列车等级相同的条件下，则需变更其列车运行顺序，即第一列车将改为位于第二列车之后运行。在这种情况下，第一列车将产生为确保第二列车与第一列车之间的最小列车间隔时间而造成的增晚时间，即列车后效晚点时间 t_{f1g}。

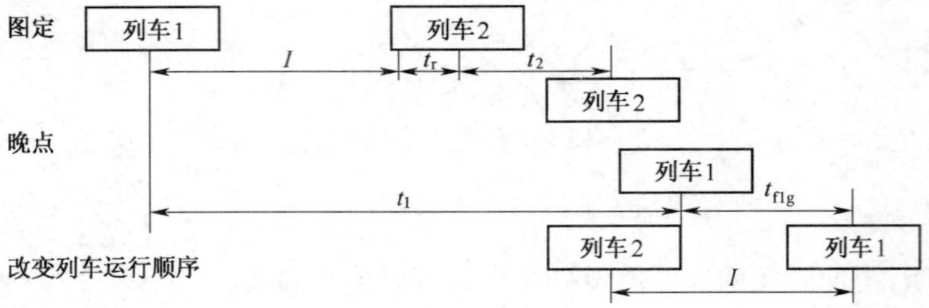

图 6-2-2 第一类运行列车组两列车间晚点传播说明图

因为

$$t_1 + t_{f1g} = I + t_r + t_2 + I \tag{6-2-3}$$

所以,这一条件下的列车后效晚点时间 t_{f1g} 可按下式计算:

$$t_{f1g} = (2I + t_r + t_2) - t_1 \tag{6-2-4}$$

三、第二类运行列车组两列车间晚点的传播

第二类运行列车组在列车等级上第一列车高于第二列车。因此,一般不允许将第二列车的晚点传播给第一列车。这样,第二类运行列车组的第二列车较之第一类运行列车组的第二列车将在更大范围内接受晚点传播,如图 6-2-3 所示。因为

$$t_1 + I = I + t_r + t_2 + t_{f2v} \tag{6-2-5}$$

所以,在这条件下的列车后效晚点时间 t_{f2v} 可按下式计算:

$$t_{f2v} = t_1 - (t_r + t_2) \tag{6-2-6}$$

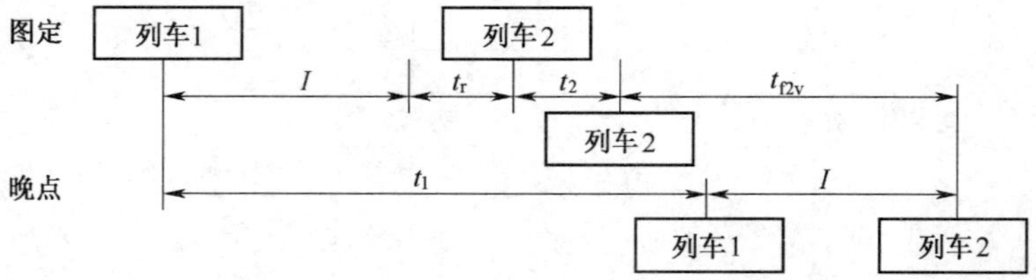

图 6-2-3 第二类运行列车组两列车间晚点传播说明图

四、第三类运行列车组两列车间晚点的传播

第三类运行列车组在列车等级上第二列车高于第一列车。因而,当 $t_1 > (t_r + t_2)$ 时,两列车的运行顺序将被改变,如图 6-2-4 所示。因为

$$t_1 + t_{f1v} = I + t_r + t_2 + I \tag{6-2-7}$$

所以,这一条件下的列车后效晚点时间 t_{f1v} 可按下式计算:

$$t_{f1v} = (2I + t_r + t_2) - t_1 \tag{6-2-8}$$

五、两相邻列车间的平均列车后效晚点时间

1. 有效缓冲时间

由图 6-2-1 至图 6-2-4 可以看出,第二列车进入晚点时间(t_2)实际上也起到了缓冲时间

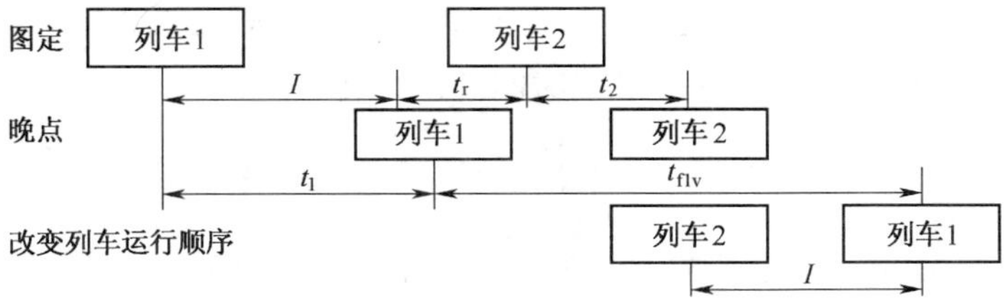

图 6-2-4　第三类运行列车组两列车间晚点传播说明图

对列车后效晚点的作用。因此，缓冲时间(t_r)和列车进入晚点时间(t_2)可作为两列车间的有效缓冲时间(u)看待，即

$$u = t_r + t_2 \tag{6-2-9}$$

有效缓冲时间是一项可以用为消除或削弱列车后效晚点的时间段。

据此，也有

$$t_{f2g} = t_1 + u \tag{6-2-10}$$

$$t_{f1g} = (2I + u) - t_1 \tag{6-2-11}$$

$$t_{f2v} = t_1 - u \tag{6-2-12}$$

$$t_{f1v} = (2I + u) - t_1 \tag{6-2-13}$$

2. 第一类运行列车组的平均列车后效晚点时间

在 $u \leqslant t_1 \leqslant u+I$ 的条件下，发生第一列车进入晚点向第二列车传播的现象，其平均列车后效晚点时间 $\bar{t}_{f2g}$ 为：

$$\bar{t}_{f2g} = \int_u^{u+I} (t_1 - u)\omega_t \mathrm{d}t_1 = \int_u^{u+I} (t_1 - u) m_1 g_1 \mathrm{e}^{-mt_1} \mathrm{d}t_1$$

经计算整理可得：

$$\bar{t}_{f2g} = \bar{t}_1 \mathrm{e}^{-m_1 u}(1 - m_1 I \mathrm{e}^{-m_1 I} - \mathrm{e}^{-m_1 I}) \tag{6-2-14}$$

式中　$\bar{t}_1$——第一列车平均进入晚点时间，min。

在 $(u+I) \leqslant t_1 \leqslant (2I+u)$ 的条件下，发生第一列车进入晚点向第一列车自身传播的现象，其平均列车后效晚点时间 $\bar{t}_{f1g}$ 为：

$$\bar{t}_{f1g} = \int_{I+u}^{2I+u} (2I + u - t_1)\omega_{t_1} \mathrm{d}t_1 = \int_{I+u}^{2I+u} (2I + u - t_1) m_1 g_1 \mathrm{e}^{-m_1 t_1} \mathrm{d}t_1$$

经计算整理可得

$$\bar{t}_{f1g} = \bar{t}_1 \mathrm{e}^{-m_1 u} \mathrm{e}^{-m_1 I}(\mathrm{e}^{-m_1 I} + m_1 I - 1) \tag{6-2-15}$$

对于第一类运行列车组来说，在第一列车晚点作用下，列车后效晚点既可能发生在第一列车，也可能发生在第二列车。因而，第一类运行列车组的平均后效晚点时间总值 $\bar{t}_{fg}$ 应为：

$$\bar{t}_{fg} = \bar{t}_{f2g} + \bar{t}_{f1g} \tag{6-2-16}$$

将式(6-2-14)和(6-2-15)代入式(6-2-16)并经整理可得：

$$\bar{t}_{fg} = \bar{t}_1 \mathrm{e}^{-m_1 u}(1 - \mathrm{e}^{-m_1 \bar{I}_g})^2 \tag{6-2-17}$$

式中　$\bar{I}_g$——相同种类运行列车组平均最小列车间隔时间，min。

将 $u = t_2 + t_r$ 代入式(6-2-17)，则有

$$\bar{t}_{fg} = \bar{t}_1(1-e^{-m_1\bar{I}_g})^2 e^{-m_1 t_r} e^{-m_1 t_2} \tag{6-2-18}$$

t_{r_1} 和 t_2 可有不同的发生概率。为简化计算，若先假定 $t_2=0$，则有 $e^{-m_1 t_2}=1$。因而，当第二列车正点进入区间时，平均列车后效晚点时间总值 $\bar{t}_{fg0}$ 应为：

$$\bar{t}_{fg0} = \bar{t}_1(1-e^{-m_1\bar{I}_g})^2 e^{-m_1 t_r} = \bar{t}_1(1-e^{-m_1\bar{I}_g})^2 \int_0^{\infty} e^{-m_1 t_r}\omega_{t_r}\,dt_r$$

$$= \bar{t}_1(1-e^{m_1\bar{I}_g})^2 \int_0^{\infty} e^{-m_1 t_r}\frac{1}{\bar{t}_r}e^{t_r/\bar{t}_r}\,dt_r$$

经计算整理可得：

$$\bar{t}_{fg0} = \frac{\bar{t}_1(1-e^{-m_1\bar{I}_g})^2}{(m_1\bar{t}_r+1)} \tag{6-2-19}$$

式中 $\bar{t}_r$——平均列车运行图缓冲时间，min。

当第二列车发生进入晚点，且其晚点时间在 0～∞范围内取值时，则平均列车后效晚点时间总值 $\bar{t}_{fgt}$ 应为：

$$\bar{t}_{fgt} = \bar{t}_{fg0}\int_0^{\infty} e^{-m_1 t_2}\omega_{t_2}\,dt_2 = \bar{t}_{fg0}\int_0^{\infty} e^{-m_1 t_2} m_2 g_2 e^{-m_2 t_2}\,dt_2$$

经计算整理可得：

$$\bar{t}_{fgt} = \frac{\bar{t}_{fg0} m_2 g_2}{m_1+m_2} \tag{6-2-20}$$

将第二列车正点进入区间和晚点进入区间两种情况下的平均后效晚点时间加总，可有

$$\bar{t}_{fg} = \bar{t}_{fg0}(1-g_2)+\bar{t}_{fgt} \tag{6-2-21}$$

将式(6-2-19)和(6-2-20)代入式(6-2-21)并经整理可得

$$\bar{t}_{fg} = \bar{t}_1\frac{(1-e^{-m_1\bar{I}_g})^2}{m_1\bar{t}_r+1}\left(1-g_2+\frac{m_2 g_2}{m_1+m_2}\right) \tag{6-2-22}$$

3. 第二、三类运行列车组的平均列车后效晚点时间

(1)第二类运行列车组的平均列车后效晚点时间

由于第一列车为优先列车，第一列车进入晚点将在$[u,(u+2I)]$范围内发生向第二列车传播的现象，平均列车后效晚点时间($\bar{t}_{f2v}$)为：

$$\bar{t}_{f2v} = \int_u^{2I+u}(t_1-u)\omega_{t_1}\,dt_1 = \int_u^{2I+u}(t_1-u)m_1 g_1 e^{-m_1 t_1}\,dt_1$$

经计算整理可得：

$$\bar{t}_{f2v} = \bar{t}_1 e^{-m_1 u}(1-2m_1 I e^{-2m_1\bar{I}_v}-e^{-2m_1\bar{I}_v}) \tag{6-2-23}$$

式中 $\bar{I}_v$——不相同种类运行列车组平均最小列车间隔时间。

(2)第三类运行列车组的平均列车后效晚点时间

由于第二列车为优先列车，第一列车进入晚点将在$[u,(2I+u)]$范围内发生向第一列车自身传播的现象，平均列车后效晚点时间($\bar{t}_{f1v}$)为：

$$\bar{t}_{f1v} = \int_u^{2I+u}(2I+u-t_1)\omega_{t_1}\,dt_1 = \int_u^{2I+u}(2I+u-t_1)m_1 g_1 e^{-m_1 t_1}\,dt_1$$

经计算整理可得：

$$\bar{t}_{f1v} = \bar{t}_1 e^{-m_1 u}(e^{-2m_1\bar{I}_v}+2m_1\bar{I}_v-1) \tag{6-2-24}$$

(3)第二、三类运行列车组的平均列车后效晚点时间

就式(6-2-14)、(6-2-15)、(6-2-23)和(6-2-24)的平均列车后效晚点时间 $\bar{t}_{f2g}$、$\bar{t}_{f2v}$、$\bar{t}_{f1g}$ 和

$\bar{t}_{f1v}$相互比较可以发现，在上述计算公式中均包含有计算因素 $e^{-m_1 u}$，若令

$$e^{-m_1 u} = f(u) \tag{6-2-25}$$

这样，平均列车后效晚点计算式也可以写为：

$$\bar{t}_f = cf(u) \tag{6-2-26}$$

对于第二类运行列车组，作为高等级列车的第一列车晚点，可能引起第二列车产生列车后效晚点时间；而对于第三类运行列车组，作为低等级的第一列车晚点，则可能引起第一列车自身产生列车后效晚点时间。在分别计算出第二或第一列车平均后效晚点时间后，两类运行列车组的平均列车后效晚点时间 $\bar{t}_{fv}$应为：

$$\bar{t}_{fv} = \frac{1}{2}(\bar{t}_{f1v} + \bar{t}_{f2v}) \tag{6-2-27}$$

将式(6-2-23)、(6-2-24)代入式(6-2-27)并经整理可有：

$$\bar{t}_{fv} = \bar{t}_1 m_1 \bar{I}_v (1 - e^{-2m_1 \bar{I}_v}) e^{-m_1 u} \tag{6-2-28}$$

式中，$c=\bar{t}_1 m_1 \bar{I}_v (1-e^{-2m_1 \bar{I}_v})$，所以式(6-2-28)也可以写为

$$\bar{t}_{fv} = c e^{-m_1 u} \tag{6-2-29}$$

将 $u=t_2+t_r$ 代入式(6-2-29)，则有

$$\bar{t}_{fv} = c e^{-m_1 t_r} e^{-m_1 t_2} \tag{6-2-30}$$

与第一类运行列车组平均列车后效晚点时间计算原理相类似，可有

$$\begin{aligned}\bar{t}_{fv} &= c\left[(1-g_2)\int_0^\infty e^{-m_1 t_r}\omega_{t_r}\,dt_r + \int_0^\infty\int_0^\infty e^{-m_1 t_r} e^{-m_1 t_2}\omega_{t_r}\omega_{t_2}\,dt_r dt_2\right] \\ &= c\left[(1-g_2)\int_0^\infty e^{-m_1 t_r}\frac{1}{\bar{t}_r}e^{-t_r/\bar{t}_r}\,dt_r + \right. \\ &\quad \left.\int_0^\infty\int_0^\infty e^{-m_1 t_r} e^{-m_1 t_2}\frac{1}{\bar{t}_r}e^{-t_r/\bar{t}_r} m_2 g_2 e^{-m_1 t_2}\,dt_r dt_2\right]\end{aligned}$$

经计算整理可得：

$$\bar{t}_{fv} = \frac{c}{m_1 \bar{t}_r + 1}\left(1 - g_2 + \frac{m_2 g_2}{m_1 + m_2}\right) \tag{6-2-31}$$

将 $c= \bar{t}_1 m_1 \bar{I}_v (1-e^{-2m_1 \bar{I}_v})$代入式(6-2-31)，可得

$$\bar{t}_{fv} = \frac{\bar{t}_1}{m_1 \bar{t}_r + 1} m_1 \bar{I}_v (1 - e^{-2m_1 \bar{I}_v})\left(1 - g_2 + \frac{m_2 g_2}{m_1 + m_2}\right) \tag{6-2-32}$$

第三节　平均列车后效晚点时间

一、第一层次晚点传播的平均列车后效晚点时间

1. 分类运行列车组的综合平均列车后效晚点时间

设某区段的运行列车组总数为 N，其中具有相同列车等级的第一类运行列车组数为 N_g。这样，在该区段列车运行图中出现相同列车等级运行列车组的概率 W_g 应为：

$$W_g = \frac{N_g}{N} \tag{6-3-1}$$

因而，在列车运行图中出现具有不相同列车等级运行列车组（包括第二、三类运行列车组）的概率为$(1-W_g)$。

在这里称直接因列车晚点传播而发生的列车后效晚点为第一层次列车晚点传播列车后效晚点。根据分类运行列车组出现概率及其相应的平均列车后效晚点时间，第一层次晚点传播的平均列车后效晚点时间 $\bar{t}_{f1}$ 应为：

$$\bar{t}_{f1} = \bar{t}_{fg}W_g + \bar{t}_{fv}(1-W_g) \tag{6-3-2}$$

将式(6-2-22)和式(6-2-32)代入式(6-3-2)并经整理可得：

$$\bar{t}_{f1} = \frac{\bar{t}_1[W_g(1-e^{-m_1\bar{I}_g})^2+(1-W_g)m_1\bar{I}_v(1-e^{-2m_1\bar{I}_v})]}{m_1\bar{t}_r+1}\left(1-g_2+\frac{m_2g_2}{m_1+m_2}\right) \tag{6-3-3}$$

若取 $g_1=g_2=g$，$\bar{t}_1=\bar{t}_2=\bar{t}$，$m_1=m_2=m$，则式(6-3-4)也可简化为：

$$\bar{t}_{f1} = \bar{t}[W_g(1-e^{-m_1\bar{I}_g})^2+(1-W_g)m\bar{I}_v(1-e^{-2m_1\bar{I}_v})]\frac{1-\frac{g}{2}}{m\bar{t}_r+1} \tag{6-3-4}$$

若令 $\bar{t}[W_g(1-e^{-m_1\bar{I}_g})^2+(1-W_g)m\bar{I}_v(1-e^{-2m_1\bar{I}_v})]\left(1-\frac{g}{2}\right)=K$，则 $\bar{t}_{f1}$ 的计算式可以简化为：

$$\bar{t}_{f1} = \frac{K}{m\bar{t}_r+1} \tag{6-3-5}$$

2. 列车晚点向非相邻后行列车直接传播的平均列车后效晚点时间

当 $t_1>(t_2+t_{r1}+I_1+I_2)$ 时，第一列车的晚点在运行列车组两相邻列车间不发生直接的晚点传播，而与列车运行图中安排在第三、第四或更后的非相邻列车发生直接的晚点传播关系，并使这些列车产生列车后效晚点，如图 6-3-1 所示。

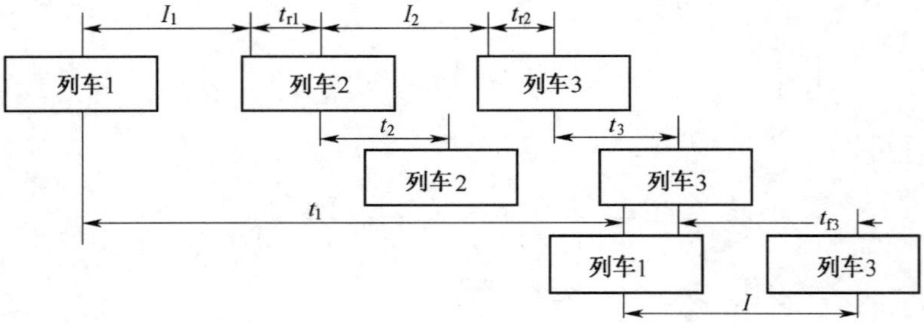

图 6-3-1 第一列车晚点向非相邻列车直接传播说明图

当第一列车与第二列车发生直接晚点传播关系（即 $n=1$）时，如前所述，可有：

$$u_1 = t_r + t_2$$

当第一列车与第三列车发生直接晚点传播关系（即 $n=2$）时，如图 6-3-1 所示，则相应可有：

$$u_2 = t_{r1} + t_{r2} + \bar{I} + t_3$$

式中，$\bar{I}$ 为相同和不相同种类运行列车组的最小列车间隔时间的均值。

同理，当 t_1 数值加大，第一列车与第四列车发生直接晚点传播关系（即 $n=3$）时，可有：

$$u_3 = t_{r1} + t_{r2} + t_{r3} + 2\bar{I} + t_4$$

依此类推，第一列车与第($n+1$)列车发生直接晚点传播关系时，两列车间的有效缓冲时间应为：

$$u_n = \sum_{i=1}^{n} t_{ri} + (n-1)\bar{I} + t_{n+1} \tag{6-3-6}$$

假定所有列车进入晚点具有相同的概率分布，因而也可以有：

$$t_{n+1} = t_2$$

这样，式(6-3-6)也可以写为：

$$u_n = t_{r1} + t_2 + \sum_{i=2}^{n} t_{ri} + (n-1)\bar{I} = u_1 + \sum_{i=2}^{n} t_{ri} + (n-1)\bar{I} \tag{6-3-7}$$

将式(6-3-7)的 u_n 替换式(6-2-26)的 u，则第一列车与列车运行图中第 n 列车发生直接晚点传播的平均列车后效晚点时间 $\bar{t}_{fn}$ 应为：

$$\bar{t}_{fn} = ce^{-m_1 u_n} = ce^{-m_1 u_1} e^{-m_1 (n-1)\bar{I}} (e^{-mt_{r2}} e^{-mt_{r3}} \cdots e^{-mt_{rn}}) \tag{6-3-8}$$

当 $n=1$ 时，按式(6-3-5)为：

$$\bar{t}_{f1} = \frac{K}{m\bar{t}_r + 1}$$

当 $n=2$ 时，则有：

$$\bar{t}_{f2} = \bar{t}_{f1} e^{-m\bar{I}} \int_0^{\infty} e^{-mt_{r2}} \omega_{t_{r2}} dt_{r2}$$

当 $n=3$，且 $\omega_{t_{r1}} = \omega_{t_{r2}} = \omega_{t_{r3}} = \omega_{t_r}$ 时，有：

$$\bar{t}_{f3} = \bar{t}_{f2} e^{-m\bar{I}} \int_0^{\infty} e^{-mt_r} \omega_{t_r} dt_r$$

经积分处理可得：

$$\bar{t}_{f2} = \bar{t}_{f1} \frac{e^{-m\bar{I}}}{m\bar{t}_r + 1} \qquad \bar{t}_{f3} = \bar{t}_{f1} \frac{e^{-2m\bar{I}}}{(m\bar{t}_r + 1)^2}$$

作为一般式，当第一列车与第$(n+1)$列车直接发生晚点传播关系时，则有：

$$\bar{t}_{fn} = \bar{t}_{f1} \left[\frac{e^{-2m\bar{I}}}{(m\bar{t}_r + 1)^2} \right]^{(n-1)} \tag{6-3-9}$$

3. 第一层次晚点传播的平均列车后效晚点时间

因为每一列车都可作为第二列车承受晚点时间 $\bar{t}_{f1}$，又可能作为第三、四、…、n 和$(n+1)$列车承受晚点时间 $\bar{t}_{f2}$、$\bar{t}_{f3}$、…、$\bar{t}_{fn}$，所以第一层次晚点传播的平均列车后效晚点时间值 $\bar{t}_{F1}$ 应为：

$$\begin{aligned} \bar{t}_{F1} &= \bar{t}_{f1} + \bar{t}_{f2} + \cdots + \bar{t}_{fn} \\ &= \bar{t}_{f1} \left[1 + \frac{e^{-m\bar{I}}}{m\bar{t}_r + 1} + \left(\frac{e^{-m\bar{I}}}{m\bar{t}_r + 1} \right)^2 + \cdots + \left(\frac{e^{-m\bar{I}}}{m\bar{t}_r + 1} \right)^{n-1} \right] \end{aligned} \tag{6-3-10}$$

式(6-3-10)为一等比级数，在 $n \to \infty$ 时，对级数求和可得：

$$\bar{t}_{F1} = \bar{t}_{f1} \frac{1}{1 - \dfrac{e^{-m\bar{I}}}{m\bar{t}_r + 1}} \tag{6-3-11}$$

将式(6-3-5)的 $\bar{t}_{f1}$ 代入式(6-3-11)，经整理可得：

$$\begin{aligned} \bar{t}_{F1} &= \frac{K}{m\bar{t}_r + 1 - e^{-m\bar{I}}} \\ &= \frac{\bar{t}(1-g/2)[W_g(1-e^{-m\bar{I}_g})^2 + (1-W_g)m\bar{I}_v(1-e^{-2m\bar{I}_v})]}{m\bar{t}_r + 1 - e^{-m\bar{I}}} \end{aligned} \tag{6-3-12}$$

例如，某双线区段某一区间调查期间开行 431 列列车，其中 139 列发生列车进入晚点，晚点时间总值为 6 009 min。据此可有：

$$g=\frac{N_t}{N}=\frac{139}{431}=0.322\ 5$$

$$\bar{t}=\frac{t}{N}=\frac{6\ 009}{431}=13.942\ 0\ (\text{min})$$

$$m=\frac{1}{t_m}=\frac{1}{\frac{6\ 009}{139}}=0.023\ 1$$

根据该区间列车运行图资料分析计算有：$t_r=6.34$ min；$\bar{I}_g=8.00$ min；$\bar{I}_v=7.03$ min；$\bar{I}=7.22$ min；$W_g=0.020\ 8$。

将上述计算数据代入式(6-3-12)，即可得该区间第一层次晚点传播的平均列车后效晚点时间总值：

$$\bar{t}_{F1}=\frac{1}{0.023\ 1\times6.34+1-e^{-0.023\ 1\times7.22}}\times\Big\{13.942\ 0\times\Big(1-\frac{0.322\ 5}{2}\Big)\times\Big[0.020\ 8\times(1-e^{-0.023\ 1\times8})^2+(1-0.020\ 8)\times0.023\ 1\times7.03\times(1-e^{-2\times0.023\ 1\times7.03})\Big]\Big\}=1.607(\text{min})$$

二、高层次列车晚点传播和平均列车后效晚点时间

1. 高层次列车后效晚点

对列车晚点传播现象的进一步分析可以发现，除列车进入区间晚点可以引发后行列车的第一层次列车后效晚点之外，如图 6-3-2 所示，具有后效晚点的列车 2，其晚点时间还可以进一步向后行列车 3 传播，引发列车 3 的列车后效晚点；列车 3 的该晚点时间又可以向列车 4 传播，并引发列车 4 的列车后效晚点。在这里，将列车后效晚点引发的列车后效晚点称为高层次列车后效晚点。在数值上，高层次列车后效晚点等于列车后效晚点总值与第一层次列车后效晚点数值之差。

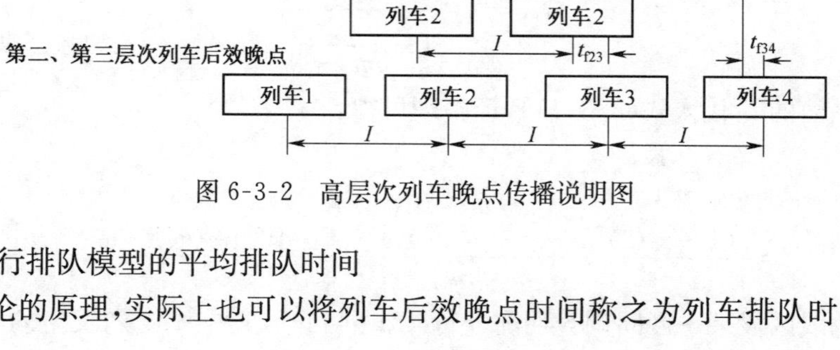

图 6-3-2 高层次列车晚点传播说明图

2. 列车运行排队模型的平均排队时间

按照排队论的原理，实际上也可以将列车后效晚点时间称之为列车排队时间。在运行列

车组密集排列期间，即使是小的列车进入晚点，也可能引起较长时间的列车运行排队现象，并导致发生高层次的列车后效晚点。

以存在列车进入晚点和列车后效晚点为特征的列车运行系统，可以认为是一个 M/G/1 类型的排队系统。这样，第一层次列车后效晚点时间也可以称之为第一层次列车排队时间 t_{w1}。根据排队论原理，M/G/1 类型排队系统的变异系数为 υ 时，其排队时间的期望值$E(W)$可用下式表示：

$$E(W)=\frac{\rho(\upsilon^2+1)}{2\mu(1-\rho)} \tag{6-3-13}$$

式中，μ 为系统服务率，ρ 为系统占用率，对于列车运行排队系统可分别定义为：

$$\mu=\frac{1}{\bar{I}} \tag{6-3-14}$$

$$\rho=\frac{\bar{I}}{\bar{I}-\bar{t}_r} \tag{6-3-15}$$

据此，$M/G/1$ 类型列车运行排队系统的平均排队时间 t_{wG}应为：

$$E(W)=t_{wG}=(\upsilon^2+1)\frac{\bar{I}^2}{2\bar{t}_r} \tag{6-3-16}$$

当服务时间为常数时，变异系数 $\upsilon=0$。因而，排队模型 M/D/1 的平均排队时间 $\bar{t}_w$ 应为：

$$\bar{t}_w=\frac{\bar{I}^2}{2\bar{t}_r} \tag{6-3-17}$$

作为系统服务时间的最小列车间隔时间 I，实际上其离散程度是很小的，亦即可假定变异系数接近于 0 或明显地小于 1。因而，实际列车运行排队系统的平均排队时间与排队模型 M/D/1的平均排队时间之差很小，可近似地用排队时间 t_w 表示列车运行排队系统的平均排队时间。

3. 列车运行排队系统的第一层次平均排队时间

在运行列车组密集排列期间，由于列车密集排列，对于不同等级列车在列车运行调度工作中，实际上只能按相同列车等级处理，故可取 $W_g=1$，并可用平均最小列车间隔时间 $\bar{I}$ 代替相同等级列车的平均最小列车间隔时间 $\bar{I}_g$。这样，平均第一层次列车后效晚点时间 $\bar{t}_{F1}$ 的计算公式也可简化为：

$$\bar{t}_{F1}=\frac{\bar{t}(1-g/2)(1-e^{-m\bar{I}})^2}{m\bar{t}_r+1-e^{-m\bar{I}}} \tag{6-3-18}$$

用 $\bar{t}=g/m$ 代入式(6-3-18)，并经整理可得：

$$\bar{t}_{F1}=\frac{(g-g^2/2)(1-e^{-m\bar{I}})}{m\left(1+\dfrac{m\bar{t}_r}{1-e^{-m\bar{I}}}\right)} \tag{6-3-19}$$

将函数 $e^{-m\bar{I}}$ 作为级数展开，可有

$$\bar{t}_{F1}=\frac{(g-g^2/2)\left[1-1+m\bar{I}-\dfrac{(m\bar{I})^2}{2!}+\dfrac{(m\bar{I})^3}{3!}+\cdots+\dfrac{(m\bar{I})^n}{n!}\right]}{m\left(1+\dfrac{m\bar{t}_r}{1-1+m\bar{I}-\dfrac{(m\bar{I})^2}{2!}+\dfrac{(m\bar{I})^3}{3!}+\cdots+\dfrac{(m\bar{I})^n}{n!}}\right)}$$

$$= \frac{(g - g^2/2)\left(\bar{I} - \frac{m\bar{I}^2}{2!} + \frac{m^2\bar{I}^3}{3!} + \cdots + \frac{m^{(n-1)}\bar{I}^n}{n!}\right)}{1 + \frac{\bar{t}_r}{\bar{I} - \frac{m\bar{I}^2}{2!} + \frac{m^2\bar{I}^3}{3!} + \cdots + \frac{m^{(n-1)}\bar{I}^n}{n!}}} \tag{6-3-20}$$

当列车晚点概率趋近于1，而晚点列车平均晚点时间 t_m 趋近于无穷大，即 $g \to 1$、$m \to 0$ 时，可以用第一层次平均列车后效晚点时间 $\bar{t}_{F1}$ 表示列车运行排队系统的第一层次平均排队时间 t_{w1}。据此，对式(6-3-20)求极限并经整理后，可得：

$$t_{w1} = \frac{\bar{I}^2}{2(\bar{t}_r + \bar{I})} \tag{6-3-21}$$

4. 列车运行排队系统的高层次平均排队时间

如前已述，高层次列车后效晚点时间可用列车后效晚点时间总值与第一层次列车后效晚点时间之差表示，亦即列车运行排队系统的高层次平均排队时间 t_{wk} 可用平均排队时间 t_w 与第一层次平均排队时间 t_{w1} 之差表示。因而有：

$$t_{wk} = t_w - t_{w1} \tag{6-3-22}$$

若令 $\psi = t_{wk}/t_{w1}$，则经整理可得：

$$\psi = \frac{\bar{I}}{\bar{t}_r} \tag{6-3-23}$$

这样，也有：

$$t_{wk} = \psi t_{w1} \tag{6-3-24}$$

实际上，当列车晚点概率并不趋近于1，晚点列车平均晚点时间也并不趋近于无穷大时，列车运行排队系统高层次与第一层次平均排队时间的上述关系同样适用。因而，也有：

$$t_{wk} = \psi \bar{t}_{F1} \tag{6-3-25}$$

5. 平均列车后效晚点时间

平均列车后效晚点时间 $\bar{t}_F$ 由第一层次与高层次平均列车后效晚点时间两部分组成，即：

$$\bar{t}_F = \bar{t}_{F1} + \psi \bar{t}_{F1} \tag{6-3-26}$$

将相关因素代入上式，并经整理可得：

$$\bar{t}_F = \frac{\bar{t}(1 - g/2)}{m\bar{t}_r + 1 - e^{m\bar{I}}}\Big[W_g(1 - e^{-m\bar{I}_g})^2 + (1 - W_g)m\bar{I}_v(1 - e^{-2m\bar{I}_v}) + \frac{\bar{I}}{\bar{t}_r}(1 - e^{-m\bar{I}})^2\Big] \tag{6-3-27}$$

第四节 列车后效晚点时间总值

一、列车后效晚点时间总值的计算

列车后效晚点时间总值 t_F 是指一日内在该区间运行全部列车后效晚点时间之和，其值等于一日内在该区间运行列车数 N 与平均列车后效晚点时间之乘积，即：

$$t_F = N\bar{t}_F \tag{6-4-1}$$

每天开行列车数可以用区段通过能力 N_{er} 表示，计算方法为：

$$N_{er} = \frac{T}{\bar{I} + \bar{t}_r} \tag{6-4-2}$$

因而，也有

$$t_F = \frac{T\bar{t}_F}{\bar{I}+\bar{t}_r} = \frac{T\bar{t}(1-g/2)}{(\bar{I}+\bar{t}_r)(m\bar{t}_r+1-e^{-m\bar{I}})}[W_g(1-e^{-m\bar{I}_g})^2 + (1-W_g)m\bar{I}_r(1-e^{2m\bar{I}_v}) + (1-e^{-m\bar{I}})^2\bar{I}/\bar{t}_r] \tag{6-4-3}$$

这样，列车后效晚点时间与一系列列车数相关，即：

$$t_F = f(T,\bar{t},m,g,W_g,\bar{I},\bar{I}_g,\bar{I}_v,\bar{t}_r) \tag{6-4-4}$$

若给定允许的列车后效晚点时间总值质量标准，利用上式可对 $\bar{t}_r$ 求解，但计算工作量大，为此，需对公式作必要的改造。

因为 $\bar{t}=\frac{g}{m}$，故公式的分子部分可写为：

$$\bar{t}(1-g/2) = \frac{g-g^2/2}{m}$$

而分母部分可整理为：

$$(\bar{t}_r+\bar{I})(m\bar{t}_r+1-e^{-m\bar{I}}) = \bar{I}\left(\frac{\bar{t}_r}{\bar{I}}+1\right)\left(\frac{\bar{t}_r}{\bar{I}}+\frac{1-e^{-m\bar{I}}}{m\bar{I}}\right)m\bar{I}$$

若令比值 $\bar{t}_r/\bar{I}$ 的缓冲时间商数 q，即：

$$q = \frac{\bar{t}_r}{\bar{I}} \tag{6-4-5}$$

故此，分母部分可写为：

$$(\bar{t}_r+\bar{I})(m\bar{t}_r+1-e^{-m\bar{I}}) = m\bar{I}^2(q+1)\left(q+\frac{1-e^{-m\bar{I}}}{m\bar{I}}\right)$$

这样，列车后效晚点时间总值计算公式可改写为：

$$t_F = \frac{T(g-g^2/2)}{(m\bar{I})^2(q+1)\left(q+\frac{1-e^{-m\bar{I}}}{m\bar{I}}\right)}[W_g(1-e^{-m\bar{I}_g})^2 + (1-W_g)m\bar{I}_v(1-e^{-2m\bar{I}_v}) + (1+e^{-m\bar{I}})^2 \cdot 1/q] \tag{6-4-6}$$

上式只剩下参数 T、g、W_g、$m\bar{I}$、$m\bar{I}_g$、$m\bar{I}_v$ 和 q。

二、理论列车后效晚点时间总值的检验

某铁路区段调查期间（2010 年 3 月 10 日至 11 日）上行方向放行列车 104 列，其中晚点 54 列，列车进入晚点时间总值 324 min。列车后效晚点时间总值观测值为 240 min/d，据此可有：

$$g = \frac{54}{104} = 0.519\ 2$$

$$m = \frac{54}{3\ 246} = 0.166\ 7$$

根据列车分组，由调度实绩运行图查定的各类运行列车组（分子）数和最小列车间隔时间（分母）汇总列于表 6-4-1。据此，可有：

$$\bar{I}_g = \frac{134}{36} = 3.7(\text{min})$$

$$\bar{I}_v = \frac{392.1}{68} = 5.8(\text{min})$$

$$\bar{I} = \frac{526.1}{104} = 5.1(\text{min})$$

$$W_g = \frac{36}{104} = 0.346$$

表 6-4-1 运行列车组数据表

第二列车 \ 第一列车	一类列车	二类列车	中速列车	计
一类列车	30 / 3.3	13 / 4.1	12 / 3.9	55
二类列车	12 / 4.9	2 / 3.7	5 / 2.9	19
中速列车	13 / 14.7	4 / 6.9	4 / 6.9	21

列车运行图存在的缓冲时间也可以按下式计算：

$$\bar{t}_r = \frac{T - N\bar{I}}{N}$$

因而，缓冲时间商数 q 也有

$$q = \frac{\frac{T - N\bar{I}}{N}}{\bar{I}} = \frac{T - N\bar{I}}{N\bar{I}} = \frac{T}{N\bar{I}} - 1 = \frac{1\,020}{104 \times 5.1} - 1 = 0.923$$

平均缓冲时间为：

$$\bar{t}_r = q\bar{I} = 0.923 \times 5.1 = 4.7(\text{min})$$

根据上述计算得到初始数据计算的中间值为：

$$m\bar{I} = 0.850\,2 \qquad m\bar{I}_g = 0.616\,8$$

$$m\bar{I}_v = 0.966\,9 \qquad e^{-m\bar{I}} = 0.427\,3$$

$$e^{-m\bar{I}_g} = 0.539\,7 \qquad e^{-2m\bar{I}_v} = 0.144\,6$$

$$(g - g^2/2) = 0.519\,2 - 0.519\,2^2/2 = 0.384\,4$$

将上述数据代入列车后效晚点时间总值理论值计算公式，可得：

$$t_F = \frac{1\,020 \times 0.384\,4}{0.850\,2^2(1+0.923)\left(0.923 + \frac{1-0.427\,3}{0.850\,2}\right)}[0.346\,8(1-0.539\,7)^2 + (1-0.346) \times 0.966\,9(1-0.144\,6) + (1-0.427\,3)^2/0.923]$$

$$= 251(\text{min/d})$$

将这一理论值(251 min/d)与观测值(240 min/d)加以比较说明，理论值基上能反映真实情况，结果是可信的。

用同样方法可以计算其他区段的理论列车后效晚点时间总值(见表 6-4-2)。

表 6-4-2　理论列车后效晚点时间汇总表

序号	t_F(min)	序号	t_F(min)	序号	t_F(min)	序号	t_F(min)	序号	t_F(min)
1	334	36	288	71	196	106	238	141	501
2	289	37	340	72	187	107	109	142	818
3	114	38	191	73	120	108	46	143	633
4	179	39	133	74	136	109	89	144	269
5	204	40	377	75	188	110	128	145	364
6	210	41	185	76	310	111	373	146	124
7	54	42	276	77	121	112	320	147	104
8	99	43	85	78	137	113	210	148	169
9	141	44	175	79	145	114	254	149	159
10	169	45	128	80	95	115	50	150	126
11	215	46	195	81	131	116	50	151	165
12	238	47	168	82	128	117	117	152	301
13	195	48	217	83	65	118	80	153	284
14	204	49	113	84	49	119	112	154	88
15	216	50	153	85	227	120	94	155	127
16	227	51	213	86	184	121	82	156	82
17	202	52	207	87	209	122	80	157	131
18	124	53	141	88	179	123	113	158	125
19	92	54	170	89	185	124	146	159	127
20	28	55	161	90	172	125	107	160	102
21	153	56	171	91	188	126	146	161	267
22	122	57	163	92	166	127	127	162	203
23	124	58	193	93	122	128	244	163	272
24	104	59	127	94	94	129	271	164	101
25	169	60	174	95	178	130	169	165	75
26	159	61	144	96	183	131	187	166	80
27	165	62	161	97	339	132	177	167	126
28	85	63	189	98	450	133	235	168	157
29	89	64	171	99	464	134	166	169	112
30	212	65	171	100	314	135	160	170	140
31	282	66	204	101	123	136	175	171	196
32	278	67	172	102	123	137	230	172	202
33	242	68	269	103	132	138	262	173	137
34	213	69	174	104	143	139	223	174	127
35	338	70	150	105	198	140	684	175	106

三、作为列车运行质量指标的列车后效晚点时间总值

列车后效晚点时间是正、晚点列车在晚点列车的晚点发生晚点传播时形成的增晚时间，它与列车运行图的弹性、进入晚点列车的晚点状况有关，并随列车运行图弹性的缩小、列车进入晚点状况的恶化而增加。因此，列车后效晚点时间总值也可以用为反映列车运行准时性的列车运行质量指标。

在函数 $t_F=f(T,\bar{t},m,g,W_g,\bar{I},\bar{I}_g,\bar{I}_v,\bar{t}_r)$ 中，T 是常量，W_g、$\bar{I}$、$\bar{I}_g$、$\bar{I}_v$ 在一定的铁路区段技术装备和列车运行图结构条件下也可作为常量看待；$\bar{t}$、m、g 是随当前列车运行状况变化而变化，且可控性有限的参数；而只有 $\bar{t}_r$ 是决策者可以调控的，亦即 t_F 的唯一可控因素是 $\bar{t}_r$，而其他因素基本上都是非可控的。或者说，按决策者对列车运行质量预期要求，给定合理的 t_F，可以计算得到需要的 $\bar{t}_r$。

t_F 随 $\bar{t}_r$ 减少而增大，其增大意味着列车运行质量下降，但铁路可放行列车数增大；t_F 随 $\bar{t}_r$ 的增大而减小，其减小意味着列车运行质量提高，但铁路可放行列车数将减小。因此，必须从列车运行质量和放行列车数两个方面出发，寻找一个较为合理的 t_F 值。

根据对 75 个铁路区段理论列车后效晚点总值的统计（见表 6-4-3），t_F 主要集中在 101～220 min 时间域的范围内。考虑到当前我国铁路列车运转秩序的实际情况，应适当预留列车运行图弹性，本书建议作为列车运行的质量指标，t_F 应按临近集中时间域中值的 200 min 取值，并据此计算的列车运行图缓冲时间。

表 6-4-3 t_F 分组表

序号	分组	频数	序号	分组	频数	序号	分组	频数	序号	分组	频数
1	50 及以下	5	9	121～130	18	17	201～210	10	25	281～290	4
2	51～60	1	10	131～140	8	18	211～220	9	26	291～300	0
3	61～70	1	11	141～150	8	19	221～230	4	27	301～310	2
4	71～80	4	12	151～160	6	20	231～240	3	28	311～320	2
5	81～90	7	13	161～170	13	21	241～250	2	29	321～330	0
6	91～100	5	14	171～180	14	22	251～260	1	30	331～340	4
7	101～110	7	15	181～190	7	23	261～270	3	31	341～350	0
8	111～120	7	16	191～200	7	24	271～280	4	32	351～818	9

第五节 按列车后效晚点时间测定的必要列车运行图缓冲时间

必要列车运行图缓冲时间是指在允许产生一定数值列车后效晚点时间的条件下，列车运行图应具有的平均缓冲时间。列车后效晚点时间作为评价列车运行工作的一项质量指标，与列车运行的准时性和列车运行秩序密切相关，在日常工作中应对它有一定的数量要求。在给定列车后效晚点时间总值标准的条件下，可根据式(6-3-27)就每一具体区间计算确定必要的平均列车运行图缓冲时间。

若每天开行的列车数(N)用区间通过能力表示，则有

$$N=\frac{T}{\bar{I}+\bar{t}_{\mathrm{r}}}\tag{6-5-1}$$

式中　T——一昼夜区间可用于放行列车的时间，min。

将式(6-5-1)和$\bar{t}=\dfrac{g}{m}$代入式(6-3-28)，可有

$$t_{\mathrm{F}}=\frac{T(g-g^2/2)}{(\bar{t}_{\mathrm{r}}+\bar{I})(m\bar{t}_{\mathrm{r}}+1-\mathrm{e}^{-m\bar{I}})}\left[W_{\mathrm{g}}(1-\mathrm{e}^{-m\bar{I}_{\mathrm{g}}})^2+(1-W_{\mathrm{g}})m\bar{I}_{\mathrm{v}}\times(1-\mathrm{e}^{-2m\bar{I}_{\mathrm{v}}})+\frac{\bar{I}}{\bar{t}_{\mathrm{r}}}(1-\mathrm{e}^{-m\bar{I}})^2\right]\tag{6-5-2}$$

利用式(6-5-2)，可以通过编制必要列车运行图缓冲时间参数表的方法和求解一元三次方程的方法，计算确定必要的平均列车运行图缓冲时间。

一、参数表法

式(6-5-2)的分母项也可以整理为如下形式：

$$\begin{aligned}(\bar{t}_{\mathrm{r}}+\bar{I})(m\bar{t}_{\mathrm{r}}+1-\mathrm{e}^{-m\bar{I}})m&=\bar{I}\left(\frac{\bar{t}_{\mathrm{r}}}{\bar{I}}+1\right)\left(\frac{\bar{t}_{\mathrm{r}}}{\bar{I}}+\frac{1-\mathrm{e}^{-m\bar{I}}}{m\bar{I}}\right)m\bar{I}\times m\\&=(m\bar{I})^2\left(\frac{\bar{t}_{\mathrm{r}}}{\bar{I}}+1\right)\left(\frac{\bar{t}_{\mathrm{r}}}{\bar{I}}+\frac{1-\mathrm{e}^{-m\bar{I}}}{m\bar{I}}\right)\end{aligned}\tag{6-5-3}$$

若令$\bar{t}_{\mathrm{r}}/\bar{I}=q$，则式(6-5-3)也可以写为：

$$(\bar{t}_{\mathrm{r}}+\bar{I})(m\bar{t}_{\mathrm{r}}+1-\mathrm{e}^{-m\bar{I}})m=(m\bar{I})^2(q+1)\left(q+\frac{1-\mathrm{e}^{-m\bar{I}}}{m\bar{I}}\right)\tag{6-5-4}$$

因而，式(6-5-2)可改写为：

$$t_{\mathrm{F}}=\frac{T(g-g^2/2)}{(m\bar{I})^2(q+1)\left(q+\dfrac{1-\mathrm{e}^{-m\bar{I}}}{m\bar{I}}\right)}\left[W_{\mathrm{g}}(1-\mathrm{e}^{-m\bar{I}_{\mathrm{g}}})^2+(1-W_{\mathrm{g}})m\bar{I}_{\mathrm{v}}(1-\mathrm{e}^{-2m\bar{I}_{\mathrm{v}}})+\frac{1}{q}(1-\mathrm{e}^{-m\bar{I}})^2\right]\tag{6-5-5}$$

若令$\dfrac{t_{\mathrm{F}}}{T(g-g^2/2)}=H$，则式(6-5-5)又可以改写为：

$$H=\frac{W_{\mathrm{g}}(1-\mathrm{e}^{-m\bar{I}_{\mathrm{g}}})^2+(1-W_{\mathrm{g}})m\bar{I}_{\mathrm{v}}(1-\mathrm{e}^{-2m\bar{I}_{\mathrm{v}}})+\dfrac{1}{q}(1-\mathrm{e}^{-m\bar{I}})^2}{(m\bar{I})^2(q+1)\left(q+\dfrac{1-\mathrm{e}^{-m\bar{I}}}{m\bar{I}}\right)}\tag{6-5-6}$$

研究表明，$\bar{I}$、$\bar{I}_{\mathrm{g}}$和$\bar{I}_{\mathrm{v}}$三种最小列车间隔时间是相互比例关系在一定范围内的，对必要平均缓冲时间数值的影响不大，故可近似地认为：

$$\bar{I}=\bar{I}_{\mathrm{g}}=\bar{I}_{\mathrm{v}}\tag{6-5-7}$$

同时，令$m\bar{I}=u$，则式(6-5-6)也可写为：

$$H=u\,\frac{W_{\mathrm{g}}(1-\mathrm{e}^{-u})^2+(1-W_{\mathrm{g}})u(1-\mathrm{e}^{-2u})+\dfrac{1}{q}(1-\mathrm{e}^{-u})^2}{u^2(q+1)\left(q+\dfrac{1-\mathrm{e}^{-u}}{u}\right)}\tag{6-5-8}$$

将式(6-5-8)中各部分为：

$$u^2(q+1)\left(q+\frac{1-\mathrm{e}^{-u}}{u}\right)=f_1(u,q)\tag{6-5-9}$$

$$W_{\mathrm{g}}(1-\mathrm{e}^{-u})^2+(1-W_{\mathrm{g}})u(1-\mathrm{e}^{-2u})=K\tag{6-5-10}$$

$$(1-e^{-u})^2=f_2(u) \tag{6-5-11}$$

因而，式(6-5-8)也可改写为：

$$H=\frac{K+f_2(u)/q}{f_1(u,q)} \tag{6-5-12}$$

显然，式(6-5-12)也可整理为如下形式：

$$Hqf_1(u,q)-Kq-f_2(u)=0 \tag{6-5-13}$$

根据式(6-5-10)，K 与 W_g 的关系为线性关系，因而式(6-5-13)第三部分 Kq 也与 W_g 呈线性关系。因为 q 是式(6-5-13)第三部分的组成因素，故 q 也与 W_g 呈线性关系。这样，若作 $W_g=0$ 时的 $q_0=f(H,u)$ 和 $W_g=1$ 时的 $q_1=f(H,u)$ 数值表，则对所有 W_g 的中间值都可以使用线性内插值法，并根据下式确定 q 值，即：

$$q=q_0-W_g(q_0-q_1) \tag{6-5-14}$$

据此，根据 q 的定义，必要的平均缓冲时间 t_{rerf} 可按下式计算：

$$t_{\text{rerf}}=\bar{I}[q_0-W_g(q_0-q_1)] \tag{6-5-15}$$

当 $W_g=0$ 时，式(6-5-8)经整理可得下式：

$$Hu^2q_0^3+Hu(1-e^{-u}+u)q_0^2+u[H(1-e^{-u})-(1-e^{-2u})]q_0-(1-e^{-u})^2=0 \tag{6-5-16}$$

当 $W_g=1$ 时，则又可有：

$$Hu^2q_1^3+Huq_1^2(1-e^{-u}+u)+Hu(1-e^{-u})q_1-(1-e^{-2u})^2q_1-(1-e^{-u})^2=0 \tag{6-5-17}$$

当给定 H 和 u 值时，对式(6-5-16)和式(6-5-17)求解，可得相应的 q_0 和 q_1 值，计算结果列于表 6-5-1。据此，可通过调查表的方法确定的平均缓冲时间。据此，根据式(6-3-27)也可以通过编制计算机软件的方法计算确定。

表 6-5-1 q_0 和 q_1 数值表

u \ W_g \ H	0.51		0.52		0.53	
	1	0	1	0	1	0
0.40	0.81	1.07	0.80	1.06	0.79	1.05
0.35	0.83	1.10	0.82	1.09	0.81	1.07
0.30	0.85	1.13	0.84	1.11	0.83	1.10
0.25	0.87	1.16	0.86	1.14	0.85	1.13
0.20	0.89	1.19	0.88	1.17	0.87	1.16
0.15	0.92	1.22	0.90	1.20	0.89	1.19
0.10	0.94	1.25	0.93	1.24	0.92	1.22
0.05	0.96	1.29	0.95	1.27	0.94	1.25
0.00	0.98	1.33	0.97	1.30	0.96	1.28

假定允许的列车后效晚点时间总值为 200 min，按前例某区间的资料计算可有：

$$H=\frac{200}{1\,440\times(0.322\,5-0.322\,5^2/2)}=0.51$$

据此，查表 6-5-1，并经内插计算可得：

$$q_0 = 1.208 \qquad q_1 = 0.908$$

将 q_0、q_1 和 W_g 代入式(6-5-15)，则有：

$$t_{rerf} = 7.22 \times [1.208 - 0.208 \times (1.208 - 0.908)] = 8.28(\text{min})$$

这一计算表明，当允许列车后效晚点时间总值取 200 min 时，该区间必要的平均列车运行图缓冲时间为 8.28 min。

二、求解方程计算法

求解方程计算法是指采用 Mathematica 软件求解平均必要列车运行图缓冲时间的方法。为此，必须对后效晚点时间总值 t_F 计算式作必要的整理。

若令

$$H = W_g(1 - e^{-m\bar{I}_g})^2 + (1 - W_g)m\bar{I}_v(1 - e^{-2m\bar{I}_v}) \tag{6-5-18}$$

$$G = \frac{T(g - g^2/2)}{m} \tag{6-5-19}$$

$$U = 1 - e^{-m\bar{I}} \tag{6-5-20}$$

则后效晚点时间总值计算公式可写为：

$$t_F = \frac{G}{(\bar{t}_r + \bar{I})(m\bar{t}_r + U)}\left(H + \frac{\bar{I}U^2}{\bar{t}_r}\right) = \frac{G(H\bar{t}_r + \bar{I}U^2)}{(\bar{t}_r + \bar{I})(m\bar{t}_r + U)\bar{t}_r}$$

$$t_F\bar{t}_r(\bar{t}_r + \bar{I})(m\bar{t}_r + U) = G(H\bar{t}_r + IU^2)$$

$$t_F\bar{t}_r{}^3m^4 + t_F\bar{t}_r{}^2U + t_F\bar{I}\bar{t}_r^2m + t_F\bar{I}\bar{t}_rU = GH\bar{t}_r + G\bar{I}U^2$$

等式两边除以 t_Fm，可有

$$\bar{t}_r{}^3 + \bar{t}_r{}^2\left(\frac{U}{m} + \bar{I}\right) + \bar{t}_r\frac{\bar{I}U}{m} = \frac{GH\bar{t}_r}{t_Fm} + \frac{G\bar{I}U^2}{t_Fm}$$

$$\bar{t}_r{}^3 + \frac{U + \bar{I}m}{m}\bar{t}_r{}^2 + \frac{\bar{I}Ut_F - GH}{mt_F}\bar{t}_r - \frac{G\bar{I}U^2}{t_Fm} = 0 \tag{6-5-21}$$

上式为一元三次方程式。

若令一元三次方程式中的常量

$$b = \frac{U + \bar{I}m}{m} \tag{6-5-22}$$

$$c = \frac{\bar{I}Ut_F - GH}{mt_F} \tag{6-5-23}$$

$$d = \frac{\bar{I}GU^2}{mt_F} \tag{6-5-24}$$

则一元三次方程式可写为：

$$\bar{t}_{rerf}^3 + b\bar{t}_{rerf}^2 + c\bar{t}_{rerf} - d = 0 \tag{6-5-25}$$

为区别起见，式中用 $\bar{t}_{rerf}$ 表示平均必要列车运行图缓冲时间。

因此，采用 Mathematica 软件解一元三次方程，计算平均必要列车运行图缓冲时间的步骤是：

(1) 计算参数 H、G、U

将相应区间的 W_g、m、g、$\bar{I}$、$\bar{I}_g$、$\bar{I}_v$、T 代入计算式，可得计算参数 H、G、U。

(2) 计算一元三次方程式系数 b、c、d

将 H、G、U、$\bar{I}$、t_F 代入计算式，可得系数 b、c、d。

(3) 计算平均必要列车运行图缓冲时间

将 b、c、d 的数值代入一元三次方程，用 Mathematica 软件求解该一元三次方程，即可得平均必要列车运行图缓冲时间 $\bar{t}_{\text{rerf}}$。

例如某高速铁路区段有 $m=0.0231$，$g=0.3225$，$W_g=0.208$，$\bar{I}_g=8.00$ min，$\bar{I}_v=7.03$ min，$\bar{I}=7.22$ min，$T=1\,020$ min。若取 $t_F=160$ min，则有：

(1) 计算参数 H、G、U

$$H=0.208\times(1-e^{-0.0231\times8})^2+(1-0.208)\times0.0231\times7.03\times(1-e^{-2\times0.0231\times7.03})$$
$$=0.0416$$

$$G=\frac{1\,020\times(0.3225-0.3223^2/2)}{0.0231}=11\,944$$

$$U=1-e^{-0.0231\times7.22}=0.154$$

(2)计算一元三次方程系数 b、c、d

$$b=\frac{0.154+7.22\times0.0231}{0.0231}=13.887$$

$$c=\frac{7.22\times0.154\times160-0.0416\times11\,944}{0.0231\times160}=-86.301$$

$$d=\frac{7.22\times11\,944\times0.154^2}{0.0231\times160}=553.346$$

(3)计算平均必要列车运行图缓冲时间

运用 Mathematica 软件求解一元三次方程的计算结果为：

$$\bar{t}_{\text{rerf}}=7.49(\text{min})$$

三、平均必要列车运行图缓冲时间与计算参数关系的分析

1. 平均必要列车运行图缓冲时间与允许列车后效晚点时间总值关系的分析

在一元三次方程中有函数

$$c=f(t_F)$$
$$d=f(t_F)$$

因而，也有

$$\bar{t}_{\text{rerf}}=f(t_F)$$

表 6-5-2 为高速铁路区段平均必要列车运行图缓冲时间函数 $\bar{t}_r=f(t_F)$取值表。显然，允许的 t_F 数值愈大，$\bar{t}_r$ 值愈小，亦即允许的列车运行工作质量愈差，平均必要运行图缓冲时间愈小，反之，平均必要运行图缓冲时间就会相对增大。应该指出，用牺牲列车运行工作质量换取相对较小平均必要运行图缓冲时间的方法，从长远来趋势是不可取的。

2. 平均必要列车图缓冲时间与列车进入晚点关系的分析

在一元三次方程中有函数

$$H=f(m)\qquad U=f(m)\qquad G=f(g)$$
$$b=f(U,m)\qquad c=f(U,G,H,m)\qquad d=f(U,G,m)$$

因而，也有 $\bar{t}_{\text{rerf}}=f(m)$，$\bar{t}_{\text{rerf}}=f(g)$

表 6-5-2　函数 $\bar{t}_{rerf}=f(t_F)$ 数值表

W_g	0.208															
$\bar{I}$(min)	7.22															
$\bar{I}_g$(min)	8.00															
$\bar{I}_v$(min)	7.03															
T(min)	1 020															
m	0.2															
g	0.1															
t_F(min)	150	160	170	180	190	200	210	220	230	240	250	260	270	280	290	300
$\bar{t}_{rerf}$(min)	1.98	1.88	1.78	1.70	1.62	1.55	1.49	1.43	1.38	1.33	1.28	1.24	1.20	1.16	1.12	1.09

表 6-5-3、表 6-5-4 为高速铁路区段函数 $\bar{t}_{rerf}=f(g)$ 和函数 $\bar{t}_{rerf}=f(m)$ 的数值表。由表 6-5-3 可以看出，$\bar{t}_r$ 值随列车进入晚点概率 g 的减少而减小，亦即平均必要列车运行图缓冲时间将随列车运行秩序的正常化而减少。可见，优化列车运行工作组织，提高列车出发正点率乃是改善区间通过能力利用的重要手段。

由表 6-5-4 可以看出，$\bar{t}_r$ 值与参数 m 正相关，即 $\bar{t}_{rerf}$ 值随参数 m 数值的增大而减小。m 值愈大，说明晚点列车平均进入晚点时间愈短。因此，不断减少晚点列车的列车晚点时间，也是改善区间通过能力利用的重要途径。

表 6-5-3　函数 $\bar{t}_{rerf}=f(g)$ 数值表

W_g	0.208															
$\bar{I}$(min)	7.22															
$\bar{I}_g$(min)	8.00															
$\bar{I}_v$(min)	7.03															
T(min)	1 020															
t_F(min)	200															
m	0.2															
g	0.02	0.04	0.06	0.08	0.10	0.12	0.14	0.16	0.18	0.20	0.22	0.24	0.26	0.28	0.30	0.32
$\bar{t}_{rerf}$(min)	2.22	2.31	2.38	2.44	2.49	2.54	2.58	2.61	2.65	2.67	2.70	2.72	2.75	2.76	2.78	2.80

表 6-5-4　函数 $\bar{t}_{rerf}=f(m)$ 数值表

W_g	0.208															
$\bar{I}$(min)	7.22															
$\bar{I}_g$(min)	8.00															
$\bar{I}_v$(min)	7.03															
T(min)	1 440															
t_F(min)	200															
g	0.3															
t_m(min)	50	25	16.7	12.5	10	4.1	8.3	3.7	7.1	6.7	6.3	5.9	5.6	5.3	5	4
m	0.02	0.04	0.06	0.08	0.10	0.11	0.12	0.13	0.14	0.15	0.16	0.17	0.18	0.19	0.20	0.25
$\bar{t}_{rerf}$(min)	2.79	2.59	2.41	2.25	2.10	2.03	1.97	1.91	1.85	1.79	1.74	1.69	1.64	1.60	1.55	1.36

注：t_m 为晚点列车平均晚点时间。

第六节 按限定货物列车被越行次数测定的必要列车运行图缓冲时间

一、列 车 束

在列车密集运行时间段内连续运行的一组列车称为列车束。若一列车束包含的列车数为 N_b，列车束第一列车与最后列车占用区间始点之间的间隔为 T_b，则有

$$T_b = (N_b - 1)\bar{I} + \sum_{i=1}^{N_0-1} t_{ri} \tag{6-6-1}$$

这样，一列车束缓冲时间总值与总的未被占用时间之比的比值(a_b)为：

$$a_b = \frac{T_b - (N_0 - 1)\bar{I}}{T - N\bar{I}} \tag{6-6-2}$$

实际上，出现这样一个列车束的概率(W_b)，也可以用这一比值表示，即

$$W_b = \frac{T_b - (N_b - 1)\bar{I}}{T - N\bar{I}} \tag{6-6-3}$$

二、N_b=2 列车束的缓冲时间总概率

缓冲时间 t_r=0 至 t_r=R 的总概率 W_{b1} 按式(6-1-14)可为：

$$W_{b1} = \int_0^R W_{t_r}\, dt_r = \int_0^R \frac{1}{\bar{t}_r} e^{-t_r/\bar{t}_r}\, dt_r$$

经计算整理可得：

$$W_{b1} = 1 - e^{-R/\bar{t}_r} \tag{6-6-4}$$

当 N_b=2 时，缓冲时间小于和等于 R 的概率，也可表示为：

$$\frac{T_b - \bar{I}}{T - N\bar{I}} = 1 - e^{-R/\bar{t}_r} \tag{6-6-5}$$

因为在这一条件下 $R=T_b-\bar{I}$，故此也有：

$$\frac{T_b - \bar{I}}{T - N\bar{I}} = 1 - e^{-(T_b-\bar{I})/\bar{t}_r} \tag{6-6-6}$$

三、缓冲时间总值的概率分布

设概率密度函数 $f_1(x)$和 $f_2(y)$随机变量 x 和 y 总值的密度函数为 $f(\delta)$，即

$$\delta = x + y \qquad y = \delta - x$$

因而有

$$f(\delta) = \int_{-\infty}^{\infty} f_1(x) f_2(\delta - x)\, dx$$

当函数 $f_1(x)$和 $f_2(y)$对所有实数有定义时，也有

$$f(\delta) = \int_0^{\delta} f_1(x) f_2(\delta - x)\, dx$$

对于缓冲时间的概率密度函数有

$$f_1(x) = \frac{1}{\bar{t}_r} e^{-t_r/\bar{t}_r}$$

$$f_2(\delta-x)=\frac{1}{\bar{t}_r}e^{-(\delta-t_r)/\bar{t}_r}$$

因而，也有

$$f(\delta)=\int_0^{\delta}\frac{1}{\bar{t}_r^2}e^{-t_r/\bar{t}_r}e^{-(\delta-t_r)/\bar{t}_r}dt_r=\int_0^{\delta}\frac{1}{\bar{t}_r^2}e^{-\delta/\bar{t}_r}dt_r=\frac{\delta}{\bar{t}_r^2}e^{-\delta/\bar{t}_r} \tag{6-6-7}$$

在这里，若 δ 表示两个缓冲时间的总值，且用 δ_2 表示，则有：

$$f(\delta_2)=\frac{\delta_2}{\bar{t}_r^2}e^{-\delta_2/\bar{t}_r}$$

相应地，也有

$$f(\delta_3)=\frac{\delta_3^2}{2\bar{t}_r^3}e^{-\delta_3/\bar{t}_r}$$

$$f(\delta_4)=\frac{\delta_4^3}{6\bar{t}_r^4}e^{-\delta_4/\bar{t}_r}$$

$$\vdots$$

$$f(\delta_K)=\frac{\delta_K^{(K-1)}}{(K-1)!\bar{t}_r^K}e^{-\delta_K/\bar{t}_r} \tag{6-6-8}$$

这样，缓冲时间总值小于和等于 R 的概率（W_{bK}）应为：

$$W_{bK}=\int_0^R f(\delta_K)d\delta_K=\frac{1}{(K-1)!\bar{t}_r^K}\int_0^R\delta_K^{(K-1)}e^{-\delta_K/\bar{t}_r}d\delta_K$$

经计算整理可得：

$$W_{bK}=1-e^{-R/\bar{t}_r}\sum_{i=0}^{K}\frac{(R/\bar{t}_r)^i}{i!} \tag{6-6-9}$$

比值 $R/\bar{t}_r$ 表示列车束缓冲时间总值与平均缓冲时间之间的关系，若用 α 表示，式(6-6-13)可写为：

$$W_{bK}=1-e^{-\alpha}\sum_{i=0}^{K}\frac{\alpha^i}{i!} \tag{6-6-10}$$

显然，$\bar{t}_r\neq0$ 时，W_{bK} 表示在 $N_b=K$ 列车间出现（$K-1$）个缓冲时间总值最大为平均缓冲时间 α 倍的概率。

应该指出，概率 W_{bK} 是针对短缓冲时间列车束给出的。显然，针对较长缓冲时间列车束的概率密度函数 W_{bl} 应为：

$$W_{bl}=1-W_{bK}=e^{-\alpha}\sum_{i=0}^{K}\frac{\alpha^i}{i!} \tag{6-6-11}$$

四、必要列车运行图缓冲时间

在平均最小列车间隔时间不大或平均列车进入晚点很小的区段上，按缓解列车晚点传播影响需要测定的平均必要列车运行图缓冲时间是很小的。这样虽然仍可以保持良好的列车运行流水性，但货物列车将在区段内频繁地被越行。在极端情况下，大量货物列车可能多次被越行，这将引起大量时间消耗，并损害列车运行质量。

从货物列车被越行次数这一列车运行图质量指标出发，可为测定缓冲时间给出一项边界条件，即要求平均列车运行图缓冲时间的数值必须达到使货物列车被越行次数限制在可接受的范围内。

货物列车运行线与其后行快速列车运行线之间，因列车运行速度之不同而又欲组织无越行运行，则将出现一个被加大了的运行图空隙，如图 6-6-1 所示，它可用前后行列车运行时间差 I_S 表示，而在列车运行图中出现对被越行次数有要求的货物列车的概率 W_L 可用下式计算：

$$W_L = N_L/N \tag{6-6-12}$$

式中　N_L——扣除摘挂列车、区段小运转列车后的在区段内运行的货物列车数。

相对应地在列车运行图中出现快速列车的概率 W_S 应为：

$$W_S = N_S/N \tag{6-6-13}$$

式中　N_S——在区段运行的快速列车数。

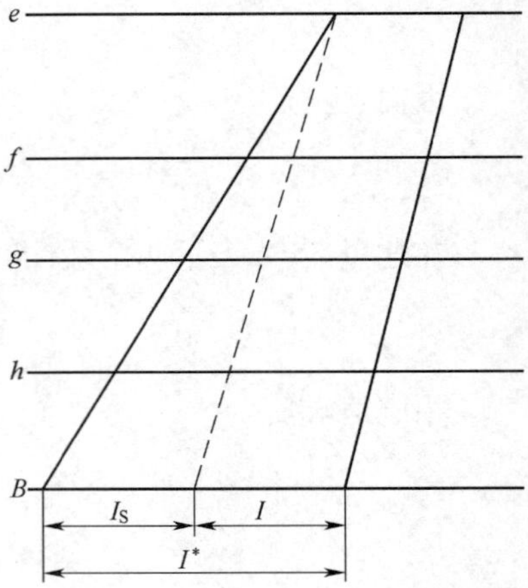

图 6-6-1　无越行运行图

因而，在列车运行图中出现时间差 I_S 的概率，亦即出现前行为 N_L 列车，后行为 N_S 列车运行列车组(用符号 $L \wedge S$ 表示)的概率 W_0 应为：

$$W_0 = W_L \cdot W_S = N_L \cdot N_S/N^2 \tag{6-6-14}$$

为满足组织无越行运行对列车运行图时间空隙的要求，对于这一概率的运行列车组，其列车运行图缓冲时间必须等于或大于 I_S。

设运行列车组 $L \wedge S$ 无越行运行的最小列车运行间隔时间为 I^*，而最小列车间隔时间为 I。因而，I_S 也可表示为：

$$I_S = I^* - I \tag{6-6-15}$$

对于具有较大缓冲时间的运行列车组 $L \wedge S$，可有 $W_0 = W_{bl}$，将 $K=1$ 和 $\alpha = I_S/\bar{t}_r$ 代入式(6-6-11)，即有：

$$W_0 = e^{-I_S/\bar{t}_r} \sum_{i=0}^{1} \frac{(I_S/\bar{t}_r)^i}{i!} = e^{-I_S/\bar{t}_r}\left(1 + \frac{I_S}{t_r}\right) \tag{6-6-16}$$

在给定 W_0 和 I_S 的条件下，若选取某一 $\bar{t}_r$ 值使之满足式(6-6-16)的条件时，该 $\bar{t}_r$ 表示由于时间值 I_S 和概率 W_0 的出现而要求的平均缓冲时间(即必要缓冲时间)，用符号 $\bar{t}_{rerf}$ 表示，即

$$W_0 = e^{-I_S/\bar{t}_{rerf}}\left(1 + \frac{I_S}{t_{rerf}}\right) \tag{6-6-17}$$

表 6-6-1　$W_0 = f(\alpha)$ 函数表

$\alpha = I_S/\bar{t}_{rerf}$	W_0	$\alpha = I_S/\bar{t}_{rerf}$	W_0
1	0.735 759	8	0.003 019
2	0.406 006	9	0.001 234
3	0.199 148	10	0.000 499
4	0.091 579	11	0.000 200
5	0.040 428	12	0.000 080
6	0.017 352	13	0.000 032
7	0.007 295	14	0.000 012

表 6-6-1 给出了函数 $W_0 = f(\alpha = I_S/\bar{t}_{rerf})$ 的数值。当已知 N_L、N_S 和 N 时，可据以按式(6-6-14)计算确定 W_0，并按 W_0 值由表 6-6-1 查得 α 值。因而，有

$$\bar{t}_{\text{rerf}} = \frac{I_S}{\alpha} \tag{6-6-18}$$

例如，若要求在 B—e 间(如图 6-6-1 所示)组织无越行运行，而与这一要求相适应的最小列车间隔时间 $I^* = 23$ min、$I = 7$ min，故有：

$$I_S = 23 - 7 = 16 \ (\text{min})$$

若在该区段列车数为 104 列，其中对被越行次数有要求的货物列车为 45 列，快速列车为 49 列，按式(6-6-14)可有：

$$W_0 = \frac{45 \times 49}{104^2} = 0.203\ 865$$

据此，查表 6-6-1 通过内插法计算可得 $\alpha = 2.98$。这样，按式(6-6-18)可得为组织货物列车在 B—e 间无越行运行所必要的平均列车运行图缓冲时间，即：

$$\bar{t}_{\text{rerf}} = \frac{I_S}{\alpha} = \frac{16}{2.98} = 5.37 \ (\text{min})$$

第七节　在单线区间按组织会车需要测定的必要列车运行图缓冲时间

一、一次会车需要的运行图缓冲时间

图 6-7-1 所示为完全均等区间条件下的列车会车图，列车 1 与列车 2 可有两个会车方案，即列车 1 在 c 站与列车 2 会车或列车 1 在 b 站与列车 2 会车。当列车 1 在 c 站与列车 2 会车时，列车 2 与列车 1 的缓冲时间为 0，但列车 1 与列车 3 之间存在着其值为 t_{r1} 的缓冲时间；当列车 1 在 b 站与列车 2 会车时，列车 2 与列车 1 之间存在着其值为 t_{r2} 的缓冲时间，而列车 1 与列车 3 的缓冲时间为 0。

由上述分析可以看出，列车 1 在两个会车位置均必须保有一定的缓冲时间，亦即为保证两列车会车地点具有一定的可移动性，每一会车列车均应具有一定的缓冲时间。因为

$$\tau_{站} + t_r = t_2 + \tau_{站} + t_1 \tag{6-7-1}$$

式中　$\tau_{站}$——车站间隔时间，min；

t_1、t_2——列车 1 和列车 2 在 bc 区间的运行时分，min。

因而，缓冲时间 t_r 应为：

$$t_r = t_1 + t_2 \tag{6-7-2}$$

或写为

$$t_r = 2\bar{t}_{会} \tag{6-7-3}$$

式中　$\bar{t}_{会}$——会车列车在会车区间的平均运行时间，min。

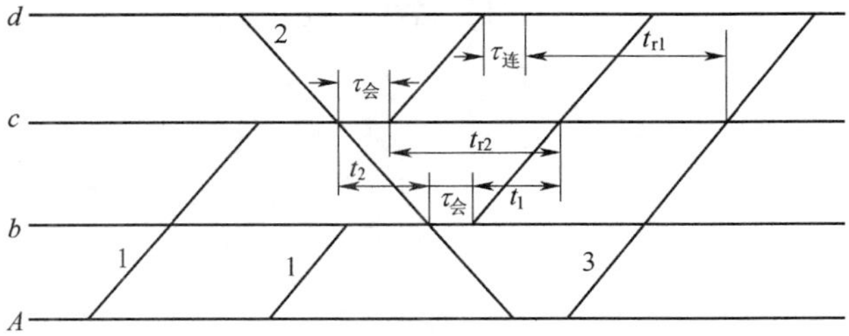

图 6-7-1　列车 1 与列车 2 会车从 c 站转至 b 站需要缓冲时间示意图

二、出现纯会车停车的概率

1. 单线区段的基本运行列车组

在单线区段上出现的基本运行列车组可有两类，即具有相同运行方向的运行列车组和具有不相同运行方向的运行列车组，其中前一类运行列车组两列车间不产生会车，而后一类运行列车组两列车将在车站产生会车。若视在列车运行图上出现两类运行列车组的概率(W_K)相等，则有 $W_K=\frac{1}{2}$。

2. 纯会车停车概率

会车列车在会车站上停车，只有当没有作业方面停车需要，才被认为仅仅是为了会车。

设列车计划在会车站上作业方面需要停车次数为 n_h、区段内的会车站数为 K、每天开行列车数为 N，而出现作业方面需要停车概率为 W_h，则有：

$$W_h=\frac{n_h}{NK} \tag{6-7-4}$$

因而，运行列车组第一列车在会车站上没有作业停车，可组织通过的概率 W_α 为：

$$W_\alpha=1-W_h=1-\frac{n_h}{NK} \tag{6-7-5}$$

显然，运行列车组第二列车也同样有这一概率。

在这里，将相邻两列车具有不同运行方向，且两列车在会车站上均无作业需要停车的运行列车组定义为具有纯会车停车的运行列车组，它在列车运行图上出现的概率(W_{Kd})应为：

$$W_{Kd}=W_K\cdot W_\alpha\cdot W_d=\frac{1}{2}\left(1-\frac{n_h}{NK}\right)^2 \tag{6-7-6}$$

概率 W_{Kd} 是一项区段特征参数，在 0～0.5 范围内取值。

三、出现一定数值缓冲时间的概率

假定出现一定数值缓冲时间的概率也服从负指数分布，即

$$W_{t_r}=\frac{1}{\bar{t}_r}e^{-t_r/\bar{t}_r} \tag{6-7-7}$$

若将 t_r 作为随机事件 δ，它的分布函数则可写为：

$$f(\delta)=\frac{1}{\bar{t}_r^2}\delta e^{-\delta/\bar{t}_r} \tag{6-7-8}$$

对函数 $f(\delta)$ 在 $\delta=R$ 至 $\delta=\infty$ 范围内求积分，可得出现纯会车停车需要缓冲时间的概率 S，即

$$S=\int_R^\infty \frac{1}{\bar{t}_r^2}\delta e^{-\delta/\bar{t}_r}\,d\delta$$

经积分整理可得

$$S=\left(1+\frac{R}{\bar{t}_r}\right)e^{-R/\bar{t}_r} \tag{6-7-9}$$

若令 $\frac{R}{\bar{t}_r}=\alpha$，则也有：

$$S=(1+\alpha)e^{-\alpha} \tag{6-7-10}$$

实际上，也必然有 $S=W_{Kd}$。因而，又有：

$$W_{Kd}=(1+\alpha)e^{-\alpha} \tag{6-7-11}$$

函数 $W_{Kd}=f(\alpha)$同样可按表 6-6-1 取值。

四、必要列车运行图缓冲时间

由关系式 $\alpha=\frac{R}{\bar{t}_{rerf}}$可得必要平均列车运行图缓冲时间($\bar{t}_{rerf}$)，即：

$$\bar{t}_{rerf}=\frac{R}{\alpha} \tag{6-7-12}$$

在这里，式中 R 为纯会车停车间隔要求扩大的时间值，它可按下式计算：

$$R=n_{Kr}t_r \tag{6-7-13}$$

式中，n_{Kr}为要求扩大的会车区间数，即可移动的会车地点数。

这样，也有

$$\bar{t}_{rerf}=\frac{1}{\alpha}n_{Kr}t_r=\frac{1}{\alpha}n_{Kr}2\bar{t}_K \tag{6-7-14}$$

据此，也可以选择确定列车运行质量标准参数 n_{Kr}，即

$$n_{Kr}=\frac{\alpha\bar{t}_{roor}}{2\bar{t}_K} \tag{6-7-15}$$

式中，$\bar{t}_{roor}$为当前列车运行图中已达到较为满意列车运行质量条件下的平均列车运行图缓冲时间。

假定某单线区段有 5 个会车车站(即 $K=5$)，两方向日均行车量 $N=61$ 列，列车在会车站计划有作业停车 $n_h=116$ 次，平均最小列车间隔时间 $\bar{I}=9.76$ min，会车列车在会车区间平均运行时间 $\bar{t}_K=8.9$ min。据此，按式(6-7-6)出现纯会车停车运行列车组的概率为：

$$W_{Kd}=\frac{1}{2}\left(1-\frac{116}{61\times5}\right)^2=0.191\ 997$$

由表 6-6-1 可得，当 $W_{Kd}=0.191\ 997$ 时，$\alpha=3.07$。列车运行工作经验表明，在通常情况下当平均缓冲时间达到 5.5 min 时，就可以取得较为满意的列车运行质量。假定这一经验在本例适用，按式(6-7-15)则有：

$$n_K=\frac{3.07\times5.5}{2\times8.9}=0.95$$

因此，首先可建议取 $n_K=1$，它意味着纯会车停车间隔时间至少可以由一个会车区间扩大到两个会车区间。

当 $n_{Kr}=1$ 时，按式(6-7-14)可有：

$$\bar{t}_{rerf}=\frac{1}{3.07}\times1\times2\times8.9=5.80\ (\text{min})$$

第七章 列车旅行速度

第一节 列车速度指标及其相关参数

一、速度指标的概念

列车速度指标包括列车运行速度、列车技术速度和列车旅行速度三项。

列车运行速度 $v_{运}$ 是指列车在区段内运行，不包括中间站停站时间及加减速附加时间在内的平均速度，它可按下式计算：

$$v_{运}=\frac{\sum nL}{\sum nt_{纯运}}\quad(\text{km/h})\tag{7-1-1}$$

式中 $\sum nL$——在一个区段内每昼夜所完成的列车公里数；

$\sum nt_{纯运}$——在一个区段内每昼夜所消耗的纯运行列车小时数。

列车技术速度 $v_{技}$ 是指列车在区段内运行，不包括中间站停站时间，但包括加减速附加时间在内的平均速度，计算公式为：

$$v_{技}=\frac{\sum nL}{\sum nt_{纯运}+\sum nt_{加减}}\quad(\text{km/h})\tag{7-1-2}$$

式中 $\sum nt_{加减}$——在一个区段内每昼夜所消耗的加减速附加时分列车小时数。

列车旅行速度 $v_{旅}$ 是指列车在区段内运行，包括在中间停站时间及起停车附加时间在内的平均速度，计算公式为：

$$v_{旅}=\frac{\sum nL}{\sum nt_{纯运}+\sum nt_{加减}+\sum nt_{中停}}\quad(\text{km/h})\tag{7-1-3}$$

式中 $\sum nt_{中停}$——在一个区段内每昼夜所消耗的中间站停站列车小时数。

当已知旅行速度 $v_{旅}$ 与运行速度 $v_{运}$ 的比值 $\beta_{运}$ 或者与技术速度的比值 $\beta_{技}$（比值 β 称为旅行速度系数）时，旅行速度也可以通过旅行速度系数来计算，即

$$v_{旅}=\beta_{运}\ v_{运}\quad(\text{km/h})\tag{7-1-4}$$

$$v_{旅}=\beta_{技}\ v_{技}\quad(\text{km/h})\tag{7-1-5}$$

旅行速度是表明列车运行图质量的一项重要指标，也是影响机车车辆周转和货物送达的一项重要因素。因此，在编制列车运行图时，应力求把旅行速度同运行速度或技术速度的差别减少到最小程度，亦即必须尽可能减少列车在区段内的停站次数和停站时间。

二、影响列车旅行速度系数的因素

列车旅行速度既可以通过旅行速度系数 $\beta_{运}$ 来计算，也可通过 $\beta_{技}$ 来计算。但是，因为系数 $\beta_{运}$ 不仅能反映列车在中间站总停站时间及用于加减速的时间对旅行速度的影响，还能反

映与列车停站次数有关的影响。所以，用系数 $\beta_{运}$ 表示列车运行图质量更为全面。

影响列车旅行速度系数 $\beta_{运}$ 大小的因素主要有：客货列车行车量，以及随之增加的停站次数和相应的时间消耗；与越行次数有关的客货列车速度比；供列车交会和越行的分界点分布密度（在其他条件相同的情况下，随着区段内分界点数目的增加，列车交会及越行的停站时间减少）；直接用于计算列车最小停站时间的车站间隔时间。

三、饱和运行图和非饱和运行图

根据列车在区段内车站上发生交会情况之不同，可以将单线铁路列车运行图分为饱和运行图和非饱和运行图。饱和运行图是指在区段运行的全部列车在所有车站上都需与相对方向列车交会的运行图，如图 7-1-1(a)所示；而非饱和运行图是指其中部分列车通过某些分界点时，可不与相对方向列车交会的运行图，如图 7-1-1(b)所示。饱和运行图只有当区段内完全或近似均等，且通过能力得到最充分或接近最充分地利用时才可能形成。这时，在区段内每个区间上，一昼夜内的全部列车运行时间及车站的间隔时分之和为 24 h。

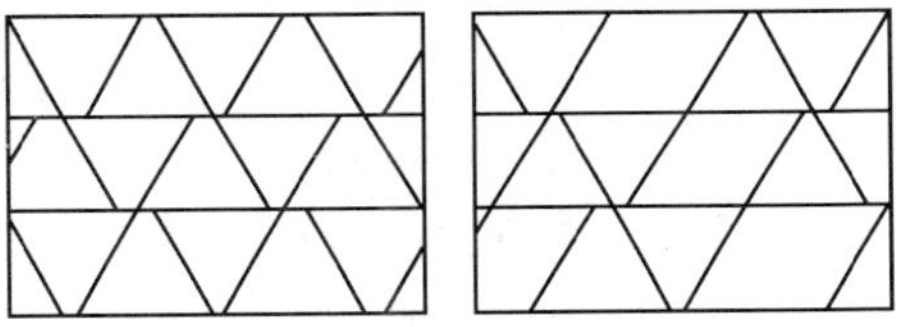

(a)　　(b)

图 7-1-1　饱和运行图及非饱和运行图中列车放行方案图

非饱和运行图实际上就是在运行图中有一定时间空隙的列车运行图。产生列车运行图空隙的主要原因是：

(1)通过能力未被充分利用，即列车运行图实际铺画列车数小于可能铺画列车数。

(2)区间不均等，导致在运行图周期较小区间内形成空隙时间。区段内区间的不均等情况可用区间不均等系数表示，它等于成对非追踪列车运行图平均运行图周期与限制区间运行图周期之比的比值。

(3)当最大区间一昼夜时间与运行图周期不成整倍数时，也导致在限制区间及其他区间内产生空隙时间。

(4)旅客列车和快运货物列车对普通列车的额外扣除以及摘挂列车的扣除。

空隙时间的存在，不仅可减少列车在各中间站的停站次数，而且还可用来将运行图上某些运行线作适当移动，改变个别车站发车时刻，以减少列车交会和越行的停留时间。

对于非饱和运行图，区段内的列车放行条件通常可用运行图铺满系数 $\gamma_{图}$ 来表示，它是反映列车运行图饱和程度的指标，用限制区间的占用时间与其可利用总时间之比来描述，即

$$\gamma_{图} = \frac{\sum nt_{占}}{1\,440 - T_{无}} \tag{7-1-6}$$

式中　$\sum nt_{占}$——一昼夜全部列车占用限制区间的总时间（不考虑额外扣除），min；

$T_{无}$——一昼夜内与行车不直接有关作业（如线路修理及其他部门的维修工作等）所消耗的时间，min。

第二节　列车旅行速度的分析计算

一、列车在中间站总停留时间

按新编列车运行图计算确定的货物列车旅行速度称为计划列车旅行速度，而按实绩列车运行图统计计算的为实际完成的列车旅行速度。为了评价编图质量及研究铁路运营和设计上的各种影响因素对旅行速度的不同作用，实际上也还可以用分析方法计算理论的列车旅行速度。理论列车旅行速度是旅行速度的近似值。由于

$$\beta_{运}=\frac{v_{旅}}{v_{运}}=1-\frac{T_{停站}}{T_{运}+T_{停站}} \tag{7-2-1}$$

式中　$T_{停站}$——一对或一列货物列车平均在中间站的总停站时间（包括加减速附加时间）；

$T_{运}$——一对或一列货物列车在区段内的纯运行时间。

因此，在一定的列车运行速度条件下，旅行速度仅决定于列车在中间站的总停留时间。

在单线区段，一对货物列车在中间站的总停留时间为：

$$T_{停站}=K_{越}\,t_{越}+K_{会}\,t_{会}+\Delta T_{技}\qquad(\text{min}) \tag{7-2-2}$$

式中　$K_{越}$——一对货物列车所摊到的越行停站次数；

$K_{会}$——一对货物列车所摊到的会车停站次数；

$t_{越}$、$t_{会}$——列车在越行和交会时的平均停站时间（包括加减速附加时间），min；

$\Delta T_{技}$——一对货物列车摊到额外增加的技术需要停站时间（考虑技术需要停站与交会、越行相结合等），min。

二、列车的越行和交会次数

如图 7-2-1 所示，一列旅客列车越行货物列车的次数可按下式计算：

$$K'_{越}=\frac{T'_{货}-T'_{客}}{I}\Delta K \tag{7-2-3}$$

式中　$T'_{货}$——某一方向货物列车在区段内运行的总时间（$T'_{货}=T'_{运}+T'_{停站}$），min；

$T'_{客}$——某一方向旅客列车在区段内运行的总时间，min；

I——同方向货物列车平均出发间隔时间，min；

ΔK——由于（$T'_{货}-T'_{客}$）与 I 不成倍数而产生不足一次的越行次数$\left(\Delta K=\frac{\Delta t}{I}\right)$。

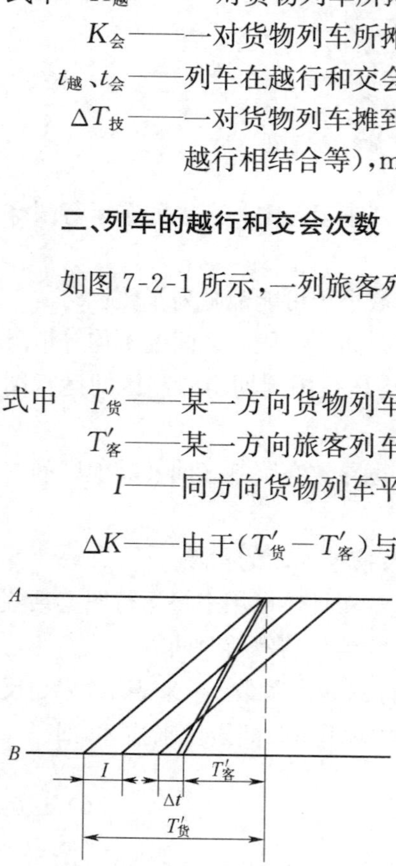

图 7-2-1　旅客列车越行货物列车图

当列车运行图上铺画的货物列车对数（不包括摘挂列车）为 $n_{货}$ 时，同方向货物列车平均出发间隔时间，可按下式计算：

$$I=\frac{1\,440}{n_{货}}$$

据此，若某一方向旅客列车在区段内的总运行时间与货物列车在区段内的总运行时间之比的比值用参数 ψ' 表示，则式（7-2-3）也可以写为：

$$K'_{近} = \frac{(1-\psi')T'_{货}n_{货}}{1\ 440}\Delta K \qquad (7\text{-}2\text{-}4)$$

这样，一对货物列车所摊到的被旅客列车越行的停站次数为：

$$K_{越} = \frac{(1-\psi)T_{货}\ n_{客}}{1\ 440} - 2\Delta K\frac{n_{客}}{n_{货}} \qquad (7\text{-}2\text{-}5)$$

式中　$T_{货}$——一对货物列车在区段内运行的总时间，min；

$n_{客}$——旅客列车对数；

ψ——一对旅客列车与一对货物列车在区段内运行总时间的比值。

一列货物列车与反方向货物列车的交会次数，可按图 7-2-2 计算，即：

$$K_{会}^{货} = \frac{T'_{运}+T''_{运}+T_{停站}}{I} - \Delta K' = \frac{T_{货}\ n_{货}}{1\ 440} - \Delta K' \qquad (7\text{-}2\text{-}6)$$

式中　$T_{运}$——上下行货物列车在区段内的总运行时间（$T_{运}=T'_{运}+T''_{运}$），min。

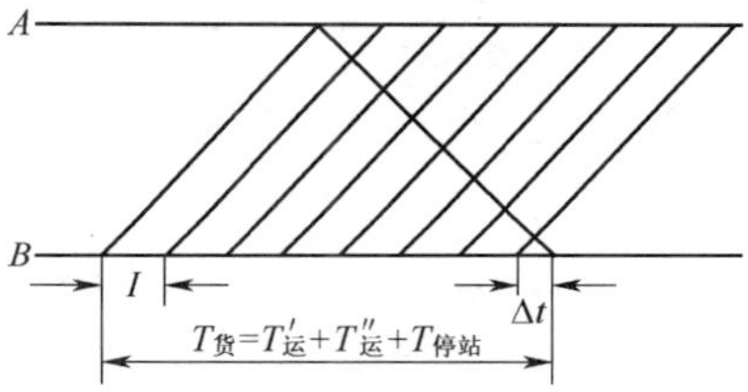

图 7-2-2　货物列车与货物列车交会图

因为货物列车与货物列车交会时，照例是一列通过一列停车，因此上式的交会次数，也就是一对货物列车的会车停站次数。

货物列车与一列旅客列车交会的次数（如图 7-2-3 所示）可按下式计算：

$$K'_{货} = \frac{T'_{运}+T'_{停站}+T''_{客}}{I} - \Delta K'' = \frac{(1+\psi')T'_{货}n_{货}}{1\ 440} - \Delta K'' \qquad (7\text{-}2\text{-}7)$$

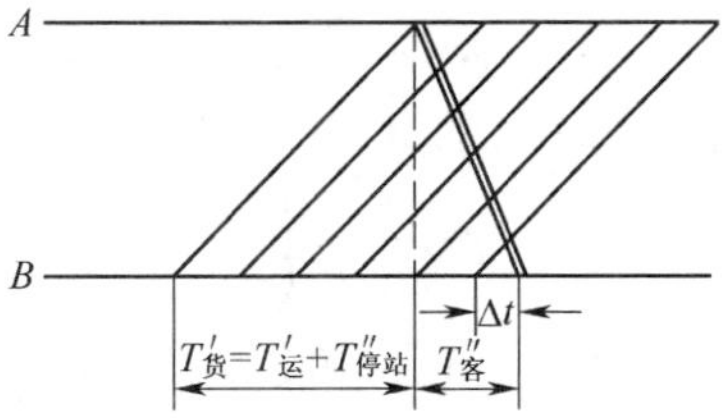

图 7-2-3　货物列车与旅客列车交会图

这样，货物列车与一对旅客列车交会次数为：

$$K_{客} = K'_{客} + T''_{客} = \frac{T'_{货}+T''_{货}+T'_{客}+T''_{客}}{I} - \Delta K'' = \frac{(1+\psi)T_{货}\ n_{货}}{1\ 440} - 2\Delta K'' \qquad (7\text{-}2\text{-}8)$$

因此，由于货物列车同旅客列车交会，一对货物列车所摊到的会车停站次数应为：

$$K_{会}^{货客} = K_{客}\frac{n_{客}}{n_{货}} = \frac{(1+\psi)T_{货}\ n_{客}}{1\ 440} - 2\Delta K''\frac{n_{客}}{n_{货}} \qquad (7\text{-}2\text{-}9)$$

实际上，在铺画列车运行图时应尽可能使列车的越行和交会结合起来。分析大量列车运行图表明，有 90%左右的越行能与会车相结合。因越行停站时间较会车停站时间长，故在计算时，应从会车停站次数内减去与越行结合进行的会车停站次数。因而，一对货物列车应摊到的会车停站次数为：

$$K_{会} = K_{会}^{货} + K_{会}^{货客} - K_{越}^{结合} \quad (7\text{-}2\text{-}10)$$

式中 $K_{越}^{结合}$——会车与越行结合的停站次数，其计算公式为：

$$K_{越}^{结合} = 0.9K_{越} = \frac{0.9(1+\psi)T_{货}\ n_{客}}{1\ 440} - \frac{1.8\Delta K n_{客}}{n_{货}} \quad (7\text{-}2\text{-}11)$$

如果取 $0.1+1.9\psi \approx 2\psi, \Delta K' \approx \Delta K'' \approx \Delta K$，于是可得

$$K_{会} = \frac{(n_{货} + 2\psi n_{客})T_{货}}{1\ 440} - \left(1 + \frac{0.2n_{客}}{n_{货}}\right)\Delta K \quad (7\text{-}2\text{-}12)$$

将式(7-2-12)的 $K_{会}$ 和式(7-2-5)的 $K_{越}$ 代入式(7-2-2)，则有：

$$T_{停站} = \frac{[(n_{货} + 2\psi n_{客})t_{会} + (1-\psi)n_{客}\ t_{越}]T_{货}}{1\ 440} + \Delta T_{技} - \left[\left(1 + \frac{0.2n_{客}}{n_{货}}\right)t_{会} + \frac{2n_{客}}{n_{货}}t_{越}\right]\Delta K \quad (\text{min}) \quad (7\text{-}2\text{-}13)$$

若暂不考虑 $\Delta T_{技}$ 和 ΔK 对 $T_{停站}$ 的影响，并用 $(T_{运}+T_{停站})$ 替代 $T_{货}$，则式(7-2-13)也可以整理为如下形式：

$$T_{停站} = \frac{T_{运}[(n_{货} + 2\psi n_{客})t_{会} + (1-\psi)n_{客}\ t_{越}]}{1\ 440 - [(n_{货} + 2\psi n_{客})t_{会} + (1-\psi)n_{客}\ t_{越}]} \quad (\text{min}) \quad (7\text{-}2\text{-}14)$$

将式(7-2-14)的 $T_{停站}$ 值代入计算 $\beta_{运}$ 的式(7-2-1)，可得：

$$\beta_{运} = 1 - \frac{(n_{货} + 2\psi n_{客})t_{会} + (1-\psi)n_{客}\ t_{越}}{1\ 440} \quad (7\text{-}2\text{-}15)$$

如果考虑 ΔK 的影响，$\beta_{运}$ 应略微加大。为此，可考虑在式(7-2-15)第二项分母中乘以修正系数 b。修正系数 b 反映编制列车运行图时利用各区间运行图未铺满的空闲时间以减少会车次数和越行次数的程度。当 $\gamma_{图}\ j \geqslant 0.5$ 时，b 可用下式近似计算确定：

$$b = 1.5 - 0.6\gamma_{图}\ j$$

式中 j——区间不均等系数。

如果再进一步考虑 $\Delta T_{技}$ 的影响，$\beta_{运}$ 则应略为缩小。假设用 $\beta_{停}^{技}$ 来表示 $\Delta T_{技}$ 对 $\beta_{运}$ 的影响，根据一般单线情况的分析计算，它可近似地表示为：

$$\beta_{停}^{技} = \frac{\Delta T_{技}}{2T_{运}}$$

这样，列车旅行速度系数 $\beta_{运}$ 的计算公式也可以改写为：

$$\beta_{运} = 1 - \frac{(n_{货} + 2\psi n_{客})t_{会} + (1-\psi)n_{客}\ t_{越}}{1\ 440(1.5 - 0.6\gamma_{图}\ j)} - \beta_{停}^{技} \quad (7\text{-}2\text{-}16)$$

三、列车越行和会车停站时间

货物列车被旅客列车越行的停站时间，主要取决于列车在运行图上的相互位置，速度比值，越行地点的选择，以及货物列车在旅客列车前后出发的条件。在非自动闭塞的区段，$t_{越}$ 的近似值可按下式计算：

$$t_{越} = (0.5 + 1.5\Delta)t'_{运} + 2\tau_{连} + 3 \quad (\text{min}) \quad (7\text{-}2\text{-}17)$$

式中 $t'_{运}$——某一方向货物列车平均区间纯运行时间；

Δ——货物列车与旅客列车速度的比值。

在自动闭塞区段，$t_{越}$ 可按下式确定：

$$t_{越} = 2I_{追} + 0.5(1-\Delta)t'_{运} + 3 \quad (\text{min}) \tag{7-2-18}$$

由此可见，在自动闭塞区段，追踪列车间隔时间对于越行停站时间起着决定性的影响。在非自动闭塞区段，则邻接越行站的区间运行时间对越行停站时间起重大影响。因此，在编制列车运行图时，越行地点应尽可能选择在邻接区间运行时间较小的车站上。

列车交会的停站时间，主要取决于列车在运行图中的相互位置、会车地点的选择以及行车闭塞设备。研究证明，$t_{会}$ 的近似值可用下式表示：

$$t_{会} = 0.25 \times \frac{1\,440}{n_{最大}} j + \tau_{会} + 2 \quad (\text{min}) \tag{7-2-19}$$

由此可见，区间不均等系数 j 愈小和通过能力愈大，会车时平均停站时间愈小，相应地也可以得到较高的旅行速度。

货物列车在中间站的技术作业往往也可以与会车及越行结合进行。对列车运行图所作的大量分析表明，在单线区段进行这样的结合约占技术停站的 90%。因此，一对列车由于技术作业需要额外停站的次数约为：

$$\Delta K_{技} = 0.1K_1 + 1.1K_2 \tag{7-2-20}$$

式中　K_1——担负单方向列车技术作业的中间站数；

　　K_2——担负双方向列车技术作业的中间站数。

当列车技术作业的延续时间 $t_{技}$ 不超过会车停站时间时，一对货物列车由于技术作业额外增加的停站时间为：

$$\Delta T_{技} = \Delta K_{技}\, t_{技} = (0.1K_1 + 1.1K_2)t_{技} \quad (\text{min}) \tag{7-2-21}$$

当 $t_{技} > t_{会}$ 时，一对货物列车额外增加的停站时间为：

$$\begin{aligned}\Delta T_{技} &= \Delta K_{技}\, t_{技} + (K_1 + 2K_2 - \Delta K_{技})(t_{技} - t_{会}) \\ &= (K_1 + 2K_2)t_{技} - 0.9(K_1 + K_2)t_{会} \quad (\text{min})\end{aligned} \tag{7-2-22}$$

由式(7-2-22)可以看出，为了减少技术作业停站对旅行速度的影响，最好将上下行列车的技术作业分散在不同车站上办理。

四、双线区段列车旅行速度系数

在双线区段，货物列车(不包括摘挂列车)在区段内的停留时间只是由于列车越行及技术作业需要而引起的。因此，旅行速度系数与各种因素的关系，可以在单线普通运行图旅行速度系数的公式中除去会车停留时间的影响后求得，即：

$$\beta_{运} = 1 - \frac{(1-\psi)n_{客}\, t_{越}}{1\,440(1.5 - 0.6\gamma_{图}\, j)} - \frac{\Delta T_{技}}{2T_{运}} \tag{7-2-23}$$

由速度系数的这一关系式可以看出，双线区段货物列车与旅客列车速度的比值，对旅行速度有着重大的影响。因此，为了提高旅行速度，在双线区段应特别注意采取提高货物列车速度的措施，减少货物列车与旅客列车速度上的差额。

应该指出，在双线区段铺画列车运行图时，应尽可能使越行与技术需要停站结合起来。因此，在近似计算时，列车在每一技术需要停车站的越行次数可取之为旅客列车数。这样，技术需要的额外停站总次数 $\Delta K_{技}^{总}$ 为：

$$\Delta K_{技}^{总} = (n_{货} - n_{客})K_1 \tag{7-2-24}$$

而该方向每一列车的技术需要额外停站时间则应为：

$$\Delta T_{技} = \left(1-\frac{n_{客}}{n_{货}}\right)K_1 t_{技} \quad (\text{min}) \tag{7-2-25}$$

第三节 旅客列车追踪铺画对货物列车旅行速度系数影响的分析计算

若将部分追踪运行图中组织追踪运行的一组列车，按占用一条假拟的列车运行线对待，则可将部分追踪运行图作为一假拟的非追踪运行图处理。在这一条件下，若旅客列车组织部分追踪运行，则当运行图上铺画的旅客列车数为 $n_{客}$、追踪系数为 $\gamma_{客追}$时，在每一追踪运行旅客列车组中的列车数为 K 的条件下，追踪铺画的旅客列车组数（即假似的列车运行线数）$n_{客追}$应为：

$$n_{客追} = \frac{n_{客}\ \gamma_{客追}}{K} \tag{7-3-1}$$

这时，单独铺画的旅客列车数 $n_{客单}$为：

$$n_{客单} = n_{客} - Kn_{客追} = n_{客}(1-\gamma_{客追}) \tag{7-3-2}$$

这样，假似的旅客列车数 $n_{客}^{部追}$应为：

$$n_{客}^{部追} = n_{客追} + n_{客单} = n_{客}\left[1-\frac{1}{K}(K-1)\gamma_{客追}\right] \tag{7-3-3}$$

当取 $K=2$ 时，上式也可以写为：

$$n_{客}^{部追} = n_{客}(1-0.5\gamma_{客追}) \tag{7-3-4}$$

在组织追踪运行时，列车越行和交会停站时间均将发生变化。例如在组织旅客列车追踪运行条件下，列车越行平均停站时间 $t_{越追}$可按下式计算：

$$t_{越追} = t_{越} + t_{越}\frac{(K-1)I_{客}}{I_{到}+I_{发}} \quad (\text{min}) \tag{7-3-5}$$

式中 $I_{客}$——旅客列车追踪间隔时间，min；

$I_{到}$——货物列车与旅客列车的到达和通过间隔时间，min；

$I_{发}$——旅客列车与货物列车的通过和出发间隔时间，min。

若取 $I_{到}=I_{发}=I_{客}$、$K=2$，则式(7-3-5)也可以写为：

$$t_{越追} = 1.5t_{越} \quad (\text{min}) \tag{7-3-6}$$

同理，列车会车平均停站时间 $t_{会追}$也有：

$$t_{会追} = 1.5t_{会} \quad (\text{min}) \tag{7-3-7}$$

将 $t_{越追}$、$t_{会追}$和 $n_{客}^{部追}$分别作为 $t_{越}$、$t_{会}$ 和 $n_{客}$ 代入式(7-2-15)和式(7-2-23)，则可得组织部分旅客列车追踪铺画条件下的货物列车旅行速度系数。

第三篇

铁路通过能力计算方法

第八章 铁路区间通过能力

第一节 铁路运输能力概述

为了实现运输生产过程，完成国家规定的运输任务，铁路必须具备一定的运输能力。铁路运输能力一般采用通过能力和输送能力两种概念。

在采用一定类型的机车车辆和一定的行车组织方法条件下，铁路区段的各种固定设备，在单位时间内(通常指一昼夜)所能通过的最多列车数或对数称为通过能力。通过能力在一定程度上取决于广大铁路职工的协同动作和铁路固定设备、机车车辆的合理运用。因此，通过能力并不是一成不变的，它随着技术设备和行车组织方法的改善而提高。计算铁路通过能力的目的，就在于能够胸中有数地安排运输生产，保证铁路运输适应国民经济不断发展和人民生活不断提高的需要。

铁路区间通过能力就下列固定设备分别进行计算：

1. 区间

其通过能力主要决定于区间正线数、区间长度、线路纵断面、机车类型、信号、联锁、闭塞设备的种类。

2. 车站

其通过能力主要决定于车站到发线数，咽喉道岔的布置，驼峰和牵出线数，信号、联锁、闭塞设备的种类。

3. 机务段设备和整备设备

其通过能力主要决定于内燃或电力机车的定修台位及段内整备线。

4. 电气化铁路的供电设备

其通过能力主要决定于牵引变电所和接触网。

根据以上固定设备计算出来的通过能力，可能是各不相同的。其中通过能力最薄弱的设备限制了整个区段的能力，该能力即为该区段的最终通过能力。

输送能力是指在一定固定设备、机车车辆类型和行车组织方法条件下，按照机车车辆和乘务人员的现有数量，在单位时间内所能输送的最多货物吨数。它通常以一年内所能通过的万吨数计算。

铁路区间是放行铁路客货列车、实现运输位移的铁路基本运输设施，也是决定运输能力的基本环节。在一昼夜时间内，铁路区间可供利用时间最大为 1 440 min，但列车运行组织的实践表明，将 1 440 min 时间全部加以利用在技术上是不可行的，在经济上往往也是不利的。因此，对于铁路区间通过能力来说，还存在通过能力利用率的问题。区间通过能力利用率一般可用该区间一昼夜内被放行列车占用时间与列车运行图中可用来放行列车时间之比表示。

第二节　以非平行运行图扣除系数计算铁路区间通过能力的方法

一、通过能力指标

长期以来，我国采用扣除系数法计算铁路区间通过能力。根据铁路实际工作需要，通常又把通过能力分为三个不同的概念，即设计通过能力、现有通过能力和需要通过能力。预计新线修建以后或现有铁路技术改造以后，铁路区段固定设备所能达到的能力，称为设计通过能力；在现有固定设备、现行的行车组织方法和现有的运输组织水平的条件下，铁路区段可能达到的能力，称为现有通过能力；在一定时期内，为了适应国家建设和人民生活的需要，铁路区段所应具备的能力，称为需要通过能力。

二、平行运行图通过能力

采用非平行运行图扣除系数计算方法计算铁路区间通过能力时，通常需要先计算平行运行图的通过能力，然后在此基础上，再确定非平行运行图的通过能力。

1. 计算平行运行图通过能力的基本原理

在平行运行图上，同一区间内同方向列车的运行速度都是相同的，并且上下行方向列车在同一车站上都采取相同的交会方式。从这种列车运行图上可以看出，任何一个区间的列车运行线，总是以同样的铺画方式一组一组地反复排列的。一组列车占用区间的时间，称为运行图周期 $T_{周}$。图 8-2-1 给出了不同类型的运行图周期。不同类型的运行图周期所包含的上下行列车数可能是不同的。若一个运行图周期内所包含列车对数或列数用 $n_{周}$ 表示，则放行一列或一对列车平均占用该区间时间应为：

$$t_{占均}=\frac{T_{周}}{n_{周}}\quad(\text{min})\tag{8-2-1}$$

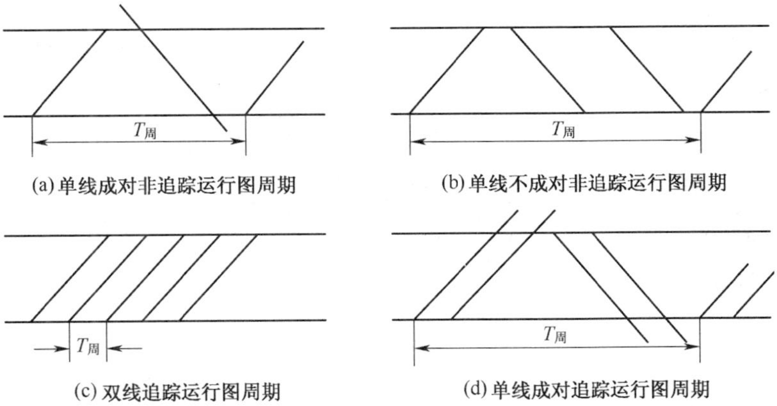

图 8-2-1　不同类型运行图周期示意图

因而，对于一定类型平行运行图区间通过能力 n，应用直接计算法可按如下公式计算：

当不考虑固定作业占用时间有效度系数时

$$n=\frac{1\,440}{t_{占均}}=\frac{1\,440n_{周}}{T_{周}}\quad(\text{对或列})\tag{8-2-2}$$

当考虑固定作业占用时间而不考虑有效度系数时

$$n=\frac{(1\,440-T_{固})n_{周}}{T_{周}} \quad (对或列) \tag{8-2-3}$$

当同时考虑固定作业占用时间和有效度系数时

$$n=\frac{(1\,440-T_{固})n_{周}\,d_{有效}}{T_{周}} \quad (对或列) \tag{8-2-4}$$

式中，固定作业时间 $T_{固}$ 是指为进行线路养护维修、技术改造施工、电力牵引区段接触网检修作业，须预留的固定占用区间时间，以及必要的列车慢行和其他附加时分，但双线区段施工期间组织反向行车时，应扣除利用非施工方向放行列车所节省的时间；有效度系数 $d_{有效}$ 是指扣除设备故障和列车运行偏离、调度调整等因素所产生的技术损失后，区间时间可供有效利用的系数，一般可取 0.88～0.91。

运行图周期系由列车（一个或几个列车）区间纯运行时分 $\sum t_{运}$、起停车附加时分 $\sum t_{起停}$ 以及车站间隔时间 $\sum\tau_{站}$ 所组成，即

$$T_{周}=\sum t_{运}+\sum t_{起停}+\sum \tau_{站} \quad (\text{min}) \tag{8-2-5}$$

一般情况下，列车在各区间的运行时分不相同，各车站的间隔时间也可能不同，所以每一区间的 $T_{周}$ 常常是不等的。从上述公式可以看出，通过能力大小与 $T_{周}$ 成反比，$T_{周}$ 越大，通过能力越小。在整个区段里，$T_{周}$ 最大的区间也就是通过能力最小的区间，称为该区段的限制区间，限制区间的通过能力即为该区段的区间通过能力。

列车区间运行时分对运行图周期的大小起主要作用。在运行图周期里 $\sum t_{运}$ 最大的区间，称为困难区间。大多数情况下，困难区间往往就是限制区间，但有的区间虽然本身不是困难区间，由于车站间隔时间数值较大，而成了限制区间。

如前所述，在不同类型的运行图里，$T_{周}$ 的组成及 $n_{周}$ 的数值是不同的。因此，必须对不同类型的运行图分别计算其通过能力。

2. 单线成对非追踪平行运行图

在单线区段，通常采用成对非追踪运行图，如图 8-2-2 所示。单线成对非追踪平行运行图周期可用下式表示：

$$T_{周}=t'+t''+\tau_{站}^{a}+\tau_{站}^{b}+\sum t_{起停} \quad (\text{min}) \tag{8-2-6}$$

式中 t'、t''——上下行列车的区间纯运行时分，min；

$\tau_{站}^{a}$、$\tau_{站}^{b}$——a、b 站的车站间隔时间，min；

$\sum t_{起停}$——列车起停附加时分，min。

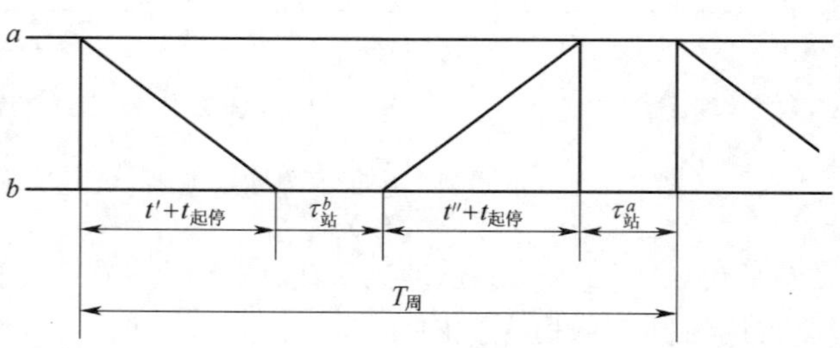

图 8-2-2 单线成对非追踪运行图周期示意图

由于一个周期内所包含的列车数为一对(即 $n_{周}=1$)，因此，只要将($n_{周}=1$)代入式(8-2-2)、式(8-2-3)和式(8-2-4)，即可得到相应区间通过能力。

为了使区段通过能力达到最大，应当使限制区间的 $T_{周}$ 数值尽量缩小。在采用一定类型的机车和一定的列车重量标准的条件下，区间运行时分 $\sum t_{运}$ 是固定不变的。因而想要缩小 $T_{周}$，只有设法缩小 $\sum t_{起停}+\sum \tau_{站}$ 的数值。通过在限制区间合理地安排列车运行线的铺画方案，可达到上述目的。如图 8-2-3 所示，运行图上列车运行线的可能铺画方案有 4 种。

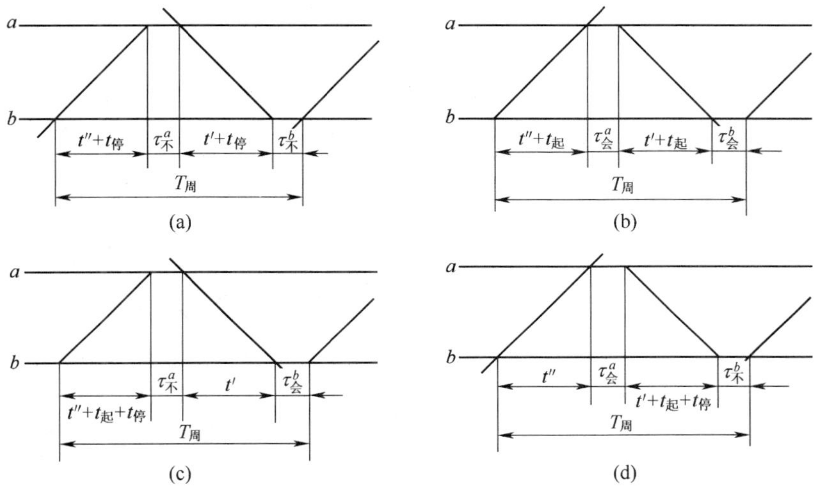

图 8-2-3　列车运行图铺画方案示意图

(1)上下行列车不停车通过车站进入区间，如图 8-2-3(a)所示，运行图周期为：

$$T_{周}=t'+t''+\tau_{不}^{a}+\tau_{不}^{b}+2t_{停}\quad(\mathrm{min})$$

(2)上下行列车不停车通过车站而开出区间，如图 8-2-3(b)所示，运行图周期为：

$$T_{周}=t'+t''+\tau_{会}^{a}+\tau_{会}^{b}+2t_{起}\quad(\mathrm{min})$$

(3)下行列车不停车通过区间两端车站，如图 8-2-3(c)所示，运行图周期为：

$$T_{周}=t'+t''+\tau_{不}^{a}+\tau_{会}^{b}+t_{起}+t_{停}\quad(\mathrm{min})$$

(4)上行列车不停车通过区间两端车站，如图 8-2-3(d)所示，运行图周期为：

$$T_{周}=t'+t''+\tau_{会}^{a}+\tau_{不}^{b}+t_{起}+t_{停}\quad(\mathrm{min})$$

在选择区间列车运行线的合理铺画方案时，应考虑到区间两端车站的具体条件。例如，在 a 站，如图 8-2-3 所示，下行出站方向有较大上坡道时，如果采用下行列车在 a 站停车进入区间的方案，就有可能造成下行列车出发起动困难，这时就应选用下行列车通过 a 站而 $T_{周}$ 又是较小的方案。

中间站的技术作业停站时间，对两相邻区间的通过能力会产生不良影响，并可能因而使两相邻区间中的一个成为区段的限制区间。因此，必须研究采取消除或减少这种影响的措施。由图 8-2-4 可见，当技术作业停车站的邻接区间可能成为限制区间时，应使 $T_{周}^{a-b}$ 和 $T_{周}^{b-c}$ 尽量缩小，并尽可能使 $T_{周}^{a-b}=T_{周}^{b-c}$，即

$$t'_{a-b}+t''_{a-b}+t''_{站}-t_3+\tau_{站}^{a}+\sum t_{起停}=t'_{b-c}+t''_{b-c}+t'_{站}+t_3+\tau_{站}^{c}+\sum t_{起停}$$

若令
$$t'_{a-b}+t''_{a-b}+\tau^{a}_{站}+\sum t_{起停}+t''_{站}=T_{a-b}$$
$$t'_{b-c}+t''_{b-c}+\tau^{c}_{站}+\sum t_{起停}+t'_{站}=T_{b-c}$$

则
$$t_3=\frac{1}{2}(T_{a-b}-T_{b-c}) \tag{8-2-7}$$

从而
$$T_{周}=T_{b-c}+t_3 \tag{8-2-8}$$

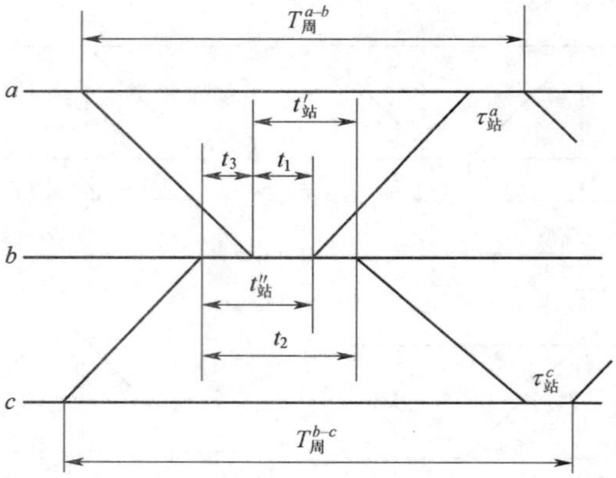

图 8-2-4　列车会车技术作业停站时间关系示意图

当 $T_{a-b}>T_{b-c}$，t_3 为正值，即应先从 b—c 区间接入列车。反之，当 $T_{a-b}<T_{b-c}$时，t_3 为负值，则应先从 a—b 区间接入列车。但此时必须保证 $t_1\geqslant\tau^{b}_{会}$，即必须保证 $t_3\leqslant t''_{站}-\tau^{b}_{会}$（$t''_{站}$为先接入列车的技术作业停站时间），如果 b 站不允许同时接车，还必须保证 $t_3\geqslant\tau^{b}_{不}$，此时，$T_{周}\geqslant T_{b-c}+\tau^{b}_{不}$，否则需要进行调整。

为了减少技术需要停站时间对通过能力的影响，可以根据具体情况采取如下措施：

(1)将技术需要的停车站设在两个列车运行时分较小区间所邻接的车站上。

(2)两列车在技术需要停车站交会时，先从 T 较小的区间接入待会列车（例如 $T_{b-c}<T_{a-b}$，则应先从 b—c 区间接入列车）。

(3)规定最小的列车技术需要停站时间。

(4)将技术需要停车站设在允许同时接车的车站上。

(5)当技术需要停车站不同时接车而邻接区间的列车运行时分又大致相等时，可采取交错会车的方式，如图 8-2-5 所示。

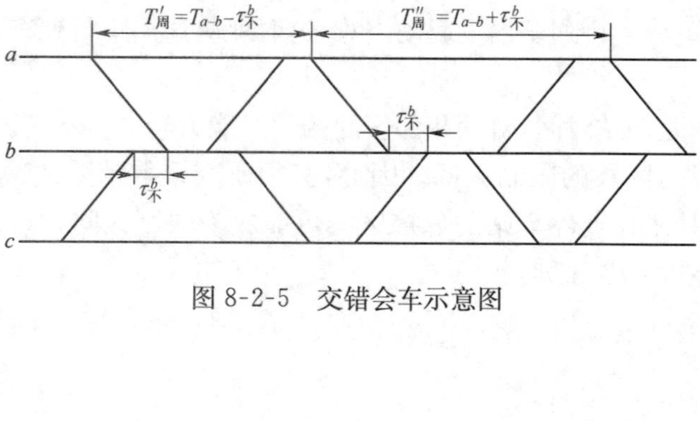

图 8-2-5　交错会车示意图

如 $T_{a-b}>T_{b-c}$，参照图 8-2-5 可知：

$$T'_{周}=T_{a-b}-\tau^{b}_{不}\qquad T''_{周}=T_{a-b}+\tau^{b}_{不}$$

于是

$$T^{均}_{周}=\frac{1}{2}(T'_{周}+T''_{周})=T_{a-b}$$

因而，采取交错会车方式的有利条件应是：

$$T_{a-b}<T_{b-c}+\tau^{b}_{不}$$

即

$$T_{a-b}-T_{b-c}<\tau^{b}_{不}\qquad 或\qquad t_3<\frac{1}{2}\tau^{b}_{不}$$

(6)将上下行列车的技术需要停站分别规定在两个车站上。

如果无法采用上述措施或虽采用某项措施而仍不能消除技术需要停站时间对通过能力的影响时，可采用移动运行图周期的办法，如图 8-2-6 所示。当一个列车的技术需要停站时间相当于半个运行图时期时，可采用半周期移位法。当一个列车的技术需要停站时间相当于一个运行图周期时，则可采用全周期移位法。采用运行图周期移位法，可以提高通过能力，但旅行速度将显著降低，且要求车站具有较多配线，故一般只在特殊情况下采用。

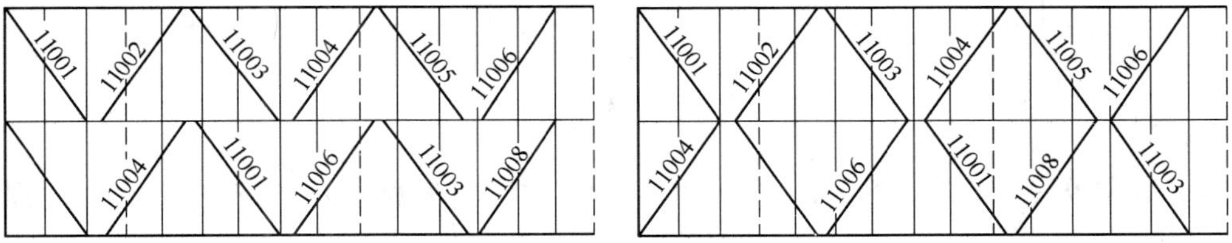

(a) 移动半周期　　(b) 移动全周期

图 8-2-6　移动运行图周期图

例如，$A—B$ 区段为单线半自动闭塞区段，有关资料如图 8-2-7 所示。选择合理会车方案时，一般先从困难区间（$\sum t_{运}$ 最大的区间）$a—b$，或从邻接技术作业停车站的区间 $b—c$、$c—d$ 开始依次进行选择，即可得第一方案。分别计算该方案每一区间的 $T_{周}$，可以看出 $a—b$ 区间的 $T_{周}$ 最大。

对第一方案中 $a—b$ 区间的会车方式加以分析可以看出，它并不是最优的铺画方案，而以上下行列车不停车通过车站开出区间的方式为最优方案。但是，当在 $a—b$ 区间采用最优铺画方案时，将使 $b—c$ 区间的运行图周期加大，而成为 $T_{周}$ 最大的区间。为此，可利用 $t_3=\frac{1}{2}(T_{c-d}-T_{b-c})=\frac{1}{2}(71-65)=5$ 的关系，调整 $b—c$ 和 $c—d$ 区间的铺画方案，使 $T^{b-c}_{周}=T^{c-d}_{周}$。这时，$t_3\geqslant\tau^{c}_{不}$，$t_1\geqslant\tau^{c}_{会}$，所以不用调整而得第二方案。在第二方案中，$a—b$、$b—c$ 对 $c—d$ 三个区间的 $T_{周}$ 都相等，同时再也找不出使 $T_{周}$ 进一步缩小的其他会车方式，这样，第二方案便成为通过能力最大的方案，$a—b$、$b—c$ 和 $c—d$ 区间为全区段的限制区间。这时，不考虑 $T_{周}$ 和 $d_{有效}$ 的区间通过能力为

$$n=\frac{1\,440}{T_{周}}=\frac{1\,440}{66}\approx 21.5(对)$$

3. 单线不成对运行图

在上下行行车量不等的区段，为了适应运量增长的需要，可以采用不成对运行图。由图

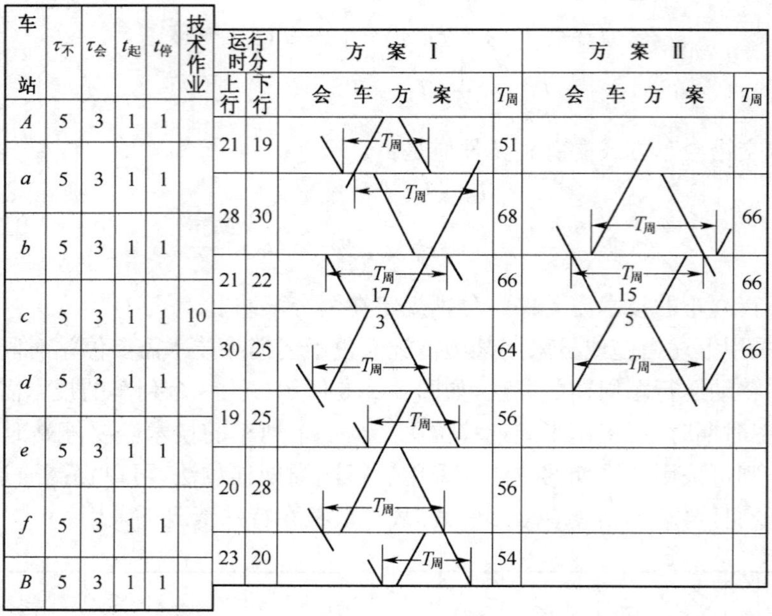

图 8-2-7　列车会车方案图

8-2-8 可见，在单线不成对运行图中，若行车量较小方向列车数为 n'，行车量较大方向列车数为 n''，则有：

$$n'T_{周}+(n''-n')T_{列}=1\ 440$$

若令

$$\beta_{不}=\frac{n'}{n''}$$

则可得不考虑 $T_{固}$ 及 $d_{有效}$ 时的区间通过能力计算公式，即

$$n''=\frac{1\ 440}{T_{周}\beta_{不}+T_{列}(1-\beta_{不})}\quad(列) \tag{8-2-9}$$

$$n'=n''\beta_{不} \tag{8-2-10}$$

式中　$\beta_{不}$——不成对系数。

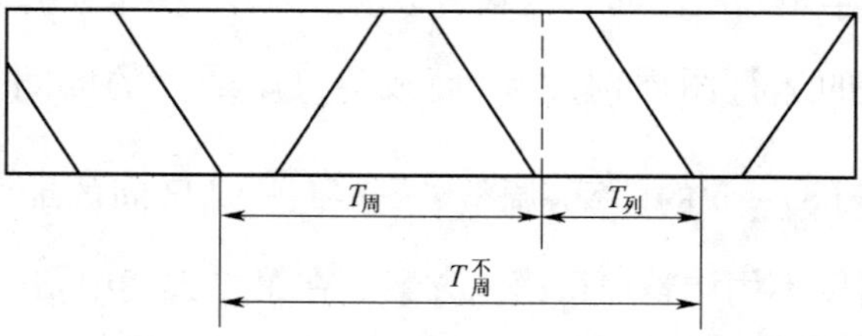

图 8-2-8　不成对运行图周期图

单线不成对运行图行车量较大方向的区间通过能力，比成对运行图为高，并且不成对系数愈小，通过能力愈大。但是，采用单线不成对运行图，将明显降低旅行速度，需要增添车站配线，并且不成对系数越小，这种不良影响越显著。因此，只有在需要少量增加通过能力，并且上下行行车量不平衡的条件下，才采用这个措施。

4. 单线追踪运行图

在装有自动闭塞的单线区段，为了提高通过能力，也可以采用成对部分追踪运行图。当上下行行车量不同时，还可以采用不成对部分追踪运行图。由图 8-2-9 可见，在成对追踪运行图中，列车占用限制区间的总时间由若干个普通的运行图周期（即非追踪运行图周期 $T_{周}$）及若干个列车追踪间隔时间（$I'+I''$）所组成。

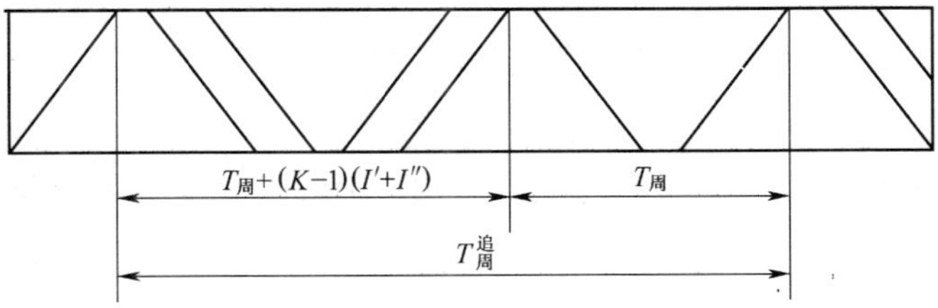

图 8-2-9　成对部分追踪运行图周期图

普通运行图周期数 $N_{周}$ 为：

$$N_{周}=n-n_{追}\,N_{追组} \tag{8-2-11}$$

式中　n——列车总对数；

$N_{追组}$——追踪运行列车组的对数；

$n_{追}$——每一个追踪运行列车组的追踪列车数。

当不考虑 $T_{固}$ 及 $d_{有效}$ 时，一昼夜列车占用区间的总时间为：

$$(n-n_{追}\,N_{追组})T_{周}+n_{追}(I'+I'')N_{追组}=1\,440 \tag{8-2-12}$$

设追踪列车数与总列车数之比为 $\gamma_{追}$（称为追踪系数），即

$$\gamma_{追}=\frac{n_{追}\,N_{追组}}{n} \tag{8-2-13}$$

因而也有

$$N_{追组}=\frac{\gamma_{追}\,n}{n_{追}} \tag{8-2-14}$$

将式(8-2-14)的 $N_{追组}$ 代入式(8-2-12)，即可得不考虑 $T_{固}$ 及 $d_{有效}$ 时的成对部分追踪运行图通过能力：

$$n=\frac{1\,440}{(1-\gamma_{追})T+(I'+I'')\gamma_{追}}\quad(对) \tag{8-2-15}$$

在单线自动闭塞区段，如果上下行行车量不同，也可以采用不成对部分追踪运行图。在这种运行图中，列车占用区间的总时间由若干个普通运行图周期及上下行若干个追踪间隔时间所组成。普通运行图周期数为：

$$N_{周}=n''-n''_{追}N''_{追组}=n'-n'_{追}N'_{追组} \tag{8-2-16}$$

式中　n''、n'——行车量大的方向列车总数与反方向列车总数；

$N''_{追组}$、$N'_{追组}$——行车量大的方向追踪运行列车组数和反方向追踪运行的列车组数；

$n''_{追}$、$n'_{追}$——行车量大的方向和反方向每一追踪运行列车组的追踪列车数。

当不考虑 $T_{固}$ 及 $d_{有效}$ 时，全部列车占用区间的总时间为：

$$(n''-n''_{追}N''_{追组})T_{周}+n''_{追}N''_{追组}I''+n'_{追}N'_{追组}I'=1\,440 \tag{8-2-17}$$

式中　I''、I'——行车量大的方向和反方向的列车追踪间隔时间，min。

由于

$$N''_{追组} = \frac{\gamma''_{追} n''}{n''_{追}} \tag{8-2-18}$$

$$N'_{追组} = \frac{\gamma'_{追} n'}{n'_{追}} \tag{8-2-19}$$

所以，当 $n''_{追} = n'_{追} = 1$ 及 $I'' = I' = I$ 时，不成对部分追踪运行图通过能力由式(8-2-16)与式(8-2-17)整理可得：

$$n'' = \frac{1\,440}{(1-\gamma''_{追})T_{周} + I''\gamma''_{追} + \beta_{不}\ \gamma''_{追} I'} \tag{8-2-20}$$

$$n' = \beta_{不}\ \gamma''_{追} I'$$

当把式(8-2-18)及式(8-2-19)代入式(8-2-16)，则可得 n' 与 n'' 的比值($\beta_{不}$)，即

$$\beta_{不} = \frac{1-\gamma''_{追}}{1-\gamma'_{追}} \tag{8-2-21}$$

当给定不成对系数 $\beta_{不}$ 及行车量大的方向的追踪系数 $\gamma''_{追}$ 时，利用上一关系式可以求得行车量小的方向应具有的追踪系数 $\gamma'_{追}$，即

$$\gamma'_{追} = 1 - \frac{1-\gamma''_{追}}{\beta_{不}} \tag{8-2-22}$$

5. 双线平行运行图

在未装设自动闭塞的双线区段，通常采用连发运行图，如图 8-2-10 所示。双线连发运行图的运行图周期 $T_{周}$ 为：

$$T_{周} = t_{运} + \tau_{连} \quad (\text{min})$$

因而，当不考虑 $T_{固}$ 及 $d_{有效}$ 时，区间通过能力分别上下行方向可按下式计算：

$$n = \frac{1\,440}{t_{运} + \tau_{连}} \quad (列) \tag{8-2-23}$$

应该指出，由于区间线路断面的关系，上下行方向的限制区间可能不是同一个区间。因而，上下行方向区间通过能力不一定相同。

在装有自动闭塞区段，通常采用追踪运行图，如图 8-2-11 所示。双线追踪运行图的运行图周期 $T_{周}$ 等于追踪列车间隔时间 I，因而每一方向的区间通过能力为：

$$n = \frac{1\,440}{I} \quad (列) \tag{8-2-24}$$

由式(8-2-24)可以看出，在自动闭塞区段，当 $I=10$ min，且不考虑 $T_{固}$ 和 $d_{有效}$ 时，平行运行图的通过能力每一方向可以达到 144 列；当 $I=8$ min 时，每一方向可以达到 180 列。因此，在双线区段上装设自动闭塞并采用追踪运行图，可以显著地增加通过能力。

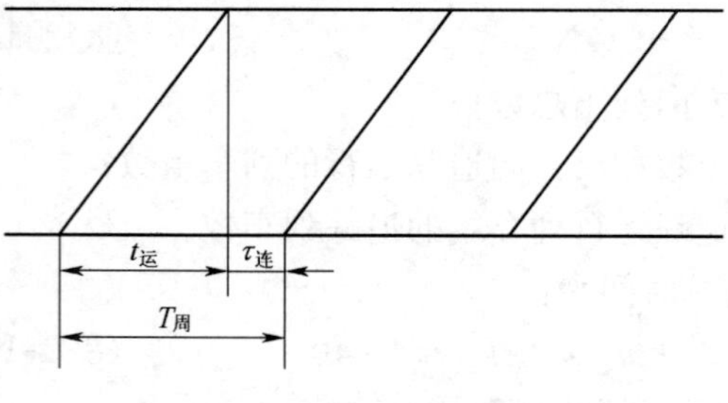

图 8-2-10 双线连发运行图

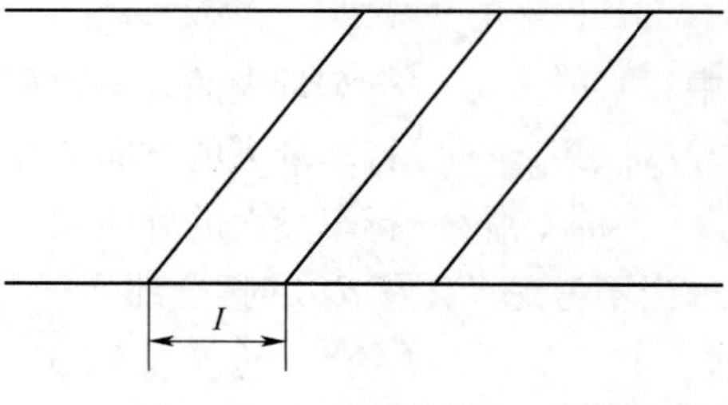

图 8-2-11 双线追踪运行图周期图

三、非平行运行图通过能力

1. 非平行运行图通过能力计算方法

采用平行运行图可以达到最大的通过能力，但这种运行图只在能力特别紧张的特殊情况下采用。通常情况下，采用的是非平行运行图。

在非平行运行图上，铺画有速度较高的旅客列车和快运货物列车，也有一般货物列车以及停站次数较多和停站时间较长的摘挂列车等。

非平行运行图的通过能力，是指在旅客列车数量及其铺画位置既定的条件下，该区段一昼夜内所能通过的货物列车和旅客列车对数（或列数）。在一般情况下，铁路上开行的旅客列车和快运货物列车数远比一般货物列车数少，在运行图上只占一小部分，而运行图的大部分仍具有平行运行图的特征。因此，在计算非平行运行图的通过能力时，仍可以利用平行运行图所具有的明显的规律性，先确定平行运行图的通过能力，然后根据开行快速列车对货物列车的影响，扣除由于受这种影响而不能开行的货物列车数，以及因开行摘挂列车而减少开行的货物列车数，即可求出非平行运行图的通过能力。计算非平行运行图通过能力的方法有两种：

（1）图解法

在运行图上首先铺画旅客列车，然后在旅客列车间隔内，铺画其他货物列车（包括摘挂列车）。在运行图上所能最大限度铺画的客货列车总数即为该区段的非平行运行图的通过能力。图解法比较精确，但较繁琐，故只在特殊需要时采用。

（2）分析法

根据旅客列车、快运货物列车和摘挂列车的扣除系数，可以近似地计算非平行运行图的通过能力 $n_{非}$，计算公式为：

$$n_{货}^{非} = n - \varepsilon_{客} n_{客} - (\varepsilon_{快货} - 1) n_{快货} - (\varepsilon_{摘挂} - 1) n_{摘挂} \tag{8-2-25}$$

$$n_{非} = n_{货}^{非} + n_{客} \tag{8-2-26}$$

式中　$n_{货}^{非}$——非平行运行图的货物列车通过能力（包括快运货物列车和摘挂列车在内）；

$n_{客}$——在运行图上铺画的旅客列车对数或列数；

$n_{快货}$——在运行图上铺画的快运货物列车的对数或列数；

$n_{摘挂}$——在运行图上铺画的摘挂列车的对数或列数；

$\varepsilon_{客}$——旅客列车扣除系数；

$\varepsilon_{快货}$——快运货物列车扣除系数；

$\varepsilon_{摘挂}$——摘挂列车扣除系数。

所谓扣除系数，是指因铺画一对或一列旅客列车、快运货物列车或摘挂列车，须从平行运行图上扣除的货物列车对数或列数。由公式可以看出，分析法的精确性，主要取决于扣除系数数值的规定是否合理。因此，当研究用分析法确定非平行运行图的通过能力时，首先必须研究确定扣除系数的方法。

2. 单线非自动闭塞区段旅客列车扣除系数

如图 8-2-12 所示，在运行图上铺画旅客列车所造成的扣除系数，由如下两部分组成：

（1）基本扣除系数（$\varepsilon_{基}$）

一对旅客列车占用限制区间的时间 $t_{客占}$ 与一对货物列车占用限制区间的时间 $T_{周}$ 之比，称为基本扣除系数。$t_{客占}$ 由旅客列车区间运行时分 $t_{客}$ 和车站间隔时间 $\tau_{站}$ 两部分组成，即

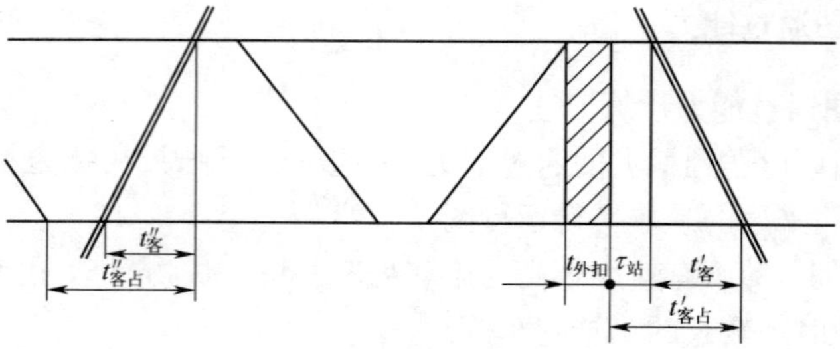

图 8-2-12 运行图上铺画旅客列车所形成的扣除时间图

$$t_{客占}=t'_{客占}+t''_{客占}=(t'_{客}+t''_{客})+\sum\tau_{站}=\Delta(t'+t'')+\sum\tau_{站}$$

$$\varepsilon_{基}=\frac{t_{客占}}{T_{周}}=\frac{\Delta(t'+t'')+\sum\tau_{站}}{T_{周}} \tag{8-2-27}$$

式中 $t'_{客}$、$t''_{客}$——旅客列车在限制区间的上下行运行时分,min;

t'、t''——货物列车在限制区间的上下行运行时分,min;

Δ——货物列车与旅客列车速度的比值。

(2)额外扣除系数($\varepsilon_{扣}$)

由于两相邻旅客列车之间的时间间隔不是货物列车占用限制区间时间的整倍数而产生的额外扣除时间 $t_{外扣}$ 与一对货物列车占用限制区间的时间 $T_{周}$ 之比,称为额外扣除系数。$\varepsilon_{外扣}$ 数值的大小与运行图上旅客列车对数及其铺画位置、区间不均等程度、中间站到发线数目等因素有关。在单线区段可近似地按如下经验公式计算:

$$\varepsilon_{外扣}=0.7j-0.025N_{客}-0.1 \tag{8-2-28}$$

式中的 j 表示区间不均等程度,它等于货物列车平均运行图周期与限制区间运行图周期之比,即 $j=\frac{T_{周}^{平均}}{T_{周}}$。在一般情况下,额外扣除系数可取 0.2～0.5。

因此,旅客列车的扣除系数 $\varepsilon_{客}$ 应为:

$$\varepsilon_{客}=\varepsilon_{基}+\varepsilon_{外扣} \tag{8-2-29}$$

3. 单线自动闭塞区段旅客列车扣除系数

在装设自动闭塞的单线区段运行图中,旅客列车和货物列车运行线在限制区间内的相互配置可有两种情况,即:

(1)旅客列车按非追踪方式铺画,这时,一对旅客列车占用区间时间为 $t_{客占}=t''_{客}+t'_{客}+2\tau_{站}$。

(2)客货列车间按追踪方式铺画,这时,一对旅客列车占用区间时间为 $t_{客占}=I_{到}+I_{发}$,如图 8-2-13 所示。

若客货列车间按追踪方式铺画的比例为 σ,则非追踪铺画的比例为 $1-\sigma$。这样,一对旅客列车占用限制区间的加权平均时间将为:

$$t_{客占}^{均}=(1-\sigma)t_{客占}^{\mathrm{I}}+\sigma t_{客占}^{\mathrm{II}}=(1-\sigma)(t''_{客}+t'_{客}+2\tau_{站})+\sigma(I_{到}+I_{发})$$

根据单线成对部分追踪运行图通过能力计算公式[见式(8-2-15)],采用成对部分追踪运行图时,一对货物列车平均占用限制区间的时间为$(1-\gamma)T_{周}+(I'+I'')\gamma_{追}$。因而,相应旅客列车基本扣除系数 $\varepsilon_{基}^{部追}$ 的计算公式可写为:

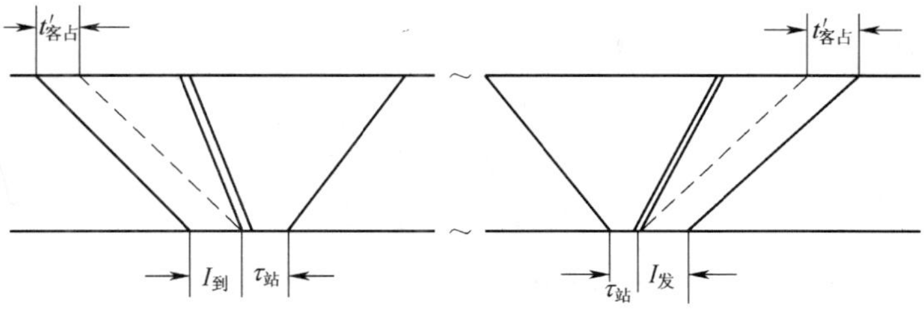

图 8-2-13　货物列车与旅客列车前后追踪运行示意图

$$\varepsilon_{基}^{部追}=\frac{(1-\sigma)(t'_{客}+t''_{客}+2\tau_{站})+\sigma(I_{到}+I_{发})}{(1-\gamma_{追})(t'_{货}+t''_{货}+2\tau_{站})+(I'+I'')\gamma_{追}} \tag{8-2-30}$$

由于单线区段采用自动闭塞时的旅客列车基本扣除系数，在很大程度上取决于 σ 的大小，而 σ 值又取决于客货列车总数与非追踪平行运行图通过能力之比 $\gamma_{图}$（称为运行图饱和程度），它随 $\gamma_{图}$ 值的增大而增大，概略计算可用下式确定：

$$\sigma=0.72\gamma_{图}-0.22 \tag{8-2-31}$$

额外扣除系数，当区间不均等程度 $j\leqslant 0.8$ 时，取 $\varepsilon_{外扣}=0.3$；当 $j>0.8$ 时，取 $\varepsilon_{外扣}=0.4$。区间不均等系数等于成对非追踪运行图货物列车平均运行图周期 $T_{周}^{非}$ 与限制区间运行图周期 $T_{周}$ 之比，即 $j=T_{周}^{非}/T_{周}$。

应该指出，采用单线部分追踪非平行运行图时，旅客列车越行追踪货物列车又与单个列车交会的车站至少应有四股道，其中两股道停放待避列车，一股道停放对向等会列车，一股正线放行旅客列车。这样，当中间站到发线数及其分配情况与运行图结构不相匹配时，还会额外扣除一些货物列车运行线。这种额外扣除的影响因素复杂，变化范围大，最好用图解法确定。

4. 双线自动闭塞区段旅客列车扣除系数

在双线自动闭塞区段运行的旅客列车，按其与货物列车旅行时间的对比可分为旅客快车（快客）及旅客慢车（慢客）两大类；对于旅客快车又有运行线分散铺画（非连发）和追踪或连发铺画两种情况；而旅客慢车则分区段内有越行和无越行两种铺画方式。由于不同条件下的旅客列车扣除系数差别较大，应分别进行研究。

当旅客快车分散铺画时，如图 8-2-14 所示，一列快客占用运行图的时间为：

$$t_{客占}=t_{快}=T_{影响}-(n_{越}+1)I \tag{8-2-32}$$

式中　$T_{影响}$——快客影响区左右界间的总时间，min；

$n_{越}$——在 $T_{影响}$ 时间内越行的货物列车数，它可按下式计算，并取其整数值：

$$n_{越}=\frac{\sum t_{差i}}{I}=\frac{\sum(t_{货i}-t_{客i})}{I} \tag{8-2-33}$$

其中　$t_{货i}$——第 i 区间的货物列车运行时分，min，

$t_{客i}$——第 i 区间的旅客快车运行时分，min，

$t_{差i}$——第 i 区间的客列车运行时分之差，min。

这说明，$t_{客占}$ 值并不决定于限制区间，而需按整个区段考虑其对货物列车运行的影响。

在图 8-2-14 中，$n_{越}$ 为[29/8]=3，$n_{越}+1=4$。旅客列车运行线前后的平行虚线表示旅客列车直接占用时间 $t_{基}$，它是由 $I_{到}+t_{停}$ 和 $I_{发}+t_{起}$ 构成的。$t_{空费}$ 为 $t_{快}$ 与 $t_{基}$ 之差。因在 $T_{影响}$ 时间内各站扣除的货车客车占用时间之和相同，所以各站客车前后的空费时间之和，也必然相

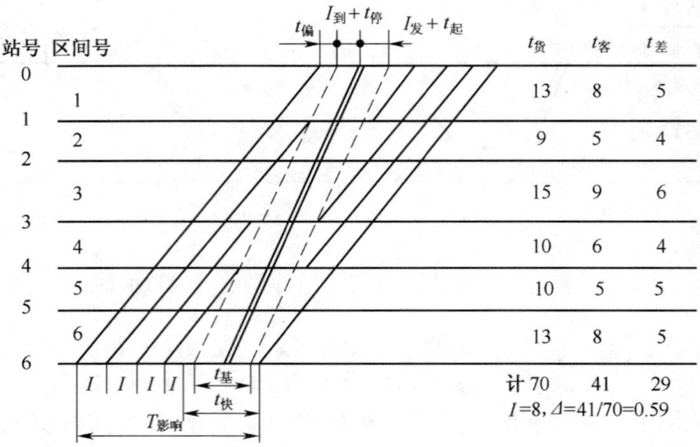

图 8-2-14 旅客快车分散铺画时占用区间示意图

等。这样，一列旅客列车占用区间的时间就可用 $t_{基}+t_{空费}$ 表示，于是有

$$\varepsilon_{快}=\frac{t_{基}+t_{空费}}{I}=\frac{t_{基}}{I}+\frac{t_{空费}}{I}=\varepsilon_{基}+\varepsilon_{外加} \tag{8-2-34}$$

在这里，$\varepsilon_{基}$ 是指旅客列车分散铺画时的基本扣除系数，是扣除系数的最小值，它可按下式计算：

$$\varepsilon_{基}=\frac{I_{到}+I_{发}+t_{起停}}{I}\approx 2\Delta+\frac{t_{起停}}{I} \tag{8-2-35}$$

式中 $I_{到}$、$I_{发}$——旅客列车越行货物列车所产生的同方向列车到达、发车间隔时间，min；

Δ——全区段客货列车运行时分之比；

$\varepsilon_{外加}$——旅客列车分散铺画时的额外扣除系数。

设 $t_{起停}=5$ min，$I_{到}+I_{发}=10$ min，按图 8-2-15 给定资料计算可求得 $\varepsilon_{基}=15/8=1.875$。

额外扣除系数由越行站间客货列车区间运行时分之差的积累值 $\sum t_{差}$ 减去 I 的整倍数后有剩余而产生。这一剩余的最大值决定着扣除系数中的附加值。在不同的越行方案下附加值可能是不同的。为了求得附加时间的最大值，可采用表格计算的方法。假设在旅客列车运行线空档内自左而右地按追踪间隔 I 铺画货物列车，在到达下一列旅客列车影响区边缘时，货物列车与旅客列车间的实际到达间隔与 $I_{到}$ 标准值可能有所偏离，偏离时间用 $t_{偏}$ 表示。显然，此项偏离时间波动于 $0\sim(I-1)$min 之间。这也就是说明可能有 $I-1$ 个越行方案。对 $I-1$ 个方案一一进行计算，就可求出每一方案 $t_{空费}$ 的最大值和全部方案 $\bar{t}_{空费}$ 的平均值。根据图 8-2-14 所给资料编制的计算表见表 8-2-1。

当 $I-1=7$ min 时，$t_{偏}$ 可有 0 至 7 的 8 个可能取值方案。例如，当 $t_{偏}=5$ min 时，取 1 号区间的 $t_{差}$(5 min)加 $t_{偏}$(5 min)为 10 min，减去追踪列车间隔时间 8 min 还剩余 2 min，将"2"填入表格中 1 站与 $t_{偏}=5$ 相对应栏，它表示在左边界货物列车运行线铺一条运行线到 1 站的到达时刻，还较 $I_{到}$ 标准线早 2 min。然后，在 2 min 的基础上再加上 2 号区间的 $t_{差}$(4 min)得 6 min，由于这一时间小于 I 值，表明在左边界货物列车运行线右方不可能再有一条到 2 站的运行线。故此，在 6 min 的基础上再加上 3 号区间的 $t_{差}$(6 min)得 12 min，这一时间减去 I 值还剩余 4 min，将"4"填入表格中 3 站与 $t_{偏}=5$ 相对应栏，它表示在左边界货物列车运行线右方可再铺画条运行线到 3 站，而且到 3 站的时刻还较 $I_{到}$ 标准线早 4 min。依此类推，可得表格中 4 站和 6 站与 $t_{偏}=5$ 相对应栏的“0”和“2”。表格栏中的最大值 4，即 $t_{偏}=5$ min 时的 $t_{空费}$。用同样方法也可以得出 $t_{偏}$ 等于其他数值时的 $t_{空费}$。应该指出，在本例中给出的是 $t_{货}-t_{客}<I$ 的情况，也是我国铁路绝大部分双线自动闭塞区段的实际情况。如 $t_{货}-t_{客}>I$，则要考虑在同一车站有两列以上货车待避的具体条件，即双方向至少有 6 股道，否则，还要考虑由于到发线数限制而产生的空费时间。

表 8-2-1　$\varepsilon_{外加}$ 值计算表

站号	区间号	$t_{偏}$(min) / $t_{差}$(min)	0	1	2	3	4	5	6	7
0										
1	1	5				0	1	2	3	4
2	2	4	1	2	3					0
3	3	6		0	1	2	3	4	5	
4	4	4	3					0	1	2
5	5	5	0	1	2	3	4			
6	6	5				0	1	2	3	4
$t_{空费}$			3	2	3	3	4	4	5	4
$\bar{t}_{空费}$			3.5							
$\varepsilon_{外扣}$			3.5/8=0.437							
$\varepsilon_{快}$			1.875+0.473=2.31							

为求算 $\varepsilon_{快}$ 的一般标准，铁道科学研究院对全路双线区段进行了大量调查，通过实际数据的统计分析，得出 $t_{空费}$ 随限制区间 $t_{差}$ 值变化的一般规律，推导出 $t_{空费}$ 和 $\varepsilon_{外加}$ 的如下计算公式：

$$t_{空费}=1.025t_{差}+(0.05-0.0375t_{差})I-1.4 \tag{8-2-36}$$

$$\varepsilon_{外加}=0.05-0.0375t_{差}+(1.025t_{差}-1.4)/I \tag{8-2-37}$$

于是有：

$$t_{快}=t_{基}+t_{空费}=(2\Delta+0.05-0.075t_{差})I+1.025t_{差}+3.6 \tag{8-2-38}$$

$$\varepsilon_{快}=t_{快}/I=2\Delta+0.05-0.075t_{差}+(1.025t_{差}+3.6)/I \tag{8-2-39}$$

计算时 $t_{起停}$ 取 5 min，若有变化，可对式(8-2-38)和式(8-2-39)中的 3.6 加以调整。据此，建议旅客快车分散铺画时的扣除系数按表 8-2-2 取值。

表 8-2-2　扣除系数取值表

I	6	7	8	9	10	11	12
$\varepsilon_{快}$	2.8	2.6	2.4	2.3	2.25	2.15	2.05

旅客列车追踪铺画可以大幅度减少扣除时间，这是因为开行一列追踪旅客列车只需占用 $I_{客追}$，远较 $t_{快}$ 为小。即使采用连发铺画方法，即限制区间两旅客列车运行线之间的间隔，铺不下货物列车运行线时，由于两旅客列车的影响区部分地重合，扣除时间亦将有所减少。但是，追踪或连发铺画的旅客列车必须与前行列车具有相同的速度和停站地点、时间，否则必然导致间隔增大，使货物列车的越行停站时间增大，而旅客列车运行线过度集中，又会使一昼夜内货

物列车运行不均，影响编组站到发线和调车设备的有效运用。同时，开行追踪旅客列车还必须检查客运站设备能力能否适应等问题。结合我国具体情况，每组追踪或连发运行的列数一般不应超过 2～3 列。

由于旅客列车对数的增多，追踪或连发的比重亦将逐渐增大。考虑到其对扣除系数的有利影响，铁道科学研究院建议用下式近似计算旅客快车扣除系数的均值 $E_{快}$：

$$E_{快} = \alpha\varepsilon_{快} = (1.07 - 0.005\,3n_{客} + n_{客}^2 \times 10^{-5})\varepsilon_{快} \quad (8\text{-}2\text{-}40)$$

同时建议式中的系数 α 按表 8-2-3 取值，$\varepsilon_{快}$ 取表 8-2-2 的数值为基数，旅客快车数每增加 10 列，扣除系数相应地减小 0.1。

表 8-2-3　系数 α 取值表

$n_{客}$	10	20	30	40	50	60
α	1.0	0.97	0.92	0.87	0.83	0.79

旅客慢车在区段内的开行对数虽不多，但对通过能力的影响却很大。当旅客慢车无越行铺画时，可得慢客扣除系数 $\varepsilon_{慢}$ 的最大值，如图 8-2-15 所示。

$$t_{客占} = t_{慢} = T_{慢旅} - T_{货旅} + I_{发} + I_{到} - I \quad (8\text{-}2\text{-}41)$$

式中　$T_{慢旅}$——旅客慢车在全区段的旅行时分，min；

$T_{货旅}$——货物列车在全区段的旅行时分，min。

于是，慢客无越行铺画时的扣除系数为：

$$\varepsilon_{慢} = \frac{T_{慢旅} - T_{货旅} + I_{发} + I_{到}}{I} - 1 \quad (8\text{-}2\text{-}42)$$

近似计算可取 $I_{发} = I_{到} = I$，并以 $T_{差}$ 代替 $T_{慢旅} - T_{货旅}$，则有

$$\varepsilon_{慢} = \frac{T_{差}}{I} + 1 \quad (8\text{-}2\text{-}43)$$

显然，慢客扣除系数将随旅客慢车与货物列车在全区段内旅行时分之差 $T_{差}$ 的增大和 I 的减小而增加。

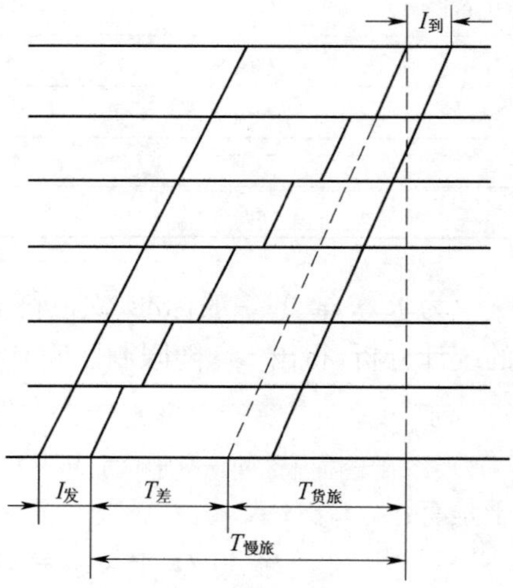

图 8-2-15　慢客无越行铺画的扣除时间图

当区段内的旅客列车数量较多时，将会出现慢客待避快客的情况。这时，一方面慢客因待避快客而将停站时间大大延长，从而使扣除系数有增大的可能；另一方面，因慢客与快客影响区重合，使平均扣除时间大幅度下降。总的看来，有越行铺画对减少扣除时间是有利的。考虑到各种影响因素的作用，铁道科学研究院建议用下式近似计算 $E_{慢}$ 值：

$$E_{慢} = \beta\varepsilon_{慢} = [1.0 - 0.001\,25n_{客} + 12n_{客}\ 10^{-5}]\varepsilon_{慢} \quad (8\text{-}2\text{-}44)$$

式中的系数 β 建议按表 8-2-4 取值。

表 8-2-4　β 取值表

$n_{客}$	10	20	30	40	50	60
β	0.83	0.69	0.58	0.49	0.43	0.39

快运货物列车扣除系数的确定方法，与旅客列车基本相同，但由于有可能在运行图上移动这类列车运行线的位置，额外扣除系数可取 0.2～0.3。所以，扣除系数一般要较旅客列车扣除系数稍小一些。

5. 双线非自动闭塞区段旅客列车的扣除系数

在双线非自动闭塞区段，旅客列车扣除系数如同自动闭塞区段一样，也应按列车在区段的分布情况进行计算。当区段的限制区间与其他区间差别较大时，如图 8-2-16 所示，基本扣除系数可按限制区间计算，即

$$\varepsilon_{基} = \frac{t_{客占}}{T_{周}} = \frac{t_{客} + \tau_{连}}{t_{货} + \tau_{连}} \tag{8-2-45}$$

式中　$t_{客}$、$t_{货}$——旅客快车与货物列车在限制区间的运行时间。

在多数情况下，如图 8-2-17 所示，旅客快车基本扣除系数可由固定部分与可变部分两部分组成，即

$$\varepsilon_{基} = \frac{t_{客占}}{T_{周}} = \frac{t_{客} + \tau_{连}}{T_{周}} + \frac{\Delta t_{空}}{T_{周}} = \varepsilon_{基}^{最小} + \varepsilon_{基}^{变} \tag{8-2-46}$$

基本扣除系数的可变部分与区段内的区间分布情况有关，因此在近似计算中，应当分析不同区段的情况，确定出平均的 $\varepsilon_{基}^{变}$ 值。

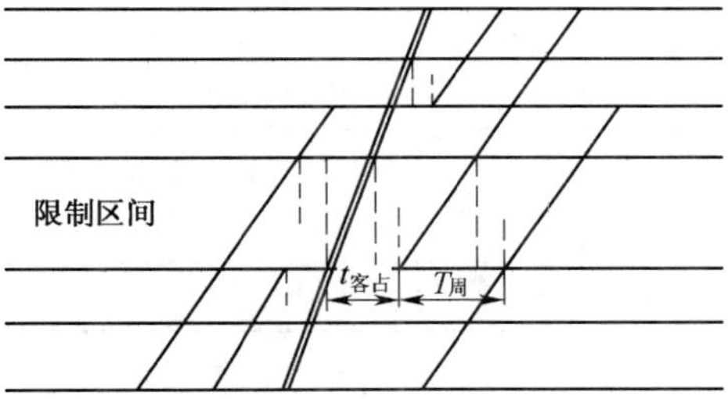

图 8-2-16　限制区间与其他区间差别较大时，旅客快车占用运行图时间图

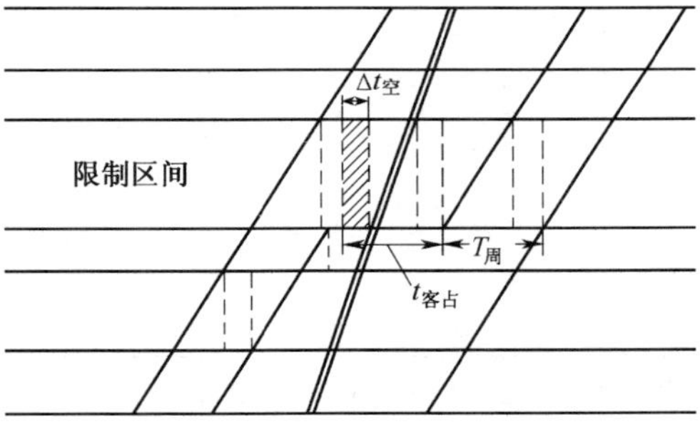

图 8-2-17　限制区间与其他区间差别不大时，旅客快车占用运行图时间图

研究证明，双线非自动闭塞区段旅客列车额外扣除系数的近似值可取 0.1～0.2。

快运货物列车扣除系数的确定方法，同旅客列车基本相同，但由于有可能在运行图上移动这些列车运行线的位置，所以扣除系数一般较小。

6. 摘挂列车扣除系数

摘挂列车的运行速度虽然与货物列车一样，但由于摘挂列车在中间站停站次数较多、停站时间较长，所以对通过能力也有一定影响。区间愈均等，运行图铺满程度愈高，这种影响就愈大。如图 8-2-18(a)所示，在平行运行图上，当区间均等时，摘挂列车每一次在车站完成作业后发出，都要从运行图上扣掉一条列车运行线。在这种情况下，摘挂列车的扣除系数等于停站次数加 1。

在非平行运行图上，除了因铺画旅客列车而产生一定的空费时间 $t_{外加}$ 外，由于区间不均等，在邻接较小区间的车站还将产生运行图空隙。利用这些空隙时间在运行图空隙铺画摘挂列车，就可以使摘挂列车扣除系数大大缩小，如图 8-2-18(b)所示。

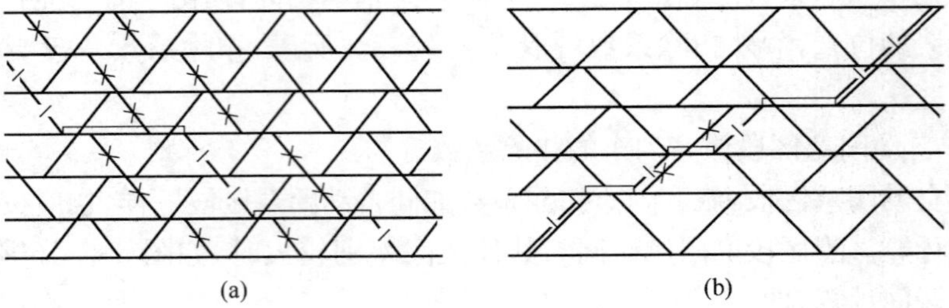

图 8-2-18 摘挂列车对区间通过能力影响图

从上述分析可以看出，扣除系数的大小与一系列因素有关，其中主要有：

(1)区间的不均等程度。

(2)旅客列车、快运货物列车、摘挂列车的运行速度、数量及其在运行图上的铺画位置。

(3)旅客列车和摘挂列车在区段内的停站次数及停站时间。

这些因素的影响只能在运行图铺好之后才能完全确定。因此，在计算通过能力时，不得不利用扣除系数的经验数值。目前，我国铁路采用的扣除系数如表 8-2-5 所列。

表 8-2-5(1) 列车扣除系数表

区间正线	闭塞方法	旅客列车	快运货物列车	摘挂列车	备　注
单线	自动	1.0	1.0	1.3～1.56	
	半自动	1.1～1.3	1.2	1.3～1.5	摘挂列车 3 对以上取 1.3
双线	自动	见表 8-2-5(2)	2.0～2.3	2.5～3.0	摘挂列车 3 对以上取 2.5，6 对以上取 2.0
	半自动	1.3～1.5	1.4	1.5～2.0	

注：其他闭塞方法可参照半自动闭塞取值。

表 8-2-5(2) 三显示双线自动闭塞区段旅客列车扣除系数表

$I_{追}$(min) / $n_{客}$(列)	6	7	8	9	10	11	12
5～10			2.3～2.4	2.15～2.3	2.05～2.2	1.95～2.1	1.9～2.0
11～20			2.3～2.35	2.15～2.2	2.05～2.1	1.95～2.0	1.8～1.9
21～30		2.4～2.45	2.2～2.25	2.05～2.1	1.95～2.0	1.85～1.9	1.7～1.8
31～40	2.5～2.55	2.3～2.35	2.1～2.15	1.95～2.0	1.85～1.9	1.75～1.8	1.6～1.7
41～50	2.4～2.45	2.2～2.25	2.0～2.05	1.85～1.9			
51～60	2.23～2.35	2.1～2.15	1.9～1.95				
61 及以上	用图解法确定						

注：四显示双线自动闭塞区段，用图解并参照本表取值确定。

四、高速铁路通过能力的计算

作为客运专线的高速铁路，由于其在列车运行组织方面与一般铁路有着明显的不同，因而在通过能力计算上它可有如下特点：

1. 若以客运站作为客流的主要始发和终到站，并将客流主要始发站与终到站之间的铁路区段定义为客流区段，则旅客列车通常应以客流区段为单位制定开行方案，亦即在高速铁路上通常只开行客运站间的旅客列车。因而，高速铁路通过能力应以客流区段为单位，计算客流区段的通过能力。

2. 在一个客流区段内，高速列车也可能在中间客运站或中间站停车办理客运作业，与不停车高速列车比较，它将产生额外的占用列车运行图时间，即开行在客流区段内有关车站停车办理作业的高速列车，将对通过能力产生不利影响。在高速铁路通过能力计算中，若采用扣除系数法，这一影响可用高速列车扣除系数 $\varepsilon_{高}$ 表示。因此，研究高速铁路通过能力扣除系数计算法时，还应通过采用分析的方法或模拟的方法，确定高速列车扣除系数。

3. 当采用高、中速列车共线运行的运输组织模式时，在高速铁路上开行的中速列车，由于列车运行速度较高速列车低，而且停车办理作业的次数也可能较多，因而占用列车运行图时间较长，亦即开行中速列车将对通过能力产生不利的影响。在高速铁路通过能力计算中，若采用扣除系数法，这一影响可用扣除系数 $\varepsilon_{中}$ 表示。因此，在研究高速铁路通过能力扣除系数计算法时，还应通过采用分析方法或模拟方法，确定中速列车扣除系数。

4. 为使高速铁路技术设备经常处于质量良好的使用状态，以确保行车安全，在高速铁路列车运行图中，一般应为设备日常维修和养护预留出必要时间的“天窗”。它不仅缩短了运行图中可供列车运行的时间段，而且人为地将列车运行图分割为两个隔开的时间段，致使在列车运行图上不能组织列车 24 h 循环运行，对通过能力造成了相当大的影响。

5. 为方便旅客乘车旅行，在编制列车运行图时，应尽可能规定适宜的旅客列车始发和终到时刻。为此，对于高速铁路来说，一般应规定在 6:00～24:00 间在客流区段内到发。受这一有效到发时间限制，在列车运行图上除“天窗”时间之外，还将产生一定的称之为无效时间的时间段，它对通过能力也有一定的影响。

根据上述分析，当采用“全高速”运输组织模式时，若采用扣除系数法计算，高速铁路通过能力 $n_{高}$ 可按下式计算：

$$n_{高} = \frac{1\,440 - (t_{检} + t_{无效})}{I\varepsilon_{高}} \tag{8-4-47}$$

式中　$t_{检}$——列车运行图“天窗”时间，min；

$t_{无效}$——列车运行图无效时间，min。

当采用“高、中速列车共线运行”运输组织模式时，高速铁路通过能力 $n_{高}$ 则应按下式计算：

$$n_{高} = \frac{1\,440 - (t_{检} + t_{无效})}{I[\varepsilon_{高} + \alpha_{中}(\varepsilon_{中} - \varepsilon_{高})]}$$

式中　$\alpha_{中}$——列车运行图中的中速列车比重。

第三节　以非平行运行图平均最小列车间隔时间计算铁路区间通过能力的方法

一、通过能力指标

1. 基于运行图平均最小列车间隔时间计算法的通过能力概念

根据需要，运用运行图平均最小列车间隔时间法计算的通过能力，可采用供设计部门使用的设计通过能力和供运输部门使用的标准通过能力、使用通过能力、实用通过能力和最大小时通过能力五个概念。

(1)设计通过能力

设计通过能力是指在一定的铁路基础设施设计标准、列车运行技术装备所达到的水平和按设计期预测运量编制旅客列车开行方案条件下，一个区段在列车运行图有效时间内所能放行的列车数，计算方法为：

$$N_{设}=\frac{T_{有效}}{\bar{I}_{设}+\Delta t_{占设}} \quad (列/d) \tag{8-3-1}$$

式中 $N_{设}$——设计通过能力；

$\bar{I}_{设}$——按设计条件下计算的平均最小列车间隔时间；

$\Delta t_{占设}$——按设计条件下计算的平均列车额外占用区段时间。

设计通过能力用为表示铁路基础设施和技术装备，在设计的运用条件下所具有的最大通过能力。

(2)标准通过能力

标准通过能力(简称通过能力)是指在一定的铁路基础设施运用标准、列车运行技术装备运用指标和旅客列车开行方案条件下，一个客流区段在列车运行图有效时间内可放行的列车数，计算方法为：

$$N_{标}=\frac{T_{有效}}{\bar{I}+\Delta t_{占}} \quad (列/d) \tag{8-3-2}$$

式中 $N_{标}$——标准通过能力；

$\bar{I}$——按实用条件计算的平均最小列车间隔时间；

$\Delta t_{占}$——按实用条件计算的平均列车额外占用区段时间。

标准通过能力用为表示铁路基础设施和技术装备，在一定运用条件下所具有最大通过能力。通称的铁路通过能力就是指标准通过能力。

(3)使用通过能力

使用通过能力是指一定的铁路基础设施和技术装备、列车开行方案和列车进入晚点情景下，按一定列车运行工作质量要求计算的，一个区段在列车运行图有效时间内可放行的列车数，计算方法为：

$$N_{使}=\frac{T_{有效}}{\bar{I}+\Delta t_{占}+\bar{t}_{rerf}} \quad (列/d) \tag{8-3-3}$$

式中 $N_{使}$——使用通过能力；

$\bar{t}_{rerf}$——必要的平均运行图缓冲时间。

使用通过能力用为表示铁路基础设施和技术装备，在一定运用条件和列车运行质量要求下所具有的通过能力。

(4)实用通过能力

实用通过能力是指实用列车运行图的开行列车数，用来表示实际使用的通过能力。

(5)最大小时通过能力

最大小时通过能力是指在最紧张小时，不考虑列车运行工作质量要求条件，紧密安排列车运行，1 h 内区间所能放行的列车数，计算方法为：

$$N_{max}=\frac{60}{\bar{I}}\qquad(列/h)\tag{8-3-4}$$

式中　N_{max}——最大小时通过能力。

2. 通过能力利用评估指标

(1)通过能力弹性系数

通过能力弹性系数是指使用通过能力、通过列车运行图缓冲时间预留的能力与标准通过能力之比的比值表示的能力利用评估指标，计算方法为：

$$\rho_{能力}=\frac{N_{标}-N_{使}}{N_{标}}\times100\%\tag{8-3-5}$$

式中　$\rho_{能力}$——通过能力弹性系数。

通过能力弹性系数既可用为评估区段列车运行调整可能性，也可用为表示高速铁路系统适应新市场运输需求变化的适应性，是评价铁路系统供给质量的重要指标。

(2)通过能力利用率

通过能力利用率是用列车运行图实用通过能力与使用通过能力之比的比值表示的能力利用评估指标，计算方法为：

$$\gamma_{能力}=\frac{N_{实}}{N_{使}}\times100\%\tag{8-3-6}$$

式中　$\gamma_{能力}$——通过能力利用率；

　　$N_{实}$——实用通过能力。

通过能力利用率是用为反映通过能力利用程度的指标，一般应控制在 90%以下。当 $\gamma_{能力}>90\%$，应考虑适当降低列车运行质量标准的可能性，重新计算使用通过能力。

二、高速铁路通过能力计算

1. 计算程序

采用平均最小列车间隔时间计算法计算高速铁路通过能力，可按如下程序计算：

(1)短区段通过能力的计算

①划分列车种类组。

②确定类别运行列车组数。

③确定类别运行列车组最小列车间隔时间及平均最小列车间隔时间。

④确定列车运行图平均最小列车间隔时间。

⑤确定平均必要列车运行图缓冲时间 $\bar{t}_{rerf}$。

⑥计算确定区段通过能力。

(2)长区段通过能力的计算

①在组成短区段的 $\bar{t}$ 值中选取最大值 $\bar{t}_{max}$。

②确定区段列车运行图有效时间。

③计算确定通过能力。

2. 短区段通过能力计算

某高速铁路全长 1 303 km，沿线设 A、B、C、D、E、F 六个客运站，基础设施按时速 350 km 设计，近期拟开行 300 km/h 的高速列车和 250 km/h 的动车组列车。

(1)划分列车种类组

本线近期只开行高速列车(G)和动车组列车(D)二类列车,客流区段开行的列车数见表 8-3-1。

(2)确定类别运行列车组数

类别运行列车组数可采用调查法或概率分析法确定,根据类别列车数,一般可用概率分析法计算确定类别运行列车组数(见表 8-3-1)。

表 8-3-1　类别列车数和运行列车组数表

区段	类别列车数			类别运行列车组数			
	G	D	计	GG	DD	GD	DG
A—*B*	76	3	79	73	0	3	3
B—*C*	76	3	79	73	0	3	3
C—*D*	69	3	72	66	0	3	3
D—*E*	68	3	71	65	0	3	3
E—*F*	65	3	68	62	0	3	3

(3)确定类别运行列车组最小列车间隔时间和平均最小列车间隔时间

①运行列车组最小列车间隔时间

根据本线客流组织,运行列车组 GG、DD、GD 最小列车间隔时间近期拟按 5 min 取值。运行列车组 DG 的最小列车间隔时间(I_{DG})按下式计算:

$$I_{DG}=I_{GG}+\Delta t_{运}$$

②客流区段速差时间

按动车组列车速度为 250 km/h,高速列车速度为 300 km/h,不同客流区段速差时间 $\Delta t_{运}$ 可按下式进行计算:

$$\Delta t_{运}=\frac{1}{v_D}-\frac{1}{v_G}$$

$$=\frac{v_G-v_D}{v_D v_G}$$

$\Delta t_{运}$ 计算结果见表 8-3-2,I_{DG} 计算结果见表 8-3-3。

表 8-3-2　客流区段速差时间 $\Delta t_{运}$ 计算表

客流区段	*A*—*B*	*B*—*C*	*C*—*D*	*D*—*E*	*E*—*F*
区段里程(km)	131	289	269	330	284
动车组 $t_{D运}$(min)	31.44	69.36	64.56	79.20	68.16
高速列车 $t_{G运}$(min)	26.20	57.80	53.80	66.00	56.80
区段速差时间 $\Delta t_{运}$(min)	5.24	11.56	10.76	13.20	11.36

③运行列车组平均最小列车间隔时间

运行列车组平均最小列车间隔时间 $\bar{I}$ 值按下式计算:

$$\bar{I}=\frac{\sum n_{ij}I_{ij}}{\sum n_{ij}}$$

计算结果见表 8-3-4。

表 8-3-3　运行列车组最小列车间隔时间表(min)

区段	I_{GG}	I_{DD}	I_{GD}	I_{DG}		
				I	$\Delta t_{运}$	计
$A—B$	5	5	5	5	5.2	10.2
$B—C$	5	5	5	5	11.6	16.56
$C—D$	5	5	5	5	10.8	15.8
$D—E$	5	5	5	5	13.2	18.2
$E—F$	5	5	5	5	11.4	16.4

表 8-3-4　运行列车组平均最小列车间隔时间计算表

区段	$\sum n_{ij}I_{ij}$			$\sum n_{ij}$			$\bar{I}$		
	相同	不相同	计	相同	不相同	计	$\bar{I}_g$	$\bar{I}_v$	$\bar{I}$
$A—B$	365	45.6	410.6	73	6	79	5	7.6	5.20
$B—C$	365	64.8	429.8	73	6	79	5	10.8	5.44
$C—D$	330	62.4	392.4	66	6	72	5	10.4	5.45
$D—E$	325	69.6	394.6	65	6	71	5	11.6	5.56
$E—F$	310	64.2	374.2	62	6	68	5	10.7	5.50

(4)确定列车运行图平均最小列车间隔时间

①列车在中间站停车数据

高速列车和动车组列车在中间站停车数据及总停车次数 $\sum N_{S停}$ 见表 8-3-5。

表 8-3-5　中间站停车方案表

区段	高速列车				动车组列车				总停车次数
	1	2	3	4	1	2	3	4	
$A—B$	18				3				21
$B—C$	28	17				3			68
$C—D$	36	7	1	4				3	81
$D—E$	24	7					1	2	49
$E—F$	18	28	6	2				3	112

可按下式计算:

$$\sum N_{S停} = \sum_i iN_{S停i}$$

式中 i 为列车种类。

②不相同种类运行列车组的旅客列车

根据表 8-3-2 速差时间 $\Delta t_{占}$ 计算,有 4 个区段 $m=\dfrac{\Delta t_{运}}{t_{停}}>1.5\approx2$,它意味着这 4 个区段中都可能产生一次不额外占用区间时间的停车。在运行列车组 L∧S 中,高速列车有 i 次停车的运行列车组数 $n_{LS停i}$ 为

$$n_{LS停i}=\frac{N_{L}N_{S停i}}{N}$$

因此，高速列车在中间站停车不额外占用区间时间的停车次数 $\sum N_{LS停}$ 为

$$\sum N_{LS停}=\frac{N_{L}\sum\limits_{i}N_{S停i}}{2N}$$

计算结果见表 8-3-6。

表 8-3-6　不相同种类运行列车组旅客列车分析计算表

区段	m	N_L	$(m-1)\sum\limits_{i=1}^{4}N_{S停i}$	$\sum N_{LS停}$
A—B	1	3	18	
B—C	2	3	45	1
C—D	2	3	48	1
D—E	2	3	31	
E—F	2	3	54	1

③相同种类运行列车组的旅客列车

有 i 次停车列车和 j 次停车列车组成运行列车组数 $n_{SS停停ij}$ 可按下式计算：

$$n_{SS停停ij}=\frac{N_{S停i}N_{S停j}}{N}$$

计算结果见表 8-3-7 和表 8-3-8。其中动车组列车的 $n_{SS停停ij}=0$。

表 8-3-7　高速列车 $n_{SS停停ij}$ 数据表

区段	n_{11}	$2n_{22}$	$3n_{33}$	$4n_{44}$	$2n_{12}$	$2n_{13}$	$2n_{14}$	$4n_{23}$	$4n_{24}$	$6n_{34}$	计
A—B	4										4
B—C	10	8			12						30
C—D	18	2			8	2	4				34
D—E	8	2			4						14
E—F	5	24	3		14	4	2	8	4		64

表 8-3-8　动车组列车 $n_{SS停停ij}$ 数据表

区段	n_{11}	$2n_{22}$	$3n_{33}$	$4n_{44}$	$2n_{12}$	$2n_{13}$	$2n_{14}$	$4n_{23}$	$4n_{24}$	$6n_{34}$	计
A—B											0
B—C											0
C—D											0
D—E											0
E—F											0

高速列车在中间站停车不产生额外占用区间时间的停车次数（$\sum N_{SS停}$）。按相同停车次数运行列车组 11、22、33…减少占用区间时间 $1t_{停}$、$2t_{停}$、$3t_{停}$…不相同停车次数运行列车组 12、13、21、31…减少占用区间时间 $t_{停}$ 个数为其中停车次数较小列车停车次数的原理。根据表

8-3-7 数据，取值结果见表 8-3-9。

表 8-3-9　旅客列车在中间站停车不占用区间时间停车次数表

区段	n_{11}	n_{22}	n_{33}	n_{44}	$2n_{12}$	$2n_{13}$	$2n_{14}$	$2n_{23}$	$2n_{24}$	计
A—B	4									0
B—C	10	8			12					0
C—D	18	4			8	2	4			0
D—E	8	2			4					0
E—F	5	24	3		14	4	2	8	4	0

旅客列车中间站停车占用区间时间总次数 $\sum N_{S停占}$ 和总时间 $T_{S停}$ 可按下式计算

$$\sum N_{S停占} = \sum N_{S停} - (\sum N_{LS} + \sum N_{SS停})$$

$$T_{S停} = \sum N_{S停占} t_{停}$$

计算结果见表 8-3-10。

表 8-3-10　旅客列车中间站停车额外占用区间时间计算表

区段	停车次数				停站时间(min)	总停站时间(min)
	总次数	不占区间时间次数		占用区间时间次数		
		S∧S	L∧S			
A—B	21	4		17	7	119
B—C	68	30	1	37	7	259
C—D	81	34	1	46	7	322
D—E	49	14		35	7	245
E—F	112	64	1	47	7	329

④列车越行对区间的占用

在区段内组织列车越行的条件是

$$\min t_{u} \leqslant \Delta t_{运} - \Delta t_{i\max}$$

分析计算表明，各区段都不满足越行条件，故有

$$T_{越} = 0$$

⑤旅客列车中间站停车占用区间总时间 $T_{占}$ 和 $\Delta t_{占}$

$T_{占}$ 和 $\Delta t_{占}$ 按下式计算：

$$T_{占} = T_{S停} + T_{越}$$

$$\Delta t_{占} = \frac{T_{占}}{N}$$

计算结果见表 8-3-11。

(5)设计条件下列车运行图平均最小列车间隔时间

根据京沪线的设施设备条件，若运行列车组 GG、DD、GD 最小列车间隔时间按 3 min 取值，可得设计条件下列车运行图平均最小列车间隔时间(见表 8-3-12、表 8-3-13)。

表 8-3-11 $\Delta t_{占}$计算表

区段	$T_{S停}$	$T_{越}$	$T_{占}$	N	$\Delta t_{占}$	$\bar{I}$	$\bar{I}_{图}$
A—B	119	0	119	79	1.51	5.20	6.71
B—C	266	0	266	79	3.37	5.44	8.72
C—D	322	0	322	72	4.47	5.45	9.92
D—E	245	0	245	71	3.45	5.56	9.01
E—F	336	0	336	68	4.94	5.50	10.34

表 8-3-12 设计条件下运行列车组最小列车间隔时间表

区段	$\bar{I}_{GG设}$	$\bar{I}_{DD设}$	$\bar{I}_{GD设}$	$\bar{I}_{DG设}$		
				$I_{GG设}$	$\Delta t_{运}$	计
A—B	3	3	3	3	5.2	8.2
B—C	3	3	3	3	11.6	14.6
C—D	3	3	3	3	10.8	13.8
D—E	3	3	3	3	13.2	16.2
E—F	3	3	3	3	11.4	14.4

为简便运算，设计条件下停车和越行平均额外占用区段时间仍采用实用条件下计算值。

表 8-3-13 设计条件下列车运行图平均最小列车间隔时间计算表

区段	$\sum n_{ij}I_{ij}$			$\sum n_{ij}$			$\bar{I}_{设}$			$\Delta t_{占}$	$\bar{I}_{图设}$
	相同	不相同	计	相同	不相同	计	$\bar{I}_{g设}$	$\bar{I}_{v设}$	$\bar{I}_{设}$		
A—B	219	33.6	252.6	73	6	79	3	5.6	3.20	1.51	4.71
B—C	219	52.8	271.8	73	6	79	3	8.8	3.44	3.37	6.72
C—D	198	50.4	248.4	66	6	72	3	8.4	3.45	4.47	7.92
D—E	195	57.6	252.6	65	6	71	3	9.6	3.56	3.45	7.01
E—F	186	52.2	238.2	62	6	68	3	8.7	3.50	4.94	8.34

(6)确定平均必要列车运行图缓冲时间

①列车运行图有效时间 $T_{有效}$

$T_{有效}$按下式计算：

$$T_{有效}=\left(24-6-\frac{l}{v_G}\right)\times 60$$

式中 l 为区段距离，计算结果见表 8-3-14。

②m、g、t_F 的取值

高速铁路按晚点列车平均晚点时间 5 min，晚点概率 5%，区段晚点时间总值 160 min 取值，则有

$$m=0.01 \quad g=0.05 \quad t_F=200\ \text{min}$$

③计算方程式参数 H、G、U 和 b、c、d

根据各次系数的表达式，计算结果见表 8-3-15。

④求解方程

解一元三次方程

$$\bar{t}_{\text{rerf}}^{3}+b\bar{t}_{\text{rerf}}^{2}+c\bar{t}_{\text{rerf}}-d=0$$

表 8-3-14　缓冲时间计算数据表

区段	$T_{有效}$	t_F(min)	g	m	$\bar{I}_g$(min)	$\bar{I}_v$(min)	$\bar{I}$(min)	ω_g
$A—B$	1 053.8	160	0.05	0.01	5	7.6	5.2	0.92
$B—C$	1 022.2	160	0.05	0.01	5	10.8	5.44	0.92
$C—D$	1 026.2	160	0.05	0.01	5	10.4	5.45	0.92
$D—E$	1 014	160	0.05	0.01	5	11.6	5.56	0.92
$E—F$	1 023.2	160	0.05	0.01	5	10.7	5.50	0.94

求解计算结果见表 8-3-15。

表 8-3-15　$\bar{t}_{\text{rerf}}$计算数据表

区段	H	G	U	b	c	d	$\bar{t}_{\text{rerf}}$
$A—B$	0.003	5 137.3	0.051	10.3	16.88	43.42	1.34
$B—C$	0.004	4 983.2	0.053	10.74	16.37	47.58	1.42
$C—D$	0.004	5 002.7	0.053	10.75	16.37	47.85	1.42
$D—E$	0.004	4 943.3	0.054	10.96	17.66	50.07	1.42
$E—F$	0.004	4 988.1	0.054	10.90	17.24	50.01	1.43

(7)计算确定区段通过能力和能力利用评估指标

高速铁路通过能力包括设计通过能力、标准通过能力、使用通过能力、实用通过能力和小时最大通过能力五项，能力利用评估指标包括通过能力弹性系数、通过能力利用率两项，计算结果见表 8-3-16。

表 8-3-16　通过能力数据表

区段	设计	标准	使用	实用	小时	弹性系数	利用率
$A—B$	224	157	131	79	11	0.17	0.60
$B—C$	152	117	101	79	11	0.14	0.78
$C—D$	130	103	90	72	11	0.13	0.80
$D—E$	145	113	97	71	10	0.14	0.73
$E—F$	123	99	87	68	10	0.12	0.78

3. 长区段通过能力计算(以 $A—F$ 区段为例)

①在组成长区段的短区段中选取最大值 $t_{\max}$

$$t=\bar{I}+\Delta t_{占}+\bar{t}_{\text{rerf}}$$

$A—F$ 区段内 $A—B$、$B—C$、$C—D$、$D—E$ 和 $E—F$ 五个区段组成，整理计算结果见表 8-3-17。

②确定区段列车运行图有效时间

$$T_{有效}=\left(24-6-\frac{1\ 303}{300}\right)\times 60=820(\text{min})$$

③通过能力计算

$$N=\frac{820}{11.87}=69(列/\text{d})$$

表 8-3-17 t 值计算表

区段	$\bar{I}$	$\Delta t_{占}$	$\bar{t}_{rerf}$	t	t_{max}
A—B	5.20	1.51	1.34	8.05	
B—C	5.44	3.37	1.42	10.23	
C—D	5.45	4.47	1.42	11.34	
D—E	5.56	3.45	1.42	10.43	
E—F	5.50	4.94	1.43	11.87	11.87

三、既有线通过能力计算

采用非平行运行图平均最小列车间隔时间计算法计算既有线区间通过能力的计算程序，与高速铁路短区段计算程序相同。

1. 划分列车种类组

表 8-3-18 所列为某单线区段 2011 年基本图的列车区段旅行时间资料。在 47 列列车中，序号 2、19、47 为单机，因其运行距离短、且数量少，在列车分类中可不予考虑。其中 10 列为直通旅客快车和管内旅客快车，区段旅行时间相近，都在 2 h 40 min 至 3 h 之间，可以合并为一个列车种类组。在 34 列货物列车中，有 6 列摘挂列车和 28 列直达列车，这两类列车虽在区段旅行时间上差别并不大，但考虑到列车等级不同、列车数比重均较大以及计算方便等因素，仍将货物列车划分为直达列车和摘挂列车两类。列车种类组的分类结果见表 8-3-19。同样的方法可得双线区段列车种类组数(见表 8-3-20)。

表 8-3-18 列车区段旅行时间表

序号	列车种类	旅行时间	序号	列车种类	旅行时间	序号	列车种类	旅行时间
1	摘挂	6 h 33 min	17	摘挂	6 h 57 min	33	摘挂	7 h 43 min
2	单机	15 min	18	摘挂	6 h 46 min	34	摘挂	7 h 57 min
3	直货	6 h 09 min	19	单机	05 min	35	摘挂	7 h 44 min
4	摘挂	7 h 08 min	20	管快	2 h 51 min	36	管快	2 h 49 min
5	摘挂	6 h 59 min	21	直货	6 h 18 min	37	摘挂	7 h 39 min
6	摘挂	7 h 16 min	22	摘挂	6 h 33 min	38	摘挂	7 h
7	管快	3 h	23	摘挂	6 h 43 min	39	直快	2 h 43 min
8	摘挂	6 h 35 min	24	摘挂	7 h 11 min	40	摘挂	6 h 46 min
9	摘挂	6 h 54 min	25	摘挂	6 h 45 min	41	直货	6 h 08 min
10	摘挂	6 h 23 min	26	直货	6 h 10 min	42	摘挂	6 h 13 min
11	直快	2 h 15 min	27	管快	2 h 54 min	43	摘挂	6 h 46 min
12	摘挂	6 h 43 min	28	直货	6 h 14 min	44	管快	2 h 54 min
13	摘挂	7 h 26 min	29	管快	2 h 50 min	45	摘挂	6 h 28 min
14	摘挂	7 h 18 min	30	摘挂	6 h 41 min	46	摘挂	6 h 42 min
15	直快	2 h 43 min	31	摘挂	6 h 48 min	47	单机	05 min
16	直快	2 h 40 min	32	摘挂	7 h 55 min			

表 8-3-19　某单线区段列车种类组表

列车种类组代码	列车种类	对数
A	旅客列车	10
B	摘挂列车	6
C	货物列车	26

表 8-3-20　某双线区段列车种类组表

列车种类组代码	列车种类	对数
A	旅客列车	27
B	旅客列车	16
C	货物列车	34
D	货物列车	8
E	货物列车	12

2. 确定类别运行列车组及出现相同运行列车组的概率

(1)类别运行列车组

按照运行列车组的组成原理,表 8-3-21 和表 8-3-22 给出了 $n_{组}=3$ 的单线区段和 $n_{组}=5$ 的双线区段运行列车组种类可能的构成方案。

表 8-3-21　单线区段运行列车组种类构成矩阵表

第二列车 / 第一列车	A↑	A↓	B↑	B↓	C↑	C↓
A↑	A↑A↑	A↑A↓	A↑B↑	A↑B↓	A↑C↑	A↑C↓
A↓	A↓A↑	A↓A↓	A↓B↑	A↓B↓	A↓C↑	A↓C↓
B↑	B↑A↑	B↑A↓	B↑B↑	B↑B↓	B↑C↑	B↑C↓
B↓	B↓A↑	B↓A↓	B↓B↑	B↓B↓	B↓C↑	B↓C↓
C↑	C↑A↑	C↑A↓	C↑B↑	C↑B↓	C↑C↑	C↑C↓
C↓	C↓A↑	C↓A↓	C↓B↑	C↓B↓	C↓C↑	C↓C↓

注:“↑”表示上行,“↓”表示下行。

表 8-3-22　双线区段运行列车组种类构成矩阵表

第二列车 / 第一列车	A	B	C	D	E
A	AA	AB	AC	AD	AE
B	BA	BB	BC	BD	BE
C	CA	CB	CC	CD	CE
D	DA	DB	DC	DD	DE
E	EA	EB	EC	ED	EE

(2)类别运行列车组数的确定

①调查法

某单线区段调查期间(2008 年 3 月 25 日～30 日)类别运行列车组数调查资料见表 8-3-23,某双线铁路区段类别运行列车组数调查资料见表 8-3-24。

据此,按式(3-1-3)计算的出现相同种类运行列车组概率应为:

对于单线区间 $W_g=\frac{29}{230}=0.126$

对于双线区段 $W_g=\frac{20}{97}=0.206$

表 8-3-23 类别运行列车组数表

第一列车＼第二列车	A↑	A↓	B↑	B↓	C↑	C↓
A↑		7	5	1	6	9
A↓		4	2	3	14	5
B↑	3			2	1	12
B↓	1	1	1		9	1
C↑	9	10	2	6	13	32
C↓	15	6	8	1	29	12

表 8-3-24 类别运行列车组数表

第一列车＼第二列车	A	B	C	D	E
A	6	4	11	1	5
B	5	3	5		3
C	9	4	11	6	4
D	3	1	4		
E	4	4	3	1	

②概率分析法

类别运行列车组在运行图的分布是无规律的,因而它可以用随机分布来描述,亦即运行列车组在运行图上的分布,通常可以用随机分布来描述。

表 8-3-25、表 8-3-26 为根据表 8-3-20 和表 8-3-21 资料按式(3-1-15)、式(3-1-16)、式(3-1-17)概率分析法编制的单、双线区段类别运行列车组数计算表,表 8-3-27、表 8-3-28 为汇总表。

表 8-3-25 类别运行列车组数计算表

序号	运行列车组	计算	取值
1	A↑A↑	5×5÷44=0.57	
2	A↑A↓	5×5÷44=0.57	1
3	A↑B↑	5×3÷44=0.34	

续上表

序号	运行列车组	计算	取值
4	A↑B↓	5×3÷44=0.34	
5	A↑C↑	5×14÷44=1.59	2
6	A↑C↓	5×14÷44=1.59	2
7	A↓A↑	5×5÷44=0.57	1
8	A↓A↓	5×5÷44=0.57	
9	A↓B↑	5×3÷44=0.34	
10	A↓B↓	5×3÷44=0.34	
11	A↓C↑	5×14÷44=1.59	2
12	A↓C↓	5×14÷44=1.59	2
13	B↑A↑	3×5÷44=0.34	
14	B↑A↓	3×5÷44=0.34	
15	B↑B↑	3×3÷44=0.20	1
16	B↑B↓	3×3÷44=0.20	
17	B↑C↑	3×14÷44=0.95	1
18	B↑C↓	3×14÷44=0.95	1
19	B↓A↑	3×5÷44=0.34	
20	B↓A↓	3×5÷44=0.34	
21	B↓B↑	3×3÷44=0.20	
22	B↓B↓	3×3÷44=0.20	1
23	B↓C↑	3×14÷44=0.95	1
24	B↓C↓	3×14÷44=0.95	1
25	C↑A↑	14×5÷44=1.59	2
26	C↑A↓	14×5÷44=1.59	2
27	C↑B↑	14×3÷44=0.95	1
28	C↑B↓	14×3÷44=0.95	1
29	C↑C↑	14×14÷44=4.45	4
30	C↑C↓	14×14÷44=4.45	4
31	C↓A↑	14×5÷44=1.59	2
32	C↓A↓	14×5÷44=1.59	2
33	C↓B↑	14×3÷44=0.95	1
34	C↓B↓	14×3÷44=0.95	1
35	C↓C↑	14×14÷44=4.45	4
36	C↓C↓	14×14÷44=4.45	4

表 8-3-26 类别运行列车组数计算表

序号	运行列车组	计算	取值
1	AA	27×27÷97=7.53	8
2	AB	27×16÷97=4.45	5
3	AC	27×34÷97=9.46	10
4	AD	27×8÷97=2.23	2
5	AE	27×12÷97=3.34	3
6	BA	16×27÷97=4.45	5
7	BB	16×16÷97=2.64	3
8	BC	16×34÷97=5.61	5
9	BD	16×8÷97=1.32	1
10	BE	16×12÷97=1.98	2
11	CA	34×27÷97=9.46	9
12	CB	34×16÷97=5.61	6
13	CC	34×34÷97=11.92	12
14	CD	34×8÷97=2.80	3
15	CE	34×12÷97=4.21	4
16	DA	8×27÷97=2.23	2
17	DB	8×16÷97=1.32	1
18	DC	8×34÷97=2.80	3
19	DD	8×8÷97=0.66	1
20	DE	8×12÷97=0.99	1
21	EA	12×27÷97=3.34	3
22	EB	12×16÷97=1.98	2
23	EC	12×34÷97=4.21	4
24	ED	12×8÷97=0.99	1
25	EE	12×12÷97=1.48	2

表 8-3-27 类别运行列车组数表

第二列车 / 第一列车	A↑	A↓	B↑	B↓	C↑	C↓
A↑		1			2	2
A↓	1				2	2
B↑			1		1	1
B↓				1	1	1
C↑	2	2	1	1	4	4
C↓	2	2	1	1	4	4

表 8-3-28　类别运行列车组数表

第一列车＼第二列车	A	B	C	D	E
A	8	4	10	2	3
B	5	3	5	1	2
C	9	6	12	3	4
D	2	1	3	1	1
E	3	2	4	1	2

3. 确定类别运行列车组最小列车间隔时间和平均最小列车间隔时间

(1)单线区段

表 8-3-29 所列为某单线区段 H_1—H_2 区间的列车运行图资料。表 8-3-30 为根据这一运行图资料编制的该区间 36 种可能运行列车组最小列车间隔时间计算表，计算结果汇总列于表 8-3-31。

表 8-3-29　列车运行图资料表(min)

车站	车站间隔时间			列车起停附加时间				列车区间运转时分			
				上行		下行		上行		下行	
	$\tau_{不}$	$\tau_{会}$	$\tau_{连}$	$\tau_{加}$	$\tau_{减}$	$\tau_{加}$	$\tau_{减}$	直快列车	货物列车	直快客车	货物列车
H_1	5	2	5	1	1	3	1	9	10	10	11
H_2	5	2	5	1	1	3	1				

表 8-3-30　最小列车运行间隔时间计算表

序号	运行列车组	计算公式	最小列车间隔时间计算结果(min)
1	A↑A↑	(4-2-5)	$I=9+5+0.5(1+1)=15.0$
2	A↑A↓	(4-2-10)	$I=9+0.5(1+1+5+2)=13.5$
3	A↑B↑	(4-2-5)	$I=9+5+0.5(1+1)=15.0$
4	A↑B↓	(4-2-13)	$I=9+2+0.5\times1=11.5$
5	A↑C↑	(4-2-5)	$I=9+5+0.5(1+1)=15.0$
6	A↑C↓	(4-2-13)	$I=9+2+0.5\times1=11.5$
7	A↓A↑	(4-2-10)	$I=9+0.5(3+1+5+2)=15.5$
8	A↓A↓	(4-2-5)	$I=10+5+0.5(3+1)=17.0$
9	A↓B↑	(4-2-13)	$I=10+2+0.5\times3=13.5$
10	A↓B↓	(4-2-5)	$I=10+5+0.5(3+1)=17.0$
11	A↓C↑	(4-2-13)	$I=10+2+0.5\times3=13.5$
12	A↓C↓	(4-2-5)	$I=10+5+0.5(3+1)=17.0$
13	B↑A↑	(4-2-5)	$I=10+5+0.5(1+1)=16.0$
14	B↑A↓	(4-2-16)	$I=10+5+1+0.5\times1=16.5$
15	B↑B↑	(4-2-5)	$I=10+5+0.5(1+1)=16.0$

续上表

序号	运行列车组	计算公式	最小列车间隔时间计算结果(min)
16	B↑B↓	(4-2-10)	$I=10+0.5(1+1+5+2)=14.5$
17	B↑C↑	(4-2-5)	$I=10+5+0.5(1+1)=16.0$
18	B↑C↓	(4-2-13)	$I=11+2+0.5\times1=13.5$
19	B↓A↑	(4-2-16)	$I=11+5+1+0.5\times1=17.5$
20	B↓A↓	(4-2-5)	$I=11+5+0.5(3+1)=18.0$
21	B↓B↑	(4-2-10)	$I=11+0.5(3+1+5+2)=16.5$
22	B↓B↓	(4-2-5)	$I=11+5+0.5(3+1)=18.0$
23	B↓C↑	(4-2-13)	$I=11+2+0.5\times3=14.5$
24	B↓C↓	(4-2-5)	$I=11+5+0.5(3+1)=18.0$
25	C↑A↑	(4-2-5)	$I=10+5+0.5(1+1)=16.0$
26	C↑A↓	(4-2-16)	$I=10+5+1+0.5\times1=16.5$
27	C↑B↑	(4-2-5)	$I=10+5+0.5(1+1)=16.0$
28	C↑B↓	(4-2-16)	$I=10+5+1+0.5\times1=16.5$
29	C↑C↑	(4-2-5)	$I=10+5+0.5(1+1)=16.0$
30	C↑C↓	(4-2-10)	$I=10+0.5(1+1+5+2)=14.5$
31	C↓A↑	(4-2-16)	$I=11+5+1+0.5\times1=17.5$
32	C↓A↓	(4-2-5)	$I=11+5+0.5(3+1)=18.0$
33	C↓B↑	(4-2-16)	$I=11+5+1+0.5\times1=17.5$
34	C↓B↓	(4-2-5)	$I=11+5+0.5(3+1)=18.0$
35	C↓C↑	(4-2-10)	$I=11+0.5(3+1+5+2)=16.5$
36	C↓C↓	(4-2-5)	$I=11+5+0.5(3+1)=18.0$

表 8-3-31 最小列车间隔时间表(min)

第一列车＼第二列车	A↑	A↓	B↑	B↓	C↑	C↓
A↑	15.0	13.5	15.0	11.5	15.0	11.5
A↓	15.5	17.0	13.5	17.0	13.5	17.0
B↑	16.0	16.5	16.0	14.5	16.0	13.5
B↓	16.5	18.0	16.5	18.0	14.5	18.0
C↑	16.0	16.5	16.0	16.5	16.0	14.5
C↓	17.5	18.0	17.5	18.0	16.5	18.0

这样,若按现行运行图和式(4-3-1)计算,全部列车占用区间总时间计算表见表 8-3-32。因而,平均最小列车间隔时间应为:

$$\bar{I}=\frac{3\ 584.0}{230}=15.58(\text{min})\quad \bar{I}_g=\frac{492}{29}=16.97(\text{min})\quad \bar{I}_v=\frac{3\ 092.0}{201}=15.38(\text{min})$$

若按概率分析法计算的运行列车组计算(见表 8-3-33),则有

$$\bar{I}=\frac{700}{44}=15.90(\text{min}) \quad \bar{I}_g=\frac{170}{10}=17.00(\text{min})$$

$$\bar{I}_v=\frac{530}{34}=15.59(\text{min})$$

表 8-3-32　平均最小列车间隔时间计算表(运行图类别运行列车组数)

运行列车组第一列车	列数	计算项目	A↑	A↓	B↑	B↓	C↑	C↓	
			28	28	18	13	72	71	
A↑	28	n_{ij}		7	5	1	6	9	
		I_{ij}	15	13.5	15	11.5	15	11.5	
		$n_{ij}I_{ij}$	0	94.5	75	11.5	90	103.5	
A↓	28	n_{ij}		4	2	3	14	5	
		I_{ij}	15.5	17	13.5	17	13.5	17	
		$n_{ij}I_{ij}$	0	68	27	51	189	85	
B↑	18	n_{ij}	3			2	1	12	
		I_{ij}	16	16.5	16	14.5	16	13.5	
		$n_{ij}I_{ij}$	48	0	0	29	16	162	
B↓	13	n_{ij}	1	1	1		9	1	
		I_{ij}	16.5	18	16.5	18	14.5	18	
		$n_{ij}I_{ij}$	16.5	18	16.5	0	130.5	18	
C↑	72	n_{ij}	9	10	2	6	13	32	
		I_{ij}	16	16.5	16	16.5	16	14.5	
		$n_{ij}I_{ij}$	144	165	32	99	208	464	
C↓	71	n_{ij}	15	6	8	1	29	12	
		I_{ij}	17.5	18	17.5	18	16.5	18	
		$n_{ij}I_{ij}$	262.5	108	140	18	478.5	216	
计	230	$\sum n_{ij}I_{ij}$	471	453.5	290.5	208.5	1 112	1 048.5	3 584

表 8-3-33　平均最小列车间隔时间计算表(按概率分析类别运行列车组数)

运行列车组第一列车	列数	计算项目	A↑	A↓	B↑	B↓	C↑	C↓
			28	28	18	13	72	71
A↑	28	n_{ij}		1			2	2
		I_{ij}	15	13.5	15	11.5	15	11.5
		$n_{ij}I_{ij}$	0	13.5	0	0	30	23
A↓	28	n_{ij}	1				2	2
		I_{ij}	15.5	17	13.5	17	13.5	17
		$n_{ij}I_{ij}$	15.5	0	0	0	27	34
B↑	18	n_{ij}			1		1	1
		I_{ij}	16	16.5	16	14.5	16	13.5
		$n_{ij}I_{ij}$	0	0	16	0	16	13.5

续上表

运行列车组第一列车	列数	计算项目	A↑	A↓	B↑	B↓	C↑	C↓	
			28	28	18	13	72	71	
B↓	13	n_{ij}				1	1	1	
		I_{ij}	16.5	18	16.5	18	14.5	18	
		$n_{ij}I_{ij}$	0	0	0	18	14.5	18	
C↑	72	n_{ij}	2	2	1	1	4	4	
		I_{ij}	16	16.5	16	16.5	16	14.5	
		$n_{ij}I_{ij}$	32	33	16	16.5	64	58	
C↓	71	n_{ij}	2	2	1	1	4	4	
		I_{ij}	17.5	18	17.5	18	16.5	18	
		$n_{ij}I_{ij}$	35	36	17.5	18	66	72	
计	230	$\sum n_{ij}I_{ij}$	82.5	82.5	49.5	52.5	217.5	218.5	703

(2)双线区段

双线区段的最小列车间隔时间，即追踪列车间隔时间，按照第二章第三节的计算方法，列举双线区间追踪列车间隔时间的计算结果见表 8-3-34。据此，按现行运行图计算的全部下行方向列车，占用区间总时间计算表见表 8-3-35。因而，平均最小列车间隔时间应为：

$$\bar{I}=\frac{854}{97}=8.80(\text{min})$$

$$\bar{I}_{g}=\frac{140}{20}=7.00(\text{min})$$

$$\bar{I}_{v}=\frac{714}{77}=9.27(\text{min})$$

若按概率分析法计算的运行列车组计算(见表 8-3-36)，则有

$$\bar{I}=\frac{840}{97}=8.66(\text{min})$$

$$\bar{I}_{g}=\frac{182}{26}=7.00(\text{min})$$

$$\bar{I}_{v}=\frac{658}{71}=9.26(\text{min})$$

表 8-3-34 最小列车间隔时间(分)表

第二列车 / 第一列车	A	B	C	D	E
A	7	7	5	5	5
B	7	7	5	5	5
C	16	16	7	7	7
D	16	16	7	7	7
E	16	16	7	7	7

表 8-3-35　列车占用区间时间计算表(运行图类别运行列车组数)

运行列车组第一列车	列数	计算项目	A	B	C	D	E	
			28	28	18	13	72	
A	28	n_{ij}	6	4	11	1	5	
		I_{ij}	7	7	5	5	5	
		$n_{ij}I_{ij}$	42	28	55	5	25	
B	28	n_{ij}	5	3	5		3	
		I_{ij}	7	7	5	5	5	
		$n_{ij}I_{ij}$	35	21	25	0	15	
C	18	n_{ij}	9	4	11	6	4	
		I_{ij}	16	16	7	7	7	
		$n_{ij}I_{ij}$	144	64	77	42	28	
D	13	n_{ij}	3	1	4			
		I_{ij}	16	16	7	7	7	
		$n_{ij}I_{ij}$	48	16	28	0	0	
E	72	n_{ij}	4	4	3	1		
		I_{ij}	16	16	7	7	7	
		$n_{ij}I_{ij}$	64	64	21	7	0	
计	230	$\sum n_{ij}I_{ij}$	333	193	206	54	68	854

表 8-3-36　列车占用区间时间计算表(按概率分析类别运行列车组数)

运行列车组第一列车	列数	计算项目	A	B	C	D	E	
			28	28	18	13	72	
A	28	n_{ij}	8	4	10	2	3	
		I_{ij}	7	7	5	5	5	
		$n_{ij}I_{ij}$	56	28	50	10	15	
B	28	n_{ij}	5	3	5	1	2	
		I_{ij}	7	7	5	5	5	
		$n_{ij}I_{ij}$	35	21	25	5	10	
C	18	n_{ij}	9	6	12	3	4	
		I_{ij}	16	16	7	7	7	
		$n_{ij}I_{ij}$	144	96	84	21	28	
D	13	n_{ij}	2	1	3	1	1	
		I_{ij}	16	16	7	7	7	
		$n_{ij}I_{ij}$	32	16	21	7	7	
E	72	n_{ij}	3	2	4	1	2	
		I_{ij}	16	16	7	7	7	
		$n_{ij}I_{ij}$	48	32	28	7	14	
计	230	$\sum n_{ij}I_{ij}$	315	193	208	50	74	840

上述 $\bar{I}$ 值的计算结果汇总列于表 8-3-37。由此可见，类别运行列车组数的确定，采用调查法或概率分析法对 $\bar{I}$ 值大小的影响不大。在实际中，两种方法都是可行的。以下将采用概率分析法数据作分析计算。

表 8-3-37 $\bar{I}$ 值计算结果(分)比较表

方法	单线区段	双线区段
调查法	15.58	8.80
概率分析法	15.90	8.66
比较差(min)	0.32	0.14
偏差(%)	2.01	0.14

4. 确定列车运行图平均最小列车间隔时间

(1)双线区段

表 8-3-38 为某双线铁路区段列车运行图数据表。

表 8-3-38 计算数据表

<table>
<tr><th rowspan="2">列车种类</th><th rowspan="2">N (列)</th><th colspan="3">$N_{停}$(列)</th><th rowspan="2">$t_{停}$ (min)</th><th rowspan="2">$\Delta t_{运}$ (min)</th><th rowspan="2">$\min t_u$ (min)</th><th rowspan="2">$t_{摘}$ (min)</th><th rowspan="2">$t_{摘挂作业}$ (min)</th><th rowspan="2">I (min)</th><th rowspan="2">$\bar{t}_r$ (min)</th><th rowspan="2">Δt_c (min)</th></tr>
<tr><th>一次</th><th>二次</th><th>三次</th></tr>
<tr><td>A</td><td>27</td><td></td><td></td><td></td><td></td><td></td><td></td><td></td><td></td><td rowspan="6">10</td><td rowspan="6">5</td><td rowspan="6">4</td></tr>
<tr><td>B</td><td>16</td><td>12</td><td>3</td><td></td><td>6</td><td>18</td><td></td><td></td><td></td></tr>
<tr><td>C</td><td>34</td><td>24</td><td></td><td></td><td></td><td>18</td><td></td><td></td><td></td></tr>
<tr><td>D</td><td>8</td><td>6</td><td></td><td></td><td></td><td>18</td><td>12</td><td></td><td></td></tr>
<tr><td>E</td><td>12</td><td></td><td></td><td>5</td><td></td><td></td><td></td><td>8</td><td>30</td></tr>
<tr><td>计</td><td>97</td><td></td><td></td><td></td><td></td><td></td><td></td><td></td><td></td></tr>
</table>

①摘挂列车在中间站停车办理作业对区段的占用

a. 需占用时间 $t_{摘}$ 的计算摘挂列车组

$$N_{摘挂组计}=\frac{1}{2}[N_{摘挂}(K+1)+(K-1)][(1-\gamma)(\gamma_{LL}+\gamma_{SS})]$$

根据表 8-3-38，式中

$$\gamma_{LL}=\frac{n_{LL}}{N_S n_L}=\frac{N_L^2}{(N_S+N_L)^2}=\frac{49^2}{92^2}=0.28$$

$$\gamma_{SS}=\frac{N_S^2}{(N_S+N_L)^2}=\frac{47^2}{92^2}=0.22$$

$$K=3$$

$$N_{摘挂}=5$$

$$\gamma=0.8$$

则有

$$N_{摘挂组计}=\frac{1}{2}\times[5(3+1)+(3-1)]\times[(1-0.8)\times(0.28+0.22)]=7$$

b. 摘挂列车有作业停车占用区段时间

$$t_{摘}=\frac{1}{\gamma_{LL}+\gamma_{SS}}[\gamma_{LL}I+r_{SS}(I+\Delta t_i)]$$
$$=\frac{1}{0.28+0.22}\times[0.28\times10+0.22\times(10+9)]=14(\text{min})$$
$$t_{摘挂}=N_{摘挂组计}t_{摘}=7\times14=98(\text{min})$$

②列车越行占用区段时间

$$t_{越}=N_{摘挂组计}(t_{摘挂作业}-2I)=7\times(30-2\times10)=70(\text{min})$$

③非摘挂列车运行时间域列车在中间站办理作业对区段的占用

a. 越行列车数

$$\sum n_{越}=N_{摘挂组计}n_{越}=7\times\left(\frac{30}{10}-1\right)=14$$

b. 非摘挂列车运行时间域运行列车数

$$N=N_{总}-\sum n_{越}=92-14=78$$

c. 有作业停车的比重

$$\gamma_{停}=\frac{N_{停}}{N_{总}}=\frac{45}{92}=0.49$$
$$\gamma_{S停}=\frac{N_{S停}}{N_{总}}=\frac{15}{92}=0.16$$
$$\gamma_{S停1}=\frac{N_{S停1}}{N_{总}}=\frac{12}{92}=0.13$$
$$\gamma_{S停2}=\frac{N_{S停2}}{N_{总}}=\frac{3}{92}=0.02$$
$$\gamma_{L停}=\frac{N_{L停}}{N_{总}}=\frac{30}{92}=0.33$$

d. 越行作业中的有作业停车列车数

$$N_{越行}=\sum n_{越}\times\gamma_{停}=14\times0.49=7$$
$$N_{S越行}=14\times0.16=2$$
$$N_{L越行}=14\times0.33=5$$

e. 非摘挂列车运行时间域有作业停车列车

$$N_{停}=N'_{停}-N_{越行}=45-7=38$$
$$N_{S停}=15-2=13$$
$$N_{L停}=30-5=25$$

f. 由 i 次停车列车和 j 停车列车组成的运行列车组

$$n_{SS停停11}=\frac{n^2_{S停i}}{N}=\frac{13^2}{78}=2.16\rightarrow2$$
$$n_{LL停停11}=\frac{25^2}{78}=8.01\rightarrow8$$
$$n_{SL停停11}=n_{LS停停11}=\frac{n_{S停1}\cdot n_{L停1}}{N}=\frac{13\times25}{78}=4.16\rightarrow4$$

g. 不额外占用区段时间的停车次数

$$\sum N'_{停停}=(2+8)+(4+4)=18$$

h. 列车在中间站停车占用区段时间

$$t_{停}=(\sum N_{停}-\sum N'_{停停})t_{停}=(38-18)\times 6=120$$

④$\Delta t_{占}$和 $\bar{I}_{图}$的计算

$$\Delta t_{占}=\frac{T_{摘挂}+T_{越}+T_{停}}{N_{总}}=\frac{98+70+120}{97}=2.97(\text{min})$$

根据表 8-3-37 的计算,$\bar{I}$ 为 8.66 分,故有:

$$\bar{I}_{图}=8.66+2.97=11.63(\text{min})$$

(2)单线区段

表 8-3-39 $\Delta t_{占}$计算数据表

N			t(min)						$N_{S停}$		$N_{L停}$		$t_{停}$(min)	
			S			L								
S	L	计	1	2	3	1	2	3	1	2	1	2	S	m
5	17	22	6	10	9	17	11	10	1	3	1	4	6	12

表 8-3-40 $\Delta t_{占}$计算数据表

中间站	停车旅客列车						停车货物列车				$t_{会}$
	直通、直达		普通		短途		普通		摘列		
	列数	$t_{停}$	列数	$t_{停}$	列数	$t_{停}$	列数	$t_{停}$	列数	$t_{停}$	
1		6	1	6	0	12	1	14		10	8
2		6	1	6	2	12	43	14	3	10	8

表 8-3-39 和表 8-3-40 为单线区段 $\Delta t_{占}$计算数据表。假定 2 区间为该区段限制区段,1、2 站为区间两端站。

①相同运行方向相同种类运行列车组

a. 计算条件检查

对于 S∧S 运行列车组

$$t_{停S}=6>(t_{2S}-t_{1S})=10-6=4(\text{min})$$

$$t_{停S}=6>(t_{2S}-t_{3S})=10-9=1(\text{min})$$

满足 $t_{停S}>(t_{2S}-t_{1S})$和 $t_{停S}>(t_{2S}-t_{3S})$的条件,但 $t_{3S}>t_{1S}$,则有

$$T_{停S14}=(T_{停S11}+T_{停S12})-(t_{停}-t_{2S}+t_{1S})n_{S12}$$

对于 L∧L 运行列车组

$$t_{停L}=12>(t_{2L}-t_{1L})=11-7=4(\text{min})$$

$$t_{停L}=12>(t_{2L}-t_{3L})=11-10=1(\text{min})$$

满足 $t_{停L}>(t_{2L}-t_{1L})$和 $t_{停L}>(t_{2L}-t_{3L})$,但是 $t_{3L}>t_{1L}$,则有

$$T_{停L14}=(T_{停L11}+T_{停L12})-(t_{停}-t_{2L}+t_{1L})n_{L12}$$

b. 计算产生额外占用区间时间的运行列车组数

根据满足的计算条件,需计算 1(b)、1(d)、2(d)、2(f)、3(b)、3(d)六个方案[如图 5-4-2(b)、(d),图 5-4-3(d)、(f),图 5-4-4(b)、(d)所示]的运行列车组数,即

$$n_{S2}=\frac{N_{S2}N_{S}}{N}=\frac{3\times 5}{22}=0.68\approx 1$$

$$n_{S12}=\frac{N_{S1}N_{S2}N_S^2}{N^2}=\frac{1\times2\times5^2}{22^2}\approx0$$

$$n_{S212}=\frac{N_{S2}^2N_{S1}N_S^3}{N^5}=\frac{2^2\times1\times5^3}{22^5}\approx0$$

$$n_{S121}=\frac{N_{S1}^2N_{S2}N_S^3}{N^5}=\frac{1^2\times2\times5^3}{22^5}\approx0$$

$$n_{L2}=\frac{N_{L2}N_L}{N}=\frac{4\times17}{22}=3.0$$

$$n_{L12}=\frac{N_{L1}N_{L2}N_L^2}{N^2}=\frac{1\times4\times17^2}{22^2}=0.19\approx0$$

$$n_{L212}=\frac{N_{L2}^2N_{L1}N_L^3}{N^5}=\frac{4^2\times1\times17^3}{22^5}\approx0$$

$$n_{L121}=\frac{N_{L1}^2N_{L2}N_L^3}{N^5}=\frac{1^2\times4\times17^3}{22^5}\approx0$$

c. 计算列车在中间站停车额外占用区间总时间

根据满足的计算条件，占用区间总时间按如下公式计算：

对于 S∧S 运行列车组

$$T_{停S11}=(1+0+0+0)(6-10+6)=2(\text{min})$$
$$T_{停S12}=(1+0+0+0)(6-10+9)=5(\text{min})$$
$$T_{停S14}=(2+5)-(6-10+7)\times0=7(\text{min})$$

对于 L∧L 运行列车组

$$T_{停L11}=(3+0+0+0)(12-11+7)=24(\text{min})$$
$$T_{停L12}=(3+0+0+0)(12-11+10)=33(\text{min})$$
$$T_{停L14}=(24+33)-(12-11+7)\times0=57(\text{min})$$

因此，

$$T_{停1}=T_{停S14}+T_{停L14}=7+57=64(\text{min})$$

②相同运行方向不相同种类 L∧S 运行列车组

a. 计算条件检查

根据表 8-3-38 数据，可有

$t_{3L}=11=11=t_{2S}$且 $t_{停L}=12>11-11=t_{3L}-t_{2S}$，满足 $t_{3L}\leqslant t_{2S}$、$t_{停L}>t_{3L}-t_{2S}$的条件。

b. 计算产生额外占用区间时间的运行列车组数

根据满足的计算条件，需计算如图 5-4-7(a)，图 5-4-8(a)、(d)、(e)所示四个方案的运行列车组数，即

$$n_{L2}=\frac{N_{L2}N_S}{N}=\frac{7\times5}{22}=1.59\approx2$$

$$n_{L12}=\frac{N_{L1}N_{L2}N_S^2}{N^3}=\frac{1\times7\times5^2}{22^3}=0.016\approx0$$

$$n_{L2S1}=\frac{N_{L2}N_{S1}N_S^2}{N^3}=\frac{7\times1\times5^2}{22^3}\approx0$$

$$n_{L2S2}=\frac{N_{L2}N_{S2}N_S^2}{N^3}=\frac{7\times3\times5^2}{22^3}=0.099\approx0$$

c. 计算列车在中间站停车额外占用区间总时间

$$T_{停2}=(2+0+0)\times12+0\times5=24(\text{min})$$

③相同运行方向不相同种类 S∧L 运行列车组

a. 计算条件检查

根据表 8-3-38 数据，可有

$t_{1L}=7<11=t_{2S}$ 且 $t_{停L}=12>11-7=4=t_{2S}-t_{1L}$，满足 $t_{1L}<t_{2S}$、$t_{停L}>t_{2S}-t_{1L}$ 的条件。

b. 计算产生额外占用区间时间的运行列车组数

根据满足的计算条件，需计算 1(b)、2(b)、2(c)、2(d)、2(f) 五个方案[如图 5-3-9(b)、图 5-3-10(b)、(c)、(d)、(f)所示]的运行列车组数，即

$$n_{L1}=\frac{N_{L1}N_S}{N}=\frac{1\times5}{22}=0.23\approx0$$

$$n_{S1L1}=\frac{N_{S1}N_{L1}N_S^2}{N^3}=\frac{1\times1\times5^2}{22^3}\approx0$$

$$n_{L1S2}=\frac{N_{L1}N_{S2}N_S^2}{N^3}=\frac{1\times3\times5^2}{22^3}\approx0$$

$$n_{S2L1}=\frac{N_{S2}N_{L1}N_S^2}{N^3}=\frac{3\times1\times5^2}{22^3}\approx0$$

$$n_{L12}=\frac{N_{L1}N_{L2}N_S^2}{N^3}=\frac{1\times7\times5^2}{22^3}\approx0$$

c. 计算列车在中间站停车额外占用区间总时间

$$T_{停3}=(0+0+0)\times12+0\times7+0\times5=0$$

④不相同运行方向运行列车组

a. 旅客列车

对于直通、直达旅客列车，由表 8-3-23 可以看出，1、2 站没有直达、直通旅客列车停车的安排，故没有这类列车在中间站停车额外占用区间时间。

对于普通旅客列车，根据表 8-3-22 的数据，$t_{会}=8$ min，普通旅客列车停站作业时间 $t_{停}=7$ min，故有 $t_{会}>t_{停}$。因而，普通旅客列车可以利用会车时间办理作业。

短途旅客列车 $t_{停}=15$ min，大于 $t_{会}$，因而将产生列车停车额外占用区间时间，即

$$t'_{停S2}=2\times(12-8)=8(\text{min})$$

b. 货物列车

(a)普通货物列车

对于单方向停车办理列车作业的车站。假定车站 2 为单方向停车办理列车作业站，根据表 8-3-23 的数据，$t_{停}=16$ min，$t_{会}=8$ min，$t_{停}>t_{会}$，故有

$$t_{停L2}=3\times(14-8)=18(\text{min})$$

对于双方向停车办理列车作业的车站。假定车站 1 为双方向办理列车作业站，因车站 1 的相邻区间为 1 级困难区间，不可能采用交错接入上、下行方向列车的方法，来平衡两相邻区间的 $t_{站}$，只能采取将小口朝向的困难区间的办法。据此，可有

$$\Delta t_{占1}=t_{不}=5(\text{min})$$

$$\Delta t_{占2}=0$$

(b)摘挂列车

因车站有摘挂列车停车作业，在 $N_S=5$、$N_L=17$、$K=3$ 的条件下可有：

$$N_{摘挂列计}=[2\times(3+1)+(3-1)]\times\frac{5^2+17^2}{2\times(5+17)^2}=3$$

故摘挂列车停车作业占用区间时间为：

$$t_{停摘挂}=3\times10=30(\text{min})$$

不相同运行方向运行列车组列车在中间站停车额外占用区间时间按旅客列车、货物列车分别计算，包括：直达、直通旅客列车在中间站停车额外占用区间时间 $t_{停S1}$，普通旅客列车和短途旅客列车在中间站停车额外占用区间时间 $t'_{停S1}$，普通货物列车在中间站停车额外占用区间时间 $t'_{停L1}$，摘挂列车在中间站停车额外占用区间时间 $t_{停摘挂}$。

因此，总时间为

$$T_{停4}=t_{停S1}+t'_{停S1}+t'_{停L1}+t_{停摘挂}$$

算例总时间为

$$T_{停4}=0+8+18+30=56(\text{min})$$

⑤单线区段列车在中间站停车办理作业额外占用区间总时间

在单线区段，分别就四种运行列车组作了分析计算，即相同运行方向、相同种类运行列车组列车在中间站停车额外占用区间总时间 $T_{停1}$，相同运行方向、不相同列车种类的 L∧S 运行列车组列车在中间站停车额外占用区间总时间 $T_{停2}$，相同运行方向、不相同列车种类的 S∧L 运行列车组列车在中间站停车额外占用区间总时间 $T_{停3}$，不相同运行方向运行列车组在中间站停车额外占用区间总时间 $T_{停4}$。

故有：

$$T_{停}=T_{停1}+T_{停2}+T_{停3}+T_{停4}=64+24+0+56=144(\text{min})$$

因此，$\Delta t_{占}$

$$\Delta t_{占}=\frac{144}{44}=3.23(\text{min})$$

根据表 8-3-34 的计算，$\bar{I}=15.90$ min，故有

$$\bar{I}_{图}=15.90+3.23=19.23(\text{min})$$

5. 确定晚点列车平均进入晚点时间和出现列车进入晚点概率

假定单线区段某区间调查期间开行 230 列列车，其中 45 列发生进入晚点，晚点时间总值为 168 min。据此，晚点列车平均进入晚点时间 t_m 和出现列车进入晚点的概率 g 应为：

$$t_m=\frac{168}{45}=3.73(\text{min})$$

$$m=\frac{1}{3.73}=0.2681$$

$$g=\frac{45}{230}=0.20$$

假定双向区段下行方向调查期间开行 431 列列车，其中 139 列发生列车进入晚点，晚点时间总值 504 min。据此，参数 t_m 和 g 应为：

$$t_m=\frac{504}{139}=3.63(\text{min})$$

$$m=\frac{1}{3.63}=0.2755$$

$$g=\frac{139}{431}=0.32$$

6. 查定平均必要列车运行图缓冲时间

(1)单线区段

①计算参数

根据上述计算，单线区段的基础数据为：$m=0.2681$、$g=0.20$、$W_g=0.227$、$\bar{I}=15.90$ min、$\bar{I}_g=17.00$ min、$\bar{I}_v=15.59$ min、$T=1440$ min、$t_F=200$ min。

据此可得：

$$H=3.452$$
$$G=966.82$$
$$U=0.986$$

②计算一元三次方程参数

$$b=19.578$$
$$c=-3.767$$
$$d=278.724$$

③计算平均必要列车运行图缓冲时间

求解一元三次方程，可有

$$\bar{t}_{rerf}=3.55$$

(2)双线区段

①计算参数

根据上述计算，双线区段的基础数据为：$m=0.2775$、$g=0.32$、$W_g=0.268$、$\bar{I}=8.66$ min、$\bar{I}_g=9.00$ min、$\bar{I}_v=9.26$ min、$T=1200$ min、$t_F=200$ min。

据此，可得

$$H=3.567$$
$$G=1162.224$$
$$U=0.988$$

②计算一元三次方程参数

根据参数 H、G、U，计算可得

$$b=19.46$$
$$c=-18.084$$
$$d=324.975$$

③计算平均必要列车运行图缓冲时间

求解一元三次方程，可得

$$\bar{t}_{rerf}=4.12$$

7. 计算确定区间通过能力

(1)单线区段

①设计通过能力

根据上述计算，$\bar{I}=15.90$ min、$\Delta t_{占}=3.23$ min，若设计中取值为 $\bar{I}_{设}=15$ min、$\Delta t_{占设}=2.50$ min，则有

$$N_{设单}=\frac{T}{\bar{I}_{设}+\Delta t_{占设}}=\frac{1\,440}{15.00+2.50}=82(列/d)$$

②标准通过能力

$$N_{标单}=\frac{T}{\bar{I}+\Delta t_{占}}=\frac{1\,440}{15.90+3.23}=75(列/d)$$

③使用通过能力

$$N_{使单}=\frac{T}{\bar{I}+\bar{t}_{rerf}+\Delta t_{占}}=\frac{1\,440}{15.90+3.55+3.23}=63(列/d)$$

④通过能力弹性系数

$$\rho_{能力单}=\frac{N_{标}-N_{使}}{N_{标}}=\frac{75-63}{75}=0.16$$

(2)双线区段

①设计通过能力

根据上述计算，$\bar{I}=8.66$、$\Delta t_{占}=1.65$ min，若设计中取值为 $\bar{I}_{设}=7.50$ min、$\Delta t_{占设}=1.40$ min，则有

$$N_{设双}=\frac{T}{\bar{I}_{设}+\Delta t_{占设}}=\frac{1\,200}{7.50+1.40}=135(对/d)$$

②标准通过能力

$$N_{标双}=\frac{T}{\bar{I}+\Delta t_{占}}=\frac{1\,200}{8.66+2.97}=103(对/d)$$

③使用通过能力

$$N_{使双}=\frac{T}{\bar{I}+\bar{t}_{rerf}+\Delta t_{占}}=\frac{1\,200}{8.66+4.12+2.97}=76(对/d)$$

④通过能力弹性系数

$$\rho_{能力双}=\frac{N_{标双}-N_{使双}}{N_{标双}}=\frac{103-76}{103}=0.25$$

第四节 铁路区间通过能力利用状态分析

一、区间通过能力利用率及其利用状态

一般将铁路区间在一昼夜时间内，实际或计划为放行列车占用的时间(T_f)与最大可供利用时间(T)之比的比值，称为铁路区间通过能力利用率(ρ)，即

$$\rho=\frac{T_f}{T}\times 100\% \tag{8-4-1}$$

铁路区间是放行铁路客货列车，实现运输位移的铁路基本运输设备，是决定铁路运输能力的基本环节。在一昼夜时间内，铁路区间可供利用的时间最大为 1 440 min，但列车运行组织的实践表明，将 1 440 min 时间全部加以利用，在技术上不可行，在经济上往往也是不利的。区间通过能力利用的合理与否直接影响区间列车运行秩序的好坏和运输服务质量的高低。科学地标定区间通过能力利用状态，可以直观、有效地认定我国路网各条主要通道通过能力利用

情况，为制定通道既有线改造规划优化方案和运输组织改革优化方案，扩充路网运输能力提供依据。

众所周知，列车运行图缓冲时间是调控区间通过能力利用和改善列车运行质量的有效控制因素。通过增加缓冲时间可以改善区间列车运行秩序和服务质量。而区间列车运行秩序和服务质量又可以通过列车晚点时间来衡量。为了研究从全路、通道和铁路干线三个方面反映铁路区间通过能力的利用状态，以及通畅放行货物列车的状况，作者提出根据通过能力利用率指标，所反映出来的铁路区间通过能力利用状态，来划分铁路区段能力利用状态类型的理论构想。

二、划分铁路区间通过能力利用状态的原理

通过列车晚点传播规律的研究发现，在列车进入区间晚点及其向前、后行列车传播的作用下，被晚点列车晚点影响的前、后行列车将产生列车后效晚点时间。列车后效晚点时间根据其产生动因之不同，可将它分为两类，即第一层次列车后效晚点时间和高层次列车后效晚点时间。由列车进入晚点传播引起的列车后效晚点时间成为第一层次列车后效晚点时间，而由第一层次列车后效晚点时间引发的列车后效晚点时间称为高层次列车后效晚点时间。显然，列车后效晚点时间的出现，将在已有列车进入晚点的基础上进一步恶化列车运行秩序，增加列车运行调整的难度。研究表明，列车运行图缓冲间可以有效地缓解，控制列车后效晚点时间的发生。因此，若从技术层面控制列车后效晚点时间发生的角度出发，来界定一定列车运行秩序所要求的区间通过能力利用状态，则可以考虑分别采用以控制第一层次平均列车后效晚点时间为目标设定列车运行图缓冲间，及控制第一层次和高层次平均列车后效晚点时间总值为目标设定平均列车运行图缓冲时间，并通过缓冲时间确定区间通过能力利用状态的方法。此外，通过构造对区间占用的排队系统，可从经济层面来研究合理的区间利用率问题，并据以确定区间通过能力利用状态。据此，可将铁路区段划分为能力储备性、能力适应型、能力紧张型和能力饱和型四种类型的铁路区段。

三、以控制第一层次列车后效晚点时间为目标的区间通过能力利用率

第一层次平均列车后效晚点时间[见式(6-3-12)]为：

$$\bar{t}_{F1}=\frac{\bar{t}(1-g/2)[W_g(1-e^{-m_1\bar{I}_g})^2+(1-W_g)m\bar{I}_v(1-e^{-2m\bar{I}_v})]}{m\bar{t}_r+1-e^{-m\bar{I}}} \tag{8-4-2}$$

若令列车运行图平均缓冲间 $\bar{t}_r$ 等于第一层次列车后效晚点时间时，意味着区间有能力控制由列车进入区间晚点引起的排队等待现象，而由列车后效晚点引发的高层次后效晚点时间仍然处于失控状态；而当列车运行图平均缓冲间 $\bar{t}_r$ 大于第一层次列车后效晚点时间时，意味着区间不仅有能力控制第一层次列车后效晚点时间，同时还具备一定的控制高层次列车后效晚点时间的能力。但是，对剩余的列车后效晚点时间仍然缺乏有效控制，列车运行秩序仍不稳定，可以认为能力利用处于紧张状态；当列车运行图平均缓冲间 $\bar{t}_r$ 小于第一层次列车后效晚点时间时，意味着区间缺乏控制列车后效晚点时间的能力，此时哪怕是小的列车进入晚点也可能引发较严重的列车后效晚点，排队时间无法控制，可以认为通过能力利用处于饱和状态。因此，该缓冲时间确定的能力利用率临界值可以认为是通过能力利用饱和状态与紧张状态的划分依据。

当列车运行图平均缓冲间 $\bar{t}_r$ 等于第一层次列车后效晚点时间时，由式(8-4-2)可有：

$$\bar{t}_r=\frac{\bar{t}(1-g/2)}{m\bar{t}_r+1-e^{-m\bar{I}}}[W_g(1-e^{-m\bar{I}_g})^2+(1-W_g)m\bar{I}_v(1-e^{-2m\bar{I}_v})] \quad (8\text{-}4\text{-}3)$$

设 $H=W_g(1-e^{-m\bar{I}_g})^2+(1-W_g)m\bar{I}_v(1-e^{-2m\bar{I}_v})$

$$G=\bar{t}(1-g/2)$$

$$U=1-e^{-m\bar{I}}$$

则 $\bar{t}_r$ 计算式可改写为

$$\bar{t}_r=\frac{GH}{m\bar{t}_r+U}$$

经整理，上式可以写为：

$$\bar{t}_r^{\,2}+\frac{U}{m}\bar{t}_r-\frac{GH}{m}=0 \quad (8\text{-}4\text{-}4)$$

设 $c=\frac{U}{m}$，$d=\frac{GH}{m}$

则一元二次方程就可写为

$$\bar{t}_r^{\,2}+c\bar{t}_r-d=0 \quad (8\text{-}4\text{-}5)$$

根据上述计算原理，以胶济线、南同浦线等铁路干线 9 个区间的实际数据标定方程参数，使用 Mathematica 软件的一元二次方程求解算法，计算结果见表 8-4-1。由于各实测区间的列车晚点时间分布不同，因此，在分析计算中取均值，可以作为全路等级划分的标准。

区间通过能力利用率 ρ 计算公式为

$$\rho=\frac{\bar{I}_{图}}{\bar{I}_{图}+\bar{t}_r} \quad (8\text{-}4\text{-}6)$$

计算结果见表 8-4-2。在表 8-4-2 中，能力利用率临界值 $\bar{\rho}$ 为 0.882，因此可以取 $\rho^*=90\%$。这就是说，能力利用率小于这一利用率水平时，能力占用属于紧张型，大于这一利用率时则为能力饱和型。

表 8-4-1　$\bar{t}_r$ 计算表

线名	胶济线	南同浦线	京九线	津浦线	津浦线	广深线		广深三线		均值
区间	潍坊—青岛西	太原北—太原东	聊城北—聊城	徐州北—徐州西	于官屯—德州	广州—广州东	深圳—深圳北	广州—广州东	深圳—深圳北	
N	274	500	355	261	374	233	461	196	180	2 834
N_P	29	48	87	50	206	83	96	108	30	737
$\sum t$	277	5 309	4 095	4 905	21 435	3 578	1 116	9 477	622	50 814
g	0.106	0.096	0.245	0.192	0.551	0.356	0.208	0.551	0.167	0.260
$\bar{t}$	1.011	10.618	11.535	18.793	57.313	15.356	2.421	48.352	3.456	17.930
m	0.105	0.009	0.021	0.010	0.010	0.023	0.086	0.011 1	0.048	0.015
$\bar{I}$	7.543	7.634	6.991	6.973	6.923	6.788	6.993	6.788	6.993	7.070
$\bar{t}_r$	0.980	0.619	1.186	1.014	2.045	1.090	0.820	1.996	0.815	1.277

注：$\Delta t_{占}$ 在计算中近似地取 $\bar{I}=\bar{I}_g=\bar{I}_v$。

表 8-4-2 区间能力利用率计算表

线名	胶济线	南同浦线	京九线	津浦线	津浦线	广深线		广深三线		均值
区间	潍坊—青岛西	太原北—太原东	聊城北—聊城	徐州北—徐州西	于官屯—德州	广州—广州东	深圳—深圳北	广州—广州东	深圳—深圳北	
$\bar{I}$	7.543	7.634	6.991	6.973	6.923	6.788	6.993	6.788	6.993	7.070
$\bar{t}_r$	0.980	0.619	1.186	1.014	2.045	1.090	0.820	1.996	0.815	1.277
$\Delta t_占$	2.500	2.500	2.500	2.500	2.500	2.500	2.500	2.500	2.500	2.500
ρ	0.940	0.925	0.790	0.903	0.822	0.895	0.920	0.823	0.921	0.882

注：$\Delta t_占$ 近似地按 2.5 分取值。

四、以控制平均列车后效晚点时间总值为目标的区间通过能力利用率

列车后效晚点时间[见式(6-3-27)]为

$$\bar{t}_F=\frac{\bar{t}(1-g/2)}{m\bar{t}_r+1-e^{-m\bar{I}}}\left[W_g(1-e^{-m\bar{I}_g})^2+(1-W_g)m\bar{I}_v(1-e^{-2m\bar{I}_v})+\frac{\bar{I}}{\bar{t}_r}(1-e^{-m\bar{I}})^2\right] \quad (8\text{-}4\text{-}7)$$

当平均列车运行图缓冲间 $\bar{t}_r$ 等于平均列车后效晚点时间时，意味着区间不仅有能力控制和缓解由列车进入区间晚点引起的排队等待现象，也有能力控制高层次列车后效晚点；当平均列车运行图缓冲间 $\bar{t}_r$ 大于平均列车后效晚点时间总值时，意味着区间不仅可以控制列车后效晚点时间的传播，也具备了增加运行列车数的能力，列车运行秩序趋于稳定，可以认为通过能力利用处于适应状态；当平均列车运行图缓冲时间 $\bar{t}_r$ 小于列车后效晚点时间时，意味着区间仍然缺乏控制列车后效晚点时间的手段，运行秩序趋于紧张。因此，该列车运行图缓冲时间确定的区间通过能力利用率临界值可以认为是通过能力利用适应状态和紧张的划分依据。

若令

$$\bar{t}_r=\bar{t}_F \quad (8\text{-}4\text{-}8)$$

则有

$$\bar{t}_r=\frac{\bar{t}(1-g/2)}{m\bar{t}_r+1-e^{-m\bar{I}}}\left[W_g(1-e^{-m\bar{I}_g})^2+(1-W_g)m\bar{I}_v(1-e^{-2m\bar{I}_v})+\frac{\bar{I}}{\bar{t}_r}(1-e^{-m\bar{I}})^2\right]$$

设 $H=W_g(1-e^{-m\bar{I}_g})^2+(1-W_g)m\bar{I}_v(1-e^{-2m\bar{I}_v})$

$$G=\bar{t}(1-g/2)$$

$$U=1-e^{-m\bar{I}}$$

则 $\bar{t}_r$ 计算式可简化为：

$$\bar{t}_r=\frac{G}{m\bar{t}_r+U}\left(H+\frac{\bar{I}U^2}{\bar{t}_r}\right)$$

经整理，上式可简化为：

$$\bar{t}_r^3+\frac{U}{m}\bar{t}_r^2-\frac{GH}{m}\bar{t}_r-\frac{G\bar{I}U^2}{m}=0$$

若令 $b=\frac{U}{m}$，$c=\frac{GH}{m}$，$d=\frac{G\bar{I}U^2}{m}$，则一元三次方程可写为：

$$\bar{t}_r^3+b\bar{t}_r^2-c\bar{t}_r-d=0 \quad (8\text{-}4\text{-}9)$$

根据查定的列车运行图实际运行图标定的参数，使用 Mathematica 软件的一元三次方程求解算法，$\bar{t}_r$ 和 ρ 计算结果见表 8-4-3。在表 8-4-3 中，能力利用率临界值 ρ^{**} 的均值为 0.747，

因此可以取 $\bar{\rho}^{**}=75\%$。这就是说，可用这一能力利用率水平作为区分能力适应型与能力紧张型的标准。能力利用率小于这一水平时，能力利用率属于适应型，大于这一利用率水平则为能力紧张型。

表 8-4-3 区间能力利用率计算表

线名	胶济线	南同浦线	京九线	津浦线	津浦线	广深线		广深三线		均值
区间	潍坊—青岛西	太原北—太原东	聊城北—聊城	徐州北—徐州西	于官屯—德州	广州—广州东	深圳—深圳北	广州—广州东	深圳—深圳北	
g	0.106	0.096	0.245	0.192	0.551	0.356	0.208	0.551	0.167	0.260
m	0.105	0.009	0.021	0.010	0.010	0.023	0.086	0.011 1	0.048	0.015
$\bar{I}$	7.543	7.634	6.991	6.973	6.923	6.788	6.993	6.788	6.993	7.070
$\bar{t}_r$	1.744	2.121	2.965	2.836	4.232	3.485	2.511	5.584	3.212	3.248
$\Delta t_{占}$	2.500	2.500	2.500	2.500	2.500	2.500	2.500	2.500	2.500	2.500
ρ	0.852	0.827	0.762	0.770	0.690	0.727	0.788	0.625	0.747	0.747

五、经济合理的区间通过能力利用率

对于服务系统，可以运用期望费用函数方程来构造在经济上最合理的列车运行指标系统。因而，也就可据以计算合理区间通过能力利用率，即技术上可行且经济上有利的区间通过能力利用率。

期望费用函数方程可有如下两种表示方式，即：

(1)服务成本和顾客服务费用。

(2)顾客排队和设备闲置费用。

为了便于费用参数的选择，在区间占用排队系统中拟采用函数方程的第二种表示方法，即：

$$E=[\bar{l}_w C_1+(1-\rho)nC_2]T \tag{8-4-10}$$

式中 E——总费用；

$(1-\rho)$——服务空闲率；

$\bar{l}_w$——系统排队顾客平均数；

C_1——顾客排队单位时间费用；

C_2——服务员空闲单位时间费用；

n——系统服务员数；

T——计算费用的时间。

一般情况下只需分析计算服务一个顾客的费用 E_1，即：

$$E_1=E/N$$

$$E_1=\frac{T}{N}[\bar{l}_w C_1-(1-\rho)nC_2] \tag{8-4-11}$$

因而，对于可以用 $E_{k1}/E_{k2}/1$ 服务系统来描述的区间占用排队系统来说，也有：

$$E_1=\frac{T_f}{N}\left[\frac{\rho(1-\zeta\rho)C_1}{1-\rho}-\rho C_1+(1-\rho)C_2\right] \tag{8-4-12}$$

或写为

$$E_1=\bar{I}_f\left[\frac{\rho(1-\zeta\rho)C_1}{1-\rho}-\rho C_1+(1-\rho)C_2\right] \tag{8-4-13}$$

为求系统的最小费用，可用上式中的 ρ 进行微分，并令一阶导数为零，即：

$$\frac{dE_1}{d\rho}=\frac{C_1\bar{I}_f(1-2\zeta\rho+\zeta\rho^2)}{(1-\rho)^2}-\bar{I}_f(C_1+C_2)=0$$

由此可得，与系统最小费用相对应的合理区间通过能力利用率 ρ^{***} 应为：

$$\rho^{***}=1-\sqrt{\frac{C_1(1-\zeta)}{C_2+C_1(1-\zeta)}} \tag{8-4-14}$$

针对调研区间的实测数据，并采用北京交通大学“铁路货物运输组织指标评价体系”课题研究提出的 C_1、C_2 计算方法计算确定各区段的 C_1、C_2 数值。ρ^{***} 的计算数据和计算结果见表 8-4-4。对各区间爱尔朗分布参数及 C_1、C_2 取均值计算的区间通过能力利用率为 $\rho^{***}=0.563$。因此，可以取 $\bar{\rho}^{***}=0.55$。

表 8-4-4　区间能力利用率计算表

线名	胶济线	南同浦线	京九线	津浦线	广深线	广深三线	均值
区间	潍坊—潍坊东	赵城—洪洞	聊城北—聊城	德州—于官屯	东莞—茶山	南社—横沥	
ζ	0.729	0.728	0.705	0.778	0.852	0.705	0.750
C_1	619.149	621.668	660.849	731.106	1 336.850	394.922	735.286
C_2	906.169	1 591.280	556.220	216.811	1 649.533	74.139	779.035
ρ^{***}	0.605	0.690	0.762	0.346	0.673	0.218	0.563

六、区间通过能力利用状态类型的划分

根据上述分析研究，可以将通过能力利用状态类型划分为四大类型，即能力储备型、能力适应型、能力紧张型和能力饱和型四种类型（见表 8-4-5）。

表 8-4-5　通过能力利用状态类型表

能力利用率（%）	区间能力利用状态类型	能力匹配级别
55 及其以下	能力储备型	1
55～75	能力适应型	2
75～90	能力紧张型	3
90 以上	能力饱和型	4

1. 能力储备型（$\rho<55\%$）。能力储备型是从经济角度，根据成本计算所确定的最经济通过能力利用率为依据的。处于或低于这一标准时，区间空闲较大，通过能力储备可达 45% 及以上，可认定为能力储备型。

2. 能力适应型（$55\%\leqslant\rho<75\%$）。能力利用超过最经济利用率水平时，以列车运行图缓冲时间是否满足控制列车后效晚点时间总值为要求来确定能力适应型级别。处于适应状态时，区间有能力控制列车后效晚点的传播。

3. 能力紧张型（$75\%\leqslant\rho<90\%$）。能力利用超过能力适应型时，以列车运行图缓冲时间是否满足控制第一层次列车后效晚点时间为要求来确定能力紧张型级别。处于紧张状态时，

区间有能力控制因列车进入晚点引发的列车后效晚点时间，而高层次列车后效晚点时间的传播处于失控制状态。

4. 能力饱和型($\rho \geqslant 90\%$)。能力利用超过能力紧张型时，认定系统处于能力饱和状态。此时，系统无法有效控制列车进入晚点的传播，运行调整难度大，能力利用趋于饱和。

七、货物运输畅通率

一般说来，能力利用状态处于能力储备型和适应型的铁路区段是能够畅通放行货物列车的。因此，货物运输畅通率是指在一定旅客列车行车量的条件下，能够畅通放行货物列车区段的线路长度在线路总长度中所占的比重，即区段通过能力利用率在70%及其以下区段(即处于能力储备型和适应型的区段)线路长度在线路总长度中所占比重，它可按铁路干线、铁路通道和全路干线分别计算，即：

$$\Phi = \frac{\sum_i L_i}{L_{总}} \times 100\% \tag{8-4-15}$$

式中　Φ——铁路干线、通道或全路货物运输畅通率；

L_i——铁路干线、通道或全路通过能力利用率处于能力储备型和适应型铁路区段长度，km；

$L_{总}$——铁路干线、通道或全路线路总长度，km。

根据文献[7]提出的研究报告，在将全路主要干线整合为19条通道的条件下，以包括沪杭线、浙赣线、湘黔线、贵昆线的沪昆通道为例，其中浙赣线的畅通率为63%左右，沪昆通道的畅通率为60%左右，而全路各通道的平均畅通率仅为55%左右。

八、高速铁路客流区段通过能力利用状态

对于高速铁路，由于列车正点率水平高，平均列车后效晚点时间相对较小，区分第一层次平均列车后效晚点时间及第一层次和高层次平均列车后效晚点时间总值的意义不大，可采用以控制第一层次和高层次平均列车后效晚点时间总值为目标，确定平均列车运行图缓冲时间，并据以确定高速铁路区段通过能力利用状态的办法。据此，高速铁路可划分为能力适应型和能力紧张型两种类型的铁路区段。

根据某高速铁路计算资料，以控制第一层次和高层次平均列车后效晚点时间总值为目标计算确定的平均列车运行图缓冲时间及通过能力利用率见表8-4-6。

表8-4-6　ρ值计算表

区段	$\bar{I}$	$\Delta t_{占}$	$\bar{I}_{图}$	$\bar{t}_r$	$\bar{I}_{图}+\bar{t}_r$	ρ(%)
A	5.20	1.51	6.21	1.39	9.05	83.3
B	5.44	3.21	8.72	1.42	10.14	86.0
C	5.45	4.01	9.92	1.42	11.34	87.5
D	5.56	3.45	9.01	1.42	10.03	86.1
E	5.50	4.94	10.54	1.43	11.97	87.9
					均值	86.2

在表 8-4-6 中，能力利用率临界值的平均值为 0.862。因此，可取 $\rho=85\%$时，这就是说，当 $\rho\leqslant 85\%$时，该区段属于能力适应型区段；当 $\rho>85\%$时，该区段属于能力紧张型区段(见表 8-4-7)。

表 8-4-7　高速铁路能力利用状态类型表

ρ(%)	区段能力利用状态
85 及以下	能力适应型
85 以上	能力紧张型

第五节　双线铁路区段必要站间距离与通过能力关系分析

一、问　　题

在双线铁路干线技术改造工程中，考虑到改善列车在区段内的运行条件、降低运营成本的需要，拟封闭或拆除部分客货运作业量不大、且无列车技术作业需要的中间站，从而延长了站间距离。问题是对于有不同速度列车运行的铁路区段，封闭或拆除中间站、延长站间距离对区段通过能力是不是有不利影响？对于铁路干线区段通过能力十分紧张的中国铁路来说，铁路通过能力是铁路运输最重要的运力资源，是铁路运输企业进行一系列重大决策的基本出发点。本节旨在针对我国铁路列车运行条件，给出在不影响铁路区段通过能力条件下必要站间距离的计算方法，它可作为封闭或拆除中间站、延长站间距离的决策依据。

二、最紧密铺画列车运行线条件下的区间平均长度

在双线铁路区段组织相同运行速度列车或速差不大的列车[指区段旅行时间差小于列车间隔时间 2 倍(即 $2I$)的列车]无越行运行时，铁路区段通过能力与站间距离无关。因此，封闭或拆除部分中间站可根据实际需要进行。但在双线铁路区段运行的列车具有不同列车运行速度，且区段旅行时间差大于或等于 $2I$ 时，区段铁路通过能力与站间距离长短密切相关。

由图 8-5-1 可以看出，在双线铁路区段运行的列车具有不同运行速度，且区段旅行时间差(Δt)大于或等于 $2I$ 时，在 Δt 时间内可以组织放行在中间站上有越行的慢速列车，从而构成了具有最大区段通过能力的最紧密铺画列车运行图。

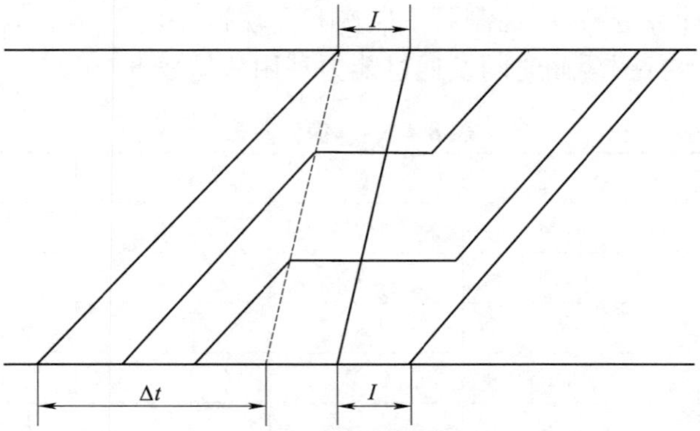

图 8-5-1　紧密铺画列车运行线示意图

具有不同列车运行速度列车的区段旅行时间差(Δt)可按下式计算：

$$\Delta t=\frac{60L}{v_{慢}}-\frac{60L}{v_{快}}=\frac{60L\cdot\Delta v}{v_{慢}\ v_{快}}(\min) \tag{8-5-1}$$

式中 L——区段长度，km；

$v_{慢}$——慢速列车运行速度，km/h；

$v_{快}$——快速列车运行速度，km/h；

Δv——快、慢速列车速度差，km/h。

在这一计算中快速列车用旅行速度指标，主要是考虑到作为快速列车的旅客列车可能在区段内中间站发生有客运作业需要停车的情况。

在 Δt 时间内可放行的慢速列车数，亦即因需要组织列车越行而必须在区段内设置的中间站数(k)为：

$$k=\frac{\Delta t}{I}-1 \tag{8-5-2}$$

因而，铁路区段应划分的区间数为：

$$k+1=\left(\frac{\Delta t}{I}-1\right)+1=\frac{\Delta t}{I}=\frac{60L\Delta v}{v_{慢}\ v_{快}\ I} \tag{8-5-3}$$

这样，区间平均长度($l_{区}$)应为：

$$l_{区}=\frac{L}{k+1} \tag{8-5-4}$$

将($k+1$)带入上式并整理可得：

$$l_{区}=\frac{v_{慢}\ v_{快}\ I}{60\Delta v}(\mathrm{km}) \tag{8-5-5}$$

根据我国铁路当前实际列车运行情况和列车提速规划，表 8-5-1 给出了不同速差条件下，双线铁路区段必要区间平均长度的分析计算资料。由这一分析资料可以看出，双线铁路区段必要区间长度随列车速差的加大而变小，随列车间隔时间压缩而缩短，随慢速列车提速而加大。显然，在主要干线区段上，当旅客列车提速达到 160 km/h 及其以上(或以此为提速规划目标)，且列车追踪间隔在 8 min 及其以下时，按达到最大区段通过能力所需的必要区间长度标准测算，一般说来，在双线铁路区段封闭或拆除部分中间站的潜在可能性并不大，否则必将降低双线区段通过能力。

表 8-5-1 双线区段必要区间长度计算表

$v_{慢}$(km/h)	I(min)	$v_{快}$(km/h)	Δv(km/h)	$l_{区}$(km)
70	10	100	30	38.9
		120	50	28.0
		140	70	23.3
		160	90	20.7
		200	130	17.9
	8	100	30	31.1
		120	50	22.4
		140	70	18.7
		160	90	16.6
		200	130	14.4

续上表

$v_{慢}$(km/h)	I(min)	$v_{快}$(km/h)	Δv(km/h)	$l_{区}$(km)
70	6	100	30	23.3
		120	50	16.8
		140	70	14.0
		160	90	12.4
		200	130	10.8
80	10	100	20	66.7
		120	40	40.0
		140	60	31.1
		160	80	26.7
		200	120	22.2
	8	100	20	53.3
		120	40	32.0
		140	60	24.9
		160	80	21.3
		200	120	17.8
	6	100	20	40.0
		120	40	24.0
		140	60	18.7
		160	80	16.0
		200	120	13.3

三、双线铁路区段中间站实际配置与区段通过能力关系分析

实际上，受各方面因素的制约，双线铁路区段中间站不可能按 $l_{区}$ 的数值均匀配置。当实际配置的站间距小于 $l_{区}$ 时，快速列车不可能组织同时在两相邻中间站越行慢速列车；当实际配置的站间距大于 $l_{区}$ 时，快速列车可以组织在两相邻中间站越行慢速列车，但两相邻被越行列车的列车间隔时间将大于 I 值。因此，在实际工作中不可能按最紧密铺画列车运行线的理想状态，最大限度地发挥铁路区段通过能力。

当相邻区间实际配置的站间距离均小于 $l_{区}$，但相邻区间站间距之和大于或等于 $l_{区}$ 时，将相邻区间之间的中间站封闭或拆除对区段通过能力较小产生或不产生影响。在这种情况下，可以封闭或拆除中间站。

第九章
编组站设备能力

第一节　编组站设备能力概述

一、编组站设备能力

为了规划货物列车工作、监督车站日常作业的进行，各级运输组织指挥者必须掌握编组站能力。它不仅是对现有车站设备的查定，而且也是改建和新建编组站的设计依据。根据运输量变化的要求，一项适应运输高峰期运量要求且具有一定数量的能力储备的编组站设备能力是必要的。但同时也应避免提前配备过量的铁路设备。

编组站设备能力通常由编组站通过能力和改编能力两部分组成，它是决定铁路通过能力的重要因素。编组站通过能力是指在一定设备和行车组织方法条件下，编组站一昼夜能够通过的最大有改编和无改编列车数或车辆数；编组站改编能力是指在合理使用车站技术设备条件下，编组站各种调车设备一昼夜能够解体和编组的最大列车数或车辆数。

根据我国铁路行车组织方法的特点和设备条件，我们提出编组站设备能力采用编组站通过能力、编组站车流结构条件通过能力和驼峰设备小时改编能力三个概念。编组站作业过程在车站设备上的进行是相互依赖的，因而各项车站设备能力的计算也是相关的。其中驼峰设备改编能力可以作为编组设备能力计算的基础。

二、编组站通过能力

编组站通过能力(L)是指基于车站线路设备、技术装备和运输任务条件可能实现的每天发出车辆数。在不受机车车辆和员工数量限制的条件下，它是编组站各项设备能力的最高限值，是当具有足够的输入流并在计算中不考虑时间损失时，在实际工作中可能达到的通过能力。将编组站通过能力与实际承担的任务作比较，可以得出编组站负荷水平。双向驼峰编组站应就每一调车系统分别计算编组站通过能力。

编组站通过能力可以通过使用两台驼峰机车时的驼峰设备改编能力(L_{a2})、考虑能力最小车站设备影响的参数 ϑ 和车辆改编参数 c 来计算，即

$$L = \vartheta \cdot c \cdot L_{a2} \quad (\text{车}/\text{d}) \tag{9-1-1}$$

车辆改编参数 c 为：

$$c = \frac{N_A}{N_Z} \tag{9-1-2}$$

式中　N_A——车站发出车数；

　　N_Z——驼峰设备解体车数。

可见车辆改编参数 c 是一项用来表示出发车数与车站解体车数不相等程度的参数。之所以会出现这两项车数不相等的情况，这是因为：

(1)在出发车数中不包括以取送车方式调送到货物作业地点的货物作业车。

(2)折角车和临时借用线路的车辆重复解体作业。

(3)在直通中转列车(或车组)中的货车不经过驼峰设备,而直接发出,它不包括在解体车辆数中。

这部分车辆在总车辆数中具有一定的数量比例。因此,只要车站任务不变,将参数 c 作为一项常量处理是可以的。

三、编组站车流结构条件通过能力

编组站车流结构条件通过能力(L_{str})是指在编组站一定到达车流条件下的通过能力,它的大小取决于车站到达车流的总量、阶段数值以及车站设备和驼峰机车的运用方式。

由于不同阶段车站到达车流的数量是不相同的,故车站可根据列车运行图所安排的不同阶段到达车流量,确定驼峰解体作业需要配备一台或两台驼峰机车进行驼峰作业。由此可见,通过能力 L_{str} 的计算基础是在驼峰作业中规定的一台或两台驼峰机车的工作时间,计算公式为:

$$L_{str}=c(L_{ast1}d_1+L_{ast2}d_2)\quad (车/d) \tag{9-1-3}$$

式中 L_{ast1}——一台驼峰机车作业时的驼峰设备小时改编能力,车/h;

L_{ast2}——两台驼峰机车作业时的驼峰设备小时改编能力,车/h;

d_1——一台驼峰机车作业时间,h/d;

d_2——两台驼峰机车作业时间,h/d。

四、驼峰设备小时改编能力

驼峰设备小时改编能力(L_{ast})是指每小时推峰解体的车辆数或解体的车列数,它与人员组织及驼峰机车的运用方式相关。当运用一台驼峰机车作业时,1 h 内推峰解体的车辆数为:

$$L_{ast1}=\frac{L_{a1}}{24}\quad (车/h) \tag{9-1-4}$$

而1 h 内解体的车列数[$L_{ast1(z)}$]则应为:

$$L_{ast1(z)}=\frac{L_{ast1}}{m_z}\quad (车列/h) \tag{9-1-5}$$

当运用两台驼峰机车作业时,1 h 内推峰解体的车辆数为:

$$L_{ast2}=\frac{L_{a2}}{24}\quad (车/h) \tag{9-1-6}$$

而1 h 内解体的车列数[$L_{ast2(z)}$]则应为:

$$L_{ast2(z)}=\frac{L_{ast2}}{m_z}\quad (车列/h) \tag{9-1-7}$$

式中 L_{a1}——运用一台驼峰机车的驼峰设备改编能力,车/d;

L_{a2}——运用两台驼峰机车的驼峰设备改编能力,车/d;

m_z——车列平均编成数。

第二节　驼峰设备改编能力

驼峰设备改编能力(L_a)是指一日内通过驼峰设备解体的车辆数，其值与平均推峰速度 v_0(m/s)、车辆缓冲器间的平均车长 l_{up}(m)及驼峰设备运用时间 t_n(min/d)相关。

驼峰设备运用时间由总工作时间 t 和由于受作业干扰因素影响而不可能推峰的损失时间 t_v 两项时间因素组成，即

$$t_n = t - t_v \quad (\text{min/d}) \tag{9-2-1}$$

其中，t=1 440 min/d，损失时间 t_v 则包括如下时间：

(1)驼峰机车由峰顶运行至下一推峰解体车列所需的运行时间 t_u。当采用两台驼峰行车作业时，$t_u=0$。

(2)将解体车列由到达场推送至峰顶所需要的预推时间 t_g。当采用两台驼峰机车作业时，时间 t_g 可全部或部分地省略。

(3)为消除峰下调车线上的停留车间隔、纠正错误的溜放、取铁鞋等，驼峰机车的峰下作业时间 t_t。

(4)相反方向列车到达场产生的干扰时间 t_{ge}。

(5)由调车场向反方向发车产生的干扰时间 t_{ga}。

(6)由于进路交叉而发生的第二台驼峰机车的干扰时间 t_f。

(7)机车出入库产生的干扰时间 t_l。

(8)驼峰设备的其他作业中断时间 t_s，例如换班、调车技术设备的维修等。

因此，当一台驼峰机车作业时损失时间 t_{v1} 应为：

$$t_{v1} = t_u + t_g + t_t + t_{ga} + t_l + t_s \quad (\text{min/d}) \tag{9-2-2}$$

当两台驼峰机车作业时损失时间 t_{v2} 则应为：

$$t_{v2} = t_g + t_t + t_{ge} + t_{ga} + t_f + t_l + t_s \quad (\text{min/d}) \tag{9-2-3}$$

驼峰设备改编能力可按如下公式计算：

当一台驼峰机车作业时

$$L_{a1} = \frac{60v_0}{l_{up}}(t - t_{v1}) \quad (\text{车/d}) \tag{9-2-4}$$

当两台驼峰机车作业时

$$L_{a2} = \frac{60v_0}{l_{up}}(t - t_{v2}) \quad (\text{车/d}) \tag{9-2-5}$$

推峰速度 v_0 主要取决于线路设备条件及驼峰调车场的技术装备水平。平均车长 l_{up} 应就每一编组站的具体车流条件通过写实查定。

设 t'_{v1} 和 t'_{v2} 各为采用一台和两台驼峰机车时的平均每车损失时间，计算方法为：

$$t'_{v1} = \frac{t_{v1}}{L_{a1}} \quad (\text{min/车}) \tag{9-2-6}$$

$$t'_{v2} = \frac{t_{v2}}{L_{a2}} \quad (\text{min/车}) \tag{9-2-7}$$

据此，损失时间计算公式也可以写为：

$$t_{v1} = L_{a1} t'_{v1} \quad (\text{min/d}) \tag{9-2-8}$$

$$t_{v2} = L_{a2} t'_{v2} \quad (\text{min/d}) \tag{9-2-9}$$

将上述两损失时间计算公式分别代入一台和两台驼峰机车作业时的能力计算方式，并经整理可得：

$$L_{a1} = \frac{60 v_0 t}{l_{up} + 60 v_0 t'_{v1}} \quad (\text{车 /d}) \tag{9-2-10}$$

$$L_{a2} = \frac{60 v_0 t}{l_{up} + 60 v_0 t'_{v2}} \quad (\text{车 /d}) \tag{9-2-11}$$

第三节 到达场接车能力对编组站通过能力影响的分析计算

到达场的基本任务是接入由衔接区间到达的到达列车，必要时也接入由站内货物作业地点、车辆检修地点的货车和折角车调车，为解体车列进入驼峰设备解体做准备。

到达场与驼峰设备之间的功能关系在于到达场应确保在列车以非列车运行图规定的正常间隔到达的情况下，解体车列能够不间断地推向驼峰。

到达场线路数 g 由列车作业线路 g_b 和等待作业与推峰线路 g_w 两部分组成，即：

$$g = g_b + g_w \tag{9-3-1}$$

到达场需要线路数通过到达线最小占用时间 t_b 和等待时间 t_w 确定。最小占用时间包括接车作业时间、车列到达作业时间、推峰解体时间和驼峰机车由峰顶经到达线运行至解体车列的运行时间。等待时间与列车到达时间之间的时间间隔 I 及驼峰作业时间 t_a 相关，它可以全部或部分地存在于列车到达作业之前或之后。

驼峰作业时间 t_a 是指包括采用两台驼峰机车作业时损失时间在内的推峰解体时间。

从到达场现有线路 g_v 出发计算到达场等待线数的计算公式应为：

$$g_w = g_v - g_b \tag{9-3-2}$$

到达场列车作业线数可按下式计算：

$$g_b = \frac{t_b}{t_a} \tag{9-3-3}$$

当驼峰设备改编能力 L_{a2} 和解体车列平均编成数 m_z 已知时，驼峰作业时间 t_a 可按下式计算：

$$t_a = \frac{1\,440 m_z}{L_{a2}} \quad (\text{min/ 列}) \tag{9-3-4}$$

根据现有等待线数 g_w 可以确定超过驼峰设备改编能力限界的列车数是否可能。当不可能时，对到达列车发生的干扰必须限制在列车运行质量要求允许的范围内。这个限值可用参数 σ(%)表示，它表明在到达场允许有 σ(%)部分到达列车的到达受干扰。

用查定的等待线路数 g_w 和参数 σ 可由表 9-3-1 得出一个 ϑ_e，它表示到达场接车能力对编组站通过能力的影响程度。

当到达场是限制编组站通过能力的车站设备时，编组站通过能力按下式计算：

$$L = \vartheta_e \cdot c \cdot L_{a2} \quad (\text{车 /d}) \tag{9-3-5}$$

表 9-3-1 到达场等待线路数参数表

ϑ_e \ g_w \ σ	1%	2.5%	5%	7.5%	10%	12.5%	15%
0.20	1.3						
0.25	1.4						
0.30	1.6	1.2					
0.35	1.8	1.3					
0.40	2.0	1.5	1.1				
0.45	2.2	1.6	1.2	1.0			
0.50	2.4	1.8	1.4	1.1	0.9		
0.55	2.8	2.0	1.5	1.2	1.0	0.9	
0.60	3.2	2.3	1.7	1.4	1.2	1.0	0.9
0.65	3.7	2.7	2.0	1.6	1.3	1.1	1.0
0.70	4.3	3.2	2.3	1.8	1.5	1.3	1.1
0.75	5.2	3.8	2.8	2.2	1.8	1.5	1.3
0.80	6.6	4.8	3.5	2.7	2.2	1.9	1.6
0.85	8.9	6.4	4.6	3.6	2.9	2.4	2.0
0.90	13.4	9.6	6.9	5.3	4.3	3.5	2.9
0.95						6.8	5.6

第四节 调车场容车能力对编组站通过能力影响的分析计算

一、调车场需要线路的总长和调车线平均长度

调车场必须有足够数量的具有需要长度的线路用于货车集结，以确保驼峰设备可不间断地向调车场溜放车辆。

调车场需要调车线的总长度与溜放车辆数及其在调车线的停留时间相关。

货车在调车线的平均停留时间 t_r 可按下式计算：

$$t_r = t_u - t_v - \frac{t_a - t_T}{2} - t_{VZ} - t_N \quad (\text{min}) \tag{9-4-1}$$

式中 t_u——编组站货车平均停留时间，min；

t_v——解体车列在到达场的平均停留时间，min；

t_{VZ}——出发车列由调车场向出发场的转线时间，min；

t_T——每一解体车辆分摊到的峰下作业时间，min；

t_N——出发列车在出发场的平均停留时间，min。

若调车场也直接用于发车，那么货车在调车线上的平均停留时间 t_r' 应为：

$$t_r' = t_u - t_v - \frac{t_a - t_T}{2} \quad (\text{min}) \tag{9-4-2}$$

同时在调车场停留的车辆数 N 为：

$$N = \frac{t_r}{t_a} \cdot m_z \tag{9-4-3}$$

在列车编组时间内调车场增添的车辆数 N_b 为：

$$N_b = \frac{t_B}{t_a} \cdot m_z \tag{9-4-4}$$

式中 t_B——列车平均编组时间。

这样，调车场需要线路总长的基础值 l_{r0} 应为：

$$l_{r0} = N \cdot l_{up} + N_b l_{up} \frac{1}{g_s} \cdot \frac{t_r}{t_a} \quad (m) \tag{9-4-5}$$

式中 l_{up}——货车长度，m；

g_s——每一解体车列溜放车组分布调车线的平均数。

将式(9-4-3)和式(9-4-4)计算式代入式(9-4-5)，并经整理可得：

$$l_{r0} = \frac{t_r}{t_a} N_z \cdot l_{up}\left(1 + \frac{t_B}{g_s t_a}\right) \quad (m) \tag{9-4-6}$$

为适应车辆随机密集到达和发生事故的需要，调车场线路还应按 P 值(约为 l_{r0} 的 10%～15%)作预留。此外，车站也还应考虑供诸如破损车、备用车等较长时间停留车停留的调车线长度 l_{r1}，即

$$l_{r1} = N_1 \cdot l_{up} \quad (m) \tag{9-4-7}$$

式中 N_1——较长时间停留车的最大可能车数。

因而，调车场需要线路总长 l_r 应为：

$$l_r = l_{r0}\left(1 + \frac{P}{100}\right) + l_{r1} \quad (m) \tag{9-4-8}$$

当出发列车的车组数为 N_g 时，调车线的平均长度 l_{rm} 可按下式计算：

$$l_{rm} = \left(\frac{1}{N_g} + \frac{t_B}{g_s t_a}\right) N_z \cdot l_{up} \quad (m) \tag{9-4-9}$$

对于较长时间停留车的线路，其平均线路长度 l_m 则应为：

$$l_m = \frac{l_{r1}}{g_1} \quad (m) \tag{9-4-10}$$

式中 g_1——较长时间停留车的线路需要数(通过实际查标确定)。

单组列车调车线的线路平均长度 l_{rmax} 为：

$$l_{rmax} = \left(N_{rmax} + \frac{t_d}{t_a} \cdot \frac{N_z}{g_s}\right) l_{up} \quad (m) \tag{9-4-11}$$

式中 N_{rmax}——单组列车的最大编成数；

t_d——编组列车时的平均车辆连挂时间。

二、调车线需要数

根据调车场需要线路总长和调车线平均长度，调车线需要数 g_{r0} 可按下式计算：

$$g_{r0} = \frac{l_{r0}}{l_{rm}}\left(1 + \frac{P}{100}\right) \tag{9-4-12}$$

包括较长时间停留车调车线在内的调车线需要数 g_r 则应为：

$$g_r = \frac{l_{r0}}{l_{rm}}\left(1 + \frac{P}{100}\right) + g_1 \tag{9-4-13}$$

三、调车场线路的使用率

调车场线路的平均使用率 a_r 可按下式计算：

$$a_{r}=[g_{r0}l_{rm}+a'(l_{rmax}-l_{rm})+g_{1}l_{rm}]\frac{100}{l_{n}-l_{u}}\quad(\%)\tag{9-4-14}$$

式中 a'——具有长度为 l_{rmax}的调车场线路数；

l_n——现有调车场线路的总使用长度，m；

l_u——车场头部结构原因形成的调车场线路超长部分总长度，m。

长度 l_u 是在正常情况下列车编组不需要的长度，它可按下式计算：

$$l_{u}=\sum_{u=1}^{a}l_{nu}-al_{rmax}\quad(m)\tag{9-4-15}$$

式中 $\sum_{u=1}^{a}l_{nu}$——调车场线路中较 l_{rmax}长线路的总使用长度；

a——调车场线路中较 l_{rmax}长的线路数。

调车场线路使用率还可以按在驼峰设备最大工作量条件下计算的调车场需要线路总长度与现有调车场线路总使用长度的关系计算，即：

$$a_{r0}=(l_{r0}+g_{1}l_{m})\frac{100}{l_{n}}\quad(\%)\tag{9-4-16}$$

若调车场也用于直接发车，那么调车场线路使用率还必须补充成束发车对货车停留的影响，即

$$a'_{r}=\left[g_{r0}l_{rm}+a'(l_{rmax}-l_{rm})+g_{1}l_{m}-\frac{1}{2}g_{a2}(l_{rm}+l_{rmax})\right]\frac{100}{l_{n}-l_{u}}\quad(\%)\tag{9-4-17}$$

$$a'_{r0}=\left[l_{r0}+g_{1}l_{m}+\frac{1}{2}g_{a2}(l_{rm}+l_{rmax})\right]\frac{100}{l_{u}}\quad(\%)\tag{9-4-18}$$

式中 g_{a2}——成束发车需要增加的出发场线路数。

调车场线路使用率 a_r 与 a_{r0}之差表示调车场容量预留的大小，若用 a_n 表示则有：

$$a_{n}=a_{r}-a_{r0}\quad(\%)\tag{9-4-19}$$

调车场线路使用率 a_r 可以达到 100%，甚至允许有微量的超过。但是若使用率 a_{r0} 超过 100%，表示驼峰设备的解体能力已超过调车场线路容量。这时调车场成为限制编组站通过能力的设备。为此，编组站通过能力应乘以影响参数 ϑ_r，即：

$$\vartheta_{r}=100/a_{r0}\tag{9-4-20}$$

第五节 出发场接车能力对编组站通过能力影响的分析计算

出发场的接车能力必须确保出发列车编组作业完成后可以无干扰地由调车场向出发场转线，且在列车出发受到干扰时可以继续在出发场内停留。

当到达车列以时间 t_a 为平均间隔进入调车场时，在一定调车场线路使用率的条件下编发车列也必须以时间 t_a 为平均间隔转出。这样才能确保调车场具有正常的停留车状况。

出发列车以时间 t_a 为平均间隔发车，在出发场列车最小占用时间为 t_{ba}的条件下，出发场需要出发线数 g_{a1}应为：

$$g_{a1}=\frac{t_{ba}}{t_{a}}\tag{9-5-1}$$

出发场列车最小占用时间包括车列转线时间、列车出发作业时间和列车发车作业时间。

当出发场组织密集地成束发车时，列车平均发车间隔 I_a 可按下式计算：

$$I_a = \frac{t_A}{n_b - 1} \quad (\text{min}) \tag{9-5-2}$$

式中　t_A——从列车束第一列车出发至最后列车出发的延续时间，min；

n_b——密集发车列车束的列车数。

当 $I_a < t_a$ 时，出发场的列车最小占用时间将平均延长，即

$$\Delta t_{ba1} = t_a - I_a \quad (\text{min}) \tag{9-5-3}$$

若列车在区间内的位置只允许以列车间隔 $I_a > t_a$ 发车时，那么也将导致出发场列车最小占用时间的延长，即

$$\Delta t_{ba2} = I_a - t_a \quad (\text{min}) \tag{9-5-4}$$

因此，需要增加的出发场线路数 g_{a2}，可按下式计算：

$$g_{a2} = \frac{\Delta t_{ba}(n_b - 1)}{t_a} \tag{9-5-5}$$

这样，出发场需要线路数 g_{ac}应为：

$$g_{ac} = g_{a1} + g_{a2} \tag{9-5-6}$$

用 g_{ac}就可以评价编组站出发场现有线路数 g_{av}是否适应驼峰解体能力的需要。若出发场线路数不足，那么编组站通过能力将受限于出发场的接车能力，其影响参数为：

$$\vartheta_a = \frac{g_{av}}{g_{ac}} \tag{9-5-7}$$

第六节　牵出线改编能力

对于以牵出线作为溜放设备的编组站，应计算牵出线改编能力 L_{ar}。其计算公式为：

$$L_{ar} = \frac{60v_0}{l_{up}}(t - t_v) \quad (\text{车/d}) \tag{9-6-1}$$

或

$$L_{ar} = \frac{60v_0 t}{l_{up} + 60v_0 t_v} \quad (\text{车/d}) \tag{9-6-2}$$

在这里 v_0 是平均溜放速度。

在这一情况下，编组站通过能力可按下式计算：

$$L = \vartheta \cdot c \cdot L_{ar} \quad (\text{车/d}) \tag{9-6-3}$$

牵出线小时改编能力 L_{ast}为：

$$L_{ast} = \frac{L_{ar}}{24} \quad (\text{车列/h}) \tag{9-6-4}$$

或按解车列数计算：

$$L_{ast(z)} = \frac{L_{ar}}{N_z} \quad (\text{车列/h}) \tag{9-6-5}$$

相应地也可以计算编组站车流结构条件通过能力 L_{str}，即

$$L_{str} = c \cdot L_{ast} \cdot d \quad (\text{车/d}) \tag{9-6-6}$$

式中　d——牵出线每天工作小时数。

其他车站设备通过能力对车站通过能力影响的计算可参照驼峰编组站的条件计算，只需将计算公式中的 L_{a2}代入以 L_{ar}即可，而时间 t_a 则应代之以牵出线的车列解体时间。

第七节　双峰编组站和双推双溜驼峰编组站通过能力

一、双峰编组站通过能力

具有两个平行的、作业完全分开的驼峰调车系统的编组站称为双峰编组站。双峰编组站通过能力应就每一驼峰调车系统按驼峰编组站通过能力计算方法分别计算。

二、双推双溜驼峰编组站通过能力

在一个由所有到达场线路向调车场所有线路均存在溜放可能性的调车系统里，一解体车列由到达场的一部分到达线向调车场的一部分调车线（系统Ⅰ）溜放车辆的同时，另一解体车列可由到达场的另一部分到达线向调车场的另一部分调车线（系统Ⅱ）溜放的驼峰，如图 9-7-1 所示，称为双推双溜驼峰。双推双溜驼峰的作业除与设备条件相关外，也与列车到达、调车运行及其时间方面的配合相关。

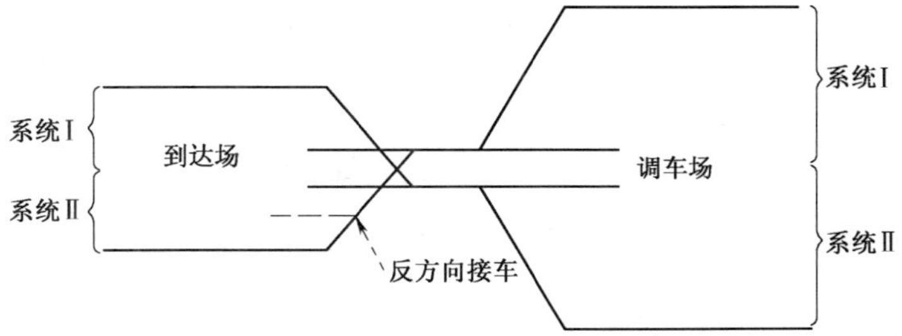

图 9-7-1　双推双溜驼峰示意图

双推双溜驼峰编组站的驼峰设备改编能力 L_a 可按下式计算：

$$L_a = \frac{d_e}{d_e + d_d + d_u} L_{ac} + \frac{d_d}{d_e + d_d + d_u} \cdot \frac{\sum_{i=1}^{n_{zd\,I}} t_{ad\,I\,i} + \sum_{i=1}^{n_{zd\,II}} t_{ad\,II\,i}}{2d_d} (L_{ac\,I} + L_{ac\,II}) \quad (车/d) \tag{9-7-1}$$

式中　d_e——采用单推单溜和双推单溜方法的驼峰工作时间，min/d；

d_d——采用双推双溜方法的驼峰工作时间，min/d；

d_u——两种溜放方法的转换时间，min；

$L_{ac\,I}$——采用双推双溜方法时系统Ⅰ的驼峰改编能力，车/d；

$L_{ac\,II}$——采用双推双溜方法时系统Ⅱ的驼峰改编能力，车/d；

L_{ac}——采用单推单溜和双推单溜方法时的驼峰改编能力，车/d；

$\sum t_{ad\,I\,i}$——在系统Ⅰ采用双推双溜方法的作业时间总值，min；

$\sum t_{ad\,II\,i}$——在系统Ⅱ采用双推双溜方法的作业时间总值，min；

$n_{zd\,I}$——在双推双溜时间内系统Ⅰ解体的车列数；

$n_{zd\,II}$——在双推双溜时间内系统Ⅱ解体的车列数。

其中,d_e、$n_{zd\text{I}}$、$n_{zd\text{II}}$、$\sum t_{ad\text{I}i}$ 和 $\sum t_{ad\text{II}i}$ 通过查标确定。

编组站通过能力 L 按下式计算:

$$L = \vartheta \cdot c \cdot L_a \quad (\text{车}/\text{d}) \tag{9-7-2}$$

在这一情况下,驼峰小时改编能力应给出三个数值,即

采用单推单溜和双推单溜方法时

$$L_{astc} = \frac{L_{ac}}{24} \quad (\text{车}/\text{h}) \tag{9-7-3}$$

采用双推双溜方法时

$$L_{astd} = \frac{1}{24}\left[\frac{1}{2(d_e + d_d + d_u)}\left(\sum_{i=1}^{n_{zd\text{I}}} t_{ad\text{I}i} + \sum_{i=1}^{n_{zd\text{II}}} t_{ad\text{II}i}\right)(L_{ac\text{I}} + L_{ac\text{II}})\right] \quad (\text{车}/\text{h}) \tag{9-7-4}$$

采用混合溜放方法时

$$L_{astm} = \frac{L_a}{24} \quad (\text{车}/\text{h}) \tag{9-7-5}$$

编组站车流结构条件通过能力 L_{str} 为:

$$L_{str} = c \cdot L_{astm} \cdot d \quad (\text{车}/\text{d}) \tag{9-7-6}$$

式中 d——驼峰设备工作时间,h。

在到达场接车能力的影响分析计算中,到达场列车作业线所需的时间 t_a 通过查标确定。当双推双溜作业在全天均匀分布时,时间 t_a 也可按下式计算均值:

$$\bar{t}_a = \frac{t_{de} \cdot n_{ze} + t_{ad\text{I}} \cdot n_{zd\text{I}} + t_{ad\text{II}} n_{zd\text{II}}}{n_{ze} + n_{zd\text{I}} + n_{zd\text{II}}} \quad (\text{min}) \tag{9-7-7}$$

式中 n_{ze}——采用单推单溜和双推单溜方法解体的车列数;

$t_{ad\text{I}}$——采用双推双溜方法在系统Ⅰ的车列溜放时间,min;

$t_{ad\text{II}}$——采用双推双溜方法在系统Ⅱ的车列溜放时间,min;

t_{de}——采用单推单溜和双推单溜方法的车列溜放时间,min。

其中,$t_{ad\text{I}}$、$t_{ad\text{II}}$、t_{de} 和 n_{ze} 通过查标确定。

其他车站设备通过能力对编组站通过能力影响的计算可参照普通驼峰编组站的条件计算,只需将 t_a 代之以 $\bar{t}_a$ 即可。

第八节 计算案例

现有双推双溜驼峰编组站,如图 9-7-1 所示,当已知车站设备能力的各项计算因素,则可按如下方法计算编组站各项设备能力。

一、驼峰设备改编能力

A 驼峰编组站根据对驼峰设备溜放动力学的研究,确定允许推峰速度为 1.25 m/s,作业车的平均车长为 11.0 m,运用一台驼峰机车作业时每 8 h 推 1 000 车,而运用两台驼峰机车作业时则为 1 433 车。每 8 h 的损失时间 t_r 按如下因素确定:

运用一台驼峰机车作业时,$t_u = 113$ min,$t_g = 66$ min,$t_t = 93$ min,$t_{ge} = 0$,$t_{ga} = 0$,$t_l = 17$ min,$t_s = 24$ min,则

$$t_{v1} = t_u + t_g + t_t + t_{ge} + t_{ga} + t_l + t_s$$
$$= 113 + 66 + 93 + 0 + 0 + 17 + 24 = 313(\text{min})$$

运用两台驼峰机车作业时，$t_g=0$，$t_t=106$ min，$t_{ge}=0$，$t_{ga}=0$，$t_f=36$ min，$t_l=20$ min，$t_s=21$ min，则

$$t_{v2} = t_g + t_t + t_{ge} + t_{ga} + t_f + t_l + t_s$$
$$= 0 + 106 + 0 + 0 + 36 + 20 + 21 = 183(\text{min})$$

平均分摊到每一溜放车辆的损失时间为：

运用一台驼峰机车作业时

$$t'_{v1} = \frac{t_{v1}}{L_{a1}} = \frac{313}{1\ 000} = 0.313(\text{min/ 车})$$

运用两台驼峰机车作业时

$$t'_{v2} = \frac{t_{v2}}{L_{a2}} = \frac{183}{1\ 433} = 0.128(\text{min/ 车})$$

据此，驼峰设备改编能力应为：

$$L_{a1} = \frac{60 v_0 t}{L_{up} + 60 v_0 t'_{v1}} = \frac{60 \times 1.25 \times 1\ 440}{11.0 + 60 \times 1.25 + 0.313} = 3\ 133(\text{车 /d})$$

运用两台驼峰机车作业时：

$$L_{a2} = \frac{60 v_0 t}{L_{up} + 60 v_0 t'_{v2}} = \frac{60 \times 1.25 \times 1\ 440}{11.0 + 60 \times 1.25 + 0.128} = 5\ 243(\text{车 /d})$$

二、编组站通过能力

由 A 驼峰编组站的统计资料得，在具有强大车流的 10 d 内共发车42 010车，同期驼峰设备解体车辆数为 44 950 车。因而，参数 c 应为：

$$c = \frac{N_A}{N_Z} = \frac{42\ 010}{44\ 950} = 0.93$$

这样，编组站通过能力为：

$$L = \vartheta \cdot c \cdot L_{a2} = \vartheta \times 0.93 \times 5\ 243 = 4\ 876\vartheta \quad (\text{车 /d})$$

根据对车辆其他设备对编组站通过能力影响的研究，代入其中最小的参数 ϑ 就可得编组站通过能力。

三、驼峰设备小时改编能力

1. 用解体车数表示的驼峰设备小时改编能力

运用一台驼峰机车作业时

$$L_{ast1} = \frac{L_{a1}}{24} = \frac{3\ 133}{24} = 131(\text{车 /h})$$

运用两台驼峰机车作业时

$$L_{ast2} = \frac{L_{a2}}{24} = \frac{5\ 243}{24} = 218(\text{车 /h})$$

2. 用解体车列数表示的驼峰设备小时改编能力

该站解体车列平均编成车数为 43 车，因而有：

运用一台驼峰机车作业时

$$L_{st1(z)}=\frac{L_{ast1}}{m_z}=\frac{131}{43}\approx 3.0(列/h)$$

运用两台驼峰机车作业时

$$L_{st2(z)}=\frac{L_{ast2}}{m_z}=\frac{218}{43}\approx 5.1(列/h)$$

四、编组站车流结构条件通过能力

按车站到达车流情况安排的调车工作计划规定，A 驼峰编组站有 16 h(d_2)运用两台驼峰机车作业，有 7 h(d_1)运用一台驼峰机车作业，1 h 驼峰设备休息。据此，编组站车流结构条件通过 L_{str} 为：

$$L_{str}=c(L_{ast1}d_1+L_{ast2}d_2)=0.93(131\times 7+218\times 16)=4\ 097(车/d)$$

五、到达场接车能力影响的分析计算

1. 列车到达时间间隔序列的相关检验和 χ^2 检验

A 驼峰编组站到达场有 8 条到达线，在查定日接入 105 列货物列车和调车车列，每一解体车列的平均解体时间 t_a 为 11.8 min，而到达线的平均最小占用时间 t_b 为 60 min。

利用概率方法研究到达线需要数必须满足如下两项条件，即：

(1)列车到达时间间隔是随机分布数列。

(2)列车到达时间间隔概率分布服从负指数分布。

因为货物列车是由三个衔接区段无限制地到达 A 驼峰编组站的，故条件 1 可作为满足看待，不能肯定时则需要通过相关检验的验证。

查定日列车到达时刻序列为：

0:22	2:24	4:42	6:53	11:50	14:40	18:00	20:20	22:21
0:25	2:39	4:44	7:00	12:30	14:53	18:20	20:28	22:26
0:38	2:53	5:13	7:47	12:47	15:00	18:30	20:30	22:36
0:45	3:03	5:32	8:25	12:52	15:23	18:53	20:32	22:41
0:57	3:10	5:33	8:30	12:56	16:20	19:18	20:53	22:46
1:01	3:12	5:41	8:38	13:06	16:28	19:10	21:10	22:58
1:06	3:55	5:54	9:20	13:10	17:03	19:15	21:12	23:01
1:18	4:00	6:00	9:48	13:26	17:07	19:19	21:17	23:30
1:30	4:05	6:00	10:14	14:13	17:14	19:40	21:26	23:50
1:30	4:27	6:06	10:41	14:32	17:20	20:00	21:25	
1:55	4:38	6:17	10:54	14:37	17:41	20:03	22:10	
2:19	4:40	6:43	11:10	14:38	17:50	20:14	22:16	

按这一列车到达时间序列计算的列车到达间隔时间为：

$$I_1=3\ \text{min}$$

$$I_2=13\ \text{min}$$

$$I_3=7\ \text{min}$$

$$\vdots$$

$$I_{104}=20\ \text{min}$$

$$I_{105}=32\ \text{min}$$

相邻列车到达间隔时间成对划分为：(3,13)、(13,7)…(20,32)。

由此可得：

$$\sum_{i=1}^{n-1} I_i \cdot I_{i+1}=3\times 13+13\times 7+\cdots+20\times 32=22\ 260$$

$$\sum_{i=1}^{n-1} I_i=3+13+7+\cdots+20=1\ 408$$

$$\sum_{i=2}^{n-1} I_i=3+7+\cdots+20+32=1\ 437$$

$$\sum_{i=1}^{n-1} I_i^2=3^2+13^2+7^2+\cdots+20^2=33\ 972$$

$$\sum_{i=2}^{n-1} I_i^2=13^2+7^2+\cdots+20^2+32^2=34\ 987$$

将这些数据代入相关系数 r 的计算公式，则有：

$$r=\frac{n\cdot\sum_{i=1}^{n-1} I_i\cdot I_{i+1}-\sum_{i=1}^{n-1} I_i\cdot\sum_{i=2}^{n-1} I_i}{\sqrt{\left[n\cdot\sum_{i=1}^{n-1} I_i^2-\left(\sum_{i=1}^{n-1} I_i\right)^2\right]\left[n\cdot\sum_{i=2}^{n-1} I_i^2-\left(\sum_{i=2}^{n-1} I_i\right)^2\right]}}$$

$$=\frac{105\times 22\ 260-1\ 408\times 1\ 437}{\sqrt{(105\times 33\ 972-1\ 408^2)(105\times 34\ 987-1\ 437^2)}}=0.197$$

表 9-8-1　相关检验系数表

n	R	n	R	n	R	n	R
20	0.63	95	0.30	170	0.23	245	0.19
25	0.57	100	0.30	175	0.23	250	0.19
30	0.53	105	0.30	180	0.22	255	0.19
35	0.49	110	0.28	185	0.22	260	0.19
40	0.46	115	0.28	190	0.22	265	0.19
45	0.44	120	0.27	195	0.21	270	0.18
50	0.42	125	0.27	200	0.21	275	0.18
55	0.40	130	0.26	205	0.21	280	0.18
60	0.38	135	0.26	210	0.21	285	0.18
65	0.37	140	0.25	215	0.20	290	0.18
70	0.35	145	0.25	220	0.20	295	0.17
75	0.34	150	0.24	225	0.20	300	0.17
80	0.33	155	0.24	230	0.20		
85	0.32	160	0.24	235	0.20		
90	0.31	165	0.23	240	0.20		

由表 9-8-1 可得，当 $n=105$ 时相关检验系数 $R=0.29$。因计算的相关系数 r 小于表值 R，所以可以认为该列车到达时间间隔序列是随机的。

满足条件 2 的证明通过 χ^2 检验来进行。

首先将列车到达间隔时间 I 划分为若干个组，并数出落入每一组的个数，见表 9-8-2。在这里组距为 6 min。

然后按负指数分函数计算理论频率 h_z，见表 9-8-3，其中 I_m 为：

$$I_m=\frac{\sum_{i=1}^{n}I_r}{n}=\frac{1\,440}{105}=13.7(\text{min})$$

表 9-8-3 中的理论频率 h_I 等于相邻组 (ne^{-I/I_m}) 值之差。

再将表 9-8-2 和表 9-8-3 的 f 值和 h_I 填入表 9-8-4，并计算 χ^2 值。在确定表 9-8-4 的分组时，每一组均必须满足 $h\geqslant 5$，否则应与下一组合并。

表 9-8-2 列车到达时间间隔频数分表

列车到达时间间隔 I(min)	频数 f
0～5	34
6～11	25
12～17	15
18～23	12
24～29	9
30～35	2
36～41	3
42～47	4
48～53	—
54～59	1
	$\sum f=105$

计算的 χ^2 值为 1.634，而在自由度为 5 条件下 χ^2 分布限值 $\chi^2_{0.5}=11.070$。这就证明了理论分布与观测分布之间的偏差在给定精度要求之下，亦即可以用负指数分布来描述列车到达间隔时间。

表 9-8-3 按负指数分布函数计算的理论频率表

1	2	3	4	5
组界(I)	I/I_m	e^{-I/I_m}	$n\cdot e^{-I/I_m}$	h_f
0	0	1.000	105	35
5.5	0.40	0.670	70	25
11.5	0.84	0.432	45	16
17.5	1.28	0.278	29	10
23.5	1.71	0.181	19	7
29.5	2.15	0.116	12	4
35.5	2.59	0.075	8	3
41.5	3.03	0.048	5	2
47.5	3.46	0.031	3	1
53.5	3.90	0.020	2	1
59.5	4.34	0.013	1	—
65.5	4.78	0.008	1	—
77.5	5.65	0.004	0	1
				$\sum f=1.5$

表 9-8-4　χ^2 计 算 表

1	2	3	4	5
I	t	h_I	$f-h_r$	$\frac{(f-h_I)^2}{h_I}$
0～5	34	35	1	0.029
6～11	25	25	—	—
12～17	15	16	1	0.063
18～23	12	10	2	0.400
24～29	9	7	2	0.571
30～41	5	7	2	0.571
42～59	5	5		—
组数=7	$\sum f=105$	$\sum h_I=105$		$\chi^2=1\ 634$

2. 到达场接车能力的影响

根据 A 驼峰编组站到达场作业时间的计算，列车作业线数 g_b 应为：

$$g_b=\frac{t_b}{t_a}=\frac{60}{11.8}=5.1(\text{条})$$

现有到达线 8 条，因而列车等待作业的停车线 g_w 可为：

$$g_w=g_v-g_b=8-5.1=2.9(\text{条})$$

在取参数 σ 为 5%，即允许到达场有 5%的列车不可能无干扰接车时，由表 9-8-1 可得参数 $\vartheta_e=0.76$。因而按到达场接车能力条件计算的编组站通过能力应为：

$$L=4\ 876\vartheta_e=4\ 876\times0.76=3\ 706(\text{车}/\text{d})$$

若允许到达场有 10%的列车不可能无干扰接车，那么参数 $\vartheta_e=0.85$。这时编组站通过能力为：

$$L=4\ 876\times0.85=4\ 150(\text{车}/\text{d})$$

若该站到达场有 9 条到达线，则有：

$$g_w=9-5.1=3.9(\text{条})$$

在 $\sigma=5\%$时，由表 9-8-1 得 $\vartheta_e=0.82$。这时编组站通过能力为：

$$L=4\ 876\times0.82=4\ 000(\text{车}/\text{d})$$

也可以根据要求的编组站通过能力来计算必要的参数 ϑ_e 值。例如，为使受到达场接车能力限制的编组站通过能力（3 706 车/d）提高 7 列，即 7×43=301 车/d，必要的参数 ϑ_e 应为：

$$\vartheta_e=\frac{L}{c\cdot L_{az}}=\frac{3\ 706+301}{0.93\times5\ 243}=0.82$$

由表 9-8-1 可以得出，在 $\sigma=5\%$、$g_w=3.8$ 条时可以满足这一要求。在目前只有 2.9 条列车等待作业停留线的条件下，则必须允许 $\sigma=7.5\%$才能达到这一能力要求。

六、调车场容车能力影响的分析

1. 货车在调车场的平均停留时间

A 驼峰编组站有 34 条调车线，规定不能由调车线直接发车。根据查标有如下计算数值：

编组站货车平均停留时间　　　　$t_u=378$ min

解体车列在到达场的平均停留时间	$t_v=57$ min
出发车列在出发场的平均停留时间	$t_N=60$ min
列车平均编组时间	$t_B=22$ min
由调车场到出发场的车列转线时间	$t_{vz}=7.6$ min
解体车列的平均解体时间	$t_a=11.8$ min
较长时间停留车需要停车线数	$g_l=3$ 条
单组列车最大编成车数	$m_{zmax}=58$ 车
编组列车时的平均连挂车辆时间	$t_d=13.5$ min
每一解体车列的平均峰下作业时间	$t_r=4.6$ min
出发列车的平均车组数	$n_g=1.2$ 组
较长时间停留车的平均车数	$w_l=140$ 车
每一解体车列溜放车辆分布的平均线路数	$g_s=11$ 条
现有调车线总使用长度	$l_n=27\ 315$ m
长度超过 l_{rmax} 的现有调车线数	$a=20$ 条
长度超过 l_{rmax} 的现有调车线总使用长度	$\sum_{u=1}^{a} l_{nu}=17\ 178$ m
长度为 l_{rmax} 的单组列车线路需要数	$a'=17$ 条

据此，货车在调车场的平均停留时间 t_r 为：

$$t_r = t_u - t_v - \frac{t_a - t_r}{2} - t_v - t_N$$

$$= 378 - 57 - \frac{11.8 - 4.6}{2} - 7.6 - 60 = 249.8(\text{min})$$

在调车场同时停留的车辆数 w 为：

$$w = \frac{t_r}{t_a} \cdot m_z = \frac{249.8}{11.8} \times 43 = 910(\text{车})$$

在列车编组时间内调车场增添的车辆数 w_b 为：

$$w_b = \frac{t_B}{t_a} \cdot w_z = \frac{22}{11.8} \times 43 = 80(\text{车})$$

2. 调车线长度

根据计算资料，调车场需要线路总长的基础值 l_{r0} 是：

$$l_{r0}=\frac{t_r}{t_a} \cdot w_z \cdot l_{up} \cdot \left(1+\frac{t_B}{g_s t_a}\right)$$

$$=\frac{249.8}{11.8}\times 43\times 11.0\times\left(1+\frac{22}{11\times 11.8}\right)=11\ 733\ (\text{m})$$

为适应车辆随机聚集及发生事故情况的需要，应预留线路总长基础值 $p=10\%$ 的线路长度。

较长时间停留车停车线的长度 l_{r1} 则为：

$$l_{r1} = w_l l_{ur} = 140 \times 11.0 = 1\ 540(\text{m})$$

这样，调车线的总长 l_r 应为：

$$l_r = l_{r0}\left(1 + \frac{10}{100}\right) + l_{r1}$$

$$= 11\ 733 \times \left(1 + \frac{10}{100}\right) + 1\ 540 = 14\ 446(\text{m})$$

而每一调车线的平均长度 l_{rm} 为：

$$l_{rm} = \left(\frac{1}{n_v} + \frac{t_B}{g_s t_a}\right) w_z \cdot l_{up}$$

$$= \left(\frac{1}{1.2} + \frac{22}{11 \times 11.8}\right) \times 43 \times 11.0 = 473(\text{m})$$

较长时间停留车停车线的平均长度 l_m 为：

$$l_m = \frac{l_{r1}}{g_1} = \frac{1\ 540}{3} = 514(\text{m})$$

单组列车调车线平均长度 l_{rmax} 为：

$$l_{rmax} = \left(w_{rmax} + \frac{t_d}{t_a} \cdot \frac{w_z}{g_s}\right) l_{np}$$

$$= \left(58 + \frac{13.5}{11.8} \times \frac{43}{11}\right) \times 11.0 = 685(\text{m})$$

现有调车场线路超长部分总长度 l_u 为：

$$l_u = \sum_{u=1}^{n} l_{nu} - a l_{rmax}$$

$$= 17\ 178 - 20 \times 685 = 3\ 478(\text{m})$$

3. 调车线数

包括预留 10%在内的调车线需要线路为 g_{r0} 为：

$$g_{r0} = \frac{l_{r0}}{l_{rm}}\left(1 + \frac{P}{100}\right)$$

$$= \frac{11\ 733}{473} \times \left(1 + \frac{10}{100}\right) = 27.3 \approx 28(\text{条})$$

这样，需要调车线总数 g_r 应为：

$$g_r = g_{r0} + g_1 = 28 + 3 = 31(\text{条})$$

4. 调车场线路使用率

调车场线路平均使用率 a_r 为：

$$a_r = [g_{r0} l_{rm} + a'(l_{rmax} - l_{rm}) + g_1 l_m] \frac{100}{l_n - l_u}$$

$$= [27.3 \times 473 + 17 \times (685 - 473) + 3 \times 513] \times \frac{100}{27\ 315 - 3\ 478} = 72\%$$

而按调车场需要线路总长度与现有调车场线路总使用长度计算的调车场线路平均使用率 a_{r0} 则应为：

$$a_{r0} = (l_{r0} + g_1 l_m) \frac{100}{l_n} = (11\ 733 + 3 \times 513) \times \frac{100}{27\ 315} = 49\%$$

这样，在正常情况下调车场线路的间隙预留 a_u 可有：

$$a_u = a_r - a_{r0} = 0.72 - 0.49 = 23\%$$

计算需要调车线数为 31 条，而实际有 34 条，且具有 23%的预留使用率。因此，车站调车场的容量是足够的，编组站通过能力不会受限于调车场的容车能力。

七、出发场接车能力影响的分析计算

A 驼峰编组站出发场有 10 条出发线，根据查标有如下计算数据：

出发场列车最小占用时间　$t_{ba}=70$ min

列车束第一列车出发至最后列车出发的延续时间　$t_{A}=175$ min

一列车束的列车数　$n_{b}=19$ 列

据此，列车束的平均列车出发间隔时间 I 为：

$$I=\frac{t_{A}}{n_{b}-1}=\frac{175}{19-1}=9.7(\text{min})$$

出发场线路的最小需要数 g_{a1} 为：

$$g_{a1}=\frac{t_{ba}}{t_{a}}=\frac{70}{11.8}=5.9(\text{条})$$

因为 $I_{a}=9.7$ min$<t_{a}=11.8$ min，故出发线最小占用时间被延长：

$$\Delta t_{ba1}=t_{a}-I_{a}=2.1\ (\text{min})$$

这样，出发线需要数增加

$$g_{a2}=\frac{\Delta t_{ba}(n_{b}-1)}{t_{a}}=\frac{2.1\times(19-1)}{11.8}=3.2(\text{条})$$

因而，出发场线路需要数 g_{ae} 应为：

$$g_{ae}=g_{a1}+g_{a2}=5.9+3.2=9.1(\text{条})$$

计算需要数为 9.1 条，而实际现有 10 条。因此，车站出发场线路是足够的。

第四篇

铁路列车开行方案及列车运行图编制

第十章 旅客列车开行方案

第一节 旅客列车开行方案编制

旅客列车开行方案，是指确定旅客列车运行区段、列车种类及开行对数的计划。旅客列车开行方案的编制在中国铁路总公司列车运行图编制委员会的统一领导下进行。直通旅客列车的开行方案由中国铁路总公司研究有关铁路局的建议后确定，管内及市郊旅客列车的开行方案由各铁路局自行确定并报总公司，中国铁路总公司有关业务局进行综合平衡后拟定全路开行方案并提交中国铁路总公司列车运行图编制委员会审批。

旅客列车的始发站、终到站及经由线路构成旅客列车的运行区段，列车种类区别出列车不同的等级或性质，开行对数的多少表示行车量的大小，三者组成一个完整的旅客列车开行方案。

铁路是以列车方式进行运输生产活动的。为了完成旅客运输计划，必须将流向、流量、流程各异的旅客组织到不同种类、不同发到站、不同到发时刻的旅客列车中去，才能将旅客安全、迅速、准确、便利、舒适地输送到达目的地，并使客运技术设备得到经济、合理的运用。因此，编制列车开行方案，既是质量良好地组织铁路旅客运输服务工作的需要，也是提高铁路旅客运输效率和效益的重要手段。

一、旅客快车运行线路网络规划

1. 旅客快车运行线路网络规划的目标

铁路旅客快车运行线路网络是指以旅客快车始发站、中途停靠站和终点站为节点，旅客快车站间运行区段为边而构成的网络图。显然，这一网络的结构与社会的各个方面密切相关。在制定旅客列车开行方案，规划铁路旅客快车运行线网络时，必须以铁路客流量为依据，以方便旅客旅行，满足社会各个方面需要为目的，并兼顾铁路运输部门的企业效益。因此，铁路旅客快车运行线路网络规划的目标应该是：

(1)旅客快车运行径路必须与主要客流方向一致，以满足旅客乘车旅行的需要。

(2)尽可能以直达运输的方式组织旅客运输，在一定客流结构条件下，使旅客换乘总次数最少，或吸收直达客流量为最大。

(3)使旅客快车运行线路具有较为均匀的客流分布，以充分发挥铁路旅客运输设备的运输能力。

(4)尽可能按最合理径路布设旅客快车运行线路，使旅客乘车旅行总时间最短。

由此可见，铁路旅客快车运行线路网络规划问题实质上是一个优化问题。

2. 旅客快车基点站优化配对的数学模型

在这里，称联结旅客快车始发站、中途停靠站和终点站间的线路为旅客快车运行线路。当某一旅客快车的运行线路位于另一旅客快车运行线路的某一地段上，亦即当某一长途旅客快车运行线路上同时又开行有一对或多对相对较短快车时，称相对较短旅客快车运行线路为附加旅客快车运行线路，而长途旅客快车运行线路称为基本旅客快车运行线路。如图 10-1-1 所示，其中 AC、CE、AG、HE 和 DH 为基本旅客快车运行线路，而 BC、CD、AH 和 GF 为附加旅客快车运行线路。

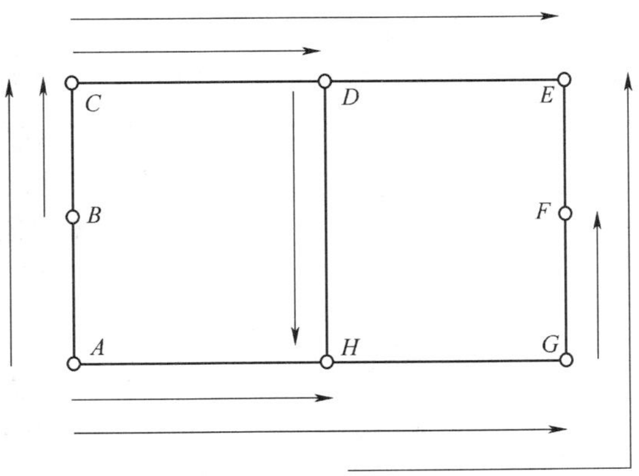

图 10-1-1　旅客快车运行线路图

很显然，附加旅客快车运行线路上开行旅客快车所吸收的客流也可以为基本旅客快车运行线路上所开行旅客快车所吸收。因此，为简化问题起见，在研究旅客快车运行线路网络时，可先将附加旅客快车运行线路略去，待确定基本旅客快车运行线路后，再根据该运行线路所吸收客流量大小及其区段的客流构成特征研究确定附加旅客快车运行线路。

据此，在这里将基本旅客快车运行线路的两端点站称为旅客快车基点站，在制定旅客快车开行方案及其运行线路时，首先必须确定旅客快车基点站。通常，确定旅客快车基点站的主要依据是：

(1)各客流发生地和消失地的发、到客流量。

(2)车站在旅客快车运行线路网络中的位置。

(3)政治、经济和旅游等方面的特殊需要。

(4)机务段和客技站的设置。

设图 10-1-2 为某铁路地区的铁路网络图，该地区主要站间的客流量见表 10-1-1。由表 10-1-1 可以看出，其中 A、B、C、D 和 E 站的旅客发送量和到达量都比较大，若这些站均设有机务段和客技站，则均需规定为且可规定为旅客快车的基点站。

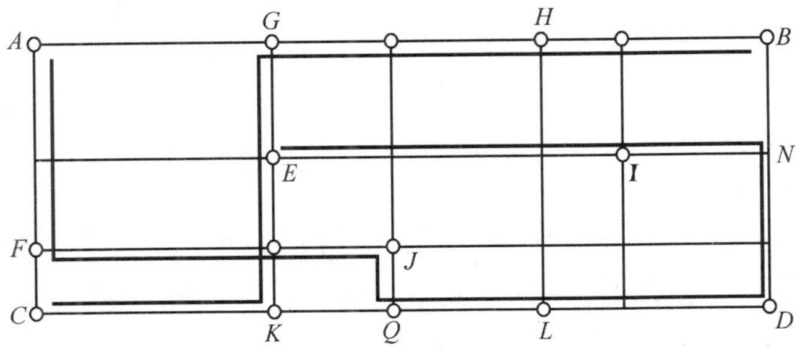

图 10-1-2　铁路网络图

当某一基点站的客流量较大，且衔接多个铁路方向时，往往规定该站向不同方向发出不同的旅客快车。设根据基点站的客流量需向不同方向开行的旅客快车运行方向数为 k，则可将该站作为一个铁路地区处理，并假定该地区由 k 个车站组成。因此，规划计算的旅客快车基点站数(N)可用下式表示：

$$N=\sum_{i=1}^{n}k_i \tag{10-1-1}$$

式中 n——实际旅客快车基点站数。

如 D 站既有较大的客流量，且衔接有不同的铁路方向，根据需要可规定 D 站向不同方向开行两条旅客快车运行线路。因而，D 站应规划计算为两个旅客快车基点站。

旅客列车总是按双向组织开行的，若某旅客快车基点站为某旅客快车的始发站，则它必为同一线路相对方向旅客快车的终到站，故基本旅客快车运行线路上的规划计算旅客快车基点站数应为偶数，而基本旅客快车运行线路条数 (s) 应为规划计算旅客快车基点站数之半，即

$$s=\frac{N}{2} \tag{10-1-2}$$

因而，按表 10-1-1 资料规定的旅客快车基点站有 A、B、C、D、E 共五个，其中 D 开行两个方向的旅客快车，故规划计算的旅客快车基点站共计有六个，其基本旅客快车运行线路条数应为三条。

表 10-1-1 站间客流量表

自＼至	A	B	C	D	E	F	G	H	I	J	K	L	计
A		347	501	763	347	201	39	112	31	142	23	59	2 565
B	357		491	801	377	108	51	67	39	80	28	77	2 476
C	511	501		691	40	111	62	73	62	96	33	41	2 582
D	758	799	701		701	231	128	141	72	121	39	103	3 794
E	350	381	421	684		111	38	47	62	58	41	80	2 273
F	202	108	123	241	128		41	32	16	81	34	56	1 062
G	41	50	52	132	40	39		23	13	16	21	60	492
H	108	70	67	150	41	36	27		14	18	28	30	589
I	38	40	61	61	58	18	14	15		21	28	29	383
J	150	79	101	128	73	79	15	19	20		29	41	734
K	28	30	23	42	39	41	20	28	25	28		21	325
L	61	80	39	113	79	50	51	25	27	39	24		588
计	2 604	2 485	2 580	3 806	2 284	1 025	486	587	381	700	328	597	17 860

在确定旅客快车基点站的基础上，按客流的发到关系对基点站进行两两选配的工作，称为旅客快车基点站的配对。通过配对即可构成旅客快车运行线路网络，优化配对的目标可规定为使各旅客快车输送的直达客流量为最大。

由于一条基本旅客快车运行线路只能有两个端点站，所以旅客快车基点站优化配对问题实际上是一个特殊类型的 0-1 规划问题，即指派问题，其数学模型可表示为：

$$\max Z=\sum_{i=1}^{N}\sum_{j=1}^{N}c_{ij}x_{ij} \tag{10-1-3}$$

且满足

$$\begin{cases}\sum_{j=1}^{N} x_{ij} = 1, i = 1,2,\cdots,N \\ \sum_{i=1}^{N} x_{ij} = 1, j = 1,2,\cdots,N \\ x_{ij} = 0 \text{ 或 } 1\end{cases} \tag{10-1-4}$$

式中　Z——旅客快车运行线路网络的总直达客流量；

c_{ij}——i 站与 j 站配对时所能输送的客流量；

x_{ij}——0-1 变量，当 i 站与 j 站配对时，$x_{ij}=1$，否则 $x_{ij}=0$。

3. 最佳旅客快车运行线路的拟定

由旅客快车基点站优化配对的数学模型可以看出，确定旅客快车基点站优化配对的关键因素是直达客流量，而直达客流量又与旅客快车运行线路密切相关。

为了使旅客乘车旅行的总时间最短，在确定旅客快车运行线路时，应在两点间走最短路(时间)为目标，即每一基点站可能配对的最短(时间)路线均可作为拟开辟旅客快车运行线路的备选方案，其总方案数 (M) 为：

$$M = \frac{n!}{2(n-2)!} \tag{10-1-5}$$

各基点站间配对的最短(时间)路线可按图的最短径路问题求解，基点站 A、B、C、D 和 E 间的最短路线见表 10-1-2。

凡客流的始发站和终到站均在旅客快车最短(时间)路线上，其客流均为该旅客快车运行线路不需换乘的直达客流，按照这一原理，不难查出各基点站对旅客快车运行线路的直达客流量，见表 10-1-3。

表 10-1-2　最短(时间)路线表

基点站配对	最短(时间)路线节点	基点站配对	最短(时间)路线节点
A—B	A—G—H—B	B—D	B—D
A—C	A—F—C	B—E	B—H—G—E
A—D	A—F—J—Q—L—D	C—D	C—K—L—D
A—E	A—M—E	C—E	C—K—E
B—C	B—H—G—E—K—C	D—E	D—N—I—E

表 10-1-3　线路直达客流量表

自＼至	A	B	C	D	E
A		641	825	1 825	347
B	651		1 775	801	603
C	824	1 435		941	112
D	1 794	799	929		831
E	350	609	485	807	

4. 旅客快车运行线路网络优化的确定

旅客快车运行线路网络优化问题包括旅客快车基点站优化配对和最佳旅客快车运行径路两个方面的问题。在首先确定了各基点站配对的最短(时间)路线及其直达客流量之后，就可以通过运用匈牙利法对指派问题求解，确定旅客快车基点站的优化配对问题。

在运用匈牙利法对指派问题求解之前，必须先对作为系数矩阵表的直达客流量作如下修正：

(1)双向配对修正

因为旅客快车是成对双向开行的，为了使最后的线路正好成对，即若选 i 站与 j 站配对，则也必选 j 站与 i 站配对，必须使直达客流量表(见表 10-1-3)的数值对称化，即取直达客流量为：

$$c_{ij} = c_{ji} = \frac{1}{2}(c_{ij}{}' + c_{ji}{}') \tag{10-1-6}$$

式中 $c_{ij}{}'$——直达客流量(表 10-1-3)中 i 站至 j 站的直达客流量;

$c_{ji}{}'$——直达客流量(表 10-1-3)中 j 站至 i 站的直达客流量。

(2)一站多行、多列修正

对于假定一个车站地区由 k 个车站组成的基点站,为了使之能以 k 个车站的名义参加计算,在直达客流量表中发站部分重列 k 行,到站部分重列 k 列。

(3)避免自相配对修正

同一旅客快车基点站不可能成为同一旅客快车运行线路的两端站,亦即应避免出现同一基点站自相配对的情况,为此,必须令 $c_{ij} = 0$ 。

经上述三项修正后的直达客流量表见表 10-1-4。

(4)极小化修正

旅客快车基点站配对问题的目标函数是使直达客流量达到最大,而匈牙利法解决的是极小化问题。因此,需对矩阵 **C** 作必要的变换。变换后的矩阵元素为 c_{ij},取值方法为:

$$c_{ij} = c_{\max} - c_{ij}{}'' \tag{10-1-7}$$

式中 $c_{\max}$——**C** 矩阵中的最大元素值;

$c_{ij}{}''$——**C** 矩阵中的相应元素值。

经极小化修正后的系数矩阵表见表 10-1-5。

表 10-1-4 直达客流量矩阵表

自＼至	A	B	C	D	D	E
A		646	825	1 809	1 809	349
B	646		1 605	800	800	606
C	825	1 605		935	935	299
D	1 809	800	935		819	
D	1 809	800	935		819	
E	349	606	299	819		

表 10-1-5 系数矩阵表

自＼至	A	B	C	D	D	E
A	1 809	1 163	984	0	0	1 460
B	1 163	1 809	204	1 009	1 009	1 203
C	984	204	1 809	874	874	1 510
D	0	1 009	874	1 809	1 809	990
D	0	1 009	874	1 809	1 809	990
E	1 460	1 203	1 510	990	990	1 809

运用匈牙利法对指派问题求解的步骤为:

第 1 步:使系数矩阵出现 0 元素。

为此:

①从系数矩阵的每行元素中减去各该行的最小元素,即

$$c_{ij} = \left|\begin{matrix} 1\,809 & 1\,163 & 984 & 0 & 0 & 1\,460 \\ 1\,163 & 1\,809 & 204 & 1\,009 & 1\,009 & 1\,203 \\ 984 & 204 & 1\,809 & 874 & 874 & 1\,510 \\ 0 & 1\,009 & 874 & 1\,809 & 1\,809 & 990 \\ 0 & 1\,009 & 874 & 1\,809 & 1\,809 & 990 \\ 1\,460 & 1\,203 & 1\,510 & 990 & 990 & 1\,809 \end{matrix}\right| \begin{matrix} -0 \\ -204 \\ -204 \\ -0 \\ -0 \\ -990 \end{matrix} \rightarrow$$

$$
\rightarrow \left|\begin{array}{cccccc}
1\,809 & 1\,163 & 984 & 0 & 0 & 1\,460 \\
959 & 1\,605 & 0 & 805 & 805 & 999 \\
780 & 0 & 1\,605 & 670 & 670 & 1\,306 \\
0 & 1\,009 & 874 & 1\,809 & 1\,809 & 990 \\
0 & 1\,009 & 874 & 1\,809 & 1\,809 & 990 \\
470 & 213 & 520 & 0 & 0 & 819
\end{array}\right| = c_{ij}{}'
$$

②再从系数矩阵的各列元素中减去各该列的最小元素，即

$$
c_{ij}{}' = \left|\begin{array}{cccccc}
1\,809 & 1\,163 & 984 & 0 & 0 & 1\,460 \\
959 & 1\,605 & 0 & 805 & 805 & 999 \\
780 & 0 & 1\,605 & 670 & 670 & 1\,306 \\
0 & 1\,009 & 874 & 1\,809 & 1\,809 & 990 \\
0 & 1\,009 & 874 & 1\,809 & 1\,809 & 990 \\
470 & 213 & 520 & 0 & 0 & 819
\end{array}\right| \rightarrow
$$

$$
\begin{array}{cccccc}
-0 & -0 & -0 & -0 & -0 & -819
\end{array}
$$

$$
\rightarrow \left|\begin{array}{cccccc}
1\,809 & 1\,163 & 984 & 0 & 0 & 641 \\
959 & 1\,605 & 0 & 805 & 805 & 180 \\
780 & 0 & 1\,605 & 670 & 670 & 541 \\
0 & 1\,009 & 874 & 1\,809 & 1\,809 & 171 \\
0 & 1\,009 & 874 & 1\,809 & 1\,809 & 171 \\
470 & 213 & 520 & 0 & 0 & 0
\end{array}\right| = c_{ij}{}''
$$

第 2 步，试求最优解，经过前一步处理后，系数矩阵的每一行和列都出现了 0 元素。在此，需要找出与需拟定快车运行线路条数 2 倍之数（即规划计算旅客快车基点站数），且位于不同行不同列的 0 元素，并令这些元素所对应的 $x_{ij}=1$，其余的 $x_{ij}=0$。

为此：①首先进行行检验。当某行只有一个 0 元素时，将该 0 元素用括号标出，同时将该 0 元素所在列的其他 0 元素用符号“ϕ”标出。②然后进行列检验。当某列只有一个 0 元素时，将该 0 元素用括号标出，同时将该 0 元素所在行的其他 0 元素用符号“ϕ”标出。当某列有多个 0 元素时，可选任一个用括号标出。

行、列检验结果如下：

$$
\left|\begin{array}{cccccc}
1\,809 & 1\,163 & 984 & 0 & 0 & 641 \\
959 & 1\,605 & 0 & 805 & 805 & 180 \\
780 & (0) & 1\,605 & 670 & 670 & 541 \\
(0) & 1\,009 & 874 & 1\,809 & 1\,809 & 171 \\
\phi & 1\,009 & 874 & 1\,809 & 1\,809 & 171 \\
470 & 213 & 520 & 0 & 0 & 0
\end{array}\right|
$$

行检验

→

1 809	1 163	984	0	0	641
959	1 605	(0)	805	805	180
780	(0)	1 605	670	670	541
(0)	1 009	874	1 809	1 809	171
ϕ	1 009	874	1 809	1 809	171
470	213	520	ϕ	ϕ	(0)

列检验

因为位于不同行不同列的 0 元素只有 4 个，而规划计算旅客快车基点站数为 6，所以这一步骤未能求出最优解，应转入第 3 步。

第 3 步，作能覆盖所有 0 元素的最少数的直线集合。

为此：

①对没有(0)的行标以符号"∨"。

②对标有符号"∨"行上的所有 0 元素相对应列标以符号"∨"。

③再对标有符号"∨"列上有(0)的行标以符号"∨"。

④重复 2、3 两项，直至得不出新的可标符号"∨"的行、列为止。

⑤对没有标"∨"的行画横线，标有符号"∨"的列画竖线，这就得到能覆盖所有 0 元素的最少数直线集合。

作能覆盖所有 0 元素的最少数直线集合的结果为：

1 809	1 163	984	0	0	641	∨
959—	1 605—	(0)—	805—	805—	180	
780—	(0)—	1 605—	670—	670—	541	
(0)	1 009	874	1 809	1 809	171	∨
ϕ	1 009	874	1 809	1 809	171	∨
470—	213—	520—	ϕ—	ϕ—	(0)	
∨			∨	∨		

第 4 步，变换系数矩阵，使每行都有 0 元素。

为此：

①在没有被直线覆盖的部分找出最小元素(例中该元素为 171)。

②对没有画直线行的各非 0 元素减去这个最小元素。

③对画有直线列的各非 0 元素加上这个最小元素。

变换系数矩阵的结果为：

1 809	1 163	984	0	0	641	−171
959	1 605	(0)	805	805	180	
780	(0)	1 605	670	670	541	
(0)	1 009	874	1 809	1 809	171	−171
ϕ	1 009	874	1 809	1 809	171	−171
470	213	520	0	0	(0)	

→

$$\rightarrow\begin{vmatrix} 1\,809 & 992 & 813 & 0 & 0 & 470 \\ 1\,130 & 1\,605 & 0 & 976 & 976 & 180 \\ 951 & 0 & 1\,605 & 841 & 841 & 541 \\ 0 & 838 & 703 & 1\,809 & 1\,809 & 0 \\ 0 & 838 & 703 & 1\,809 & 1\,809 & 0 \\ 641 & 213 & 520 & 0 & 0 & 0 \end{vmatrix}$$

在这一基础上转第 2 步再试求最优解，进行行、列检验的结果为：

$$\begin{vmatrix} 1\,809 & 992 & 813 & 0 & 0 & 470 \\ 1\,130 & 1\,605 & (0) & 976 & 976 & 180\,951 \\ 0 & 838 & 703 & 1\,809 & 1\,809 & 0 \\ 0 & 838 & 703 & 1\,809 & 1\,809 & 0 \\ 641 & 213 & 520 & 0 & 0 & 0 \end{vmatrix}$$

行检验

$$\rightarrow\begin{vmatrix} 1\,809 & 992 & 813 & (0) & \phi & 470 \\ 1\,130 & 1\,605 & (0) & 976 & 976 & 180\,951 \\ (0) & 838 & 703 & 1\,809 & 1\,809 & \phi \\ \phi & 838 & 703 & 1\,809 & 1\,809 & (0) \\ 641 & 213 & 520 & \phi & (0) & \phi \end{vmatrix}$$

列检验

因为位于不同行不同列的 0 元素已有 6 个，所以这一计算结果就是问题的最优解，即

$$x_{ij} = \begin{vmatrix} 0 & 0 & 0 & 1 & 0 & 0 \\ 0 & 0 & 1 & 0 & 0 & 0 \\ 0 & 1 & 0 & 0 & 0 & 0 \\ 1 & 0 & 0 & 0 & 0 & 0 \\ 0 & 0 & 0 & 0 & 0 & 1 \\ 0 & 0 & 0 & 0 & 1 & 0 \end{vmatrix}$$

这时的目标函数值为：

$$Z = 1\,809 + 1\,605 + 1\,605 + 1\,809 + 819 + 819 = 8\,466$$

根据旅客快车基点站优化配对问题的最优解及其相应的最短路线，在例中给定基点站条件下，优化的旅客快车运行线路网络如图 10-1-3 所示。

5. 以现行旅客快车运行线路网络为基础的网络优化

实际上，在我国铁路已存在着一个完整的、基本上符合客观旅客运输需要的旅客快车运输线路网络，又由于基点站的确定不仅涉及发客流量等定量因素，还涉及政治、经济、旅游等多方面的非定量因素，很难用一个确定的方法确定基点站、规定基点站及其衔接的基本旅客快车运行线路数。因此，以承认依据客观需要逐年形成的现行旅客快车运行线路网络基点站的合理性为出发点，将现行网络的基点站及其衔接的基本旅客快车运行线路数作为计算的基础是可行的。据此，旅客快车运行线路网络优化可按如下步骤确定：

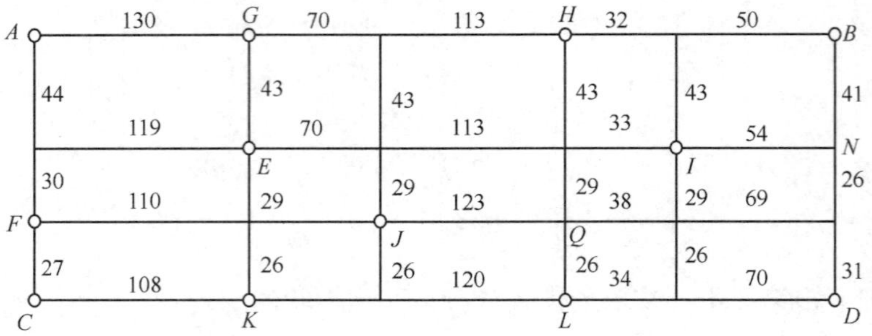

图 10-1-3　优化的旅客快车运行线路网络图

(1)通过对现行旅客快车运行线路网络的分析,确定基本旅客快车运行线路网络及其相应的基点站系统。

(2)检查与每一基点站相关的基本旅客快车运行线路,确定每一基点站的 k 值。

(3)确定旅客快车停车站系统,并据以编制发到客流表。

(4)确定各基点站配对方案的最短(时间)路线,编制相应路线的直达客流量表。

(5)确定旅客快车运行线路优化网络。

用这一方法确定的优化网络可能与现行网络相同,也可能不相同。若相同,则从理论上证明现行网络已经是一定目标下的优化网络;否则,应按优化网络对现行网络作必要的调整。

6. 确定基本旅客快车运行线路的旅客快车开行方案

为简化计算起见,已将实际旅客快车运行线路网络简化为基本旅客快车运行线路网络。在优化网络计算中,基本旅客快车运行线路的直达客流包括可能在线路上开行长短途旅客快车所吸收的全部直达客流。因此,在确定基本旅客运行线路后,还应根据线路全程客流量、区段别客流量的分布及有关客运设备情况,对每一线路研究确定旅客快车的开行方案。

7. 旅客快车种类设计

开行不同种类的旅客快车是不同时期、不同地区社会经济形势的需求。在制定旅客列车开行方案时,特快、快车和普客吸收客流的比例,可根据客流统计资料提供的经验值再参照发展情况取定。一般说,首都与省会之间,各大城市之间应有特快和快车,做到以较高级列车输送大城市间的直通客流,以较低级列车输送沿途变动的客流。随着时代的发展,特快和快车的比重将越来越高,旅客列车慢改快、快改特快,开行大容量、多等级的旅客列车已成为一种趋势。

为适应不同层次的旅客需求,应增加旅客列车的种类。随着我国国民经济的持续发展,人民生活水平不断提高,旅客的需求发生了很大变化,不同层次的旅客旅行目的不同,对旅行要求也不同,这就要求铁路在扩大旅客运输能力的同时,适应市场的变化要求,开行不同种类、不同档次的旅客列车,如速度不同的普通、快车、特快、直达、快速列车,质量不同的普通、空调、卧铺、豪华列车,提供专项服务的旅游、会议等专用列车。

8. 开行旅客列车对数

旅客列车开行对数主要取决客流计划,其计算公式应为:

$$N = \frac{A}{365Q\rho} \tag{10-1-8}$$

式中　A——两站间的计划客流量；

Q——列车平均定员人数；

ρ——列车客座利用率；

N——列车数。

由于旅客列车的种类及运行距离不同，其所能吸引的客流量不同，要求的列车编组内容也不同，各种列车的定员也就不同。因此，在确定开行对数时应对各种旅客列车分别进行，一般从高级列车到低级列车顺序计算。

（1）特快

$$N_{特快}=\frac{AK_{特快}}{365Q_{特快}\rho} \tag{10-1-9}$$

式中　$K_{特快}$——乘特别快车的旅客占总旅客数的百分数；

$Q_{特快}$——特别快车定员。

（2）快车

$$N_{快}=\frac{AK_{快}}{365Q_{快}\rho} \tag{10-1-10}$$

式中　$K_{快}$——乘快车的旅客占总旅客数的百分数；

$Q_{快}$——快车定员。

（3）普客

$$N_{客}=\frac{A-Q_{特快}N_{特快}-Q_{快}N_{快}}{365Q_{客}\rho} \tag{10-1-11}$$

式中　$Q_{客}$——普客列车定员。

应该指出，确定旅客列车开行方案，除了客流的条件之外，还需考虑客运设备的配置条件。为了进行旅客列车车底的整备作业，旅客列车的始发站和终到站应选择有客车整备的车站。为了办理机车的折返作业，列车运行区段的两端站应为机务段所在站。在活动设备方面，要求配属的机务段和客车车辆段能提供足够数量的客运机车和客运车辆。只有在技术设备上具备了这些条件，开行方案才是切实可行的。

二、编制高速铁路网旅客列车开行方案的分析计算方法

1. 编制高速铁路旅客列车开行方案分析计算法的基本原理

（1）枢纽客运站和直达去向

向旅客提供安全、快速、方便、舒适的运输服务是高速铁路运输企业的基本职责，是旅客列车开行方案编制追求的目标。

高速铁路列车运行高速不等于旅客旅行高速。通常，旅客乘车旅行的速度低于列车运行速度，而前者是目标。为此，必须最大限度地减少旅客旅行速度与列车运行速度的差数，在旅客列车开行方案中，尽可能减少列车中停站数，以充分发挥高速铁路的高速性能。

开行具有相同运行速度、相同停车站列车（通称为相同种类列车）的数量，是描述铁路旅客运输方便性的重要指标。在列车运行图中，相同种类列车数量越大，即出现的概率越高，旅客选择合适旅行时间的概率越大，满足率也随之提高。因此，应在旅客列车开行方案中合理安排列车种类。

我国高速铁路中间站多设置在地级市及国家级旅游胜地的所在地，始发、终到客流量大，

且跨区段客流比重也大，每个中间站都要求有一定数量的旅客列车在中间站停车办理旅客上、下车作业。在旅客列车开行方案中，必须以最大限度组织中间站发到客流无换乘输送为目标，合理安排中间站停车方案。

高速铁路网旅客列车开行方案编制的分析计算方法，是以高速铁路网为研究对象，以最大限度提高旅客乘车旅行速度和增加相同种类列车为目标，以枢纽客运站直达去向列车为核心的旅客列车开行方案编制办法。

若将位于高速铁路枢纽地区或高速铁路干线端点地区与 3 条及以上高速铁路或铁路干线相衔接，有大量客流到发、且到发客流量大于中转客流量（含乘坐经停或通过旅客列车通过的客流）的客运站称为枢纽客运站（如北京、上海、广州、哈尔滨等），则可将在两枢纽客运站始发、终到，一定数量高速列车组成，服务于客运站间客流输运的旅客列车开行方案称为旅客列车直达去向。而将组织输送未被直达去向吸收客流，在两枢纽客运站，沿途客运站始发、终到的，不同运行区段的高速列车开行方案称为旅客列车非直达去向。

(2)直达去向的基本类型

根据高速铁路网的结构和枢纽客运站的位置，直达去向可分为一字形、人字形和十字形等多种类型。

①一字形

用于组织一条高速铁路干线客流输送的旅客列车直达去向，称为一字形直达去向。直达去向吸收的客流根据图 10-1-4 确定。一字形直达去向具有客流结构及旅客列车开行方案较为简单的特点。

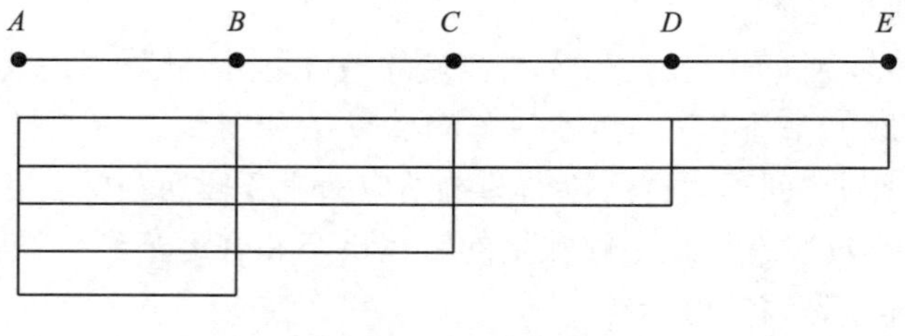

图 10-1-4 客流图

②人字形

用于组织人字形高速铁路网客流输送的旅客列车直达去向，称为人字形直达去向，如联网的 A—B 和 C—D 高速铁路网。设高速铁路网的枢纽客运站数为 m，故两两组合的直达去向数为 C_m^n，联网的高速铁路网有 A、B 和 D 三个枢纽客运站，故有 $C_3^2=3$。这时存在着 A—B、A—D、B—D 三个直达去向（如图 10-1-5 所示）。若将其中全程客流量最大的去向定义为基本去向，则其他两个去向为分去向。在分去向客流图中“0”表示该客流已纳入基本去向，在分去向为 0。

京沪高速铁路若与胶济线联网组织客流输送，则也就形成人字形直达去向。

③十字形

用于组织十字形高速铁路网客流输送的旅客列车直达去向，称为十字形直达去向，如图 10-1-6 所示，A—B 和 C—D 高速铁路联成的路网，有 A、B、C、D 四个枢纽客运站，故有 $C_4^2=6$。这时存在 A—B、A—C、A—D、C—D、C—B、D—B 直达去向（如图 10-1-6 所示），其中 A—B 和 C—D 二个去向为基本去向，其他四个为分去向。

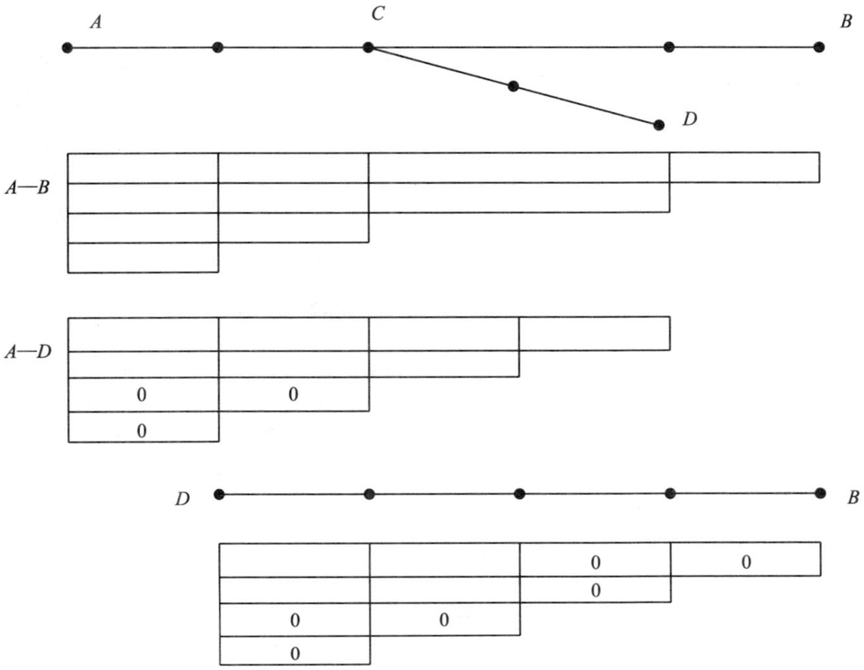

图 10-1-5　A—B 为基本去向的客流图

④人字、十字混合形

用于组织既有人字形、又有十字形高速铁路网客流输送的旅客列车直达去向，称为人字、十字混合去向，如联网的 A—B、E—F 和 C—D 高速铁路网（如图 10-1-7 所示）。这时，除 A—B 和 E—F 十字形路网有 6 个直达去向，A—B 和 C—D 人字形路网有 3 个直达去向外，增加了 E—D 和 F—D 两个分去向。

⑤复合人字形

用于组织由多个人字形高速铁路网连接而成高速铁路网客流输送的旅客列车直达去向，称为复合人字形直达去向，如联网的 A—B、E—F 和 C—D 高速铁路网（如图 10-1-8 所示）。

由于高速线 E—F、C—D 与 A—B 联轨站 F、C 间的区段客流已纳入 A—B 直达去向，对于 E—F、C—D 高速线客流结构客流组织来说，F、C 站相当于一个车站。这样，也可以将复合人字形路网按虚拟的十字形路网的六个直达去向组织客流输送。

⑥复合十字形

用于组织由多个十字形高速铁路网连接而成高速铁路网客流输送的旅客列车直达去向，称为复合十字形直达去向，如图 10-1-9 所示，A—B、E—F 和 C—D 高速铁路连成的路网就是复合十字形结构的路网。

这时，除 A—B 和 C—D，A—B 和 E—F 十字形路网各有 6 个直达去向（其中两个十字形路网与 A—B 直达去向重叠）外，增加了 E—C 和 F—D 两两组合的两个分去向。

以一字形、人字形和十字形三种基本类型为路网结构元素，可以构成任意结构形式的高速铁路网。如图 10-1-10 所示，高速铁路网由高速铁路线 A—F、A—G、A—I、A—B、A—C、c—H、B—f、D—d、B—E 等组成，若其中 A、I、F、G、H、B、C、D、E、J 为枢纽客运站，则可将网络划分为如下结构类型：

一字形　$A—I$；

人字形　$(A—F、a—G)$，$(A—C, f—B)$，$(D—B, e—J)$，$(A—B, c—H)$；

十字形　$(A—C, D—B)$，$(A—C, E—B)$，$(A—C, J—H)$，$(A—B, D—H)$，$(D—H, A—B)$。

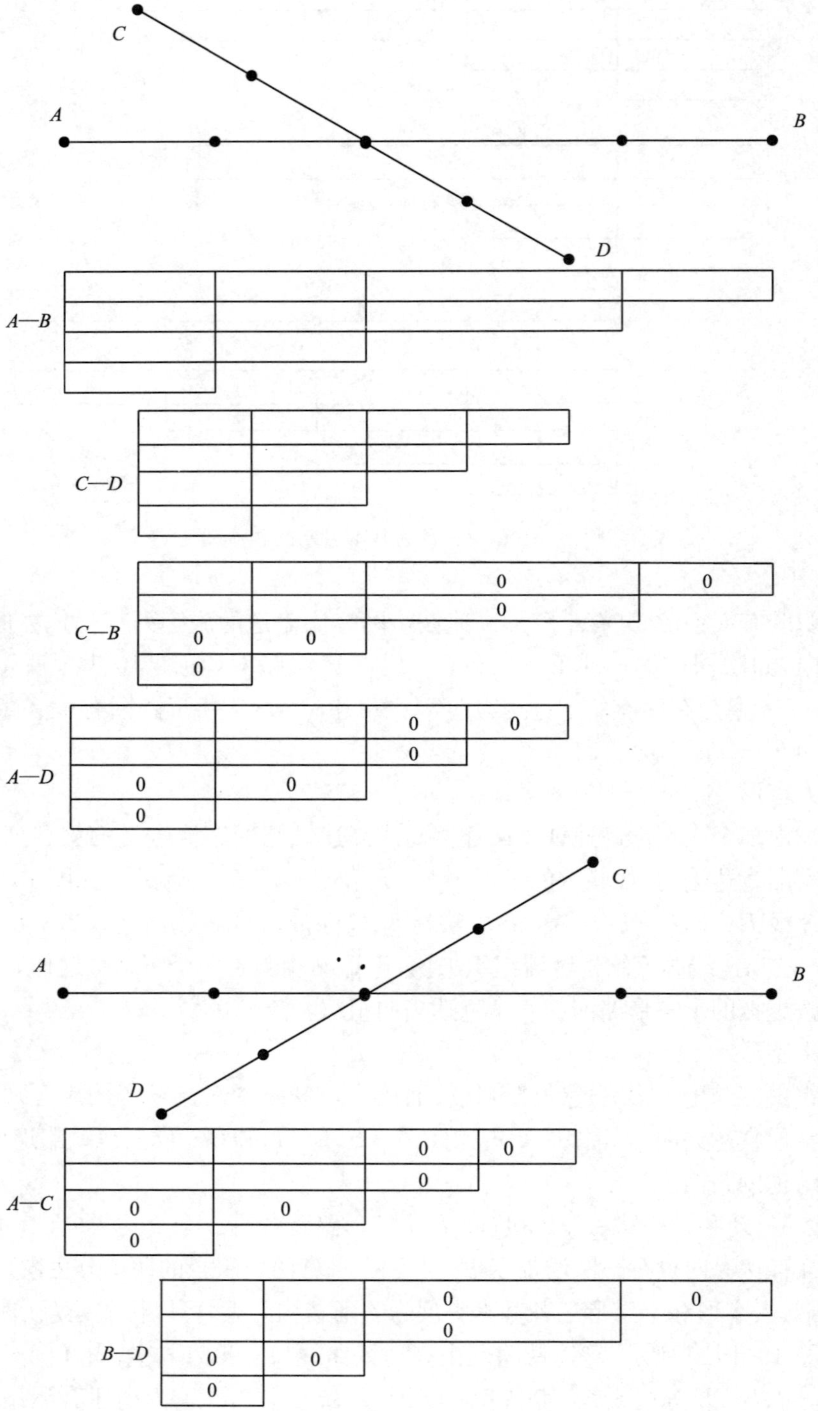

图 10-1-6　$A—B$、$C—D$ 为基本去向的客流图

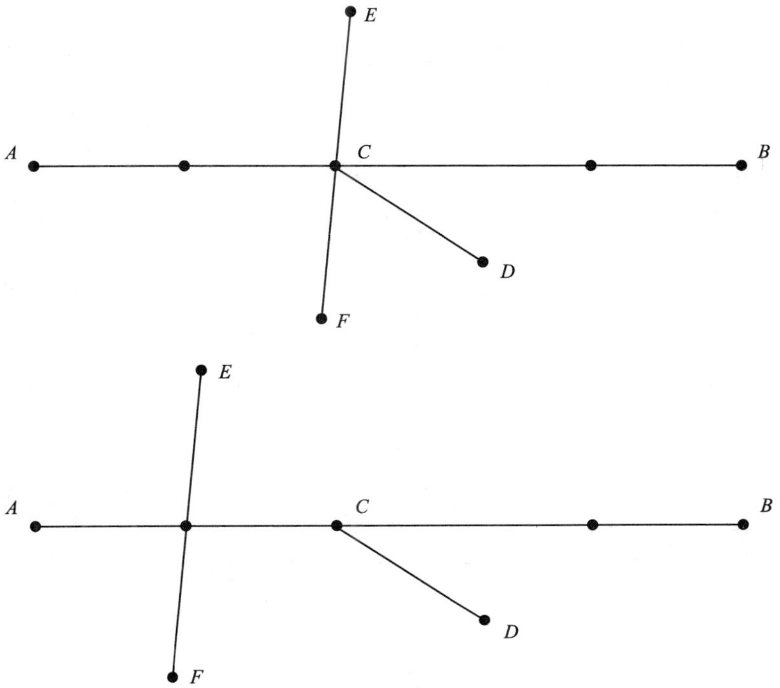

图 10-1-7　人字、十字混合形路网结构图

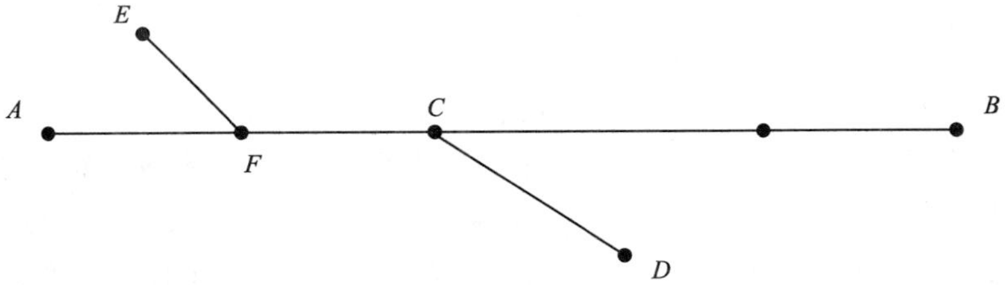

图 10-1-8　复合人字形路网结构图

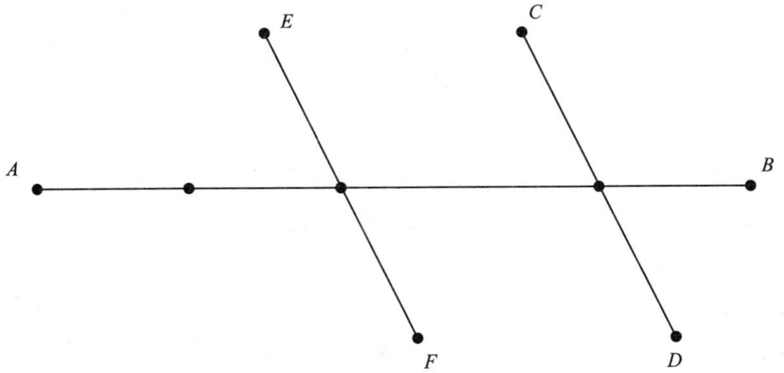

图 10-1-9　复合十字形路网结构图

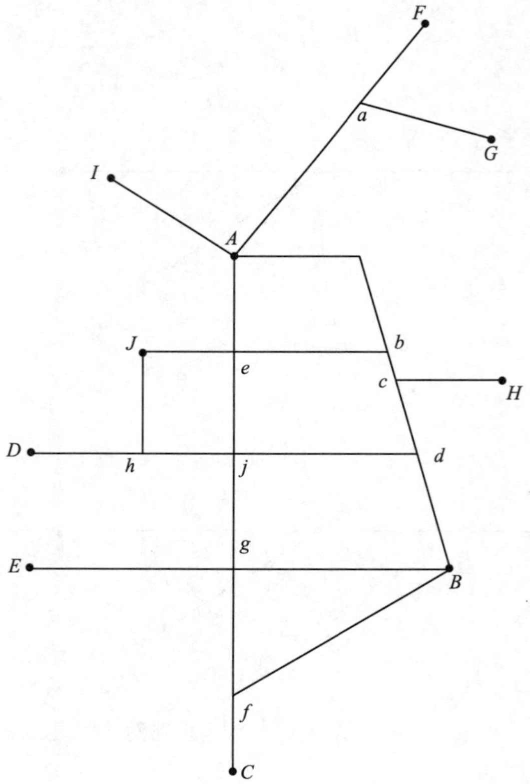

图 10-1-10 高速铁路网示图

(3)直达去向列车

对于具有 $i(i=1,2,\cdots,k,\cdots,m)$ 个客运站的高速铁路线,可称客流 A_{1m} 为两枢纽客运站间客流,称客流 A_{12}、A_{13}、…、$A_1(m-1)$、…、A_{22}、A_{23}、…、$A_{2(m-1)}$、…、$A_{(m-1)m}$ 为高速铁路客流区段的客流,在区段内中间站发到的客流为区段管内客流。直达去向列车按其服务客流对象之不同可分为三类:

①服务于两枢纽客运站间客流的一类直达去向列车

两枢纽客运站间客流一般具有量大、要求旅行速度高的特点。由于量大,有单独组织不停车运行列车输送的条件,也有全程不停车运行、力图求压缩旅客在途旅行时间的要求。因此这类列车是运行于高速铁路旅行速度最高的高等级列车。

②服务于区段客流的二类直达去向列车

由 A_{1k}、A_{km} 两支区段客流或 A_{1k1}、A_{1k2}、A_{k2m} 三支区段客流等形式组成直达去向列车,实际上是将运行距离较短的列车加以衔接,延长为仅在 k 站或 k_1、k_2 站等沿途客运站停车的直达去向列车。这类列车将在沿途客运站产生 $n-1$(n 为组成直达去向列车的区段客流数)次停车,将列车的始发、终到作业集中到枢纽客运站,可以有效地提高动车组运用效率,减少和简化沿途客运站的作业及其相应的设施,并将旅客的旅行速度提高到可能的最高水平。

③服务于剩余客流和区段管内客流的三类直达去向列车

扣除由上述两类直达去向列车输送客流之后的客运站间客流为剩余客流,将剩余客流与区段管内客流加以整合,可以组织开行在沿途客运站和部分中间站停车的直达去向列车,这类列车可组织中间始发、终到客流无换乘输送，但列车旅行速度水平有所下降。

（4）直达去向的必要条件

在两枢纽客运站间开行直达去向列车，必须至少满足如下三项条件之一：

①开行服务于两枢纽客运站间客流直达去向列车的必要条件

$$\frac{A_{1m}}{365Q\rho}\geqslant 1$$

②开行服务于区段客流直达去向列车的必要条件

$$\frac{A_{1m组}}{365Q\rho}\geqslant 1$$

其中，$A_{1m组}=\min(A_{1k},A_{km})$。

③开行服务于剩余客流和区段管内客流直达去向列车的必要条件

$$\frac{A_{1m客}}{365Q\rho}\geqslant 1$$

式中　Q——旅客列车定员；

ρ——旅客列车客座利用率；

$A_{1m客}$——按区段计算的剩余客流和区段管内客流之和的最小者。

必要条件中的“$365Q\rho$”为单方向开行一列直达去向列车所需的年客流量，在计划客流量大于等于“$365Q\rho$”时，满足必要条件，就可以组织开行直达去向列车。设 Q=1 000 人、ρ=0.8，则有

$$365Q\rho=365\times 1\ 000\times 0.8=292\ 000（人）$$

这意味着某去向计划年客流量大于等于 30 万人，即可以组织开行直达去向列车。

（5）区段管内客流及区段管内客流计算图

①区段管内客流的分类

在区段内中间站发、到的客流，称为该区段的区段管内客流，按发到站种类不同，它可分为四类，如图 10-1-11 所示。

a. 一类区段管内客流，即在同一区段不同中间站发到的客流。

b. 二类区段管内客流，即在本区段中间站始发、前方区段中间站终到的客流。

c. 三类区段管内客流，即在本区段中间站始发、前方相邻或不相邻客运站终到的客流。

d. 四类区段管内客流，即在客运站始发、相邻区段或前方中间站终到的客流。

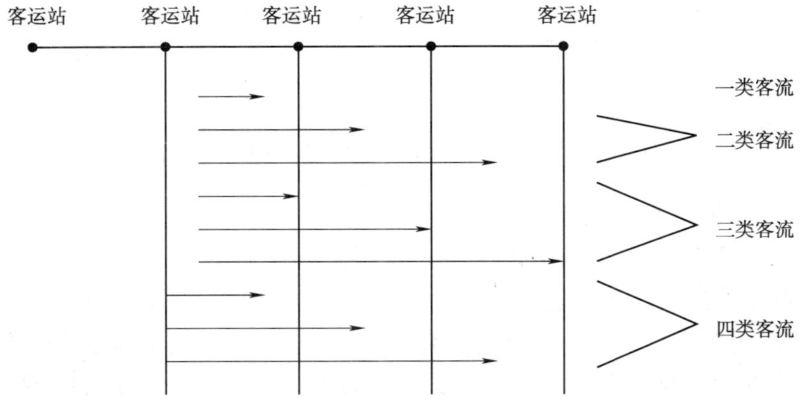

图 10-1-11　区段管内客流分类图

区段管内客流输送是指该项客流在始发区段、终到区段内的输送。它既可以由短途列车输送,也可以由直达去向列车输送。

②区段管内客流输送方法分析

a. 一类区段管内客流

对于一类区段管内客流,采用短途列车输送或采用直达列车输送(如图 10-1-12 所示),组织形式和效果是一样的,一般采用短途列车输送的方法。

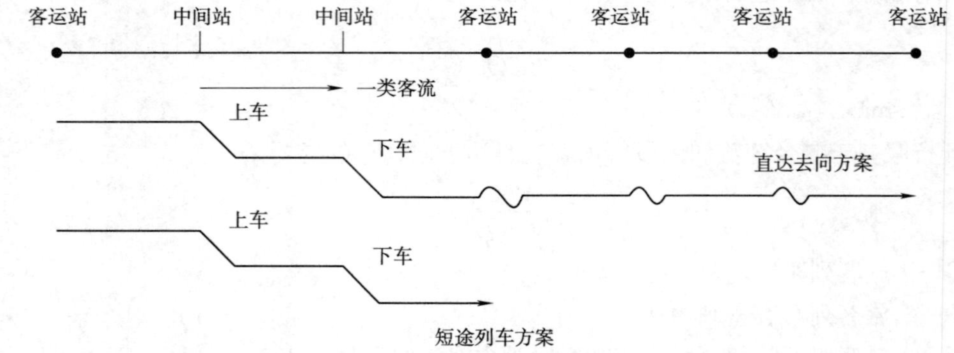

图 10-1-12 一类区段管内客流输送组织示意图

b. 二类区段管内客流

对于二类区段管内客流,当采用直达去向列车输送时(如图 10-1-13 所示),直达去向列车需在客流始发区段的始发站和终到区段的终到站停车办理旅客上、下车作业,从而延长了直达去向列车的旅行时间。当采用短途列车输送时,旅客需在始发区段的前方客运站换乘直达去向列车,又需在客流终到区段的后方客运站换乘短途列车。这时,区段管内客流将因换乘而延误旅客旅行,相应地产生旅行时间损失。

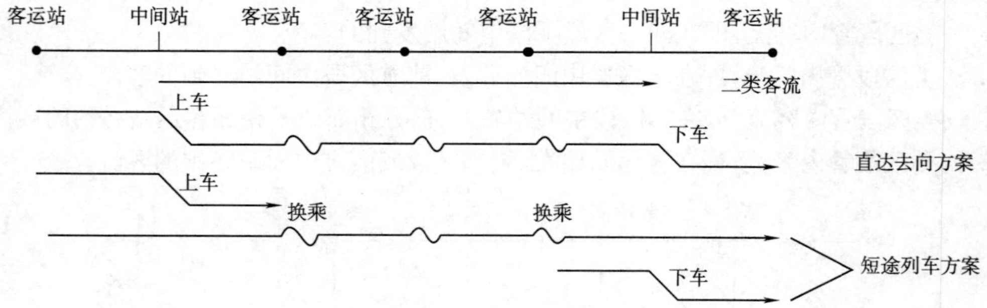

图 10-1-13 二类区段管内客流输送组织示意图

c. 三类区段管内客流

对于三类区段管内客流,当采用直达去向列车输送时(如图 10-1-14 所示),直达去向列车需在客流始发区段始发站停车办理旅客上车作业,并随直达去向旅客列车在终到客运站下车办理作业。可见,为组织区段管内客流输送增加了直达去向列车在中间站的作业停车,也将产生直达去向旅客旅行时间的损失;若采用短途列车输送,且终到客运站为始发区段的非相邻客运站,则将在相邻客运站产生换乘作业,从而产生换乘时间损失。

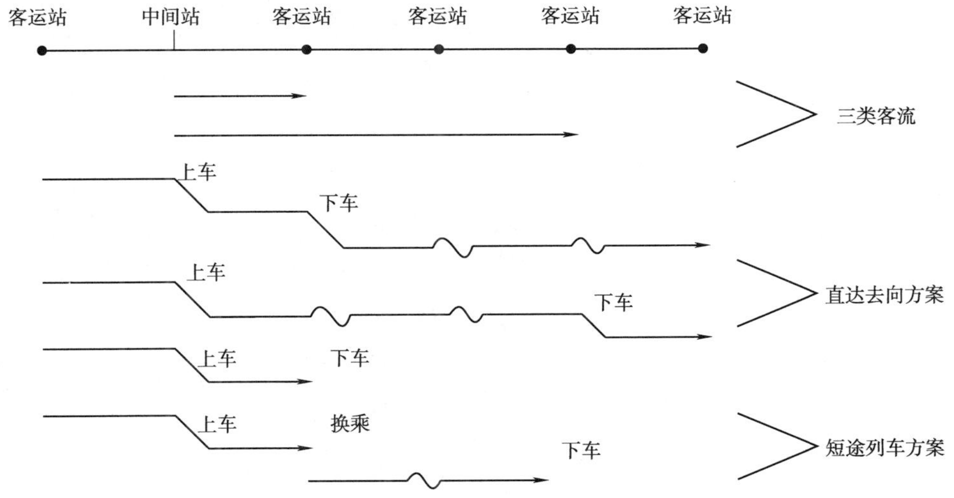

图 10-1-14　三类区段内管内客流输送组织示意图

d. 四类区段管内客流

对于四类区段管内客流，当采用直达去向列车输送时(如图 10-1-15 所示)，在始发客运站随直达去向客流上车，直达去向列车在区段管内客流的终到站停车办理下车作业，从而增加了直达去向列车的旅行时间，造成直达去向旅客旅行时间损失；若采用短途列车，且区段管内客流为始发客运站的非相邻区段时，则将在终到区段管内客运站产生换乘作业，从而造成时间损失。

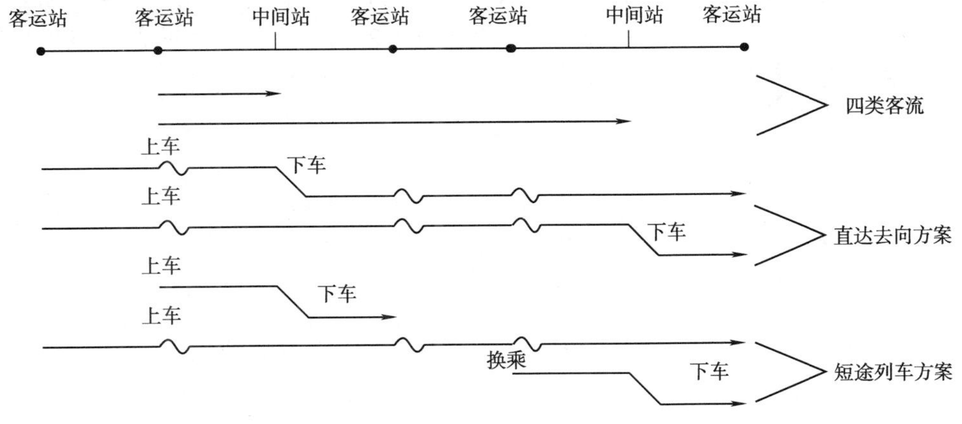

图 10-1-15　四类区段内管内客流输送组织示意图

因此，列入直达去向可以取得效果(减少旅客换乘)的区段管内为：二类区段管内客流、到达非相邻客运站的三类区段管内客流、由非相邻客运站始发达到的四类区段管内客流。

根据表上述原理编制的区段内客流计算图如图 10-1-16 所示。

对于区段管内始发、终到的客流，当始发与终到区段或客运站为相隔一个及其以上区段的不相邻区段或客运站时，客流将需经由相隔的区段输送；而对于始发、终到区段为相邻区段的客流，则不需经由全区段输送。采用区段客流计算图，可以清晰的反映客流的这一特征，便于统计计算区段管内客流和全区段客流。图中格内带斜线为该区段的区段管内客流，无斜线格为该区段的全区段客流。

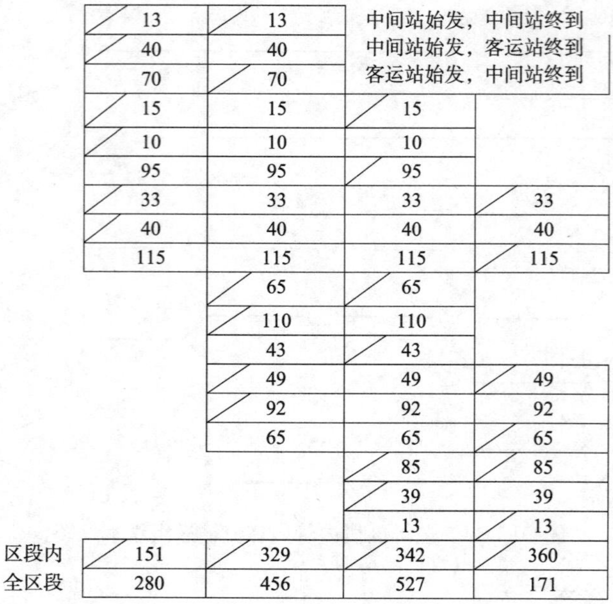

图 10-1-16 区段管内客流计算图

(6)方案客流图

方案客流图(如图 10-1-17 所示)是为了便于描述客运站间客流量、区段管内客流量和区段通过客流量以及客流组合方案构成,并据以确定一、二、三类直达去向列车开行方案及客流量,而设计的专用客流图,它由用以确定一、二类直达去向列车开行方案的客运站间客流图和用以确定三类直达去向列车开行方案的区段管内客流图两部分组成。

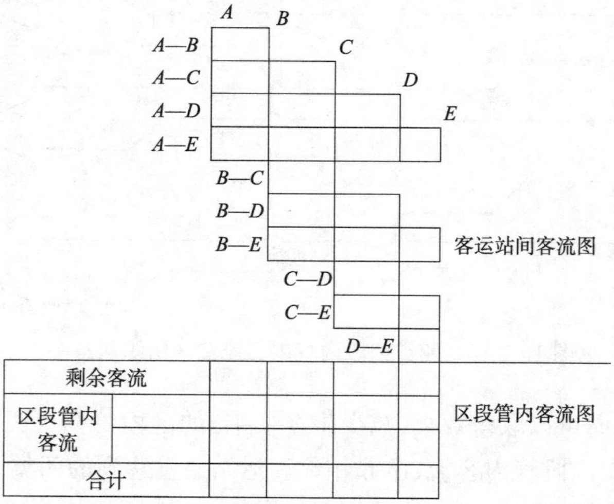

图 10-1-17 方案客流图

图中竖线表示客运站,两竖线间为一区段,与两横线构成一格,格内填写的数据表示通过该区段的客流量。

(7)编制旅客列车开行方案的步骤

①按去向编制客流数据表

a. 基本去向客流数据表

在高速铁路成网的条件下，直达去向可分为基本去向和分去向两类。基本去向是指服务于高速铁路线两枢纽客运站间全线客流（如图 10-1-18 所示）输送的直达去向。

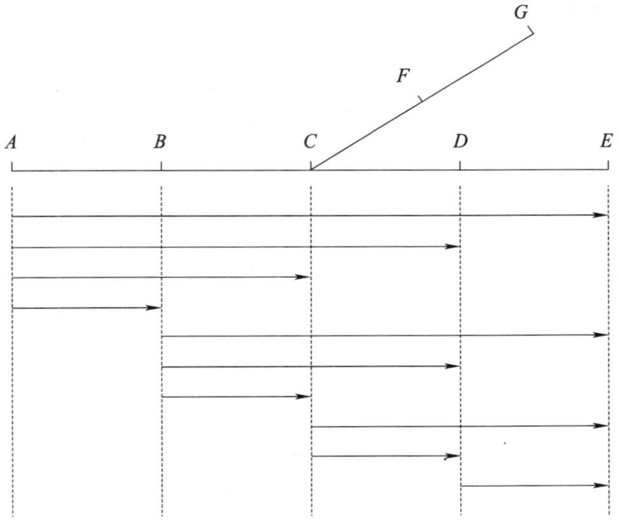

图 10-1-18　基本去向客流图

b. 分去向客流数据表

分去向是指在高速铁路网上，服务于不同高速线间交流客流（如图 10-1-19 所示）输送的直达去向。

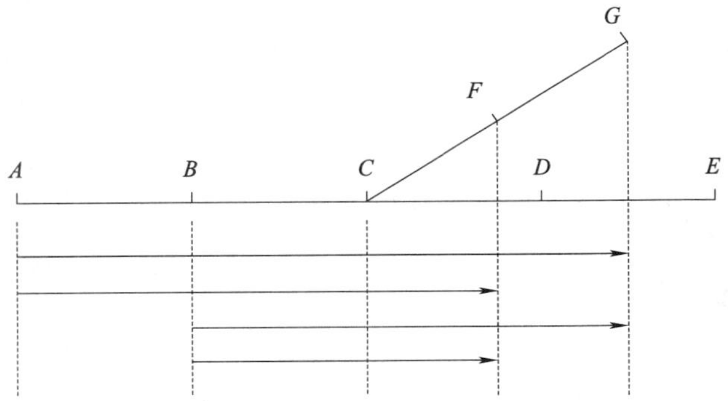

图 10-1-19　分去向客流图

②按去向编制管内客流计算图和方案客流图

a. 区段管内客流图

首先就客流数据表中每一区段管内客流量，依次填入计算图内（如图 10-1-20 所示），然后按区段内和全区段分别加总。

b. 方案客流图

(a)确定一、二类直达去向列车客流量

将客流数据表中的客运站间客流，填入方案客流图后，首先按建立直达去向必要条件，检查两枢纽客运站间客流量是否满足必要条件。若满足条件，在该客流格内标以“△”，表示该客流列入一类直达列车开行方案。如图 10-1-20 中客流 A—E160 万人满足必要条件，将其列入一类直达去向列车开行方案；然后分析研究其他客流的组合方案及其满足必要条件的情况，将满足必要条件的客流组合方案列入二类直达去向列车开行方案。

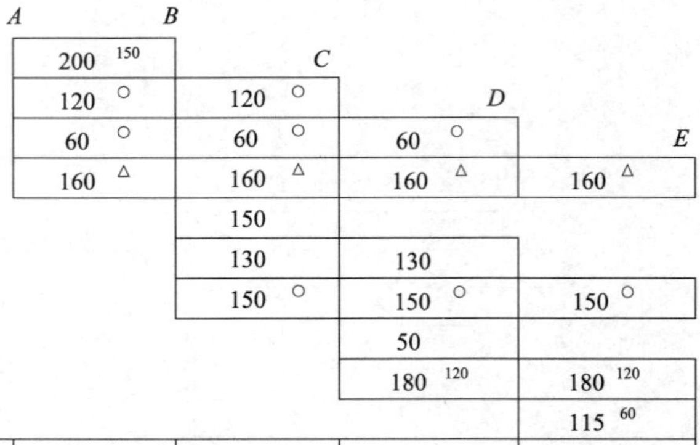

剩余客流		50	280	240	115
区段管内客流	区段内	151	329	342	360
	全区段	280	456	527	171
计		481^{+}	$1\,065^{481}$	$1\,109^{481}$	646^{481}

图 10-1-20　方案客流图(A—E)

编制二类直达去向列车开行方案的关键是将相对较短的两支、三支或多支客流组合成直达去向客流。在选择客流组合时应考虑如下因素：为了将尽可能多的区段客流纳入直达去向方案，应选客流量大的客流；为了减少组合后的剩余客流，应选客流量差较小的客流；为了简化工作，一般可优先采用两支客流的组合方案。

在图 10-1-20 中，将客流 A—B 和 B—E 组合为直达去向客流，客流量为 150 万人，其中客流 A—B 剩余 50 万人；将客流 A—C 和 C—E 组合为直达去向客流，客流量为 120 万人，客流 C—E 剩余 60 万人；将客流 A—D 和 D—E 组合为直达去向客流，客流量为 60 万人，客流 D—E 剩余 55 万人。为区别起见，在方案客流图该项客流的右上角标以“○”或为直达去向方案所吸收的客流量。

(b)计算剩余客流量

按区段将未编入一、二类直达列车开行方案的客流加总，填入客流图的相应格内。如图 10-1-20 中的 B—C 区段剩余客流为 280 万人。

(c)确定三类直达去向列车客流量

将区段管内客流计算图的区段管内客流量填入方案客流图的相应格内，并按区段将剩余客流与区段管内客流加总。其中区段总客流量最小者，即为三类直达去向列车客流量，如图 10-1-20 中的 481 万人。

为了便于论述，在这里见区段管内客流与未编入一、二类直达去向的客运站间客流之和称为混合客流。混合客流由三类直达去向列车和非直达去向列车输送。

③非直达去向客流量

在方案客流图内未纳入直达去向的客流均为非直达去向客流，在数量上按下式计算(如图 10-1-20 所示)

$$A_{非i}=(A_{剩i}+A_{区i})-A_{直3}$$

式中　$A_{非i}$——区段 i 的非直达去向客流量；

$A_{剩i}$——区段 i 的剩余客运站间客流量；

$A_{区i}$——区段 i 的区段管内客流量；

$A_{直3}$——三类直达去向列车吸收的客流量。

④需要开行列车数和列车旅行速度

需要开行列车数(n)按列车种类计算，计算方法为：

$$n=\frac{A}{365Q\rho}\quad (列/d)$$

式中　A——列车种类别客流量；

Q——列车定员；

ρ——列车座位利用率。

列车旅行速度($v_{旅}$)按列车种类计算，计算方法为：

$$v_{旅}=\frac{l}{T_{运}+k(t_{停}+t_{起停})+t_{起停}}\quad (km/h)\qquad (10\text{-}1\text{-}11)$$

式中　$T_{运}$——列车运行时间；

$t_{停}$——列车停站时间；

$t_{起停}$——列车起停车附加时间；

l——列车运行距离；

k——列车途中停车次数。

2. 一字形高速铁路旅客列车开行方案的分析计算

(1)线路概况

A—E 高速铁路线为一字形结构的铁路线。全线设 A、B、C、D、E 五个客运站和序号为 1 到 10 的十个中间站，4 个区段的距离各为 150、300、450 和 450 km(如图 10-1-21 所示)。

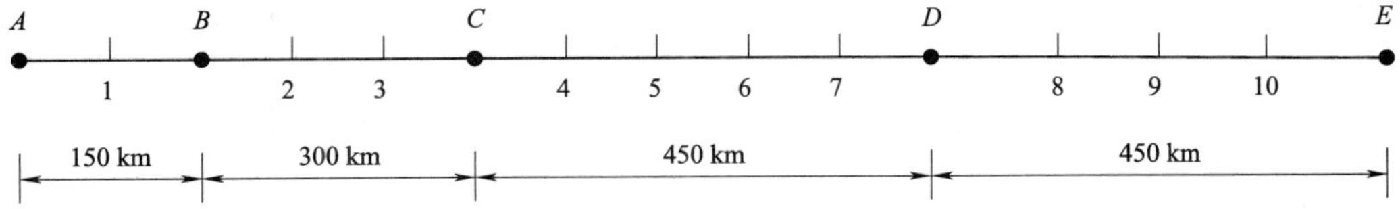

图 10-1-21　一字形高速铁路概况图

(2)客流数据表

在一字形路网结构条件下，只有一个基本去向，假设的客流数据见表 10-1-6。

(3)区段管内客流计算图和方案客流图

根据表 10-1-6 的区段管内客流数据和客运站间客流数据编制的区段管内客流计算图和方案客流图如图 10-1-16 和图 10-1-20 所示。

①一、二类直达去向客流量

根据方案客流图两枢纽客运站间客流量满足必要条件的情况，可以确定一类直达去向客流量(如图 10-1-20 所示)；根据其他客流的组合方案客流量满足必要条件情况，可以确定二类直达去向客流量(如图 10-1-20 所示)。

表 10-1-6 客流数据表

自＼至			中间站											客运站							总计
			A—B	B—C		C—D				D—E			计	A	B	C	D	E	计		
			1	2	3	4	5	6	7	8	9	10									
中间站	A—B	1		1	12	7	5	1	2	8	15	10	61		40	40	10	40	130		191
	B—C	2				3	8	1	4	4	5	10	33			50	70	50	170		205
		3				2	40	5	2	5	20	5	79			50	40	42	132		211
	C—D	4								6	5	5	16				10	8	18		34
		5								7	7	10	24				10	15	25		49
		6								2	3	2	7				10	3	13		20
		7								10	15	13	38				30	13	43		81
	D—E	8																			
		9																			
		10																			
	计			1	12	12	53	7	8	42	70	55	260		40	140	180	171	531		791
客运站	A		50	20	50	5	60	10	20	40	55	20	330		200	120	60	160	540		870
	B			10	10	3	30	5	5	20	30	15	108			150	130	150	430		538
	C					2	5	1	2	5	5	3	23				50	180	230		253
	D									50	20	80	150					115	115		265
	E																				
	计		50	20	20	10	98	16	27	65	90	38	611		200	270	240	605	1 315		1 926
总计			50	21	62	22	148	23	35	107	160	93	871		240	410	420	776	1 846		2 717

②三类直达去向客流量

a. 剩余客流量

按区段计算未编入一、二类直达去向的客流，填入方案客流图相应格内。

b. 区段管内客流

将区段管内客流计算图的客流填入方案客流图的相应格内。

c. 三类直达去向客流量

按区段将剩余客流和区段管内客流加总，其中客流量最小区段的客流即为三类直达去向客流量（如图 10-1-20 所示）。

(4)非直达去向客流

未被直达去向列车吸收的混合客流为非直达去向客流。图 10-1-22 为根据直达去向列车方案客流图（如图 10-1-20 所示）编制的非直达去向客流图。

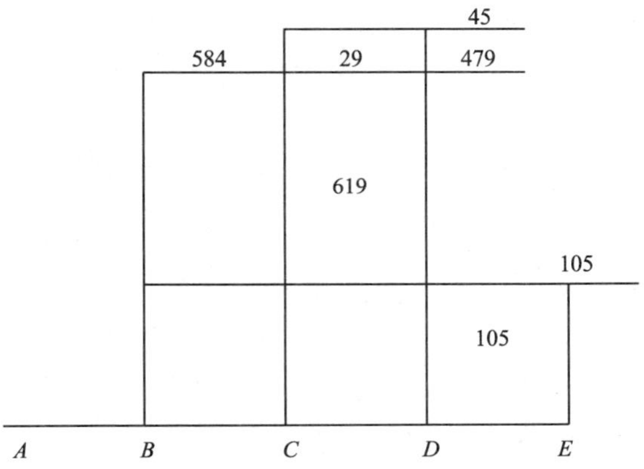

图 10-1-22　非直达去向客流图

(5)需要开行列车数和列车旅行速度

若取 Q=1 000 人，ρ=0.8，根据图 10-1-20 和图 10-1-22，一、二、三类直达去向客流和非直达去向客流计算的种类别列车开行对数和旅行速度见表 10-1-7。

表 10-1-7　列车开行方案数据表

去向	类别		客流量（万人）	开行对数（对/日）	旅速（km/h）
直达	一		160	6	294
	二	A_{12}、A_{15}	150	5	291
		A_{13}、A_{35}	120	4	281
		A_{14}、A_{45}	60	2	281
	三		481	16	
非直达	B—E		105	4	
	B—D		479	16	
	C—D		45	2	
区段沿途列车				1×4	

3. 人字形和十字形高速铁路网旅客列车开行方案的分析计算

(1)人字形和十字形高速铁路网概况

设 A—E 高速铁路线在 C 站与 C—G 高速铁路线联网，构成了简单的人字形网络（如图 10-1-23 所示）。C—G 线设 C、F、G 三个客运站和序号为 11、12、13、14 的四个中间站，两个区段的区段距离各为 300 和 350 km。

人字形网络可以有 A—E、A—G、G—E 三个直达去向。假定其中 A—E 为基本去向，其他两个为分去向。

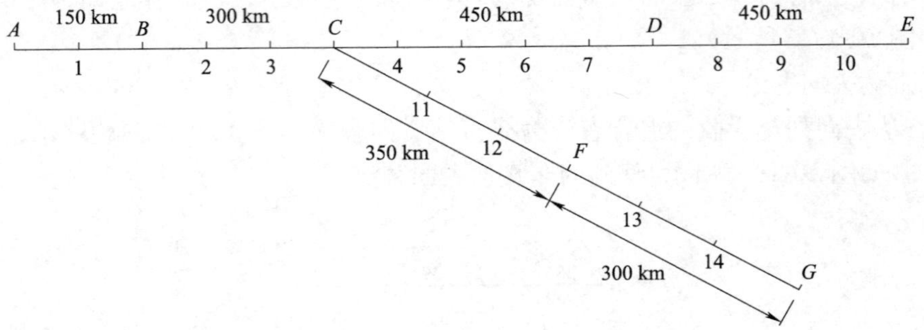

图 10-1-23 人字形高速铁路网概况图

设 A—E 高速铁路线在 C 站与 K—G 高速铁路线联网，构成了十字形网络（如图 10-1-24 所示）。K—G 线设 K、H、C、F、G 5 个客运站和序号为 11、12、13、14、15、16、17、18、19、20、21 的 11 个中间站，四个区段的区段距离各为 350、400、300 和 350 km。

十字形网络可以有 A—E、A—G、G—E、G—K、A—K 和 K—E 六个直达去向。其中 A—E、K—G 为基本去向，其他四个为分去向。

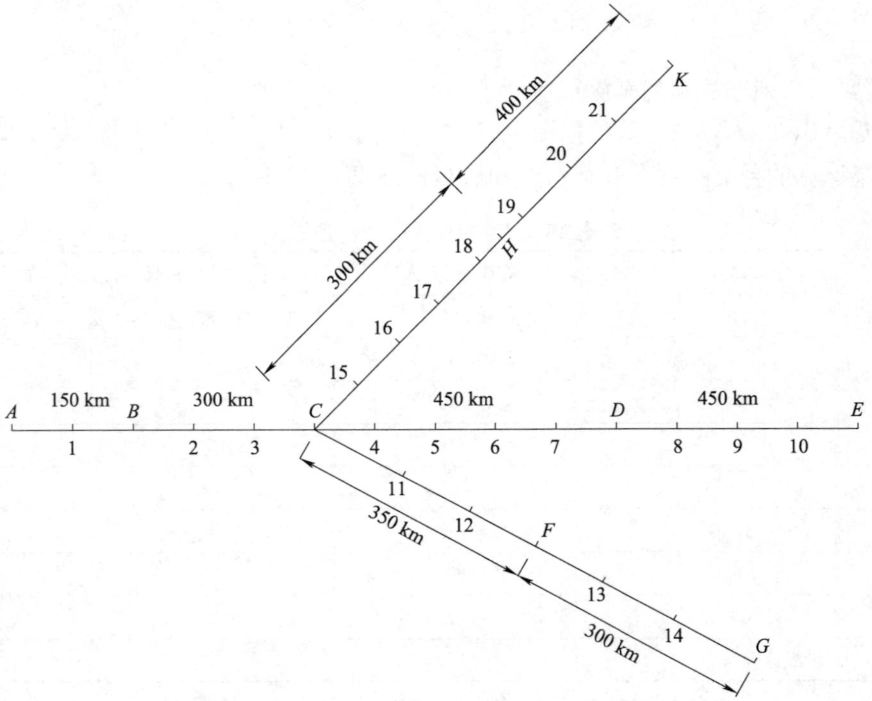

图 10-1-24 十字形高速铁路网概况图

(2)旅客列车开行方案的编制方法

在人字形、十字形路网结构条件下，根据组织路网客流输送的需要，分别设置了三个和六个直达去向，并采用以直达去向为单元编制旅客旅客列车开行方案的方法。这样，一个去向就类似于一字形直达去向，因而同样可采用一字形直达去向列车开行方案的编制方法。

在分析计算中，人字形和十字形直达去向的特殊问题是：

①基本去向和分去向的客流数据

如前已述，基本去向服务于高速线两枢纽客运站站间全线客流的输送，而分去向服务于不同高速线间客流的输送，客流数据表应按服务范围编制，避免基本去向和分去向客流数据表重复。

②基本去向与分去向客流的调整

在人字形路网结构条件下(如图 10-1-23 所示)，因为 A—C 段为 A—E 去向和 A—G 去向的共同径路，客流 A—B、A—C 和 B—C 既可以由 A—E 去向列车输送，也可以由 A—G 去向列车输送。在客流数据表和方案客流图中，这部分客流按基本去向客流处理。当这部分客流未能列入 A—E 去向直达列车开行方案时，可将其编入 A—G 去向方案客流图，参与 A—G 去向直达列车开行方案的车流组合；同理 C—E 区段为 A—E 和 G—E 去向的共同径路，客流 C—D、C—E 和 D—E 既可以由 A—E 去向的列车输送，也可以由 G—E 去向的列车输送。当这部分客流未能列入基本去向 A—E 列车开行方案时，可将其编入 G—E 去向的方案客流图，参与 G—E 去向的直达列车开行方案的车流组合。为区别起见，在 A—G、G—E 方案客流图上，这部分客流所在的格用“双框”表示(如图 10-1-26、图 10-1-27 所示)。

		150 ○			
		120 ○	120 ○		
		60 ○	60 ○	60 ○	
		160 △	160 △	160 △	160 △
			150		
			130	130	
			150 ○	150 ○	150 ○
				50	
				180 ^{120}	180 ^{120}
					60 ○
剩余客流			280	240	60
区段管内客流	区段内	151	329	342	360
	全区段	280	456	527	171
计		431 $^{+}$	1 065 ^{431}	1 109 ^{431}	591 ^{431}

图 10-1-25　方案客流图(A—E)

在图 10-1-20 中，客流 A—B 有 50 万人未能列入直达去向列车开行方案，故可将这部分客流转为填入 A—G 去向客流方案图(如图 10-1-26 所示)，该项客流与客流 B—G 中 50 万人组合，形成一支二类直达去向客流；又如图 10-1-20 中客流 D—E 有 50 万人未列入直达列车开行方案，将其转为填入 G—E 去向方案客流图(如图 10-1-20 所示)，即可以与客流 G—D 50 万人形成一支二类直达去向客流。调整后的方案客流图如图 10-1-25 所示。

在十字形路网结构条件下(如图 10-1-24 所示),*A*—*C* 段为 *A*—*E*、*A*—*G*、*A*—*K* 三个去向的共同径路,同理客流 *A*—*B*、*B*—*C*、*A*—*C* 可以在三个直达去向间调整;*C*—*E* 段为 *A*—*E*、*G*—*E*、*K*—*E* 三个去向的共同径路,客流 *C*—*D*、*C*—*E*、*D*—*E* 可以在三个去向间调整;*G*—*C* 段为 *G*—*K*、*G*—*E*、*G*—*A* 三个去向的共同径路,客流 *G*—*F*、*G*—*C*、*F*—*C* 可以在三个去向间调整;*C*—*K* 段为 *G*—*K*、*A*—*K*、*E*—*K* 三个去向的共同径路,客流 *C*—*H*、*C*—*K*、*H*—*K* 可以在三个去向间调整。

		50 ○			
		100	100	100	
		120 △	120 △	120 △	120 △
			50	50	
			80^{50}	80^{50}	80^{50}
剩余客流		100	180	180	30
区段管内客流	区段内	77	123	88	107
	全区段	40	152	187	60
计		217^{197}	455^{197}	455^{197}	197^{+}

图 10-1-26　方案客流图(*A*—*G*)

		50 ○	50 ○	50 ○	
		70 △	70 △	70 △	70 △
			50	50	
			10	10	10
					55^{50}
剩余客流			60	60	15
区段管内客流	区段内	161	135	168	140
	全区段	90	319	266	70
计		251^{225}	514^{225}	494^{225}	225^{+}

图 10-1-27　方案客流图(*G*—*E*)

(3)路网旅客列车开行方案

根据上述原理编制的人字形高速铁路网旅客列车开行方案见表 10-1-8,表 10-1-8 和表 10-1-9 为十字形高速铁路网旅客列车开行方案。

表 10-1-8　列车种类和开行列车数表

去向	列车种类		运行区段	停车次数	停车站	列车数	列车数计
A—*E*	直达去向	一	*A*—*E*	0		6	34
		二	*A*—*E*	1	*B*	5	
			A—*E*	1	*C*	4	
			A—*E*	1	*D*	2	
		三	*A*—*E*	8		17	
	非直达去向		*B*—*E*			6	24
			B—*D*			16	
			C—*D*			2	
A—*G*	直达去向	一	*A*—*G*	0		4	13
		二	*A*—*G*	1	*B*	2	
		三	*A*—*G*	7		7	
	非直达去向		*B*—*G*			1	9
			B—*F*			8	
G—*E*	直达去向	一	*G*—*E*			2	12
		二	*G*—*E*	1	*D*	2	
		三	*A*—*G*	8		8	
	非直达去向		*G*—*D*			1	10
			F—*D*			8	
			F—*C*			1	
短途列车			各区段			1×4	4

表 10-1-9　列车种类和开行列车数表

去向	列车种类		运行区段	停车次数	停车站	列车数	列车数计
G—*K*	直达去向	一	*G*—*K*	0		5	19
		二	*G*—*K*	1	*F*	2	
			G—*K*	1	*C*	2	
			G—*K*	1	*H*	2	
		三	*G*—*K*	8		8	
	非直达去向		*G*—*H*			1	9
			F—*H*			6	
			C—*H*			2	

续上表

去向	列车种类		运行区段	停车次数	停车站	列车数	列车数计
A—K	直达去向	一	A—K	0		3	6
		二	A—K	1	B	0	
			A—K	1	C	0	
			A—K	1	H	3	
		三	A—K	7		3	
	非直达去向		B—K			2	7
			B—H			4	
			C—H			1	
K—E	直达去向	一	K—E			4	11
		二	K—E	1	H	0	
			K—E	1	C	0	
			K—E	1	D	0	
		三	K—G	8		7	
	非直达去向		K—D			0	8
			H—D			7	
			C—D			1	
短途列车			各区段			1×4	4

四、枢纽客运站中转客流组织

1. 枢纽客运站中转客流组织方法

按旅客列车直达去向的方法组织干线客流输送，将在枢纽客运站产生大量中转客流。例如，若以哈尔滨为枢纽客运站构建京哈、哈大直达去向，则在齐齐哈尔、佳木斯、牡丹江方向与京哈、哈大间到发客流将需在哈尔滨中转；又如若以上海为枢纽客运站构建京沪直达去向，则在杭州、宁波方向与京沪间到发客流将需在上海中转。

理论上，枢纽客运站中转客流组织可采用换乘和列车运行线衔接两种方法。

(1)换乘

在枢纽客运站，旅客在列车间的换乘通常是指由到达列车向同一站台或相邻站台上的出发列车的换乘。由于高速铁路的列车密度较大，列车间隔短，因而旅客换乘平均等待时间也相对较短。同时，由于在直达去向列车密度大，旅客在始发站有多个发车点可供选择，方便旅客出行。

(2)直通列车

将两个区段的列车运行线在枢纽客运站加以衔接，形成跨线的直通列车。这时，中转旅客可以避免换乘，但实际工作中跨线列车的衔接是一个大问题。

2. 开行直通列车对列车运行质量的影响

(1)列车运行图结构的理论分析

若将两相邻列车两两作为列车运行图的基本结构单元，并定义为一运行列车组，则列车运行图系由若干运行列车组组成。

在高速铁路运行的列车按旅行速度不同分为一、二类高速列车条件下，高速铁路的列车运行图可有如下四种类型的运行列车组：

a. 两相邻列车均为一类高速列车的运行列车组。

b. 两相邻列车均为二类高速列车的运行列车组。

c. 前行列车为一类高速列车，而后行列车为二类高速列车的运行列车组。

d. 前行列车为二类高速列车，而后行列车为一类高速列车的运行列车组。

设在一运行列车组中出现一、二类高速列车的概率各为 W_S 和 W_L，其计算方法为：

$$W_S=\frac{N_S}{N} \qquad W_L=\frac{N_L}{N}$$

式中　N_S——在高速铁路区段运行的一类高速列车数；

N_L——在高速铁路区段运行的二类高速列车数；

N——在高速铁路区段运行的列车数，它等于一、二类高速列车数之和。

据此，在运行图中出现 a、b、c 和 d 类运行列车组的概率 W_{SS}、W_{LL}、W_{SL} 和 W_{LS} 可分别用如下方法计算：

$$W_{SS}=W_S\cdot W_S=\frac{N_S^2}{N^2}$$

$$W_{LL}=W_L\cdot W_L=\frac{N_L^2}{N^2}$$

$$W_{SL}=W_S\cdot W_L=\frac{N_S\cdot N_L}{N^2}$$

$$W_{LS}=W_L\cdot W_S=\frac{N_L\cdot N_S}{N^2}$$

而在运行图中出现 a、b、c 和 d 类运行列车组的组数 n_{SS}、n_{LL}、n_{SL} 和 n_{LS}，则可分别用如下方法计算：

$$n_{SS}=W_{SS}\cdot N=\frac{N_S^2}{N}$$

$$n_{LL}=W_{LL}\cdot N=\frac{N_L^2}{N}$$

$$n_{SL}=W_{SL}\cdot N=\frac{N_S\cdot N_L}{N}$$

$$n_{LS}=W_{LS}\cdot N=\frac{N_L\cdot N_S}{N}$$

其中 a 和 b 两类运行列车组采用由相同种类列车组成，可称之为相同种类运行列车组。显然，在运行图中出现相同种类运行列车组的概率(W_g)可用下式表示：

$$W_g=\frac{n_{SS}+n_{LL}}{N^2}$$

(2)高速铁路平均最小列车间隔时间

若一类高速列车的列车追踪时间间隔时间为 I_1，二类高速列车为 I_2。据此，a 类运行列车组的列车间隔时间(I_{SS})为 I_1，b 类和 c 类运行列车组的列车间隔时间(I_{LL} 和 I_{SL})为 I_2，d 类运行列车组的列车间隔时间需要按到站条件确定。

在一直各类运行列车组最小列车间隔时间条件下，可按下式计算确定列车运行图平均最小列车间隔时间 $\bar{I}$ 和 $\bar{I}_g$、$\bar{I}_v$：

$$\bar{I}=(I_{SS}n_{SS}+I_{LL}n_{LL}+I_{SL}n_{SL}+I_{LS}n_{LS})\frac{1}{N}$$

$$\bar{I}_g=(I_{SS}n_{SS}+I_{LL}n_{LL})\frac{1}{n_{SS}+n_{LL}}$$

$$\bar{I}_v=(I_{SL}n_{SL}+I_{LS}n_{LS})\frac{1}{n_{SL}+n_{LS}}$$

式中 $\bar{I}_g$、$\bar{I}_v$ 分为相同和不相同种类运行列车组平均最小列车间隔时间。

(3)高速铁路运行晚点参数及列车运行质量指标

若高速列车的始发和运行正点率暂且按最高标准（即 100%）取值，亦即在高速铁路上高速列车可实现完全按图行车（实际上这是不可能的），而进入直达去向高速线的二类高速列车的列车晚点概率和平均晚点时间 g 和 t_m，根据列车晚点传播理论，平均后效晚点时间（$\bar{t}_F$）可按下式计算：

$$\bar{t}_F=\frac{\bar{t}(1-g/2)}{1+m\bar{t}_r-e^{-m\bar{I}}}\left[W_g(1-e^{-m\bar{I}_g})^2+(1-W_g)m\bar{I}_v(1-e^{-2m\bar{I}_v})+\frac{\bar{I}}{\bar{t}_r}(1-e^{-m\bar{I}})^2\right]$$

式中 $\bar{t}$——列车平均晚点时间；

m——晚点列车平均晚点时间的倒数，即 $m=\frac{1}{t_m}$；

$\bar{t}_r$——平均列车运行图缓冲时间。

假设与旅客列车直达去向 Z_1 一端枢纽客运站相衔接的直达去向 Z_2 有较大的客流交流量，拟在枢纽客运站组织直通列车。设在 Z_2 开行二类高速列车，而 Z_1 开行一类高速列车，Z_2 高速列车进入 Z_1 的列车晚点概率为 50%，晚点列车平均晚点时间为 3.6 min，则有：

$$t_m=3.6(\text{min})$$

$$m=\frac{1}{t_m}=\frac{1}{3.6}=0.278$$

若 Z_1 开行一类列车 50 列，Z_2 开行直通列车 10 对，则：

$$\bar{t}=\frac{0.5\times10\times3.6}{50+10}=0.3(\text{min})$$

$$g=\frac{0.5\times10}{50+10}=0.083$$

相应地也有：

$$n_{SS}=\frac{50^2}{60}=42$$

$$n_{LL}=\frac{10^2}{60}=2$$

$$n_{SL}=\frac{50\times10}{60}=8$$

$$n_{LS}=\frac{50\times10}{60}=8$$

$$W_g=\frac{42+2}{60}=0.73$$

若取一、二类高速列车最小间隔时间为 5 min，则有 $I_{SS}=I_{LL}=I_{SL}=5$ min，I_{LS}则可按下式计算：

$$I_{LS}=5+\Delta t$$

式中 Δt 为一、二类高速列车区间运转时分差，若取 $\Delta t=10$ min，则有：

$$I_{LS}=5+10=15(\text{min})$$

这样，有：

$$\bar{I}=\frac{[(42+2+8)\times 5+8\times 15]}{60}=6.3(\text{min})$$

$$\bar{I}_g=5(\text{min})$$

$$\bar{I}_v=\frac{8\times 5+8\times 15}{16}=10(\text{min})$$

据此，若取 $\bar{t}_r=2$ min，由 Z_2 列车进入 Z_1 列车晚点引起的列车后效晚点时间可按下式计算：

$$\bar{t}_F=\frac{0.3\times(1-0.083/2)}{1+0.278\times 2-e^{-0.278\times 6.3}}\times[0.73\times(1-e^{-0.278\times 5})^2+(1-0.73)\times 0.278\times 10\times (1-e^{-2\times 0.278\times 10})+\frac{6.3}{2}(1-e^{-0.278\times 6.3})^2]$$

这意味着，在直达去向 Z_1 运行的 60 列旅客列车，将因直通列车晚点而引起 41 min（0.69×60）的晚点时间，这对于高速铁路列车运行秩序来说，如此严重的晚点影响是不能容忍的。

当直通列车为一类高速列车时

这时，有

$$W_g=1$$

$$\bar{I}_g=\bar{I}=5(\text{min})$$

因而，直通列车进入晚点时段的平均列车后效晚点时间应为：

$$\bar{t}_F=\frac{\bar{t}(1-g/2)}{1+m\bar{t}_r-e^{-m\bar{I}}}\left(1+\frac{\bar{I}}{\bar{t}_r}\right)(1-e^{-m\bar{I}})^2$$

在直通列车进入晚点参数与上述相同条件下，

$$\bar{t}_F=\frac{0.3\times(1-0.083/2)}{1+0.278-e^{-0.278\times 5}}\times\left(1+\frac{5}{2}\right)\times(1-e^{-0.278\times 5})^2=0.43(\text{min})$$

这时，60 列旅客列车将引起 0.43×60=26(min)的晚点时间。

3. 影响后果分析

一般说来，当前行列车晚点的晚点时间超过运行图缓冲时间时，将发生列车晚点传播现象，并引起后行列车晚点。但是在高速线跨线列车在进入客运站发生晚点且晚点时间超过运行图缓冲时间时，一般会优先放行后行本线高速列车。这样，就可能引起晚点跨线列车的晚点向本身或其后行跨线列车传播的现象，从而造成晚点列车的增晚或后行跨线列车的晚点。它意味着晚点的跨线列车将需在衔接站等待多趟后行高速列车后，才有可能得以放行，从而将造成晚点跨线列车的进一步增晚，出现在一段时间内难以放行晚点跨线列车、旅客心里难以承受的现象。显然，当跨线列车比重达到较大数值时，列车运行图适应跨线列车晚点的应变能力很有限，势必难以保证较正常的跨线列车运行秩序和较高质量的高速列车运行秩序。

因此,形成跨线直通列车的方案是否可行,尤其是运行二类高速列车的区段,取决于衔接区段列车运行秩序,对于暂时列车正点水平不高的高速铁路区段,宜以采用换乘方案为主。

在实际工作中,原则上应采用换乘的方法,对于中转客流量大的方向,必要时可组织一定数量列车采用列车运行线衔接的方法,即直达去向列车延伸的方案。

第二节　高速铁路旅客列车中间站停车方案

一、高速铁路旅客列车中间站停车方案概述

对于单线铁路或既有双线铁路,当开行旅客列车数比较少时,一般采用直达旅客列车和快速旅客列车服务于沿线客运站上、下车客流,管内短途旅客列车服务于中间站上、下车客流的旅客输送组织方法。在区段内设置中间站较多,且多配置在小城镇所在地,区段管内客流量小且以区段管内到、发客流为主的情况下,上述客流输送组织方法是可行的。

高速铁路和既有双线铁路经改造提速形成的快速铁路,尤其是高速铁路,开行旅客列车较多,沿线设置中间站较少,大多配置在地级市所在地和国家级旅游景区所在地,中间站上、下车客流量大且客流结构有了很大变化,跨区段旅行的长途客流比重增加,这类客流要求服务质量高,候车时间短,减少或避免旅客列车间的中转换乘。为此,必须适度安排特快旅客列车和快速旅客列车在中间站停车办理客运作业,从而产生了旅客列车中间站停车方案编制的问题。它要求:

(1)最大限度减少沿线中间站到、发旅客的中转换乘。

(2)适度安排特快旅客列车和快速列车在中间站停车办理作业的次数。

据此,旅客列车在中间站停车方案是指在高速铁路或快速铁路以实现中间站上、下车旅客无换乘或少换乘为目标,而编制的部分或全部直达旅客列车或快速旅客列车,在中间站停车办理客运作业的客流输送组织方案。

二、高速铁路区段旅客列车中间站停车方案的客流组合法

1. 高速铁路区段旅客列车中间站行车方案

城际铁路不论与其他铁路联网或不联网,一般都以单个区段为单元组织列车运行。因此,铁路区段旅客列车中间站停车方案,就是以城际铁路为研究对象的旅客列车中间站停车方案问题。

(1)城际铁路客流及城际铁路旅客列车

按发、到站特征划分,城际铁路客流可分为如下三类:

①由城际铁路一端客运站始发、在另一端客运站终到的一类客流。

②由城际铁路客运站始发、区段内中间站终到或区段内中间站始发、客运站终到的二类客流。

③由区段内中间站始发、前方中间站终到的三类客流。

因此,旅客列车按服务客流对象的不同可分为:

①运行于城际铁路两客运站间,中间站不停车的快速列车,专门用于服务于一类客流的输送。

②运行于城际铁路两客运站间,中间站停车办理作业的普通列车,主要用为服务于二、三

类客流的输送，也可输送部分一类客流。

(2)编制普通列车中间站停车方案的客流组合法

当某一普通旅客列车仅在区段内一个中间站停车办理作业时，该列车只能用为服务于二类客流的输送；而当列车在两个及其以上中间站停车办理作业时，该列车不仅能服务于二类客流的输送，还能服务于三类客流的输送。这就是说，普通列车具有服务于 a、b 两中间站间三类客流输送功能的必要条件是，必须在 a、b 两站停车办理作业。

具有 m 个中间站的区段，必有 C_m^2 支不同发、到站的三类客流组合，即

$$C_m^2=\frac{m!}{2!\ (m-2)!}$$

每一在两中间站停车的列车服务于一支三类客流(称之为一个客流组合)的输送。因此，该区段开行服务于一支三类客流普通列车停车方案数等于 C_m^2。

当列车在三个中间站停车办理作业时，该列车服务于三支三类客流的输送。这时，区段需要开行的列车停车方案数为

$$C_m^3=\frac{m!}{3!\ (m-3)!}$$

依此类推，当每一列车在 n 个中间站办理停车作业时，客流组合数，即需开行列车停车方案数为

$$C_m^n=\frac{m!}{n!\ (m-n)!} \tag{10-2-1}$$

若令 C_m^n 为一组客流组合(即列车停车方案数)，它相对于一组具有相同中间站停车次数，但不相同停车站的列车组。当区段开行的普通旅客列车数为 K 时，称具有相同中间站停车次数和相同停车站的每一列车停车方案，开行普通旅客列车数为相同停车方案列车开行频数 ρ，计算方法为：

$$\rho=\frac{K}{C_m^n} \tag{10-2-2}$$

ρ 值加大有利于提高旅客乘车旅行的方便性。

普通列车中间站停车方案的客流组合法就是指，以发、到站遍及区段内所有中间站的三类客流组合为基础，以实现二、三类客流不换乘输送、力求减少旅客列车在中间站停车次数为目标的普通列车中间站停车方案编制方法。

当 $n=m$ 时，达到旅客列车停站次数的最大值。若开行普通列车数为 k，列车在中间站总停车次数为 $\sum k$，则有

$$\sum k=m\cdot k$$

若每次停车作业时间为 $t_{作业}$，列车加减速附加时间为 $\tau_{加减}$，列车停车总时间为 $\sum t_{停}$，则可有

$$\sum t_{停}=mk(t_{作业}+\tau_{加减})$$

若取 $m=10$，$k=60$，$t_{作业}=2\ \text{min}$，$\tau_{加减}=6\ \text{min}$，则有

$$\sum t_{停}=10\times60\times(2+6)=4\ 800(\text{min})$$

这时，客流组合数为 $C_m^n=1$。

当 $n=2$ 时，达到了为输送三类客流所需停车中间站数的最小值，其客流组合数为

$$C_m^2=\frac{10!}{2!\ (10-2)!}=45$$

若 $k=60$，其中 45 列对应每一客流组合停车方案，剩余 15 列可从 45 个客流组合中选 15 个组合作为停车方案。因而，可有

$$\sum t_{停}=60\times2\times(2+6)=960(\text{min})$$

显然，当 $n=2$ 时，列车停站时间达到最小值。

用同样方法可以计算在一定中间站数条件下，$n=3,\cdots,m$ 的客流组合数以及旅客列车开车频数和列车停车时间(见表 10-2-1)。旅客列车开车频数随 m 的增加而快速减少。

(3)旅客列车中间站停车次数的决策分析

设城际铁路区段开行旅客列车数为 k(列/d)，每列在 n 个中间站停车办理作业，每次停车时间损失为 $t_{停}$(min)，每小时旅客时间成本为 C_1[元/(人·h)]，动车组停车一次能源消耗费用 C_2(元/次)，动车组运营成本 C_3(元/h)，每一旅客列车中间站平均旅客上车人数为 $A_{站}$，旅客列车平均乘车人数为 $A_{列}$，旅客列车在车站停车旅客时间成本损失为 $E_{客}$(元/d)，动车组能耗费用损失为 $E_{能}$(元/d)，动车组运营费用损失为 $E_{动}$(元/d)，则有

$$E_{客}=\frac{1}{60}nkt_{停}\ C_1(A_{列}-A_{站}) \tag{10-2-3}$$

$$E_{能}=nkC_2 \tag{10-2-4}$$

$$E_{动}=\frac{1}{60}nkt_{停}\ C_3 \tag{10-2-5}$$

受各种因素的影响，乘车旅客到达车站候车时间是随机的。当旅客列车在中间站停车一次($n=1$)时，将列车运行图有效时间($T_{有效}$)划分为两部分。假定两部分是均匀的，则旅客列车最大候车时间为 $T_{有效}$ 的二分之一，最小为零，故旅客平均候车时间 $t_{候}$ 为：

$$t_{候}=\left(\frac{t_{有效}}{2}+0\right)\frac{1}{2}=\frac{t_{有效}}{4}(\text{min})$$

表 10-2-1 m、ρ、$\sum t_{停}$ 数据表

n / m	2			3			4			5		
	C_m^2	ρ	$\sum t_{停}$	C_m^3	ρ	$\sum t_{停}$	C_m^4	ρ	$\sum t_{停}$	C_m^5	ρ	$\sum t_{停}$
3	3	20	960	1	60	1 440						
4	6	10	960	4	15	1 440	1	60	1 920			
5	10	6	960	10	6	1 440	5	12	1 920	1	60	2 440
6	15	4	960	20	3	1 440	15	4	1 920	6	10	2 440
7	21	2.9	960	35	1.7	1 440	35	1.7	1 920	21	2.9	2 440
8	28	2.1	960	56	1.1	1 440	56	1.1	1 920	56	1.1	2 440
9	36	1.7	960	84			126			126		
10	45	1.3	960	120			210			252		

注：$k=60$ 列/d。

作为一般式，上式也可以写为

$$t_{候}=\frac{t_{有效}}{120(n+1)} \quad (h) \tag{10-2-6}$$

因而，旅客上车候车时间成本损失 $E_{候}$ 为

$$E_{候}=\frac{t_{有效}}{120(n+1)}A_{站}\ nkC_1 \tag{10-2-7}$$

显然，$E_{客}$、$E_{能}$、$E_{动}$ 随 n 的增加而增加，$E_{候}$ 随 n 的增加而减少，可以产生一定的节省。当 $E_{客}+E_{能}+E_{动}=E_{候}$ 时，可以认为 n 值达到了平衡。这时，可有

$$\frac{1}{60}nkt_{停}[C_1(A_{列}-A_{站})+C_3]+nkC_2=\frac{t_{有效}A_{站}\ nkC_1}{120(n+1)}$$

两边除以 nk，可得

$$\frac{1}{60}t_{停}[C_1(A_{列}-A_{站})+C_3]-\frac{t_{有效}A_{站}\ C_1}{120(n+1)}+C_2=0$$

上式经整理可写为

$2nt_{停}[C_1(A_{列}-A_{站})+C_3]+2t_{停}[C_1(A_{列}-A_{站})+C_3]+120nC_2+120C_2=t_{有效}A_{站}\ C_1 n\{2t_{停}[C_1(A_{列}-A_{站})+C_3]+120C_2\}+2t_{停}[C_1(A_{列}-A_{站})+C_3]+120C_2=t_{有效}A_{站}\ C_1$

若令

$$2t_{停}[C_1(A_{列}-A_{站})+C_3]+120C_2=A$$
$$2t_{停}[C_1(A_{列}-A_{站})+C_3]+120C_2=B$$
$$t_{有效}A_{站}\ C_1=C$$

上式可化简为

$$nA+B=C$$

据此，可得

$$n=\frac{C-B}{A} \tag{10-2-8}$$

将相关计算数据带入上式，可得供决策参数的 n 值。

(4)城际铁路旅客列车中间站停车方案

一般来说，列车运行图有效时间按客流集聚度的不同可分为高峰时间段和非高峰时间段两类时间段。通常，6:00～9:00 为城际铁路客流集聚度相当高的早高峰时间段，9:00～17:00 为客流集聚度达到中等水平的旅客均衡乘车时间段，17:00～20:00 为客流集聚度较高的晚高峰时间段，20:00～24:00 为客流集聚度较低的返程时间段。

在早晚高峰时间段，客流量大、旅客旅行目的地遍及全线所有车站，应以组织开行 $n=m$ 的普通旅客列车为主，并适当开行直通列车。非高峰时间段，客流量明显下降，可按决策参数 n 值组织开行普通旅客列车。

2. 高速铁路线旅客列车中间站停车方案

(1)高速铁路线客流和旅客列车

铁路线由多个区段组成，在两区段间设客运站，在区段内设中间站。因此，在铁路线上存在着两类办理客运业务的车站，即客运站和中间站。

按发、到站特征划分，铁路线客流可分为：

①在铁路线两端客运站间发、到的直达客流。

②在铁路线两端客运站和沿途客运站间发、到的直通客流。

③在客运站始发、中间站(含本区段和前方相邻或不相邻区段中间站)终到,或在中间站始发、客运站(含相邻或不相邻客运站)终到的二类客流。

④由中间站始发、前方中间站(含本区段和前方相邻或不相邻区段中间站)终到的三类客流。

因此,铁路线开行的旅客列车,按其服务客流对象的不同,可分为直达特快列车、特快列车、快速列车和短途列车四类。

①在铁路两端客运站间运行,在沿途客运站不停车办理作业的直达特快列车,用为服务于在两端客运站始发、终到的长途直达客流的输送。

②在铁路两端客运站间运行,在沿途客运站停车办理作业的特快列车,主要用为服务于两端客运站和沿途客运站间始发、终到的直达和直通客流的输送。

③在铁路两端客运站间或两个非相邻客运站间运行,在沿途客运站和中间站停车办理作业的列车为快速旅客列车,主要用为服务于二、三类客流以及部分直通客流的输送。

④在两相邻客运站间运行,在区段内中间站办理停车作业的短途列车,主要用为服务于区段内三类客流的输送。

与铁路区段比较,多区段铁路线客流增加了客运站间直通客流和跨区段的中间站始发、终到三类客流,因而相应增加了客流组织的复杂性。

(2)特快旅客列车停车方案

一般高速铁路线设置客运站数不多,因而特快列车即使在每个客运站办理停车作业,全程停车次数也不会多,对旅行速度影响不大。但当沿线设置的旅客站数较多(例如 5 个或更多时),采用站站停的停车方案,对旅行速度的影响就比较明显了。

实际上,如果把铁路线客运站当做区段内中间站处理,将全线看做一个铁路区段,则特快旅客列车停车方案就转化为一个铁路区段特快列车中间站停车方案,照样可以采用前述的客流组合方法做分析研究。

(3)快速旅客列车停车方案

①快速旅客列车客运站停车方案

为确保快速旅客列车具有输送部分直通客流的功能,一般规定快速旅客列车应在沿途每一客运站停车办理作业,即采用沿途客运站站站停的方案。

②快速旅客列车中间站停车方案

a. 跨区段中间站发、到客流的无换乘组织

二、三类客流既可以组织由跨区段列车无换乘输送,也可以组织由区段内短途列车输送至前方客运站换乘的方法输送。在这里,着重研究无换乘的输送方法。

因为在后方区段中间站始发的跨区段三类客流,可能在任一前方区段的任一中间站终到。当以实现跨区段三类客流无换乘旅行为目标时,则后方区段的每一客流组合应与前方区段的所有客流组合进行再组合。若 i 区段采用的客流组合 $C_m^n=P_i(i=1)$,则与前方$(i+1)$区段客流组合再组合的结果 $\sum P$,可称之为旅客列车停车方案组合,即

$$\sum P=P_1\cdot P_2$$

当 $i=1,2,3,\cdots,m$ 时作为一般式可写为:

$$\sum P=\prod_{i=1}^{m}P_i \qquad (10\text{-}2\text{-}9)$$

式中　$\sum P$——全线需开行的中间站有停车的快速旅客列车停车方案组合数。

这时，每一旅客列车的中间站停车次数 $\sum N_{停}$ 为

$$\sum N_{停} = \sum_{i=1}^{m} n_i \tag{10-2-10}$$

图 10-2-1 为 $\sum P$ 、$\sum N_{停}$ 计算过程图。其中 $\sum P$ 是按区段顺序计算的 P_i 的乘积，最后一个区段的 $\sum P(27)$ 为全线需开行中间站有停车的快速旅客列车停车方案组合数；$\sum N_{停}$ 是按区段顺序累加的每一快速旅客列车在中间站停车次数，最后一个区段的 $\sum N_{停}$ (8) 即为每一快速旅客列车全线总停车次数。

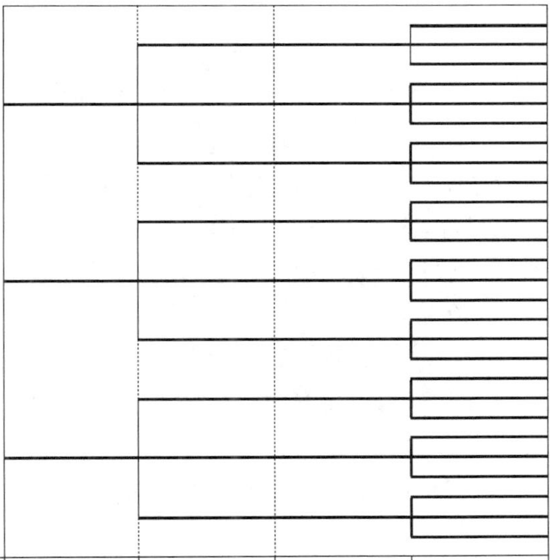

区段	1	2	3	4	
m	3	3	2	3	
C_m^2	3	3	1	3	
ΣP	3	9	9	27	27
$\Sigma N_{停}$	2	4	6	8	8

图 10-2-1　$\sum P$、$\sum N_{停}$ 计算示图

表 10-2-2 为某高速铁路当 $n=2$ 时，C_m^n、$\sum P$ 和 $\sum N_{停}$ 数值表。显然，由于有三个区段中间站数较多，即使取 $n=2$ 的条件下，若说每一旅客列车停车中间站数为 10 尚可接受的话，为保证全部中间站客流无换乘旅行，需要开行的列车停车方案组合数是不可能达到的。因此，当高速铁路全线区段数较多，且区段内中间站数也较多时，理论上不可能确保全部中间站客流无换乘旅行。

b. 减少客流组合数的方法

(a)客流组合的功能

客流组合的功能是指客流组合可能实现的输送客流的种类。以 $m=3$、$n=2$ 为例，客流组

合数 $C_3^2=3$，即有组合 12、13、23，其中 12、13 具有如下客流组合应有的客流输送功能。

- 后方客运站，中间站始发，1，2，3 站（中间站）终到的二、三类客流；
- 1，2，3 站始发，前方客运站和跨区段中间站终到的二、三类客流；
- 12，13 间始发、终到的三类客流。

表 10-2-2 $\sum P$、$\sum N_{停}$ 数据表

下行					上行				
序号	m	C_m^2	$\sum P$	$\sum N_{停}$	序号	m	C_m^2	$\sum P$	$\sum N_{停}$
1	2	1	1	2	1	6	15	15	2
2	3	3	3	4	2	5	10	150	4
3	4	6	18	6	3	4	6	900	6
4	5	10	180	8	4	3	3	2 700	8
5	6	15	2 700	10	5	2	1	2 700	10

组合 23 虽也具有上述三项功能，但前两项功能与组合 12、13 是重复的。因为，它仅有输送 23 间始发、终到客流的功能是有效的，可称之为次有效的客流组合。应该指出，在上例三个客流组合中必有一个次有效组合，它可以是三个中的任一个组合。

又如 $m=4$、$n=3$ 的区段，客流组合数 $C_4^3=4$，即有组合 123、124、134、234，其中组合 123、134、234 在完成 1、2、3、4 站客流输送的同时，还可以完成 12、13、14、23、24、34 六支三类客流的输送，具有客流组合应有的全部客流输送功能。组合 124 虽也具有客流组合应有的客流输送功能，但全部功能是重复的，可称之为无效组合。应该指出，在四个客流组合中必有一个无效组合，它可以是其中的任一个组合。

根据上述分析，输送二、三类客流的客流组合可分为有效组合、次有效组合和无效组合三类。

(b)删除无效客流组合

研究表明，当 $m\geqslant4$、$n\geqslant3$ 时，客流组合中存在无效组合，应从组合中加以删除（见表 10-2-3），实际应用的是有效客流组合。

表 10-2-3 有效客流组合表

m	$n=2$		$n=3$		$n=4$	
	C_m^2	有效	C_m^3	有效	C_m^4	有效
3	3	3	1	1		
4	6	6	4	3	1	1
5	10	10	10	6	5	2
6	15	15	20	8	15	3

(c)删除次有效客流组合

当删除无效组合后，有效客流组合数仍然较大，不能满足实用需求时，可以采用删除次有效组合的方法。这时，实际应用的是有效客流组合（见表 10-2-4）。

c. 减少停车次数的实用客流组合

一般情况下，铁路各区段均将开行在区段内中间站，站站停车，用来输送本区段三类客流

的短途旅客列车。因此，在研究跨区段旅客列车在中间站停车方案时，也可以不考虑必须具有输送本区段三类客流的功能。这样，对 $m=3$、$n=2$ 的区段，在 12、13、23 三个客流组合中，只要选用两个组合就可以满足输送二类客流和跨区段三类客流的要求。若选用 12、13 两个组合，其中 12 组合的旅客列车在 1、2 站停车办理作业，输送 1、2 站终到和始发的二类客流及 1、2 站间的本区段三类客流，13 组合的旅客列车只需在 3 站停车办理作业，输送 3 站到达和始发的二类客流。两列旅客列车停车次数等于中间站数 3。又如 $m=4$、$n=3$ 的区段，在 123、124、134、234 四个组合中，也只要选择两个组合，即可满足输送客流的要求。若选用 123、124 两个组合，其中 123 组合的旅客列车在 1、2、3 站停车办理作业，输送 1、2、3 站终到和始发的二类客流以及 1、2，1、3，2、3 站间的本区段三类客流，而 124 组合的旅客列车只需在 4 站停车办理作业，输送 4 站终到和始发的二类客流。两列车总停站次数等于中间站数 4。在这里，称在可能的客流组合中，被选为实际运用的组合为实用客流组合。在实用客流组合中，各组合需要旅客列车停车作业的中间站可能不同。在不同 m、n 的情景组合条件下，实用客流组合数见表 10-2-5，表中实用栏的 1、2、3、…为列车停车次数。

表 10-2-4　有效客流组合表

m	$n=2$		$n=3$		$n=4$	
	C_m^2	有效	C_m^3	有效	C_m^4	有效
3	3	2	1	1		
4	6	2	4	2	1	1
5	10	3	10	2	5	2
6	15	3	20	2	15	3

表 10-2-5　实用客流组合表

n / m	2			3				4					5					
	C_m^2	实用		C_m^3	实用			C_m^4	实用				C_m^5	实用				
		1	2		1	2	3		1	2	3	4		1	2	3	4	5
3	3	1	1	3			1											
4	6		2	4	1		1	1				1						
5	10	1	2	10		1	1	5	1			1	1					1
6	15		3	20			2	15		1		1	6	1				1
7	21	1	3	35	1		2	35			1	1	21		1			1
8	28		4	56		1	2	56				2	56			1		1
9	36	1	4	84			3	126	1			2	126				1	1
10	45		5	120	1		3	210				2	252					2

应该指出，采用实用客流组合，规定旅客列车中间站停车方案的方法，仅将区段内的部分三类客流改为由短途列车输送，跨区段的三类客流仍由普通列车输送。对于区段内三类客流来说，由区段短途列车输送或由跨区段的普通列车输送，其效果是一样的，都不发生换乘。但因短途列车数较跨区段的快速列车数少，可能增加旅客候车时间。

3. 算例——某高速铁路旅客列车中间站停车方案

(1)某高速铁路区段中间站设置

某高速铁路分为 $A—B$、$B—C$、$C—D$、$D—E$ 和 $E—F$ 五个客流区段，各区段分别设中间站

1、2、5、4、6 个。

(2)中间站客流组织无换乘输送的停车方案

若取 $n=2$，以组织无换乘输送二、三类客流为目标，各区段可能的列车停车方案组合数和列车停车次数见表 10-2-6。由方案表可以看出，在 $n=2$ 的条件下，为组织中间站客流无换乘输送可能的列车停车方案组合数多达 900，即单方向至少需要开行 900 列旅客列车，才能实现这一目标。因此，在该高速铁路的具体条件下，中间站客流全部组织无换乘输送是不可能的。

表 10-2-6 停车方案表

区段	m	C_m^2	$\sum P$	$\sum N_{停}$
$A—B$	1	1	1	1
$B—C$	2	1	1	3
$C—D$	5	10	10	5
$D—E$	4	6	60	7
$E—F$	6	15	900	9

(3)删除无效客流组合的停车方案

表 10-2-7 和表 10-2-8 为根据表 10-2-3 的有效客流组合资料编制的停车方案表。当 $n=3$ 时(见表 10-2-7)，全部列车停车方案组合为 144，仍过大；当 $n=4$(见表 10-2-8)时，停车中间站停车次数多达 15 次，过多。因此，仅删除无效客流组合的停车方案仍没有实用性。

表 10-2-7 停车方案表

区段	m	C_m^3	有效组合	$\sum P$	$\sum N_{停}$
$A—B$	1	1	1	1	1
$B—C$	2	1	1	1	3
$C—D$	5	10	6	6	6
$D—E$	5	6	3	18	9
$E—F$	6	15	8	144	12

(4)删除次有效客流组合的停车方案

表 10-2-9 为根据表 10-2-4 的有效客流组合资料编制的停车方案表。显然，这一方案($n=2$)的 $\sum P$ 和 $\sum N_{停}$ 均达到实用要求。表 10-2-10 为表 10-2-9 停车方案的实用客流组合停车方案表。由表 10-2-4 也可以看出，有效客流组合数随 n 取值的增大而有所减少，但 $\sum N_{停}$ 随之增大。$\sum N_{停}$ 过大是不可取的，一般情况下，以取 $n=2$ 为宜。

表 10-2-8 停车方案表

区段	m	C_m^4	有效组合	$\sum P$	$\sum N_{停}$
$A—B$	1	1	1	1	1
$B—C$	2	1	1	1	3
$C—D$	5	5	2	2	7
$D—E$	4	1	1	2	11
$E—F$	6	15	3	6	15

表 10-2-9 停车方案表

区段	m	C_m^2	有效组合	$\sum P$	$\sum N_{停}$
A—B	1	1	1	1	1
B—C	2	1	1	1	3
C—D	5	10	3	3	5
D—E	4	6	2	6	7
E—F	6	15	3	18	9

(5)中间站停车列车数

表 10-2-10 为 $n=2$ 时，列车停车方案组合基本结构表，这一停车方案需要下行方向至少开行 18 列中间站停车办理作业的快速旅客列车，当快速旅客列车数少于 18 时，可考虑安排将部分特快旅客列车纳入停车方案。

表 10-2-10 使用客流组合停车方案表

区段	m	C_m^2	实用组合		$\sum P$	$\sum N_{停}$	
			1	2		1	2
A—B	1	1	1		1	1	
B—C	2	1		1	1	3	3
C—D	5	10	1	2	3	3	5
D—E	4	6		2	6	5	7
E—F	6	15		3	18	7	9

在停车方案组合基本结构(见表 10-2-11)中，除 A—B、B—C 区段安排 18 列快速旅客列车停车外，其他区段安排的停车列车数都相对较少。当这种安排不能满足运输需求时，就需要研究增加 C—D、D—E、E—F 区段停车列车数的补充方案。为此，以基本方案为基础，从 A—B 区段开始，采用依次减少列车停车次数的方法可形成补充方案，如：

①列车在 A—B、B—C 不停车的方案(见表 10-2-12)，有停车列车 18 列，列车停车次数为 102。

②列车在 A—B、B—C 和 C—D 区段的 5 站不停车，即减少有停车中间站的方案(见表 10-2-13)，有停车列车由 18 列减为 12 列，列车停车次数为 72。

③列车在 A—B、B—C 和 C—D 区段的 3、4、5 站不停车的方案(见表 10-2-14)，不仅有停车列车由 18 列减为 6 列，而且列车停车次数也由 9 次减为 6 次，列车停车次数为 36。

④列车在 A—B、B—C、C—D 区段不停车的方案(见表 10-2-15)，有停车列车 6 列，列车停车次数为 24。

⑤列车在 A—B、B—C、C—D 和 E—F 区段的 3、4 站不停车的方案(见表 10-2-16)，有停车列车 3 列，列车停车次数为 12。

在上述方案中，各区段中间站按方向发、到客流量的大小，从大到小依次编序号为 1、2、3、4、5、6。若由基本方案和补充方案 1、3、5 组成综合方案，有停车列车 45 列，总停车次数为 306，大幅度增加 C—D、D—E、E—F 区段中间站的列车停车次数(见表 10-2-17)。有停车列车数各区段不同，总停车次数为 306。

表 10-2-11　停车方案组合基本结构表

区段	停车方案																		停车列车数		停车次数		
																			1	2	1	2	计
A—B	1																		18		18		18
B—C	1,2																			18		36	36
C—D	1,2						3,4						5						6	12	6	24	30
D—E	1,2			3,4			1,2			3,4			1,2			3,4				18		36	36
E—F	1,2	3,4	5,6	1,2	3,4	5,6	1,2	3,4	5,6	1,2	3,4	5,6	1,2	3,4	5,6	1,2	3,4	5,6		18		36	36
列车序号	1	2	3	4	5	6	7	8	9	10	11	12	13	14	15	16	17	18	计		24	132	156

表 10-2-12　停车方案组合结构表(补充方案 1)

区段	停车方案																		停车列车		停车次数		
																			1	2	1	2	计
A—B	0																						
B—C	0																						
C—D	1,2						3,4						5						6	12	6	24	30
D—E	1,2			3,4			1,2			3,4			1,2			3,4				18		36	36
E—F	1,2	3,4	5,6	1,2	3,4	5,6	1,2	3,4	5,6	1,2	3,4	5,6	1,2	3,4	5,6	1,2	3,4	5,6		18		36	36
列车序号	1	2	3	4	5	6	7	8	9	10	11	12	13	14	15	16	17	18	计		6	96	102

表 10-2-13　停车方案组合结构表(补充方案 2)

区段	停车方案												停车列车数		停车次数		
													1	2	1	2	计
A—*B*	0																
B—*C*	0																
C—*D*	1,2						3,4							12		24	24
D—*E*	1,2			3,4			1,2			3,4				12		24	24
E—*F*	1,2	3,4	5,6	1,2	3,4	5,6	1,2	3,4	5,6	1,2	3,4	5,6		12		24	24
列车序号	1	2	3	4	5	6	7	8	9	10	11	12	计			72	72

表 10-2-14　停车方案组合结构表(补充方案 3)

区段	停车方案						停车列车数		停车次数		
							1	2	1	2	计
A—*B*	0										
B—*C*	0										
C—*D*	1,2							6		12	24
D—*E*	1,2			3,4				6		12	24
E—*F*	1,2	3,4	5,6	1,2	3,4	5,6		6		12	24
列车序号	1	2	3	4	5	6	计			72	72

表 10-2-15　停车方案组合结构表(补充方案 4)

区段	停车方案						停车列车数		停车次数		
							1	2	1	2	计
A—*B*	0										
B—*C*	0										
C—*D*	1,2							6		12	12
D—*E*	1,2			3,4				6		12	12
E—*F*	1,2	3,4	5,6	1,2	3,4	5,6		6		12	12
列车序号	1	2	3	4	5	6	计			36	36

表 10-2-16　停车方案组合结构表(补充方案 5)

区段	停车方案			停车列车数		停车次数		
				1	2	1	2	计
A—*B*	0							
B—*C*	0							
C—*D*	0							
D—*E*	1,2				3		6	6
E—*F*	1,2	3,4	5,6		3		6	6
列车序号	1	2	3	计			12	12

应该指出，在上述方案中，C—D 区段未安排 1－3、1－4、2－3、2－4、2－5、3－5 共 7 支区段内发、到三类客流纳入输送计划；D—E 区段未安排 1－3、1－4、2－3、2－4 共 4 支三类客流纳入输送计划；E—F 区段未安排 1－3、1－4、1－5、1－6、2－3、2－4、2－5、2－6、3－5、3－6、4－5、4－6 共 12 支三类客流纳入输送计划。为此，每一区段至少应安排一列区段内运行的短途列车，列车停车次数分别为 5、4、6。

表 10-2-17 综合方案表

区段	基本方案		补充方案 1		补充方案 2		补充方案 3		停车列车数			停车次数		
	1	2	1	2	1	2	1	2	1	2	计	1	2	计
A—*B*	18								18		18	18		18
B—*C*		18								18	18		36	36
C—*D*	6	12	6	12		6			12	30	42	12	60	72
D—*E*		18		18		6		3		45	45		90	90
E—*F*		18		18		6		3		45	45		90	90
									计			30	276	306

(6)中间站有停车旅客列车开行方案和停车方案图

图 10-2-2 为根据综合停车方案绘制的中间站有停车旅客列车开行方案和停车方案图。方案图标明：

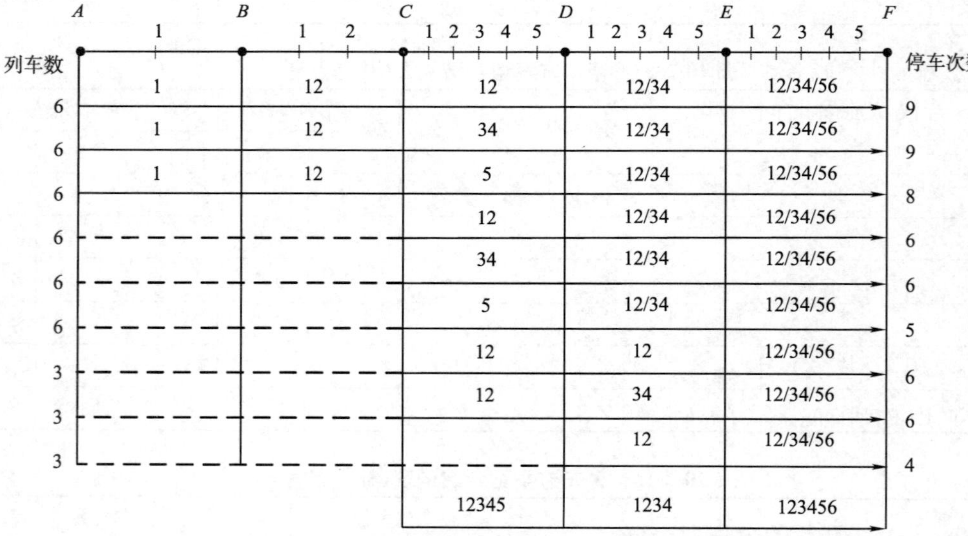

图 10-2-2 中间站有停车旅客列车开行方案和停车方案图

①旅客列车开行方案

a. 列车的始发和终到客运站，其中实线部分为基本方案，虚线部分为根据需要可延长，但延长区段内中间站不停车的方案。

b. 列车开行列数。

②中间站停车方案

a. 停车组合方案，其中$\frac{12}{34}$表示 12 和 34 两个组合。

b. 列车停车次数。

③短途列车开行方案

a. 开行区段，既可以按区段开行，也可以将相邻区段短途列车衔接开行。

b. 列车在中间站站站停车。

方案图是综合方案的图解，可以直观、清晰地反映方案的内容，也便于发现问题。

三、编制旅客列车中间站停车方案的分析计算法

1. 旅客列车有利的中间站停车次数

为了实现旅客无换乘旅行，理论上旅客列车必须在每一个中间站停车办理作业，也就是说全部中间站都应该是中停站。但要让这类旅客列车在每一中间站停车，虽然技术上可行，而从整体服务质量上看是不可取的。在实际工作中，必须限制每一列车在中间站的停车次数。

设每一旅客列车规定的中间站中停站数为 k，则采用直达输送方法，由于直达去向列车在中间站产生客运作业停车，延误了其他旅客的旅行，旅行时间的损失（$A_{直达}$）为：

$$\sum At_{直达}=A_{直达}\cdot k\cdot(T_{停}+t_{起停})$$

而区段管内客流可以取得一定的旅行时间节省（$\sum At_{节}$），若每一区段管内旅客按节省一次换乘计算，则有：

$$\sum At_{节}=\sum A_{中i}t_{换乘}$$

式中　$\sum A_{中i}$——拟增加为中停站中间站 i 的客流之和；

$t_{换乘}$——旅客平均换乘时间。

显然，若仅从旅客时间消耗出发，采用直达输送方法，亦即每一列车增加 k 个中间站的有利条件是：

$$\sum At_{直达}\leqslant\sum At_{节}\qquad\sum A_{中i}t_{换}\geqslant A_{直达}kt_{停}$$

式中，$t_{停}=T_{停}+t_{起停}$。

据此，k 值可按下式确定：

$$k\leqslant\frac{\sum A_{中i}t_{换}}{A_{直达}t_{停}}$$

式中平均换乘时间 $t_{换}$ 可近似地按全线平均列车间隔取值，即

$$t_{换}=t_{间}=\frac{T_{有效}}{n_{总}}$$

式中　$n_{总}$——全线开行的全程列车数，按下式计算：

$$n_{总}=\frac{\sum n_j l_j}{L}$$

其中　n_j——j 区段列车数，

l_j——j 区段长，

L——全线距离。

n_j 按下式计算：

$$n_j=\frac{A_j}{365Q\rho}$$

式中 A_j——j 区段客流量。

因此，有

$$n_{总} = \frac{\sum A_j l_j}{365 Q_\rho L}$$

将 $n_{总}$ 代入 $t_{换}$ 计算式，将 $t_{换}$ 代入 k 不等式，并经整理可得：

$$k \leqslant \frac{365 Q_\rho L T_{有效} \sum A_i}{A_{ij} t_{停} \sum A_j l_j} \tag{10-2-11}$$

式中，$\sum A_j l_j$ 为全线各区段剩余客流和区段管内客流的人公里总数。设 j 区段的区段客流（含剩余客流和区段管内客流）为 $A_{区j}$，区段内始发、终到客流为 $A_{管j}$，区段距离为 l_j 则有

$$\sum A_j l_j = \sum A_{区j} l_j + \sum A_{管j} l_j \tag{10-2-12}$$

客流 A_{ij} 为全线各区段客流 $A_{区j}$ 之和，即

$$A_{ij} = \sum A_{区j} \tag{10-2-13}$$

客流 $\sum A_i$ 为全线各区段和区段管内客流 $A_{管j}$ 之和，即

$$\sum A_i = \sum A_{管j} \tag{10-2-14}$$

例如，对于采用分析计算法编制一字形路网结构高速线路旅客列车开行方案，需要在中间站停车作业三类直达去向列车和非直达去向列车，根据方案客流图（如图 10-1-20 所示）数据计算的上述三项数据及 k 值见表 10-2-18。

这一计算意味着下行方向 17 列三类直达去向列车和 4 列 B—E 间的非直达去向旅客列车，每列可以在全线 10 个中间站停车办理作业。但考虑整体服务水平，可取 $k=4$。

表 10-2-18 列车中间站停车次数计算表

去向别		区段	客流量（万人）		距离 l_j（km）	旅客人公里 $\sum A_j l_j$（万人·km）	$k \leqslant \frac{365 Q_\rho L T_{有效} \sum A_i}{A_{ij} t_{停} \sum A_j l_j}$
			A_{ij}	$\sum A_i$			
三类直达去向列车		A—B	330	151	150	72 150	$k \leqslant 21$ 取 4
		B—C	736	329	300	319 500	
		C—D	767	347	450	499 050	
		D—E	226	360	450	263 700	
		计	2 055	1 180	1 350	1 154 400	
非直达去向列车	B—E	B—C	736	329	300	319 500	$k \leqslant 20$ 取 4
		C—D	767	347	450	499 050	
		D—E	226	360	450	263 700	
		计	1 729	1 036	1 200	1 082 250	
	B—D	B—C	736	329	300	319 500	$k \leqslant 1$
		C—D	767	347	450	499 050	
		计	1 503	676	750	848 550	

2. 旅客列车的中间站停车方案

(1)组合方案

中间站停车组合方案是指具体规定每一列车在哪几个中间站停车办理作业的方案，可以采用根据客流数据表(见表 10-1-6)编制的专用的表格(见表 10-2-19)按如下方法确定：

①在发到客流量中选出 k 个具有较大客流量，且在各区段分布较为均衡的中间站，将其中最小客流量(如表 10-2-19 中的 160 万人)填入方案 1 的吸收客流格内，并计算剩余客流量。

②在剩余客流量中按同样方法确定方案 2 客流量(如表 10-2-19 中的 81 万人)，并计算剩余客流量。

③依此类推，直至每一中间站剩余客流量为零或流量较少为止。

(2)组合方案列车数

每一组合的客流量不同，需要停车的列车数也不同。设组合方案列车数为 n_i，根据组合方案的客流量 A_i，它可按下式计算：

$$n_i = \frac{A_i}{\sum A_i} \cdot n_{需} \tag{10-2-15}$$

式中 $\sum A_i$——格组合方案吸收客流量之和；

A_i——组合方案 i 吸收客流量；

$n_{需}$——该去向需要开行列车数。

例如，$A—E$ 去向

$$\sum A_i = 160+81+43+26+87=397(万人)$$

在三类直达去向列车开行列车数 17 的条件下，组合方案 1 的列车数 n_1 为

$$n_1 = \frac{160}{397} \times 17 = 7$$

计算结果见表 10-2-19。

根据组合方案编制的直达去向列车中间站停车方案见表 10-2-20。

表 10-2-19 旅客列车中间站停车组合方案表

去向	区段	中间站	客流(万人)			方案 1		方案 2		方案 3		方案 4		方案 5	
			始发	终到	计	吸收客流	剩余客流	吸收客流	剩余客流	吸收客流	剩余客流	吸收客流	剩余客流	吸收客流	剩余客流
$A—E$	$A—B$	1	191	50	241	160	81	81	0		0		0		0
	$B—C$	2	205	21	266		226	81	145	43	102	26	76	76	0
		3	211	62	273	160	113		133		113	26	87	87	0
	$C—D$	4	34	22	46		56		56	43	13		13		13
		5	47	148	195	160	35		35		35		35	35	0
		6	20	23	43		43		43	43	0		0		0
		7	81	35	116		116		116	43	63	26	37	37	0
	$D—E$	8		107	127		107	81	26		26	26	0		0
		9		160	160	160	0		0		0		0		0
		10		93	93		93	81	12		12		12		12
	停车列车数					6		3		2		2		4	

续上表

去向	区段	中间站	客流(万人)			方案 1		方案 2		方案 3		方案 4		方案 5	
			始发	终到	计	吸收客流	剩余客流	吸收客流	剩余客流	吸收客流	剩余客流	吸收客流	剩余客流	吸收客流	剩余客流
B—*E*	*B*—*C*	2			226		226	93	133	43	90	90	0		
		3			273	116	157	93	64		64	64	0		
	C—*D*	4			56		56		56	43	13		13		
		5			195	116	79		79		79	79	0		
		6			43		43		43	43	0		0		
		7			116	116	0		0		0		0		
	D—*E*	8			107		107	93	14		14	14	14		
		9			160	116	44		44	43	1		1		
		10			93		93	93	0		0		0		
	停车列车数					1		1		1		1			

表 10-2-20　列车中间站停车方案表

去向	方案	停车列车数	客运站			中间站									
			B	*C*	*D*	1	2	3	4	5	6	7	8	9	10
A—*E*	1	6	6	6	6	6		6		6				6	
	2	3	3	3	3	3	3						3		3
	3	2	2	2	2		2		2		2	2			
	4	2	2	2	2		2	2				2	2		
	5	4	4	4	4		4	4		4		4			
	计	17	17	17	17	9	11	12	2	10	2	8	5	6	3
B—*E*	1	1	1	1	1			1		1		1		1	
	2	1	1	1	1		1	1					1		1
	3	1	1	1	1		1		1		1			1	
	4	1	1	1	1		1	1		1			1		
	5														
	计	4	4	4	4		3	3	1	2	1	1	2	2	1

第三节　旅客列车车底需要数和车底周转图

一、旅客列车车底需要数计算方法

旅客列车车底需要数的计算方法有图解法和分析计算法两种。

1. 图解法

图解法是指根据客车方案图绘制客车车底周转图，从周转图上直接查得需要车底数的方法，如图 10-3-1 所示。在图(a)中车底数可从客车车底周转图上的箭头直接查得，在图(b)中截取线和运行线或车底停留线的交点数即为车底的需要数。

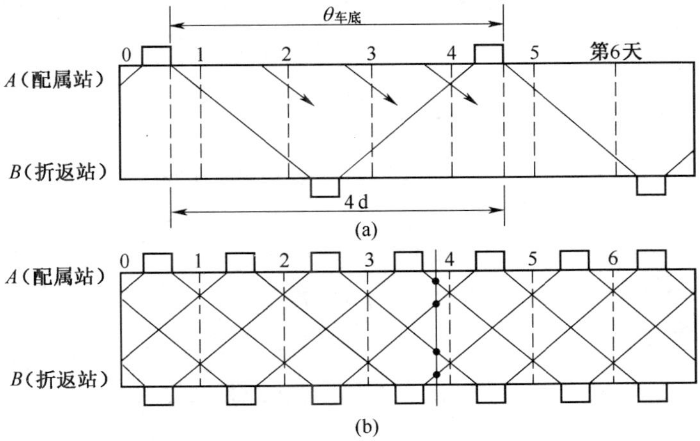

图 10-3-1　客车车底周转图

2. 分析计算法

分析计算法是指通过分析一定到站和一定种类旅客列车的车底周转时间，计算该周转时间内发出的某种旅客列车总数的计算方法。

车底周转时间是指车底自配属站始发时起至该车底从折返站返回原配属站再次出发时止所经过的时间。车底周转时间应按每一对旅客列车分别计算。

设某到站某种旅客列车的车底周转时间为 $\theta_{车底}$，在一个周转时间内平均每天发出的列车数为 K，则该到达站该种旅客列车的车底需要数 $n_{车底}$ 为：

$$n_{车底} = \theta_{车底} \cdot K \tag{10-3-1}$$

由于 $K=\dfrac{N}{\theta_{车底}}$，所以式(10-3-1)也可写为：

$$n_{车底} = \theta_{车底} \cdot \frac{N}{\theta_{车底}} = N \tag{10-3-2}$$

式中　N——车底周转时间内发出的该到站该种旅客列车总数。

二、车底周转图

车底周转图应按直通和管内旅客列车分别绘制。

1. 直通旅客列车车底周转图

如图 10-3-2 所示，K179/K180 次列车为直通旅客列车，第 1 天 K180 次列车从 B 站始发，其车底第 7 天返回配属站，周转时间为 6 d，所以需要 6 组车底。

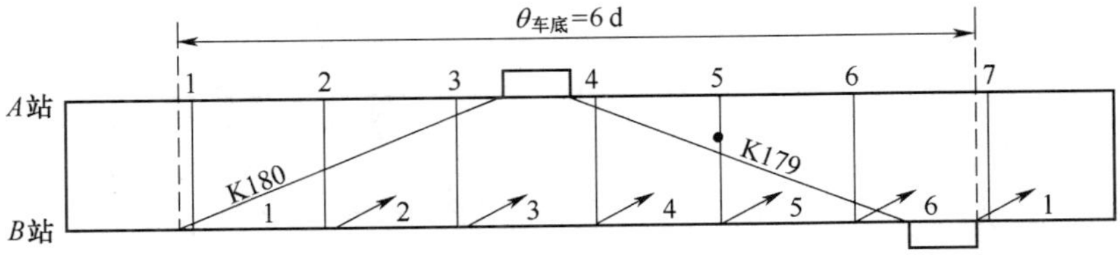

图 10-3-2　直通旅客列车周转图

2. 管内和市郊旅客列车周转图

如图 10-3-3、图 10-3-4 所示，管内和市郊旅客列车行程一般较短，车底可能一天周转一次或数次。

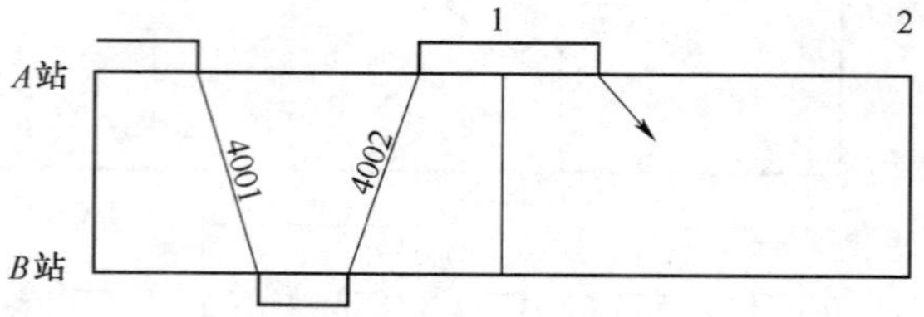

图 10-3-3　管内旅客列车车底周转图

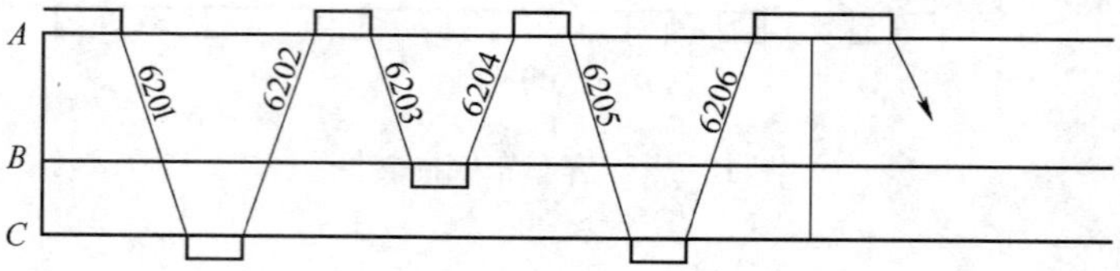

图 10-3-4　市郊旅客列车车底周转图

在客流增长快、客车不足的情况下，充分挖掘客车潜力，加速客车车底的周转，对我国当前铁路具有较大的现实意义，其方法可有：

(1)提高直通速度，适当压缩旅客列车车底在途中和在配属站、折返站的停留时间。

(2)变更旅客列车发到时间，并适当压缩车底在折返站的停留时间。

(3)组织长途列车与短途列车的车底套用。

(4)部分外属车底在折返站组织立折。

(5)组织短途与长途列车拉通运行，适当改变到发时间，如图 10-3-5 所示。

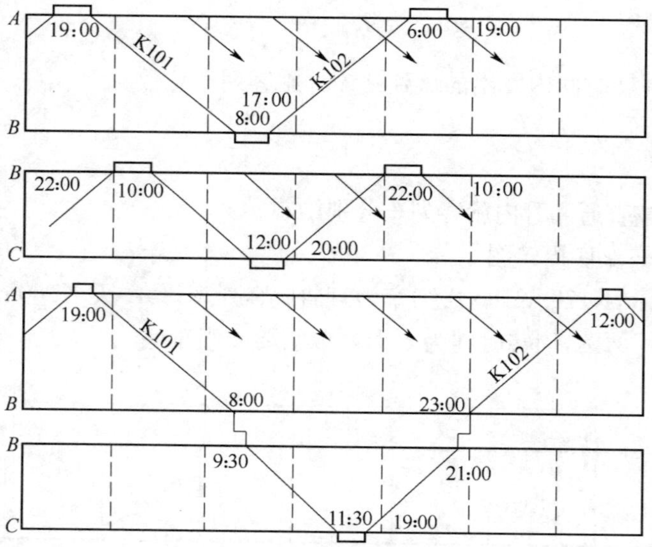

图 10-3-5　旅客列车分开运行、拉通运行和车底周转图的关系示意图

第四节　列车乘务组需要数

目前我国采用 8 h 工作双休日制度，全年 12 个月，全年日历 365 d，全年周末休息日 104 d，一年中的节假日合计 10 d。乘务员每月工作小时为：

$$\frac{365-104-10}{12}\times 8=167.3(\text{h})$$

根据乘务员每月工作时间计算列车乘务组数。设每对列车（往返）乘务组的工作时间（不包括在折返站的休息时间）为 $T_{往返}$，则

$$T_{往返}=2\left(\frac{l}{v_{直}}+t_{接}+t_{交}\right) \tag{10-4-1}$$

式中　l——列车始发站至终到站间的距离，km；

$v_{直}$——列车直达速度（列车自始发站至终到站包括停站时分在内的平均速度），km/h；

$t_{接}$、$t_{交}$——接收、移交列车的时间，h。

因为一个列车乘务组一个月工作时间为 167.3 h，则一个列车乘务组每月担当的列车回数（往返）K 为：

$$K=\frac{167.3}{T_{往返}}=\frac{167.3}{2\left(\frac{l}{v_{直}}+t_{接}+t_{交}\right)} \tag{10-4-2}$$

设一个月为 d 日，每天开行 $N_{对}$ 列车，则一个月共需 $dN_{对}$ 列车回数。所以需要的列车乘务组数 B 为：

$$B=\frac{dN_{对}}{K} \tag{10-4-3}$$

根据列车编组及乘务组编制便可以计算乘务员的需要数。乘务人员的编制标准系根据劳动工资部门制定的计划岗位人员编制标准确定，旅客列车单程运行时间长短决定编制人员的需要数目。如单程运行 18 h 以上者，旅客列车乘务人员编制如下：

列车长（正、副）2 人
- 列车员（包括宿营车）：每辆 2 人
- 行李员：每列 2 人
- 广播员：每列 2 人
- 餐车人员：每日一餐者 7 人
  - 每日二餐者 8 人
  - 每日三餐者 9 人
  - 单程 22 h 以上者 10 人
- 供水人员：每辆茶炉车 1 人

根据列车乘务组数乘以该乘务组人员编制定员数即为所需乘务员的数量。

目前各客运（列车）段乘务员人数的确定，以实际乘务工时为计算标准。一次乘务工时，包括值乘旅客列车往返一次实际运行时间（当乘务组在列车单程运行 12 h 以上为双班时需除 2），始发和折返站出退勤工时，途中交班，看车和入库清扫工时等。

例如，计算 A—B 间特快列车所需乘务组数。

A—B 间里程 2 007 km，假定根据所用运行图，列车编组 16 辆，客运人员 44 人（包括餐营 10 人），轮班制。

根据工时标准，计算一次往返乘务工时为

$$T_{往返} = 值乘时间 + 出退勤时间 + 途中交接班时间 + 库内清扫时间 + 看车时间$$

假设值乘时间为 31 h 41 min，出退勤时间 4 h 10 min，途中交接班时间 4 h，库内清扫时间 6 h，看车时间为 1 h 48 min，则

$$T_{往返} = 31\ \text{h}\ 43\ \text{min} + 4\ \text{h}\ 10\ \text{min} + 4\ \text{h} + 6\ \text{h} + 1\ \text{h}\ 48\ \text{min} = 47\ \text{h}\ 41\ \text{min}$$

每月值乘次数为：

$$K = \frac{167.3\ \text{h}}{47\ \text{h}\ 41\ \text{min}} = \frac{167.3\ \text{h}}{47.7\ \text{h}} = 3.5$$

所需列车乘务组数为：

$$B = \frac{30 \times 1}{3.5} = 8.6(组)$$

每组乘务人员 44 人，该列车需客运乘务人员为

$$8.6 \times 44 = 378(人)$$

第十一章 区段管内工作

第一节　区段管内工作及其工作量

一、区段管内工作概述

对在区段内中间站上须办理货物作业的车辆所进行的工作，称为区段管内工作，包括：货物装车或卸车作业，向中间站送车以及由中间站取出装车完了重车或卸后空车，中间站的调车工作。

向中间站送车和由中间站取车的货物列车，主要有摘挂列车、区段小运转列车和调度机车等。其中摘挂列车是最普遍和最主要的形式。中间站的取送车作业应严格按照列车运行图的规定办理，以保证加速车辆在区段上的运行，缩短车辆在中间站和技术站上的停留时间。

中间站的调车工作主要是指：由于货物作业的需要，向货物装卸作业地点取送车辆，将车辆由某一装卸作业地点转送至另一装卸作业地点，专用线的调车和车辆过磅等；列车在中间站摘挂车辆；成组车辆的编组和解体以及个别情况下列车的编组和解体。

一般情况下，中间站调车工作由摘挂列车和小运转列车机车配属于一个或几个中间站的专用调车机车，以及调度机车担当。此外，必要时也还可利用担任列车作业的补机进行调车。

中间站的取送车办法及时间，以及在中间站上的调车方法，通过编制区段管内工作计划图加以规定。在编制区段管内工作计划时，应严格遵守机车和列车乘务组延续工作时间标准的规定。

二、区段管内工作量

区段管内工作量一般是指从事区段管内工作的各种货物列车的行车量，它取决于区段管内的零散车流量，即区段管内车流量。

区段管内车流量由区段管内各中间站的重车流量、为保证中间站装车所需要的空车来源和卸后空车的去向所决定。根据计划的管内重车流量和空车流向，并参照实际车流规律，可编制区段重空车流斜表（见表 11-1-1）。根据列车牵引重量和各区间的车流量，即可确定摘挂列车的行车量。

列车重量标准一般是按整个区段规定的。实际上，在一个区段内，各个区间的线路平面和纵断面各不相同，因此各个区间的牵引重量可以不同。同时，由于摘挂列车在各中间站办理车辆摘挂作业，致使实际的列车重量在沿途也有变化。为了充分利用机车牵引力，在查定该区段应开行的摘挂列车数时，一般应以各区间牵引重量和各区间由摘挂列车挂运的车流量为依据，用下式分别对每一区间进行计算：

$$n_{摘挂}=\frac{U_{摘挂}^{重}q_{总重}+U_{摘挂}^{空}q_{自重}}{Q_{区间}}\quad（列）\qquad(11\text{-}1\text{-}1)$$

式中　$n_{摘挂}$——该区间一日内应开行的摘挂列车数；

$U_{摘挂}^{重}$、$U_{摘挂}^{空}$——该区间一日内由摘挂列车挂运的重车数和空车数；

$q_{总重}$——货车平均总重，t；

$q_{自重}$——货车平均自重,t;

$Q_{区间}$——该区间牵引重量,t。

表 11-1-1 A—B 区段管内流斜表

	A	a	b	c	d	e	f	B	计
A		$\frac{2}{0}$	$\frac{15}{10}$	$\frac{2}{11}$	$\frac{8}{5}$	$\frac{3}{5}$	—	—	$\frac{30}{31}$
a	—		$\frac{0}{2}$	—	—	—	—	—	$\frac{0}{2}$
b	$\frac{20}{0}$	—		—	—	—	$\frac{2}{0}$	$\frac{7}{0}$	$\frac{29}{0}$
c	$\frac{6}{0}$	—	—		$\frac{0}{1}$	—	—	$\frac{6}{0}$	$\frac{12}{1}$
d	$\frac{10}{0}$	—	—			—	$\frac{1}{0}$	$\frac{8}{0}$	$\frac{19}{0}$
e	$\frac{8}{0}$	—	—	—	—		—	—	$\frac{8}{0}$
f	$\frac{3}{0}$	—	—	—	—	—		—	$\frac{3}{0}$
B	—	—	$\frac{2}{0}$	—	$\frac{5}{0}$	—	—		$\frac{7}{0}$
计	$\frac{47}{0}$	$\frac{2}{0}$	$\frac{17}{12}$	$\frac{2}{11}$	$\frac{13}{6}$	$\frac{3}{5}$	$\frac{3}{0}$	$\frac{21}{0}$	$\frac{108}{34}$

注:分子——重车;分母——空车。

对每个区间分别上下行方向求出 $n_{摘挂}$ 的数值后,取其中最大值作为该区段应开行的摘挂列车对数。开行的摘挂列车对数过少,将使区段管内车流积压,延长车辆在技术站和中间站上的停留时间,影响对铁路沿线工农业生产和人民生活的服务。但增加摘挂列车的开行次数,对区段通过能力的利用和机车运用效率都将产生不利影响。如表 11-1-2 所示,按照计算应开行两对摘挂列车,但分析各区间的车流资料表明,下行方向需要开行两列摘挂列车的只有 A—a 和 a—b 两个区间,而上行方向需要开行两列摘挂列车的也只有 b—a 和 a—A 两个区间。为了减少摘挂列车开行次数,又能及时输送区段管内车流,也可以考虑在 A—b 间开行一对区段小运转列车,而在整个区段则开行一对摘挂列车。对上下行车流量显著不等的区段,上下行方向开行的摘挂列车数也可以不同,如开行一对半、两对半等。

表 11-1-2 A—B 区段各区间通过总吨数和列车牵引重量标准表

区间名称	A→B 方向(下行)				B→A 方向(上行)			
	车数		总重吨数(t)	列车牵引重量(t)	车数		总重吨数(t)	列车牵引重量(t)
	重车	空车			重车	空车		
A—a	30	31	2 447	2 000	47	0	3 008	3 200
a—b	28	33	2 353	2 000	47	0	3 008	3 200
b—c	22	21	1 765	1 800	29	0	1 856	2 000
c—d	26	11	1 851	2 000	23	0	1 472	1 800
d—e	27	5	1 813	1 900	18	0	1 152	1 800
e—f	24	0	1 536	1 650	10	0	640	1 800
f—B	21	0	1 344	1 650	7	0	448	1 800

近年来,我国铁路也开始了货运作业集中化的进程,即采取措施逐步将货物作业量较小中间站的货物作业集中到货物作业量较大车站。它既可以减少区段内开行的摘挂列车数,又可

以减少摘挂列车的停车作业次数，对减少摘挂列车对区间通过能力利用的影响，提高铁路运输效率都有重要的意义。

第二节　区段管内货物列车的铺画方案

在确定服务于区段管内工作的各种货物列车在列车运行图上的铺画方案时，必须保证摘挂车流在技术站和中间站上的停留时间为最小，保证机车乘务组的连续工作时间不超过规定标准。

在铺画时，摘挂列车在各中间站的停留时间，应满足货物装卸和调车作业的需要。对于不是经常有货物装卸和整车货物发送或到达的中间站，在方案中可不规定停站时间或将此种车站的停站时间集中于某一个车站，在日常执行中由列车调度员机动调整。

摘挂车流在中间站的停留时间主要决定于摘挂列车运行线的相互关系。在区段内只开行一对摘挂列车时，由某方向摘挂列车送到中间站的车流，作业后可能由次日同一车次的摘挂列车挂走，也可能由相对方向的摘挂列车挂走。在这里，把由同方向列车挂走的车流称为顺向车流，由相对方向列车挂走的车流称为逆向车流。顺向车流在中间站上的停留时间与摘挂列车在运行图上的铺画方案无关，而逆向车流在中间站上的停留时间则与摘挂列车在运行图上的铺画方案有很大关系。

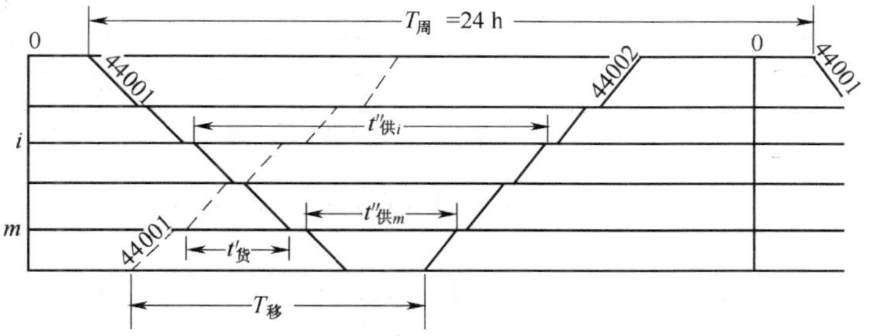

图 11-2-1　上开口方案示意图

当上下行方向摘挂列车在区段列车运行图上按无交叉方式铺画，且下行方向列车在前，上行方向列车在后时，可称之为上开口摘挂列车铺画方案；反之，则可称之为下开口摘挂列车铺画方案。对于上开口方案，下行摘挂列车送到各中间站的逆向车流，作业后均能由上行摘挂列车挂走，是下行摘挂列车与上行摘挂列车在列车运行图上具有最小间隔时间的方案（如图 11-2-1所示），车辆在 i 中间站的停留时间为：

$$T_i = N^{上}_{下,i}(T_{周} + t'_{调,i}) + N^{上}_{上,i}(T_{周} + t''_{调,i}) + N^{上}_{下,i}(t''_{供,i} + t_{调,i}) +$$

$$N^{下}_{上,i}(T_{周} - t''_{供,i}) = (N^{上}_{下,i} - N^{下}_{上,i})(t''_{供,m} + \sum_{r=i}^{m} t_{调,r} + t_{运,i-m}) +$$

$$N^{下}_{下上,i}(T_{周} + t_{调,i}) + N^{下}_{下,i}(T_{周} + t'_{调,i}) + N^{上}_{上,i}(T_{周} + t''_{调,i}) \quad (11\text{-}2\text{-}1)$$

车辆在各中间的总停留时间为：

$$T = \sum_{r=i}^{m} T_i \quad (11\text{-}2\text{-}2)$$

式中　$t''_{供,i}$ ——i 站可供货车办理货物作业的时间（这里 $t''_{供,i} \geqslant t''_{货,i}$ ，$i=1,2,\cdots,m$），即从下行

摘挂列车出发到上行摘挂列车到达之间的间隔时间；

$t''_{货,i}$ ——随下行摘挂列车到达 i 站的逆向车流的货物作业时间标准（不包括摘挂列车停站时间标准内可能利用的时间）；

$t_{调,i}$——一对摘挂列车在 i 站的停留时间（$t_{调,i}=t'_{调,i}+t''_{调,i}$）；

$t'_{调,i}$、$t''_{调,i}$ ——下行和上行摘挂列车在 i 站的停留时间标准；

$t_{运,(i-m)}$——$i-m$ 间上下行摘挂列车运行时间；

$T_{周}$——开行下行或上行摘挂列车的周期；

$N^{下}_{下,i}$、$N^{上}_{上,i}$——i 站顺向车流；

$N^{上}_{下,i}$、$N^{下}_{上,i}$——i 站逆向车流（$N^{上}_{下}$为由下行摘挂列车挂来然后由上行摘挂列车挂走的车流，$N^{下}_{上}$为由上行摘挂列车挂来然后由下行摘挂列车挂走的车流）。

随着上下行摘挂列车运行线铺画方案的变化，如图 11-2-1 中虚线所示，逆向车流在中间站的停留时间也发生变化。在所有可能的铺画方案中，车辆在各中间站总停留时间最小的方案，才是摘挂列车的最优铺画方案。

为了寻求最优铺画方案（仅从中间站车辆停留时间最少这一目标函数出发），可先根据上下行逆向车流的大小，确定上开口或下开口方案，如图11-2-2所示，然后再采用逐步移动运行线的方法，比较车辆小时的得失，找出最有利的方案。

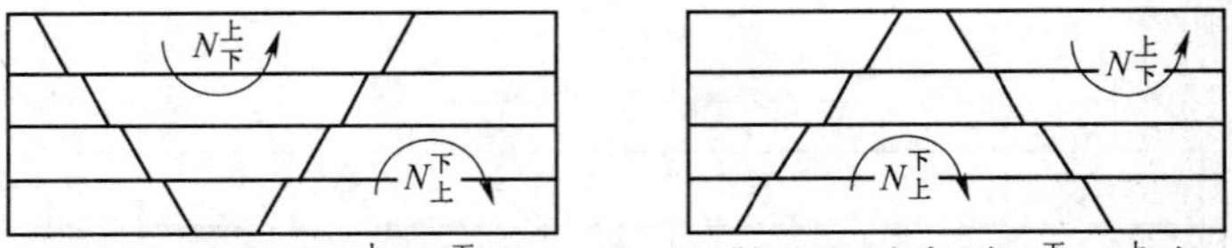

(a)上开口方案（当$N^{上}_{下}>N^{下}_{上}$时）　　(b)下开口方案（当$N^{下}_{上}>N^{上}_{下}$时）

图 11-2-2　一对摘挂列车初始铺画方案图

逐步移动运行线方法的实质是：以某一铺画方案为基础，例如以上开口方案为基础，固定下行列车运行线，左移上行列车运行线。当上行列车运行线左移一个时间 $T_{移}$ 时，各站 $N^{上}_{下}$ 和 $N^{下}_{上}$ 车流的在站停留时间将相应比上开口方案缩短或延长。对运行线在$[0,T_{周}]$内作不同量移动所得到的节省进行比较之后，就可以确定运行线的合理铺画位置。

为了进行方案比较，首先需要确定上开口方案列车运行线的相互位置。由图 11-2-1 可见，在上开口方案中

$$t''_{供,i}=t''_{供,m}+t_{运,i-m}+\sum_{r=i+1}^{m}t_{调,r} \tag{11-2-3}$$

当已知最后一个车站 m 的可供作业时间 $t''_{供,m}$ 时，就可算出任一站 i 的可供作业时间。

为了使下行摘挂列车送到各中间站的逆向车流 $N^{上}_{下}$ 作业后均能由最近的上行摘挂列车挂走，应使下行摘挂列车与上行摘挂列车的间隔最小，并保证

$$t''_{供,i}\geqslant t''_{货,i}$$

假定 A—B 区段办理货物作业的中间站有 a_1、a_2、a_3 和 a_4 四个。表 11-2-1 给出了该区段一对摘挂列车在各区间的运行时分 $t_{运,(i-i+1)}$、停站时间标准 $t_{调,i}$、各站货物作业时间标准 $t''_{货,i}$。据此，若假定 $\hat{t}_i$ 为 i 站可供货物作业时间，且有

$$\hat{t}_{供,4}=t''_{货,4}=2\ (\text{h})$$

按式(11-2-3)，相应则有 $\hat{t}_{供,3}=3.5$ h，$\hat{t}_{供,2}=5.5$ h，$\hat{t}_{供,1}=7.5$ h。由于 $\hat{t}'_{供,3}<\hat{t}''_{供,3}=5$ h，因此应使 $\hat{t}''_{供,2}=\hat{t}''_{供,3}+1.5=5$ h。相应地，其他各站的可供作业时间也应调整为：

$$\hat{t}''_{供,4}=\hat{t}''_{供,4}+1.5=3.5\ (h)$$

$$\hat{t}''_{供,2}=\hat{t}''_{供,2}+1.5=7\ (h)$$

$$\hat{t}''_{供,1}=\hat{t}''_{供,1}+1.5=9\ (h)$$

表 11-2-1　区段管内货物列车铺画方案分析资料表

中间站 a_i	a_1	a_2	a_3	a_4
运行时间 $t_{运,(i,i+1)}$	1 h	1 h	50 min	
停站时间 $t_{调,i}$	1 h	1 h	1 h	40 min
货物作业时间 $t''_{货,i}$	5 h	5 h	5 h	2 h

这就是该区段的上开口方案。

在上开口方案的基础上，上行摘挂运行线向左移动 $T_{移}$，则 $N^{上}_{下}$ 车流将节省 $N^{上}_{下}\ T_{移}$，而 $N^{下}_{上}$ 车流将损失 $N^{下}_{上}\ T_{移}$，纯节省 $(N^{上}_{下}-N^{下}_{上})T_{移}$；同时，当运行线移动的时间为 $T_{周}\geqslant T_{移}>t''_{供,u}-t''_{货,u}$ 时，逆向车流除了有上述节省外，$\sum\limits_{u}N^{上}_{下,u}$ 车流（即满足上述条件的所有 u 站车流）将因货物作业时间不足，需随下一周期的上行摘挂列车挂走，造成 $T_{周}\sum\limits_{u}N^{上}_{下,u}$ 的车小时损失。例如，当上行摘挂列车运行线左移的时间为 $0<T_{移}\leqslant1.5$ 时，则 a_3 站的逆向车流 $N^{上}_{下,3}$ 将产生 $T_{周}N^{上}_{下,3}$ 的车小时损失；当 $1.5<T_{移}\leqslant2$ 时，则 a_3 和 a_4 站的逆向车流 $N^{上}_{下,3}+N^{上}_{下,4}$ 将产生 $T_{周}(N^{上}_{下,3}+N^{上}_{下,4})$ 车小时损失；当 $4<T_{移}\leqslant T_{周}$ 时，则有 $N^{上}_{下,3}+N^{上}_{下,4}+N^{上}_{下,2}+N^{上}_{下,1}$，车流产生 $T_{周}(N^{上}_{下,3}+N^{上}_{下,4}+N^{上}_{下,2}+N^{上}_{下,1})$ 的车小时损失；当列车运行线左移，并移动到 $T_{移}\geqslant t''_{供,v}+t_{调,v}+t'_{货,v}$ 时，如图 11-2-1 中虚线所示，则因 $\sum\limits_{v}N^{下}_{上,v}$ 车流（即满足上条件的所有 v 站车流）比上开口方案能提前一个周期挂运，而有 $T_{周}\sum\limits_{v}N^{下}_{上,v}$ 车小时节省。因此，左移运行线的节省可用下式表示：

$$T_{节}(T_{移})=T_{移}(N^{上}_{下}-N^{下}_{上})+T_{周}\left(\sum_{v}N^{下}_{上,v}-\sum_{u}N^{上}_{下,u}\right) \tag{11-2-4}$$

这样，寻求摘挂列车最佳铺画方案问题，就变成了寻求上式 $\max T_{节}(T_{移})$ 的问题。

由于 $(N^{上}_{下}-N^{下}_{上})$ 是一个常数，上式的第一项将随着 $T_{移}$ 的增加而单调增加或单调减少，而第二项 $\sum\limits_{u}N^{上}_{下,u'}$ 则随着运行线移动时间按 $t''_{供,u}-t''_{货,u}(u=m,m-1,\cdots,2,1)$ 的间隔而产生跳跃性的变化，$\sum\limits_{v}N^{上}_{下,v}$ 也随着 $t''_{供,v}+t_{调,v}+t'_{货,v}(v=m,m-1,\cdots,2,1)$ 的间隔产生跳跃性的变化。因此，只要对每一个车站计算 $T_{移}$ 的两个点，即总共计算 $2m$ 个点即可。又因为上开口方案的限制站（$t''_{供}-t''_{货}=0$ 的车站）有一点 $T_{移}=0$ 不需计算，故全区段实际仅需计算 $2m-1$ 个 $T_{移}$ 的点就可以了。现用特制的计算表说明方案的计算过程。

假定计算资料如表 11-2-2 第 1～7 栏及第 10、11 栏所列。据此，可按如下步骤进行计算：

(1)根据各站摘挂车数确定 $N^{上}_{下,i}$ 和 $N^{下}_{上,i}$，并填入计算表（见表 11-2-2）的第 8、9 栏。

(2)计算各站的可供作业时间 $t''_{供,i}$ 及 $t'_{供,i}$，填记计算表第 12、13 项（ 上开口方案为基础，则第 13 栏下开口方案可供作业时间 $t'_{供,i}$ 可以不填记)。从表 11-2-2 可见,上开口方案的限制站为 a_5。

(3)计算并填记第 14、15、16 各栏。从表 11-2-2 的第 14 栏可见,上行摘挂列车运行线的左移时间 $T_{移}$ 共需计算 0、1、2、7、9、11、10、15、17、16、18、20 h 共 12 个数值($2m$),对应于 $T_{移}$ 各值的 $\sum\limits_{u} N^{上}_{下,u}$ 和 $\sum\limits_{v} N^{上}_{下,v}$ 为第 15、16 两栏的数值。

表 11-2-2　计 算 表

单位:h

站名	列车区间运行时间		列车停站时间		各站摘挂车数		各站逆向车流		各站作业时间标准		各站可供作业时间		上行运行线左移时间 $T_{移}$	$\sum\limits_{u} N^{上}_{下,u}$	$\sum\limits_{v} N^{上}_{下,v}$	$T_{节}$
	下行	上行	下行	上行	下行	上行	$N^{上}_{下,i}$	$N^{下}_{上,i}$	$t''_{货,i}$	$t'_{货,i}$	$t''_{供,i}$	$t'_{供,i}$				
1	2	3	4	5	6	7	8	9	10	11	12	13	14	15	16	17
a_1					−16	+18	16		4		15		11	23	1	−220
	0.5	0.5	0.5	0.5	+1	−3		1		4			20	39	11	−112
a_2					−12	+9	9		4		13		9	14	0	−84
	0.5	0.5	0.5	0.5	+3	−0		0		4			18	39	10	−192
a_3					−15	+10	10		4		11		7	4	0	100
	0.5	0.5	0.5	0.5	+8	−3		3		4			16	39	5	−368
a_4					−1	−5			7				2	3	0	−16
	0.5	0.5	0.5	0.5	+5	−10		5		7			17	39	10	−220
a_5					−5	+2	2		7				0	0	0	0
	0.5	0.5	0.5	0.5	+4	−1		1		7	7		15	30	2	−468
a_6					−7	+1	1		4		5		1	2	0	−20
			0.5	0.5	+7	−1		1		4			10	23	1	−248
合计	2.5	2.5	3.0	3.0			39	11								

(4)根据第 8、9、14、15、16 栏数值,按式(11-2-4)计算 $T_{节}(T_{移})$,即

$$T_{节(0)} = 0(39-11)+24(0-0) = 0(\text{min})$$
$$T_{节(1)} = 1(39-11)+24(0-2) = -20(\text{min})$$
$$T_{节(2)} = 2(39-11)+24(0-3) = -16(\text{min})$$
$$T_{节(7)} = 7(39-11)+24(0-4) = 100(\text{min})$$
$$T_{节(9)} = 9(39-11)+24(0-14) = -84(\text{min})$$
$$T_{节(11)} = 11(39-11)+24(1-23) = -220(\text{min})$$
$$T_{节(10)} = 10(39-11)+24(1-23) = -248(\text{min})$$
$$T_{节(15)} = 15(39-11)+24(2-39) = -468(\text{min})$$
$$T_{节(17)} = 17(39-11)+24(10-39) = -220(\text{min})$$
$$T_{节(16)} = 16(39-11)+24(5-39) = -368(\text{min})$$
$$T_{节(18)} = 18(39-11)+24(10-39) = -192(\text{min})$$
$$T_{节(20)} = 20(39-11)+24(11-39) = -112(\text{min})$$

将计算结果填记于计算表的第 17 栏。

从表 11-2-2 的第 17 栏可以看出,在上开口方案的基础上,将上行摘挂列车运行线左移 7 h,可以获得 100 车 · h 节省,因而原来的上开口方案是次优方案。

由于单线区段只能在车站上进行会车,因此确定单线区段摘挂列车铺画方案时,$T_{移}$ 的大

小同时需要根据会车的条件加以确定。

当区段内某方向有两列摘挂列车时，第一列摘挂列车送往各中间站的顺向车流，作业后就可以由同方向的第二列摘挂列车挂出，因而可以使该方向顺向车流在中间站的停留时间大为缩短。为了顺向车流能在当日由第二列摘挂列车挂出，同方向摘挂列车的间隔，应不少于作业时间最长那个中间站的一次或双重货物作业时间和调车作业时间标准，如图11-2-3所示。至于如何确定相对方向摘挂列车的铺画位置，其原则与区段内开行一对摘挂列车时基本相同。

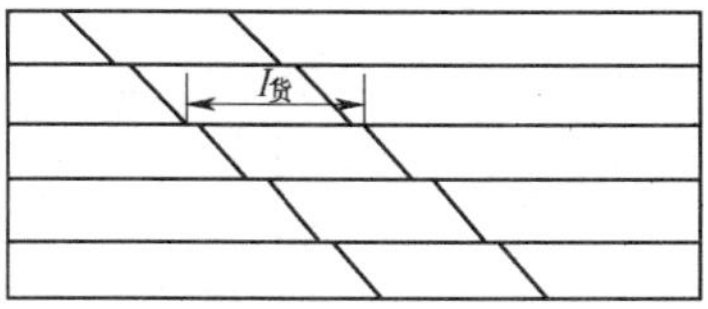

图 11-2-3　同方向有两列摘挂列车的铺画方式示意图

为了缩短摘挂车流在技术站上的停留时间，应保证有最良好的车流接续。摘挂列车在技术站的出发时刻，必须与挂有摘挂车流列车的到达时刻相配合；摘挂列车到达技术站的时刻，必须与挂走摘挂车流的列车的出发时刻相配合。图11-2-4表示到达 B—C 区段的大部分摘挂车流由邻接区段的区段列车挂到技术站 B，则41001次摘挂列车从技术站 B 出发的时刻，应规定在30001次区段列车到达技术站 B 之后再加上一定的间隔时间 T。T 值应等于区段列车的到达、解体作业时间和摘挂列车的编组、出发作业时间之和。

由于摘挂列车需要在中间站停车作业，在区段内的旅行时间较长，所在在制定摘挂列车铺画方案时，应注意机车乘务组的连续工作时间不超过规定标准。当摘挂列车机车乘务组的连续工作时间超过规定时间标准时，则应采取适当措施缩短摘挂列车在区段内的旅行时间。

常用的措施可有：

(1)与同方向每天开行两列摘挂列车时，可以组织分段作业。如图11-2-5所示，第一列摘挂列车仅在前半段的中间站上作业，而安排第二列摘挂列车仅在后半段的中间站上作业。

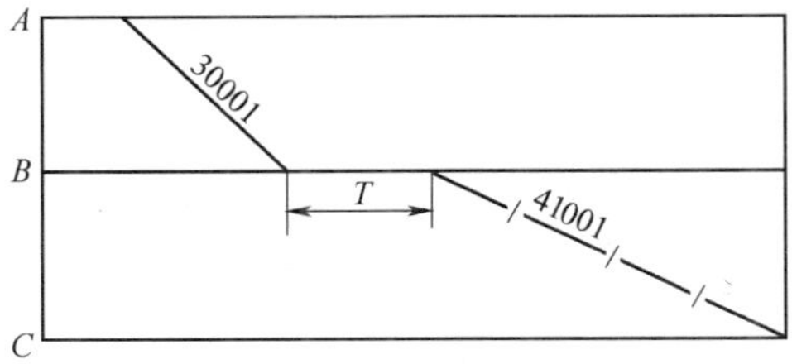

图 11-2-4　摘挂列车与区段列车运行时刻配合示意图

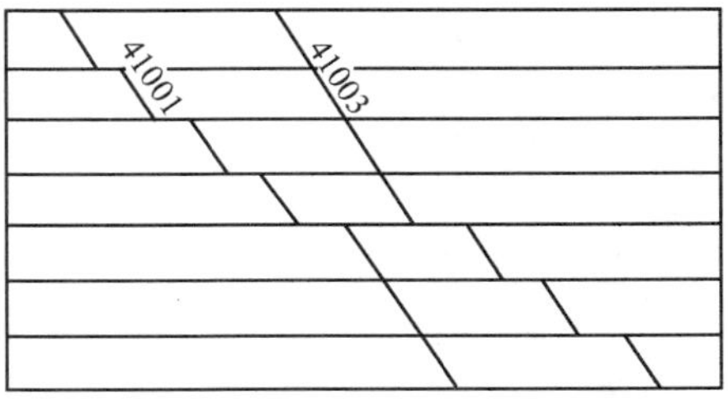

图 11-2-5　摘挂列车分段作业示意图

(2)在日常调度工作中，组织中间站按日历装车，借以减少摘挂列车停站次数。在编图时摘挂列车的停车作业可集中给点，灵活运用。

(3)在有区段小运转列车或调度机车的区段，尽量使摘挂列车在区段小运转列车或调度机车运行的地段内无作业通过中间站，以提高摘挂列车的旅行速度，如图11-2-6所示。

在编制列车运行图时，应参照区段管内货物列车铺画方案，安排摘挂列车和其他为区段管内工作服务的各种列车的运行线，必要时可酌量移动或调整这些运行线，以免影响其他货物列车的运行，使区间通过能力得到更好的利用。

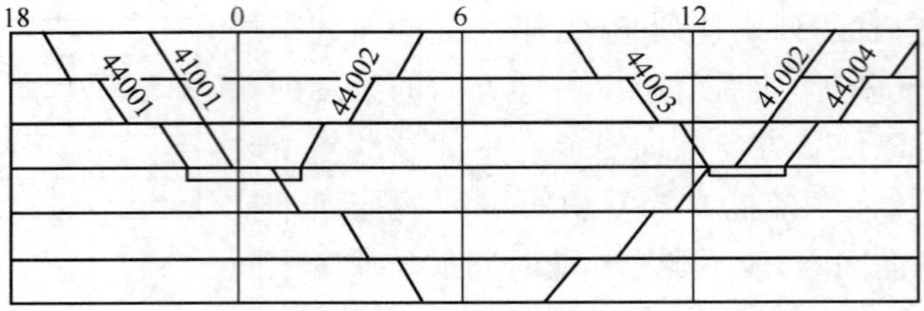

图 11-2-6 区段小运转列车与摘挂列车配合作业的示意图

第十二章

机车和动车组运用工作组织

第一节　机车运用工作组织

一、机车交路和机车运转制

机车交路或称机车牵引区段，是指机车担当运输任务的固定周转区段，即机车从机务段所在站到折返段所在站之间往返运行的线路区段。机车交路是组织机车运用工作，确定机务段的设施和配置、机车类型分配、机车运用指标的重要依据。

机车交路按用途，可分为担当旅客列车牵引任务的客运机车交路和担当货物列车牵引任务的货运机车交路；按乘务组工作时间，可分为一般机车交路和长交路。对于长交路，在机车乘务组采用换乘的乘务制度条件下，机车交路按方向又可分为直线形交路（或称双向交路）和多边形交路（或称多向交路），如图 12-1-1 所示。

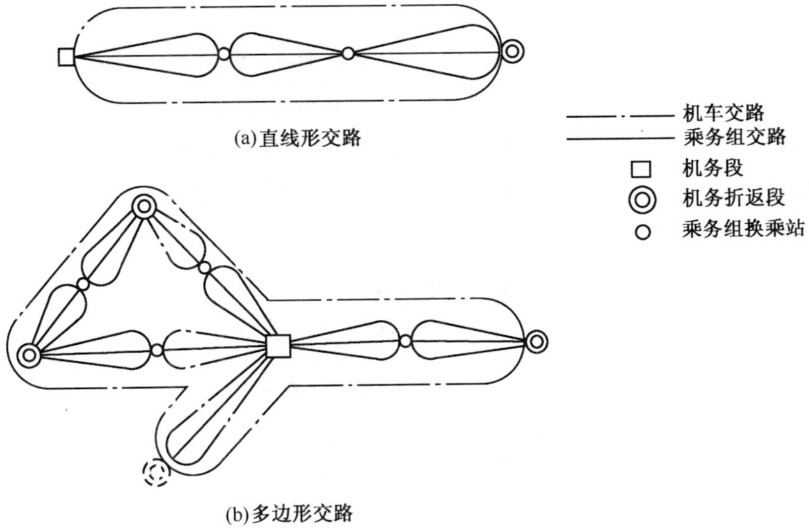

图 12-1-1　机车交路和乘务组交路图

机车在交路上进行列车作业的组织方式称为机车运转制，它主要可有循环运转制、半循环运转制、肩回式运转制和环形运转制之分。因而，机车交路按机车运转制分，又可分为循环运转制交路、半循环运转制交路、肩回式运转制交路和环形运转制交路。

确定机车交路，实际上也就是确定机务段及其折返段的位置，其主要依据为：

(1)运输的需要，即区段的行车量和列车密度。

(2)提高机车运用效率方面的考虑。

(3)乘务员工作时间和机车周转的安排。

(4)机车的技术性能。

由于内燃机车和电力机车整备作业简便,运行速度高,续行距离长,机车交路可大大延长,甚至可达数千公里。加拿大蒙特利尔至温哥华的机车交路长达 4 691 km,我国铁路北京—杭州间直通旅客列车的客运机车交路已达1 643 km,哈尔滨—大连间直达货物列车的货运机车交路也已达到 970 km。延长机车交路可以减少机务段数量,提高机车运用效率,从而可节省建设投资、降低运营管理费用,有明显的经济效益。

确定机车交路长度是一个涉及诸多因素的技术经济问题。在实际工作中,可按机车乘务员一次连续工作时间标准计算:

$$L_1 = 0.5(t_{标准} - \sum t_{准备})v_{旅}^{机} \quad (km) \tag{12-1-1}$$

$$L_2 = (t_{标准} - \sum t'_{准备})v_{旅}^{机} \quad (km) \tag{12-1-2}$$

式中 L_1——一般机车交路的机车交路长度,km;

L_2——“长交路”的机车交路长度,km;

$v_{旅}^{机}$——牵引区段机车平均旅行速度,km/h;

$t_{准备}$——机车乘务员一次连续工作时间标准,h;

$\sum t_{准备}$——机车乘务组在机务段和折返段及其所在站工作时间,即由本段接班至列车出发,以及列车到达至交班完了,再加上乘务组在折返段由列车到达交班完了至牵引列车出发时止的工作时间,h;

$\sum t'_{准备}$——机车乘务组在机务段和折返段及其所在站工作时间,即由本段接班至列车出发,以及在折返段由列车到达至开始休息的工作时间,h。

在长交路区段,当机车乘务组采用中途换乘的乘务制度时,确保机车进入配属段进行机车预检及各种计划修理的机车交路最大长度 L_{max},则可按如下公式计算:

对于直线形交路

$$L_{max} = \frac{1}{2}T_{机检}S_{机} = 12T_{机检}v_{直} \quad (km) \tag{12-1-3}$$

对于多边形交路

$$L_{max} = T_{机检}S_{机} = 24T_{机检}v_{直} \quad (km) \tag{12-1-4}$$

式中 $T_{机检}$——机车两次预检作业之间的工作时间标准,h;

$S_{机}$——机车日车公里;

$v_{直}$——列车运行平均直达速度,km/h。

二、机车乘务工作

1. 机车乘务员值乘制度

机车乘务员的值乘制度有包乘制和轮乘制两种。

包乘制是指由固定的几个乘务机班组成机车乘务组,轮流值乘一台(双机重联时为一组)机车的乘务制度。在这一值乘制度下,机车乘务组包管包用固定一台机车,即除值乘外,还负责机车的日常检查和保养以及中间技术检查,并参加机车的修理作业。包乘制有利于加强乘务员对机车运用和保养的责任心,便于乘务员熟悉机车的性能特征,掌握机车的状态。但包乘制使机车运用受到限制,机车生产时间不能充分利用,机车交路也不能很长,从而降低了机车运用效率和乘务员的劳动生产率。

轮乘制是指没有固定的机车乘务组，机车由若干乘务机班轮流使用，各乘务机班可以在任一台机车上值乘的乘务制度。在这一值乘制度下，机车的日常检查、保养和维修工作由专职人员负责。因此，必须建立严格的制度，明确规定乘务员和检修人员的职责。由于采用轮乘制时，可以保证乘务组有更好的劳动和休息条件，消除机车在折返段因等待乘务组休息而产生的停留时间，从而可显著提高机车的运用效率和乘务员的劳动生产率，机车交路也可得以延长。若将轮乘制和长交路加以结合，则可取得更佳的技术经济效果。

轮乘制早在蒸汽牵引年代就已被许多发达国家所采用。从 1975 年开始，我国铁路对内燃机车和电力机车开始轮乘制的试验，并逐步实施轮乘制。根据多年来实践，轮乘制能否坚持推广，充分发挥其经济效益，关键是必须做好机车在段地勤检修工作，确保机车质量良好地出乘，保证在乘务区段内安全行驶。

2. 乘务员换班方式

根据机车交路长度和机车乘务员一次连续工作时间标准的规定，机车乘务员担当机车作业可采用折返段换班、中途换班、立即折返和按时出乘等几种乘务员换班方式。

对于出乘往返所需工作时间超过机车乘务员一次连续工作时间标准的机车交路，预先安排一班乘务员驻在折返段，当第一班乘务员牵引列车到折返段休息时，驻班乘务员即上机车牵引列车返回机务段的乘务员换班方式称为折返段换班。采用折返段换班方式可有效地延长机车交路长度，但乘务员经常需在外段驻班，不利于乘务员休息。

对于采用内燃或电力牵引的长交路铁路，在机务段和折返段之间设置乘务员换班地点（通常为技术站），为每台机车驻有一个乘务机班，当机车牵引列车到达换班地点时，由驻班乘务机班换班，继续运行至前方折返段或另一个换班地点的乘务员换班方式称为中途换班，采用中途换班可有效地提高机车运用效率。

立即折返是在乘务员出乘往返所需工作时间不超过机车乘务员一次连续工作时间标准的一般交路上采用的乘务员换班方式。在这种机车交路上工作时，机车乘务员在折返段不休息，机车技术作业完成后立即接运另一列车返回机务段。

按时出乘是指机车乘务员完全按连续工作时间标准及有关规定换班的乘务员换班方式，它仅限于机车在很短交路上担当小运转列车牵引任务或在本站、邻站担当调车任务时采用。

3. 机车乘务员的作息时间

为确保行车安全，机车乘务员的劳动和休息时间，应满足如下要求：

(1)一次连续工作时间标准（包括出、退勤工作时间），旅客列车一般不超过 8 h，货物列车一般不得超过 10 h。

(2)全月工作时间按 180 h 掌握（包括乘务工作时间和参加机车检修工作时间）。

(3)在本段休息时间不应少于 16 h。

(4)外段调休时间不得少于 5 h，而驻班休息时间不得少于 10 h。轮乘制外段换班继乘休息时间不得少于 8 h。

(5)实行轮乘制的机车乘务员每月应有 1～2 次 48～72 h 的大休班时间。

三、机车周转时间及机车需要数

机车周转时间包括机车全周转时间和机车运用周转时间两个概念，在日常运输工作中采用机车全周转时间这一概念，它是反映机车运用效率的重要指标。机车全周转时间是指机车每周转一次所消耗的时间（非运用时间除外），它包括纯运转时间、在中间站停留时间、本段和折返段停留时间以及本段和折返段所在站停留时间。据此，对于回段机车，机车全周转时间为从上次入段时起至本次入段时止的时间；对于实行循环运转制和乘务员轮乘制的机车，为从上次机车到达乘务员换班站时起至本次机车到达乘务员换班站时止的时间。机车运用周转时间是指不包括机车在本段停留时间在内的机车周转一次所消耗的时间。缩短机车周转时间可以减少运用机车台数，提高机车运用效率。

机车全周转时间 $\theta_{机}$ 可按如下公式计算：

$$\theta_{机}=\frac{L}{v_{旅}^{机}}+t_{本}+t_{折}\quad(\mathrm{h})\tag{12-1-5}$$

或

$$\theta_{机}=\frac{24L}{S_{机}}\quad(\mathrm{h})\tag{12-1-6}$$

式中 L——机车周转距离，即机车每一次周转平均走行距离，km；

$t_{折}$——机车在折返段及其所在站停留时间，h；

$t_{本}$——机车在本段及其所在站停留时间，h；

$v_{旅}^{机}$——机车旅行速度，即机车牵引列车在区段内的平均走行速度，它也是反映机车运用效率的重要指标，可按下式计算：

$$v_{旅}^{机}=\frac{\sum MS_{本}}{\sum t_{运}+\sum t_{中停}}\quad(\mathrm{km/h})\tag{12-1-7}$$

其中 $\sum MS_{本}$——本务机车走行公里，km，

$\sum t_{运}$——本务机车总走行时间，h，

$\sum t_{中停}$——本务机车中间站总停站时间，h。

在一定机车周转时间水平条件下，各区段的货运机车需要台数 $M_{货}$ 可按下式计算：

$$M_{货}=(n+n_{双})\frac{\theta_{机}}{24}\tag{12-1-8}$$

式中 n——货物列车对数；

$n_{双}$——双机牵引货物列车对数。

第二节 动车组运用工作组织

一、动车组运用方式的分析

在固定运用方式下，各动车组在固定的区段内运行，运用组织比较简单，但是不利于动车组的检修组织。一方面，在动车组检修期间需要有一定量的备用车组来代替，如果备用车组由各区段分别配备，则备用动车组数量较大，利用率不高；另一方面，由于动车组的维修技术复杂，设备昂贵，只能集中配置，动车组的维修作业集中在维修中心。对于维修中心不相邻的区段，需要维修的动车组必须专程送检，事后又需专程回送。

在不固定运用方式下，动车组运行区段没有限制，可以连续运行不同运行线的基本原则是动车组在变更车次，担当新运输任务时，满足对需要转线（改变运行方向时）、整备作业等接续

时间要求。根据动车组运行状态，可以在适当时间安排一条终到维修中心的运行线给必须进行维修作业的动车组，以保证及时维修。因此，这一运用方式能够较好地解决运行与维修的配合问题。动车组有多种运行线可以选择，就有可能提高动车组的使用效率。因此，动车组不固定区段运用方式是比较适用的方式。

二、动车组周转计划

1. 动车组周转计划的内容

动车组周转计划与机车周转计划不同，在机车周转计划中不安排机车的维修，而动车组周转计划对于维修时间较短的日常检查或定期维修(维修时间不小于 6 h)，即维修之后当日仍可以投入运用的维修，要在周转计划中给予安排，以利于提高动车组的运用效率。因此，动车组周转计划是指动车组周转接续和维修的综合计划，它根据给定的列车运行图、有关动车组检修规程以及检修基地条件等，对动车组担当车次、时刻、停车站、检修类型、地点等作出具体安排。在列车运行图调整的同时，动车组周转计划也应重新编制。

设图 12-2-1 为给定的列车运行图，假定日常检修和定期检修只能在车站 B 进行，则可有如图 12-2-2 所示的动车组周转计划。

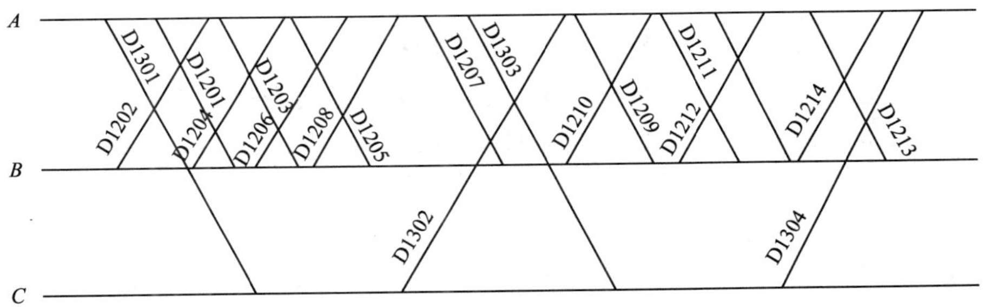

图 12-2-1　列车运行图

交路段	车站	担当	车站	担当	车站	担当	车站
1	A	1201	B	1208	A	1209	B
2	B	日常检修	B	1210	A	1213	B
3	B	1206	A	1303	C	1304	A
4	A	1203	B	日常检修	B	1214	A
5	A	1301	C	1302	A	1211	B
6	B	1202	A	1205	B	日常检修	B
7	B	1204	A	1209	B	1212	A

图 12-2-2　动车组周转计划图

图 12-2-2 中每一行称为一个交路段，它规定了一个动车组一天的运用项目，每条横线上面的数字为列车车次。例如，某天动车组 1 按交路段 1 的计划运行，其过程是：首先从车站 A 担当 D1201 次列车运行到车站 B，在车站停留一段时间之后，从车站 B 担当列车 D1208 次运行到车站 A，最后作为列车 D1209 次运行到车站 B，夜间在车站 B 驻留；第 2 天按交路段的计

划运行，在车站 B(或相连的维修基地)进行日常检修后，担当列车 D1210 和 D1213 次任务；第 3 天按交路段 3 的计划运用；然后按交路段 4、5、6、7 的计划运用，当按交路段 7 运用完以后，再按交路段 1 的计划运用。在动车组 1 按交路段 1 计划运用时，其他的动车组也按照同样的规则按交路段 2、3、…、7 的计划运用。可见，按照图 12-2-2 的运用计划完成图 12-2-1 给出的运行图，需要 7 个动车组。交路段 1～7 构成整体运用计划。一般对应同一运行图，可以编制出多种不同的动车组运用方案。

编制动车组周转计划时，不仅需要编制列车间的接续计划，同时需要编制动车组的日常维修计划(根据动车组的种类，通常每 72～144 h 以内进行一次，每次要在特定场所进行 2 h 左右)和定期检修计划(每 30 d 以内或 3 万 km 以内进行一次，每次在特定场所进行 4 h 左右)，而大修计划因需要较长的检修时间，在编制动车组周转计划时不予考虑。

2. 编制动车组周转计划基本要求

(1)列车运行图

列车运行图规定的所有列车必须分配到一个状态良好的动车组，而且列车的始发、终到时间及始发、终到车站不能有任何的变动(但如果始发、终到时刻仅作微小变动能够改变动车组的使用效率，也可以向运行图编制人员提出协调)。

(2)检修

检修场所：日常检修和定期检修在规定的地点进行。

检修周期：定期检修和日常检修必须在规定的检修周期内进行。

检修所需时间：必须保证日常检修和定期检修所要求的时间。

检修可能的时段：日常检修和定期检修必须在规定的时段内进行。

(3)交路

地点：同一交路段中前行列车的终到站必须与后续列车的始发站一致；当给定的运行图是不成对运行图的时候，必须通过设置回送列车的方式满足这一要求。

时间：后续列车的始发时刻晚于前行列车的终到时间，而且其时间差必须大于最小折返时间或转线时间。

(4)交路段

交路中相邻的两个交路段，前一日交路段的最后终到站必须与后续日交路段的始发站一致；最后一个交中段的终到站必须与第一个交路段的始发站一致。

(5)其他条件

线路容量：在各车站以及车辆基地停留的动车组数量不能超过规定的数量。

动车组数量：计划中所使用的动车组数量不能超过规定的动车组数量。

清扫周期：列车清扫的种类、周期、地点等条件。

运用人员的意图：计划中要充分反映使用者的意图。例如，希望编制的计划能较好地适应运输波动，希望用最小的动车组，希望在某个时段内确保一组预备车等。

3. 动车组周转计划评价指标

动车组比较昂贵，完成同样的列车运行图，所使用的动车组数量越少越好；虽然一些回送列车的设置是不可避免的，但回送列车不能运送旅客，不仅不能直接带来收入而且需要人力、电力等资源，回送列车开行的次数越少越好；定期检修和日常检修需要人力、时间、费用等，在满足规章规定要求的情况下，检修的次数越少越好。因此，一般采用使用的动车组数、定期检查次数和日常检查的次数、回送列车的次数和里程等指标来评价运用方案。

三、动车组分配计划

动车组周转计划中对列车周转接续进行了安排，形成了周转交路，但并没有指定具体的动车组。在实际运用中，每个周转交路必须有具体的动车组担当，分配哪个动车组具体担当哪个交路的计划就是动车组分配计划。

在分配具体动车组时应考虑动车组检修规程和作业时分标准及动车组的位置已走行公里、已进行过的各类检修等，一般采用模拟未来使用计划的方法编制。分配计划包括动车组号、编组、运行交路、出入段时间、动车组回送及接运计划，动车组车辆解除备用及转入备用计划等内容。

四、动车组检修计划

动车组检修时间较短（小于 6 h），在检修日不进行修的时段内仍可作为运用车使用，这类检修结合周转计划和动车组分配计划已经安排。但一些检修时间较长（超过 1 d）的检修，在检修日动车组不能作为运用车使用，这类的检修的检修计划，即为动车组检修计划，应当单独编制。

动车组给修计划主要依据动车组修程、修制、列车走行统计数据和列车故障情况、检修地的作业能力及动车组检修的长期规划等编制，它具体规定检修动车组编号、检修内容、检修地点和检修时间。

第十三章

列车运行图的编制和实行

第一节 列车运行图编制工作制度

一、列车运行图编制工作的组织和领导

随着铁路客货运量的日益增长和运输市场的发展变化，铁路技术设备发生改变，如开通新线、增加双线、电化中自动闭塞设备投产，提高线路允许速度、改变牵引方式、更换客车车底、增加客运站站线和客技站车底停留线等，运输组织工作不断改进，如调整车流径路、货物列车编组计划、机车交路和列检布局、改变货物列车牵引重量等，每经过一定时期，就有必要重新编制一次列车运行图。

列车运行图的编制实行两级负责制，跨局客货列车由铁路运输总公司、局管内客货列车由铁路局负责确定。全路定期性的列车运行图编制工作，由铁路运输总公司决定。原则上每两年编制一次，在 4 月或 10 月实行。

为加强列车运行图编制工作的组织领导，铁路运输总公司和铁路局应成立列车运行图编制委员人和编图工作组。铁路运输总公司列车运行图编制委员会，由铁路运输总公司总经理任主任委员，由主管运输副总经理、总调度长、运输局局长任副主任委员，由办公厅主任、运输局各部任副主任，计划、建设、劳资、财务、科技、安监司司长，公安局局长，信息、统计中心主任任委员；铁路运输总公司编图工作组，由主管运输副总经理任组长，由总调度长，运输局局长，运输局各部正、副主任任副组长，由运输局内相关各处处长及有关工作人员任组员。各铁路局列车运行图编制委员会，由铁路局长任主任委员，主管运输副局长、总工程师任副主任委员，编图委员会的委员和编图工作组的成员，参照铁路运输总公司的组成人员由铁路局长确定。

铁路运输总公司列车运行图编制委员会的任务是负责确定列车运行图的编制方针、原则、任务，解决有关重大的技术问题和设备投资、定员调整等问题，审核并批准新列车运行图。铁路运输总公司编图工作组，在总公司编图委员会的领导下，确定主要技术作业标准，组织跨局牵引试验，具体组织运行图的编制工作，审核各铁路局编制资料及编制的列车运行图。

铁路局列车运行图编制委员会，根据铁路运输总公司的决定，结合本局情况负责拟定具体行动计划，组织调整研究和牵引试验，查定各项技术作业标准，综合平衡各部门间的问题，核定并按照上报编制资料；全面领导并按时完成本局的编图工作。

二、列车运行图编制工作阶段划分

列车运行图的编制工作，采取分阶段进行的办法：

1. 铁路运输总公司下发编制新图的通知，提出编图的原则、任务、要求和日程安排。
2. 各铁路局按照铁路运输总公司的统一部署，准备编图资料。
3. 确定跨局客货列车开行方案等与编图有关的重大问题，下发新图编制大纲。
4. 总公司编制跨局旅客列车运行方案。

5. 在二分格运行图上铺画跨局旅客列车运行线和跨局行邮、行包列车运行线，预留施工天窗。

6. 各铁路局铺画管内旅客列车运行线。

7. 铺画货物列车运行线，选定“五定”班列、大宗直达，始发直达列车、重载列车运行线；计算运行图各项指标，全面完成运行图的编制。

8. 新图实行前的各项准备工作。

9. 全路实行新列车运行图。

旅客列车开行方案应根据预期客流、现行列车运行图旅客列车实际利用情况及现有线路通过能力确定。跨局和管内旅客列车对数、运行区段、列车种类、编组辆数、编组内容和车底担当，分别由总公司和铁路局确定。跨局旅客列车运行方案，由总公司组织有关人员成立客车方案小组具体负责编制，各局管内旅客列车运行方案，由铁路局在跨局旅客列车二分格的基础上进行编制。跨局和管内行邮、行包列车开行对数、运行区段、编组辆数、编组内容、车底担当、运行方案分别由总公司和铁路局确定。跨局和管内行邮、行包列车运行线，分别在铺画完跨局和管内旅客列车运行线之后铺画。

列车运行图的货物列车编制对数，应以货物列车编组计划运量为基础，适当考虑货运量波动并结合现有线路通过能力确定。线路紧张区段的客货列车对数，应根据客货兼顾的原则综合平衡，合理确定。其中快运货物列车、“五定”班列和大宗货物直达列车，应先确定开行方案和运行方案，在货物列车运行线铺画完之后，根据方案要求，采用选线的办法确定运行线。

编制客货列车和行邮、行包列车运行方案，应根据客流和车流特点，结合站、段技术作业过程和能力，充分考虑旅客和货主的便利、合理使用机车车辆，注意列车密度的均衡，便于安排施工“天窗”，充分利用线路通过能力和主要客运枢纽、客技站的能力。

为加强货物列车运行与车流的结合，应先编制区段管内工作方案，并纳入整个货车运行方案中。

为提高列车运行图质量，必须充分做好各项技术作业标准的确定，保证各项编制资料先进可行。凡经总公司批准的编制资料，各铁路局必须认真执行，不得擅自修改。

三、铁路局应报总公司的列车运行图编制资料

在编制列车运行图之前，各铁路局应报总公司的编制资料为：

1. 现行列车运行图执行情况的分析总结及改善意见。

2. 新列车运行图预计完成的主要指标及其分析比较，包括旅客列车旅行速度货物列车平均旅行速度、货运机车日车公里等。

3. 各线线路允许速度、车站过岔速度、线路慢行资料及封锁线路施工计划(包括工务和基建工程部门)。

4. 客流资料，跨局旅客列车开行建议方案，动车组运用交路计划，旅客列车停车站名和站停时分。

5. 跨局行包专列开行建议方案、区间运行时分和停站时分。

6. 客货列车在中间站和技术站检查作业时间，调整列检布局方案。

7. 客货列车机型、机车运用方式、乘务制度、机车各项技术作业标准；客货列车牵引重量、区间运行时分、起停车附加时分、慢行附加时分标准。

8. 各区段货物列车编制对数、列车分类、列车换长。

9. 直通和直达货物列车在技术作业时间。

10. 货运五定班列开行方案。

11. 快运货物列车停站站名、站停时分及开行方案。

各铁路局在查定列车运行图的各项技术标准时，要组织有关部门在保证安全的基础上，以提高综合运输能力、提高运输效率和效益为目标，贯彻改革、挖潜、提效的精神，充分发挥新技术、新设备和运输组织改革的作用，进行充分的调查研究和必要的试验，合理确定各项技术标准。

各有关业务部门在编制资料上的分工为：

1. 计划部门负责提出新图短平快建设项目、新线、新设备投产计划等。

2. 工务部门负责提出各线单双线、区间距离、车站中心里程、线路允许速度、车站过岔速度，以及线路慢行资料，特殊施工天窗，既有线线路进行技术改造工程需在运行图上考虑的封锁线路计划等。

3. 电务部门负责提出闭塞方式、信号机坐标、信号联锁方式、追踪间隔时间标准等。

4. 基建、工程部门负责提出可以纳入新图的工程及相关技术资料等。

5. 机务部门负责提出各线各种列车的牵引机型(动力牵引方式)、担当区段、机车运用方式、乘务方式及一次乘务工作时间标准、牵引重量、各项技术作业标准、区间运行时分、起停车附加时分、牵引变电所供电范围和方式及单元供电臂范围，供电天窗时间、停电方式及供电能力等。

6. 车辆部门负责提出各种车辆构造速度、列检布局、作业方案，各种列车技术作业站及作业时间标准等。

7. 客运部门负责提出新运行图实行期间预期客流密度，旅客列车、行包专列开行方案，动车组运用交路安排，客运停车站名和技术作业时间标准等。

8. 货运部门负责提出新运行图实行期间快运货物列车、五定班列和直达货物开行方案等。

9. 运输部门负责提出新运行图实行期间各线(包括分界口)的预期货运量、各区段货流密度、主要站分品类方向别发送量，车流径路、货物列车编组计划，货物列车行车量，区段管内工作方案，运转车长接运地点，列尾配置类型及摘挂地点，列车间隔、车站间隔时间及加强通过能力的措施和方案等。

10. 信息技术部门负责为业务部门资料准备工作提供信息技术支持等。

四、列车运行图必须满足的要求

编制列车运行图时，必须充分满足如下要求：

1. 保证列车运行的安全。列车运行图必须符合《技规》的有关规定，严格遵守行车的作业程序和时间标准。

2. 迅速、便利地运输旅客和货物。运行图上铺画的旅客列车应最大限度地为旅客提供方便条件，客、货列车对数应考虑到运量的波动程度，适应客、货运输市场需求。

3. 充分利用铁路通过能力，经济合理地运用机车车辆。在铺画列车运行线时，应消除各种不必要的停留时间，提高列车的旅行速度；要合理规定列车重量标准和机车运用方法；对直通列车要注意良好的衔接，以提高机车车辆的运用效率。同时，要妥善安排工务部门的施工计划，保证线路大修施工和日常运输两不误。

4. 应将区段通过能力利用率控制在一定的允许范围内，确保列车运行图具有一定的弹性，以适应日常运输生产和列车运行秩序变化的需要。

5. 列车运行图要与列车编组计划和车站技术作业过程相协调，使列车运行线与客流、车流相结合。

6. 保证各站、各区段间列车运行的协调和均衡。在运行图上铺画列车运行线时，应力求在一昼夜内各个阶段大体均衡，以充分利用车站到发线和咽喉通过能力、车站改编作业能力以及区间通过能力。

7. 合理安排乘务人员的作息时间，保证不超过规定的一次连续工作时间标准。

列车运行图在很大程度上反映着整个铁路行车组织工作的水平。提高运行图编制质量，可以改善对旅客的服务，加速货物送达，改进机车车辆的运用，更好地利用区段通过能力，提高劳动生产率，降低运输成本。因此，在编制列车运行图时，必须及时总结和推广先进经验，不断提高运行图的质量。

列车运行图是铁路运输工作的综合计划和行车组织工作的基础，科学合理地编制列车运行图，对保证行车安全，适应市场需求，提高运输能力、效率和效益，具有重要意义。因此，在编制运行图过程中，要从全局出发，统筹兼顾，正确处理列车运行与技术站作业的关系，列车运行与机车交路的关系、运输与施工的关系、跨局列车与管内列车的关系、旅客列车与货物列车的关系等。要使编制出来的运行图既是先进的，又是可行的。各铁路局编完运行图后，由总公司审查批准，并由总公司确定在全路统一实行新运行图的日期(与新列车编组计划同时实行)、印制行车时间表，拟定新旧运行图的交替办法，各铁路局应组织各站、段切实做好实行新运行图的各项准备工作。

第二节　旅客列车运行图的编制方法

在编制列车运行图时，一般先铺画旅客列车运行线，然后再在这个基础上铺画货物列车运行线。在铺画旅客列车运行线和货物列车运行线时，需要处理好各方面的关系，安排好整个方向上的列车运行线，以期提高运行图的编制质量。为此，列车运行图的编制通常分两步进行：第一步编制列车运行方案图，着重解决运行图的全面布局问题，它只是对每一方向画出各技术站间的列车运行线，而不详细画出经过每一车站的时刻；第二步根据方案图铺画详细的运行图，即详细规定出每一列车在各个车站上到、发或通过的时刻。

据此，编制旅客列车运行图，首先需编制旅客列车运行方案(简称客车方案)。编制客车方案主要解决如下几个方面的问题：

一、方便旅客旅行

在安排旅客列车运行线时，必须把方便旅客旅行作为一项基本要求。

1. 应规定适宜的旅客列车始发、终到和通过各主要站的时刻。对于运程适宜的大城市间开行的旅客列车，应尽可能按“夕发朝至”的要求安排列车始发和终到时刻。直通列车宜在下午或晚间开，但不宜过晚(迟于 0:00)；宜在白天到，但不宜过早(早于 6:00)。为了提高客运站的通过能力，保证客运站工作的均衡，在城市交通的配合下，直通列车也可以规定不早于 7:00 开，不晚于 0:00 到。根据以上要求，每一对车都有其合理的开车范围。这个合理开车范围与始发、终到城市之间的距离有关。有的列车只有一个合理的开车范围，有的列车可以有两个合理的开车范围，如图 13-2-1、图 13-2-2 所示。

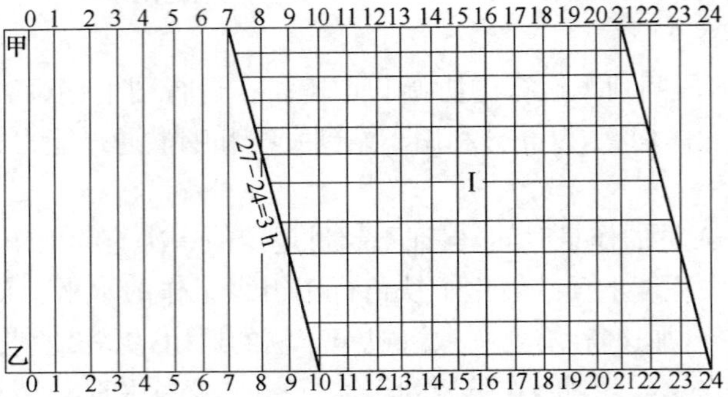

图 13-2-1 合理开车范围示例图之一

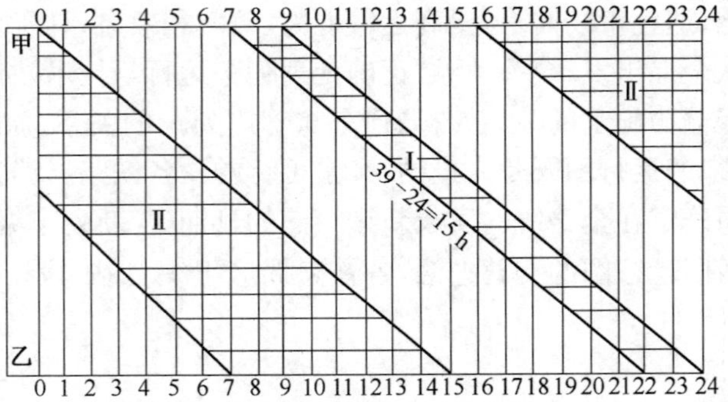

图 13-2-2 合理开车范围示例图之二

设直通快车的单程运行时间 $T=x+24D$，则其合理开车范围 t 可用下列分析式确定：

当 $1+24D\leqslant T\leqslant 6+24D$ 时 $\quad t=7(24\sim x)$

当 $7+24D\leqslant T\leqslant 17+24D$ 时 $\quad t=\begin{cases}7\sim(24-x)\\(24-x+7)\sim 24\end{cases}$

当 $18+24D\leqslant T\leqslant 24+24D$ 时 $\quad t=(24-x+7)\sim 24$

根据上述分析式，可将不同的单程运行时间及其相对应的合理开车范围列于表 13-2-1 中。根据表 13-2-1 的计算结果，直通快车的合理开车范围与单程运行时间的相互关系可归纳为表 13-2-2。从表 13-2-2 可以看出，单程运行时间为 $6+24D$，或接近这个时间的直通快车及单程运行时间为 $18+24D$ 或略超过这个时间的直通快车，在铺画客车方案时，难度较大。因其合理开车范围小且只有一个，调整的余地不大。单程运行时间为 $7-24D\leqslant T\leqslant 17+24D$ 的直通快车，在铺画客车方案时比较容易，因有两个合理开车范围，活动余地比较大。

表 13-2-1　合理开车范围表

T	合理开车范围	T	合理开车范围
$1+24D$	7～23	$13+24D$	7～11　18～24
$2+24D$	7～22	$14+24D$	7～10　17～24
$3+24D$	7～21	$15+24D$	7～9　18～24
$4+24D$	7～20	$16+24D$	7～8　19～24
$5+24D$	7～19	$17+24D$	7　14～24
$6+24D$	7～18	$18+24D$	13～24
$7+24D$	7～17　24	$19+24D$	12～24
$8+24D$	7～16　23～24	$20+24D$	11～24
$9+24D$	7～15　22～24	$21+24D$	10～24
$10+24D$	7～14　21～24	$22+24D$	9～24
$11+24D$	7～13　20～24	$23+24D$	8～24
$12+24D$	7～12　19～24	$24+24D$	17～24

表 13-2-2　单程运行时间与合理开车范围关系表

项目 ＼ 单程运行时间 h		$1+24D \leqslant T \leqslant 6+24D$	$7+24D \leqslant T \leqslant 17+24D$	$18+24D \leqslant T \leqslant 24+24D$
合理开车范围	个　数	一个 (7:00～23:00)	两个 (7:00～17:00) (14:00～24:00)	一个 (7:00～24:00)
	比例关系	反比例	一个成反比例 另一个成正比例	正比例

直通列车通过沿途各大站的时刻亦应力求方便旅客，若不能完全满足此项要求时，应权衡轻重，尽可能予以照顾。

管内旅客列车以运送短途旅客为主，一般运行距离较短，故以白天运行为宜。在管内列车较多的区段不可能均在白天运行时，个别列车亦可在夜间运行，但始发时刻不宜过晚，到达时刻不宜过早。

2. 使各方向各种列车的运行时刻相互衔接，缩短旅客中转换乘的等待时间。在几个方向会合的枢纽站，旅客由一方向转往另一方向时，或者通过车辆换挂，或者通过中转换乘，均要求各方向列车运行时刻适当衔接，以减少换挂车辆的停留时间或中转旅客的候车时间。如果同时满足各方向旅客的要求确有困难时，则应照顾中转直通客流较大的方向。例如，图 13-2-3 表示由 $E-D$ 及 $C-A$ 开行普通旅客快车，但 $E-A$ 的中转客流较多，$C-D$ 的中转客流较少，因此 $C-A$、$E-D$ 直通列车经过 B 站的时刻应照顾 $E-A$ 方向中转旅客的方便。

管内旅客列车与直通旅客列车在运行时刻上亦应求其衔接配合，以方便中小站出发的旅客由管内列车换乘直通列车，到达中小站的旅客由直通列车换乘管内列车。如管内列车数较多，则最好在直通列车前后各开一次管内列车，以利中小站旅客的换乘，其铺画方式如图 13-2-4所示。

当管内旅客列车数较少而某一方向(例如上行方向)直通列车换乘管内列车的客流占优势时，亦可只在直通列车的后面开行一次管内列车，为优势方向客流服务，如图 13-2-5 所示。

铁路旅客列车在时刻上与其他交通工具相互配合，对于方便旅客具有重要意义，在编制列车运行方案时亦应注意这方面问题。

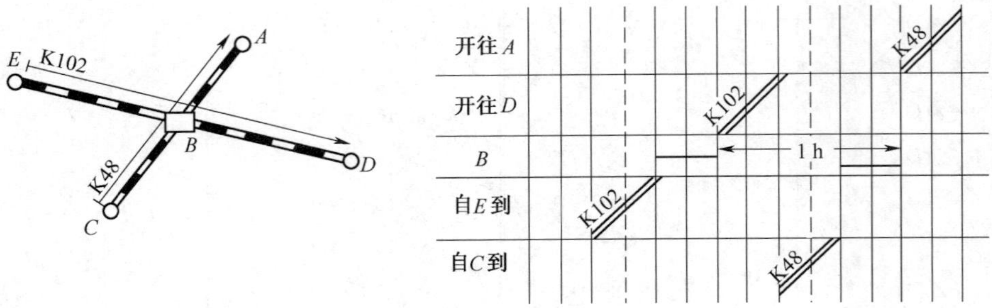

图 13-2-3 直通旅客列车在枢纽站相互衔接图

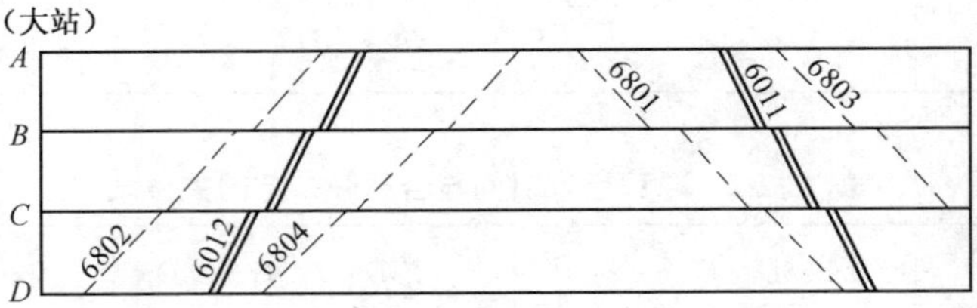

图 13-2-4 管内旅客列车与直通旅客列车运行时刻的配合示例图

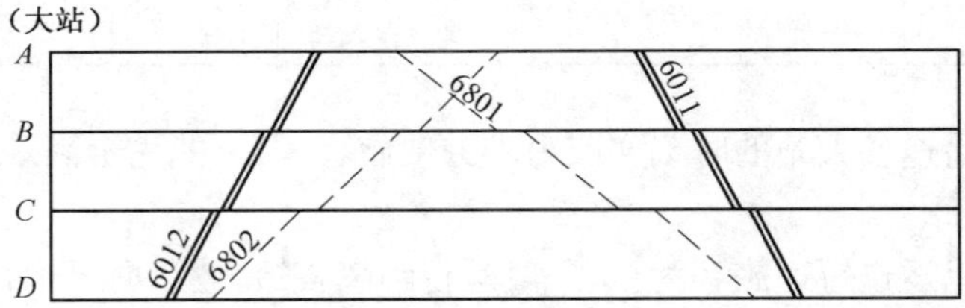

图 13-2-5 管内旅客列车与直通旅客列车运行时刻的配合示例图

二、经济合理地使用机车车辆

直通与管内旅客列车的到发时刻，除应力求便利旅客外，还应照顾旅客车列(又称车底)和客运机车的经济适用。

由图 13-2-6 及图 13-2-7 可以看出，若将去程列车的到发时刻与回程列车到发时刻结合起来考虑，并适当改变列车到发时刻，就有可能减少需要的车底数。

旅客列车运行方案图上运行线的铺画方式，对客运机车的运用也有很大影响。如图 13-2-8所示，通过适当调整列车的到发时刻，即可使机车由 4 台减少至 3 台。因此，在编制客车方案图时，在考虑为旅客提供方便及减少车列需要数的同时，必须注意加速机车周转。由于在编制方案图时，直通列车先于管内列车铺画，所以有关列车运行与机车周转相互配合问题，主要是在编制管内旅客列车运行方案时才有可能加以全面考虑的。

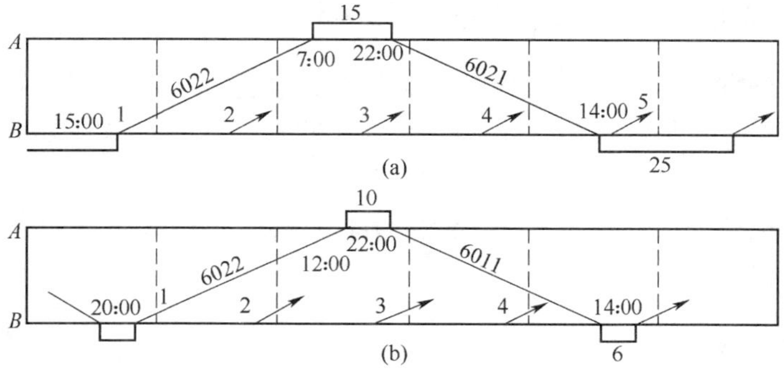

图 13-2-6　直通列车车列周转与到发时刻关系图

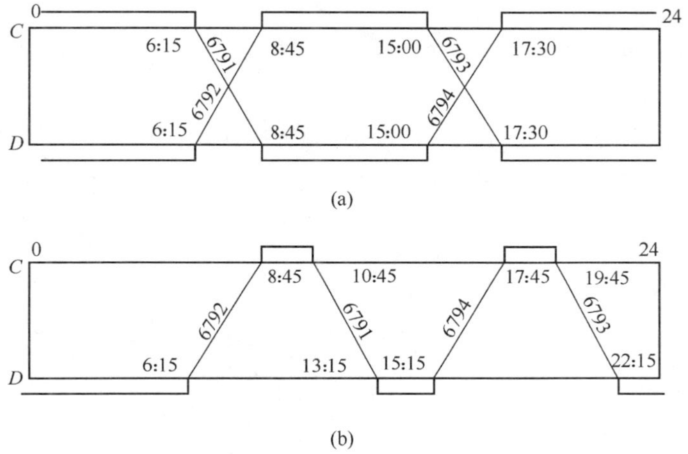

图 13-2-7　管内列车车列周转与到发时刻关系图

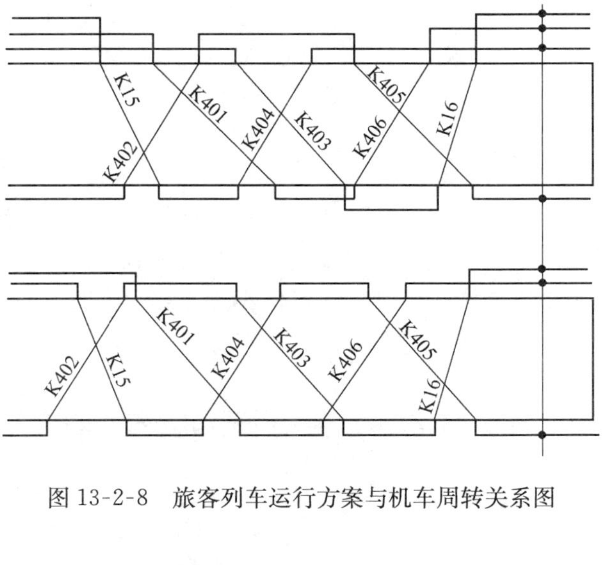

图 13-2-8　旅客列车运行方案与机车周转关系图

三、保证旅客列车运行与客运站技术作业过程的协调

由于旅客列车到发时刻的特殊要求，大客运站在一昼夜的某一段时间内，往往出现列车密集到达或出发的情况。在编制列车运行方案时，列车密集到发的间隔时间应与车站技术作业过程相协调，否则将不能保证车站正常接发列车。

大型客运站一般按方向设置候车室，因此同方向旅客列车的始发间隔时间，也应考虑到旅客站舍的负担，以免造成站内拥塞。

四、为货物列车运行创造良好条件

实践证明，在客车方案图上尽可能均衡地铺画旅客列车运行线，不仅有利于车站客运设备的有效利用，有利于保证旅客列车的良好运行秩序，并且有利于货物列车均衡地运行，有利于加速机车车辆周转。

在实际工作中，同时实现上述各项要求往往是困难的，在编制客车方案时，应根据具体情况，权衡利弊，合理安排。

旅客列车运行方案应按照"先国际、后国内，先直通、后管内，先快车、后慢车"的顺序进行。在铺画各种列车运行方案时，应注意区段内会车或越行地点的设备条件，考虑列车会让所需附加时分。附加时分随单线、复线及信、联、闭设备的条件而有所不同。一般来说，会车附加10～12 min，等待越行附加 30～35 min，如图 13-2-9 所示。

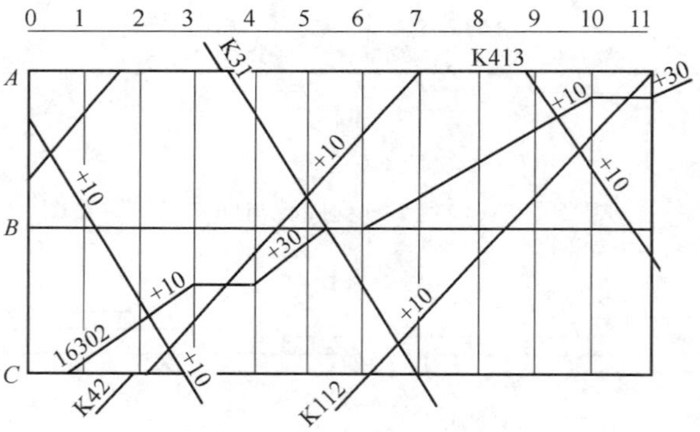

图 13-2-9 旅客列车会让额外增加时间图

根据旅客列车运行方案，按照上述各种列车的铺画顺序，可在二分格运行图上详细铺画各种列车运行线，即所谓铺画详图。在编制列车运行详图时，除国际联运的旅客列车在国境站的接续时刻不得变更外，其他列车的运行时刻尚可作小量必要的调整，以便创造更好的会让和运行条件，与货物列车运行取得较好的配合。

第三节 货物列车运行图的编制方法

一、货物列车运行图的编制步骤

为了保证各邻接区段、各相邻铁路局间列车运行的紧密衔接，以及列车运行图与列车编组

计划、车站技术作业过程、机车周转图的相互协调，在旅客列车运行图编制以后，货物列车运行线的铺画也可分两步进行，即先编方案图，然后再根据方案图编制详图。但在运量大、区间通过能力比较紧张的单线区段，由于在编方案图时很难对限制区间给予准确的安排，所以一般不编方案图，而直接在二分格运行图上编制详图。

编制方案图时，各种货物列车在每一区段的旅行时间，可按下列方法确定：

(1)对于摘挂列车，根据区段管内货物列车铺画方案规定。

(2)对于其他货物列车，在双线区段为各区间运行时分与列车在各中间站技术作业停站时分之和；单线区段为各区间运行时分与列车在各中间站平均停站时间之和。

二、货物列车运行方案

在编制货物列车运行方案图时，应注意解决如下几方面的问题：

1. 列车运行图与列车编组计划的配合

为了使列车运行图与列车编组计划相配合，编制列车运行图时必须做到：

(1)按照列车编组计划所规定的列车种类和列车数(并考虑适当波动)，在运行图上铺画相应的货物列车运行线。

(2)对有稳定车流保证的定期运行列车，应在运行图上定出固定运行线，从始发站到终点站使用统一的车次，这种列车通过沿途各技术站时要有良好的接续，如图 13-3-1 所示。

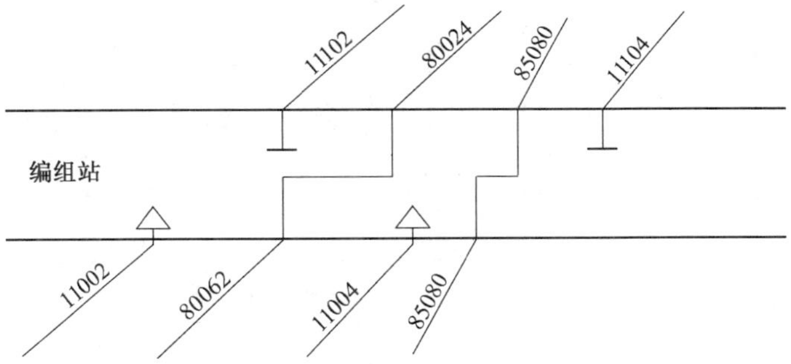

图 13-3-1　列车运行线紧密衔接图

(3)对没有稳定车流保证的技术直达列车和直通列车，在两编组站间使用直通列车车次。经过编组站时，相邻区段不同车次的运行线也要考虑适当的衔接，如图 13-3-1 所示。

(4)运行图上铺画的运行线，应与车流密切结合。例如，装车地直达列车由始发站出发的时间，要结合有关厂矿、企业的生产和装车情况；空车直达列车的运行线要根据空车产生的规律，从始站开始铺画，使运行线与车流最大限度地结合起来。

2. 列车运行图与车站技术作业过程的配合

列车运行不均衡是导致货车在车站产生各种等待停留时间和浪费车站通过能力、改编能力的主要原因。因此，在编制运行图时应力求使各方向列车在技术站均衡到发，并使各方向改编列车和中转列车交错到开，为车站创造均衡而有节奏的工作条件。

由于受旅客列车铺画位置的影响，以及为保证邻局、邻区段货物列车有良好的运行条件，往往会造成货物列车运行线在运行图上不能均衡排列，而在一段时间内产生列车密集到开现象。在这种情况下，铺画运行图时应注意符合下列要求：

(1)列车到达技术站和由技术站出发的间隔时间,应考虑车站的到发线数目及列车占用到发线的时间,以保证车站能不间断地接发列车。

(2)到达技术站解体的列车,其间隔时间应与驼峰或牵出线的作业进度相适应,以减少列车待解停留时间。如图 13-3-2 所示,因解体列车到达间隔时间与车站技术作业过程相协调,而不致产生待解时间。如果解体列车到达间隔时间与车站技术作业过程不协调,如图 13-3-3 所示,则可能因而产生大量待解时间。

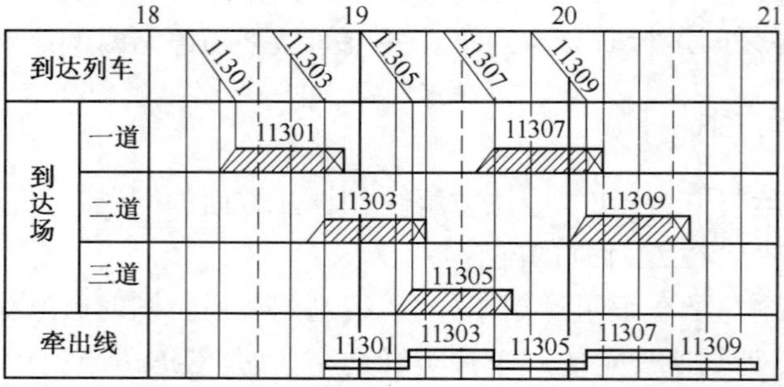

图 13-3-2 列车到达间隔与解体作业相协调图

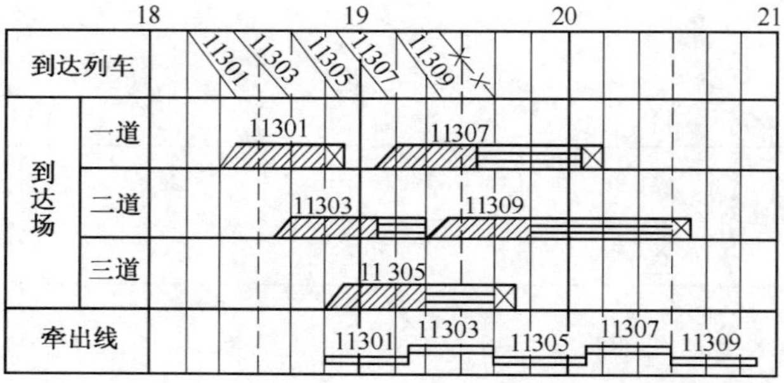

图 13-3-3 列车到达间隔与解体作业不相协调图

(3)由技术站编组出发的列车,其间隔时间应与编组牵出线的编组作业进度相适应,以减少待发停留时间。在编制列车运行图时,对于组织始发直达列车的车站,应使空车列车到达与重车列车出发之间的间隔与该站各项作业时间相协调,如图 13-3-4 所示,否则将延长货车停留时间或不能保证重车列车按规定时刻出发。

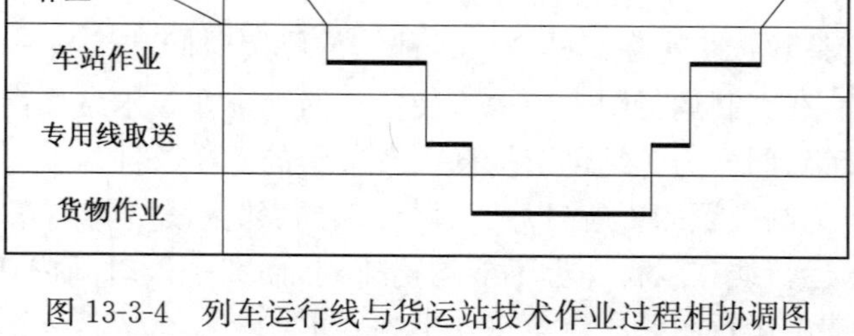

图 13-3-4 列车运行线与货运站技术作业过程相协调图

3. 列车运行图与机车周转的配合

为了加速机车周转，保证机车在自外段停留时间符合规定的标准，不断改进机车运用指标，在编制列车运行图时，应考虑列车运行与机车周转有良好的配合。

为实现列车运行与机车周转相配合，一般采用根据规定行车量、机车运用方式和机车在自外段停留时间标准，并考虑机车乘务组连续工作时间等因素，顺序地将列车运行线和机车周转画在运行图上的方法。为了避免产生机车等候列车的额外停留时间，应使相对方向的列车配合地到达更换机车的技术站。

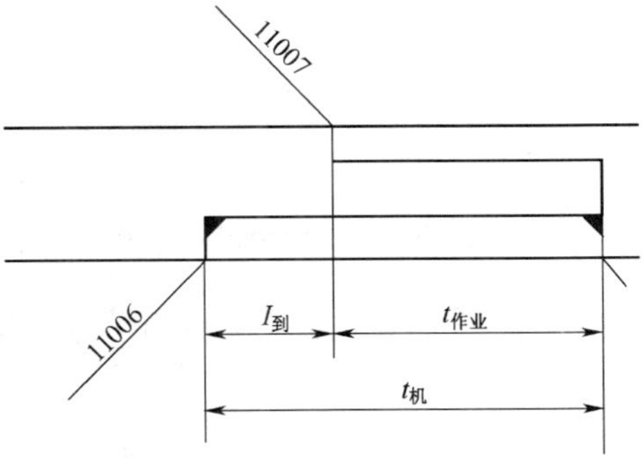

图 13-3-5　相对方向列车配合到达更换机车的技术站图

其到达的间隔时间($I_{到}$)应等于机车和技术作业时间标准的差额，如图 13-3-5 所示，即

$$I_{到} = t_{机} - t_{作业} \tag{13-3-1}$$

式中　$t_{机}$——机车技术作业时间标准，min；

$t_{作业}$——中转列车在技术站的作业时间标准，min。

由图 13-3-6 可以看到，上行方向和下行方向列车到达机车折返站的间隔时间为：

$$I_{到}^{上下} = t_{机}^{下} - t_{作业}^{下}$$

而下行方向和上行方向列车到达机车折返站的间隔时间为：

$$I_{到}^{下上} = t_{机}^{上} - t_{作业}^{上}$$

式中　$I_{到}^{上下}$、$I_{到}^{下上}$——B—C 区段上行(或 A—B 区段下行)列车和用该列车机车牵引的 A—B 区段下行(或 B—C 区段上行)列车之间的到达间隔时间，min；

$t_{机}^{下}$、$t_{机}^{上}$——由 B—C 区段和 A—B 区段到达的机车在机车折返站的技术作业时间标准，min；

$t_{作业}^{下}$、$t_{作业}^{上}$——下行和上行列车在技术站 B 的技术作业时间标准，min。

由图 13-3-6 可以看出，两个对向列车到达折返站的间隔时间之和等于 K 个不同向列车到达的时间间隔，即

$$I_{到}^{上下} + I_{到}^{下上} = KI \tag{13-3-2}$$

式中　K——某一正整数；

I——同向列车的间隔时间，min。

上式也可以写为：

$$(t_{机}^{下} - t_{作业}^{下}) + (t_{机}^{上} - t_{作业}^{上}) = KI$$

或

$$t_{机}^{下} + t_{机}^{上} = t_{作业}^{下} + t_{作业}^{上} + KI \tag{13-3-3}$$

上列关系式表达了中转列车停站时间和机车在折返站停留时间两者之间的关系。利用这

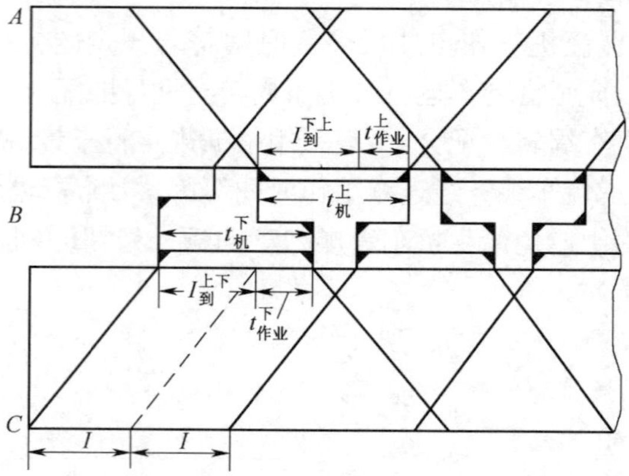

图 13-3-6 列车运行与机车周转协调配合图

个关系，可以确定最适当的技术作业时间标准，使得列车和机车在技术站的停留时间得到最好的配合。

当列车和机车的技术作业时间标准固定时，则可由式(13-3-3)求出同向列车间隔时间I，即

$$I=\frac{(t_{机}^{下}+t_{机}^{上})-(t_{作业}^{下}+t_{作业}^{上})}{K}\quad(\min)\tag{13-3-4}$$

在编制运行图时必须考虑这个间隔时间，使列车和机车得到最好的配合。

在非平行运行图上，由于旅客列车运行线的铺画先于货物列车，因而货物列车运行线的分布不可能完全均衡。在编制列车运行图时，应尽可能按照上述关系式所要求的间隔时间，使列车和机车的额外停留时间达到最小。

货物列车运行方案的编制可有下列两种方法：

(1)由方向的一端开始，顺序铺画货物列车运行线。

(2)由方向中间的某一局间分界站向两端延伸铺画。

在个别区段，当通过能力利用率接近饱和时，运行图编制最好就由这一最繁忙的区段开始。

三、"五定"班列的运行组织

开行"五定"班列，发到站间的货流量，必须满足在一定时间内可以开行一个班列的要求；发到站间列车牵引定数和换长要基本一致。班列的组织应从货运计划安排入手，将枢纽地区其他车站的货流向班列装车站集中，组流上线。但根据货流情况，也允许枢纽地区多站组织开行"五定"班列，即可以一站或多站组合开行一个班列，运行到枢纽附近编组后，再用小运转挂运至相关车站卸车。

班列运行线，要求发到站间全程贯通，车次统一编号，班列途经的相关技术站紧密接续，直通速度单、双线方向应达到 500 km/d 和 800 km/d 以上，它由中国铁路总公司运输局组织有关部门，根据发到站间的货流量及有关要求，在运行图上铺画。根据班列运行图确定各站的班列发到时间和运到期限，并编制成班列时刻表向社会公布。

在日常工作中，"五定"班列应按固定时刻组织开车、按固定时刻组织运行、按固定时刻组

织分界口交接、按固定时刻组织到达。为此，各级调度应优先承认请求车、优先安排装车去向、优先配送空车、优先组织装车、优先组织取送车作业、优先组织列车放行。

四、货物列车运行图的详图

根据货物列车运行方案图，可在二分格运行图上具体铺画各区段的货物列车运行线。在详细铺画列车运行图过程中，对方案图所规定的运行线一般可做适当移动，但应尽可能不改变分界站的到开时刻。

在单线区段，如果通过能力有较大后备，则可优先铺画定期运行的快运货物列车和直达列车。在中间站交会时，应尽量使其他货物列车等会这些列车；在经过技术站时，应保证其紧密接续，以加速这些列车的运行。

对于摘挂列车，应先按区段管内货物列车铺画方案在图上铺画轮廓运行线，然后结合其他货物列车一起铺画。

在铺画详图时，应注意如下三个方面的问题：

1. 保证行车安全和旅客乘降安全

(1)遵守不准同时接发列车的有关规定。

(2)保证车站间隔时间及列车追踪间隔时间符合各站所规定的标准。

(3)避免某方向列车在禁止停车的车站上停车。

(4)遵守规定的机务乘务组工作、休息的时间标准。

(5)列车在车站会车和越行时，同时停在车站上的列车数应与该站的到发线数相适应。

2. 有效地利用区间通过能力

在单线区段，如果通过能力有较大富余时(利用率在 70%以下)，为保证机车的良好运用，货物列车运行线可以从机车折返站开始成对地铺画。如图 13-3-7 所示，这时应尽可能使列车到达折返站与由该机车牵引相反方向列车出发的间隔时间，等于机车在折返段所在站的作业时间标准。

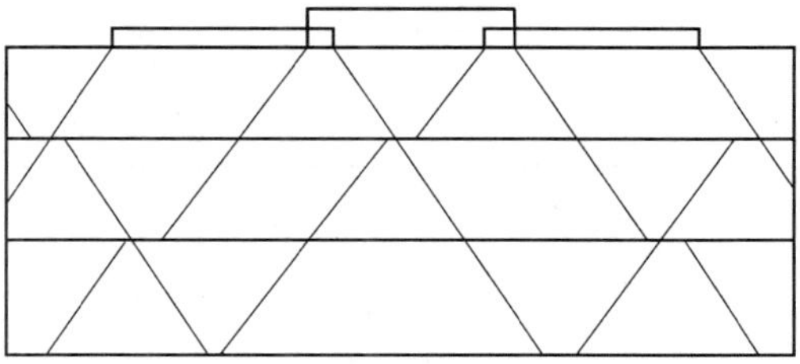

图 13-3-7　从机车折返站开始铺画货物列车运行线方法示意图

当在运行图上铺画的列车对数达到区间通过能力利用率 80%以上时，为了有效地使用区间通过能力，该区段应从限制区间开始铺画货物列车运行线，即在运行图上铺完旅客列车运行线之后，从限制区间开始铺画规定数量的货物列车运行线，然后再从限制区间分别向其他区间顺序铺画，如图 13-3-8 所示。

3. 提高货物列车旅行速度

影响旅行速度的主要因素是会车和越行次数及其停站时间。据此，在铺画运行图时，必须尽量减少列车的会车和越行次数及其停站时间。

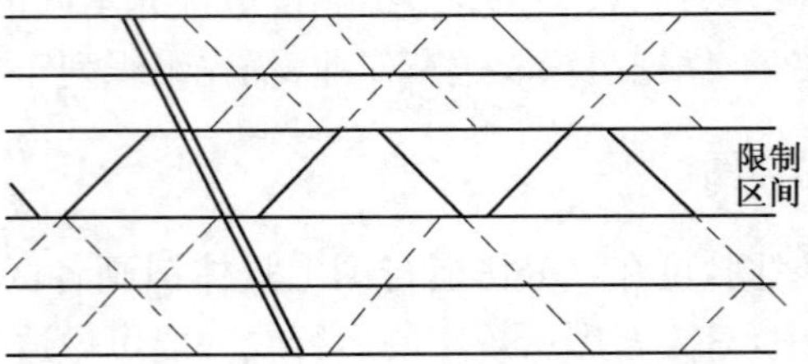

图 13-3-8 从限制区间开始铺画运行线方法示意图

(1)铺画在旅客列车之前的货物列车，尽可能使之通过各中间站，以避免在区段内被旅客列车越行，如图 13-3-9 所示。

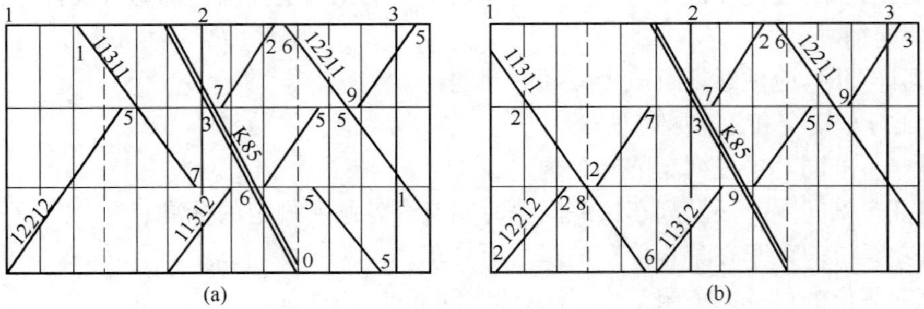

图 13-3-9 在旅客列车之前铺画货物列车方法示意图

(2)当在区段内不能避免越行时，尽可能将越行地点规定在有技术作业的车站上，或者规定在两相邻区间运行时分最小的车站上，如图 13-3-10 所示。若 b 站为上行列车技术作业停车站，则列车在等待越行的同时可以进行技术作业，从而减少甚至取消了由于越行而产生的额外停留时间；又若 b 站两相邻区间的运行时分最小，则可使列车在 b 站的待避停留时间为最短。

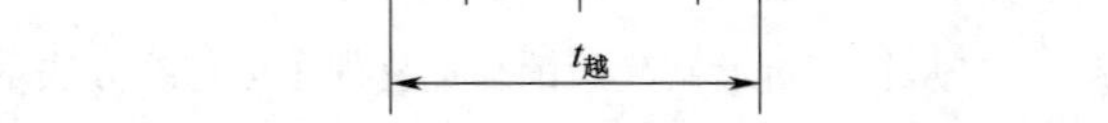

图 13-3-10 列车待避停留时间示意图

(3)在旅客列车之后铺画货物列车时，尽量使客货列车之间能够铺画交会的对向货物列车，以减少会车停站时间，如图 13-3-11 所示。

(4)在单双线区段，可从最困难的单线区间开始铺画列车运行线，并尽可能使列车的交会在双线区间内进行。

在运量很大的区段上，为确保列车运行图与车站作业相协调，在铺画运行图之后，应对区段站、编组站、主要客运站的咽喉道岔和到发线的占用情况进行图解检查。当某些车站的接发车条件不能满足运行图的要求时，需要适当修改运行图，或采取必要的技术组织措施，例如重新调整到发线的使用，以保证运行图的顺利实行。

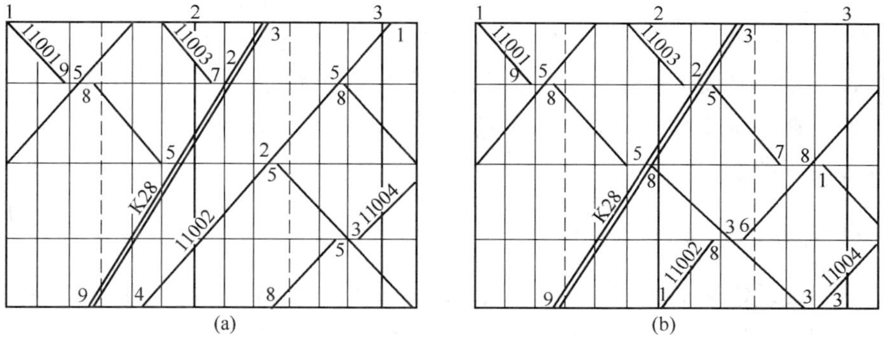

图 13-3-11　在旅客列车之后铺画货物列车的方法示意图

为保证列车工作的稳定性，提高运输效率，在运行图中一般将下列各种货物列车，规定为列车运行图的核心列车：

1. 快运货物列车。
2. “五定”班列。
3. 定期运行的始发直达列车。
4. 车流稳定的技术直达列车、直通列车和区段列车。
5. 摘挂列车。

第四节　分号列车运行图的编制

一、分号列车运行图的种类

分号列车运行图是指为适应短期运输需要、应对突发事件或施工需要，短时间实行，实行完毕又恢复到基本图的临时性运行图。遇下列情况，应编制分号列车运行图：

1. 为适应春运、暑期和其他节假日大批临客运输的需要。
2. 为适应货运量波动的需要。
3. 为适应大批货物临时运输以及特种运输的需要。
4. 为适应线路施工的需要。
5. 处置重大突发事件的需要。

因此，分号列车运行图根据其所适应需要之不同可分为两类，即在运量波动较大的铁路区段或方向上，为适应节假日旅客运输需要、临时性大批货物运输需要和运量波动需要而编制的不同客货行车量分号运行图以及为进行隧道、桥梁修理和线路改造、大中修等施工，须在列车运行图上规定施工“空隙”区段的施工分号列车运行图。

为春运、暑期运输和线路施工编制的分号图又分别称为春运图、暑期图和施工图；根据其他运输需要编制的分号图名称可以在分号图前冠以该分号图的主题，例如“五一”分号图、“十一”分号图等。

编制分号图时，原则上不变动基本图旅客列车运行线。分号图的编制分为“编制”和“选线”两种。“编制”，是在基本图以外另行编制的运行图，单独定点、定车次；“选线”是在基本图上用抽减运行线的方法制定的运行图，只减少客、货列车对数，不单独定点、定车次。

为保证基本运行图的经常使用，基本运行图的货物列车对数，应该是经常可能实现的运量。但是，大多数的铁路区段或方向，列车运行图实行期间行车量的波动很大。为了达到更高的运行图指标和掌握必要运输量，必须对客货运量波动较大的区段，编制分号运行图。这类分号运行图既包括在一定旅客列车数条件下具有不同货物列车数的分号运行图，也包括开行大量临客的分号运行图。

二、不同行车量的分号列车运行图

为适应运量波动需要而编制的分号列车运行图，决定于列车运行图实行期间的运量波动程度及波动期间的长短。运量波动程度及期间，一般应根据实际情况和计划运量的资料加以研究确定。经验证明，适应运量波动所编制的分号运行图，一般以取两个到三个(包括基本运行图)为宜。因为分号列车运行图数量太多，换用分号列车运行图过于频繁，容易引起现场员工执行上的困难。

分号列车运行图一般采用如下两种方法编制：

(1)依照不同的行车量编制一个综合分号列车运行图。编制这种列车运行图，原则上应从最小运量的分号列车运行图开始，首先铺画运行图的基本核心列车，即定期直达列车和其他固定运行的货物列车(有稳定车流保证的货物列车及摘挂列车等)，然后在此基础上再顺序铺画到最大分号运行图所规定的行车量，并分别把这些运行线和机车周转相互协调起来，如图13-4-1所示。

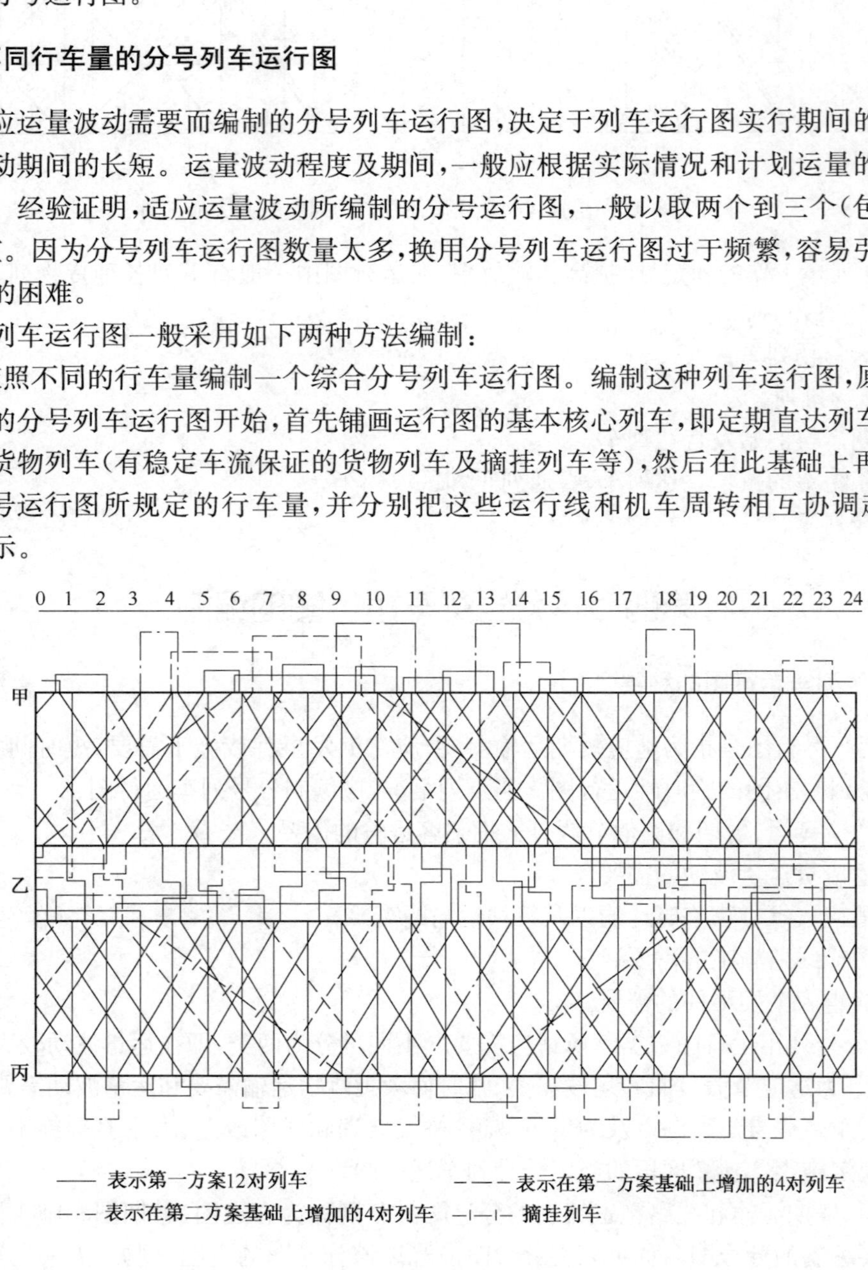

图 13-4-1 综合分号列车运行图

(2)按照不同的行车量,编制几个不同运量与不同时刻的独立分号运行图。编制这种列车运行图时,每个运行图上列车运行线的铺画及与机车周转的联系都应单独考虑。

综合分号列车运行图的优点是,更换分号列车运行图时,仅变更列车运行图上的运量,而不变动列车车次、时刻和运行程序;其缺点是很难编制出最有利的列车运行图和机车周转图,同时对列车密度的均衡性也有一定的不利影响。独立分号列车运行图的优点是每个列车运行图的指标都较高,列车运行和机车周转都能够取得较好的协调;但是由于每个分号列车运行图中的运行线是各自独立的,因此当更换分号列车运行图时,容易发生困难。

综合分号运行图主要使用在复线区段,独立分号列车运行图则主要使用在单线区段。但在运量不大而区间通过能力又不甚紧张的单线区段,亦可编制综合分号列车运行图。

三、在列车运行图中预留"空隙"的办法及施工分号列车运行图

为了提高现有铁路的通过能力和列车运行速度,满足铁路运量不断增长的需要,必须对现有铁路有计划地进行技术改造和大中修。

改造工程一般在运输量大、通过能力比较紧张的区段进行。因此,线路施工与列车运行往往会产生一定的矛盾。在列车运行图上预留线路施工所必需的"空隙",是解决列车运行与线路施工之间矛盾的有效措施。

所谓施工"空隙"是指在列车运行图中,为区间或车站正线规定不放行列车的一段时间。在列车对数较少的区段,列车运行图上产生的自然"空隙",可作为施工"空隙";对于通过能力比较紧张的区段,必须在列车运行图中特意预留施工"空隙"。图 13-4-2 为预留有施工"空隙"的列车运行图。

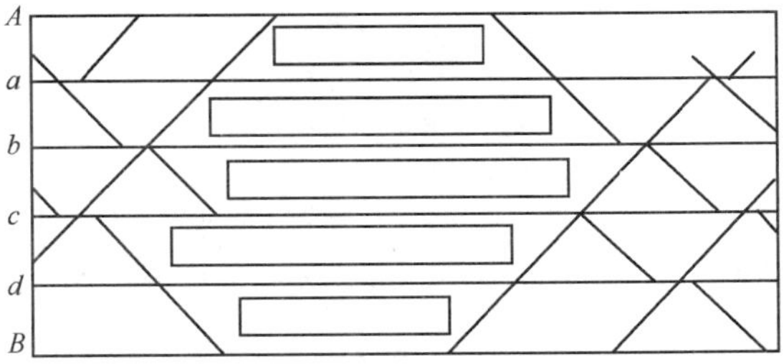

图 13-4-2　预留施工"空隙"的列车运行图

在运行图中预留施工"空隙"的长短,与工程内容、工程复杂程度、施工技术作业过程及线路通过能力等因素有关。一般不宜过长,以免造成列车运行极不均衡,过分降低旅行速度,延长机车和车辆在技术站的停留时间。但也不宜过短,以免造成在施工机械和劳力的浪费,延长工期。

运行图上施工"空隙"的选定要考虑当地的气候条件。例如,炎热地区应选在早晨,寒冷地区应选在中午。旅客列车运行线必须躲开施工"空隙"时间。

在列车运行图中预留施工"空隙"的方法,主要有以下三种:

(1)在基本列车运行图中预留施工"空隙"。采用这种方法的优点是可以保证运输与施工互不干扰;缺点是在非施工期间,列车运行不均衡。因此,这种方法主要适用于应预留的"空隙"不大,而且通过能力有很大后备的区段。

由于线路施工一般并不是在区段的所有区间内同时进行，而是逐个区间顺序地进行。如果在运行图中对所有预定施工的区间都规定施工“空隙”，并相应地考虑列车慢行，势必有一些“空隙”将不能完全利用。从通过能力利用和运输观点看，这样预留“空隙”显然是不合理的。因此，可以考虑只在开始施工的某些区间预留“空隙”，然后逐步挪移到其他施工区间。

(2)在编制基本运行图(不考虑施工“空隙”)的同时，另编预留施工“空隙”的分号运行图。在施工期间使用施工分号列车运行图，而在不施工期间使用基本列车运行图。采用这种方法，在施工和非施工期间，运行图均能较好地符合实际既保证了施工，又能照顾到列车的均衡。但因为只在施工区段采用施工分号列车运行图，容易使某些列车在技术站(施工区段与非施工区段相连接的技术站)上的衔接发生不协调现象，从而延长列车和机车在技术站上的停留时间。

(3)在基本列车运行图里不预留施工“空隙”，但在编制列车运行图时考虑了在施工期间留出施工“空隙”的可能性，其办法是：

①对双线区段，在白天预定进行施工的时间内，同方向列车间隔时间应不少于限制区间单线运行图周期，以便施工时可施工区间利用一条正线组织双方向运行，如图 13-4-3 所示。

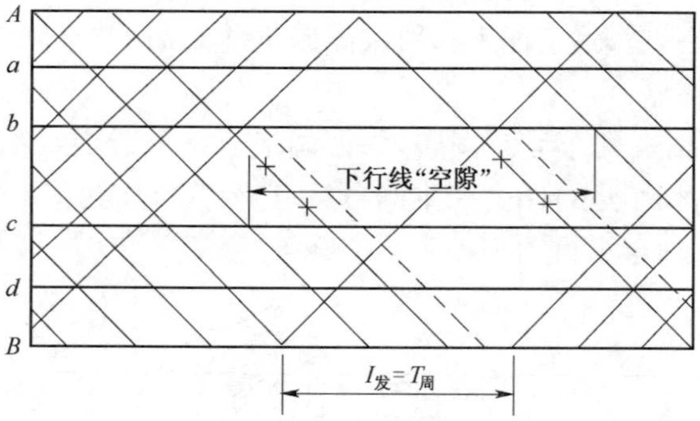

图 13-4-3　双线施工期间组织双方向行车的运行图

②对单线区段，在编制基本列车运行图时，不预留任何“空隙”时间，在施工期间可采取抽线的方法。如图 13-4-4 所示，抽掉 12003、12005、12006、12010 各次列车，在 *a*—*b*、*b*—*c* 区间即可留出一定的施工“空隙”。

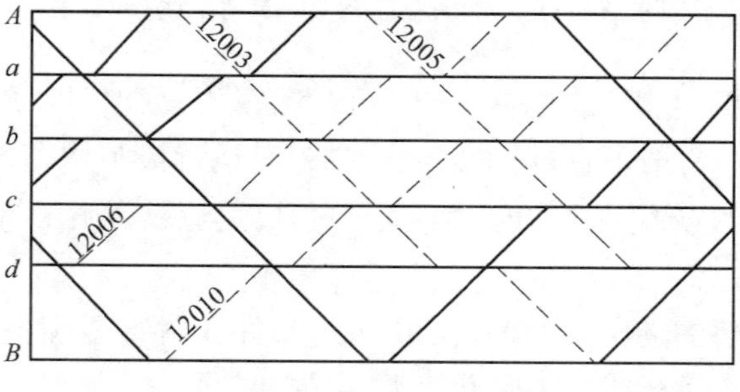

图 13-4-4　以抽线方法预留施工“空隙”的运行图

工务、电务、供电等部门在营业线的大修、中修及可能影响行车安全的维修施工全部纳入综合施工“天窗”。天窗时间，大型养路机械施工和线路大中修，双线区段 180 min，单线区段视通过能力、客货列车对数、施工任务和施工条件等各种因素综合确定；电化检修“天窗”时间，双线 90 min，单线 60 min。“天窗”位置尽可能安排在白天，困难时也可安排在夜间。

双线区段综合施工“天窗”由中国铁路总公司在编制跨局旅客列车运行方案时统一考虑，单线区段综合施工“天窗”由铁路局在编制管内旅客列车运行方案时统一安排，在安排天窗时允许组织列车反方向运行，在电化区段采取带电作业措施。

为充分利用区间通过能力，对通过能力紧张区段预留的施工天窗，除电化区段接触网检修时间外，可铺画一定数量的非定期运行货物列车，施工时采取抽线办理，不施工时开行此种列车。

施工封锁区间开通后，将产生临时性的慢行，在编制施工分号列车运行图时，可将慢行附加时分规定在列车运行时分中。如不编施工分号列车运行图，而在基本列车运行图中预留施工“空隙”时，原则上不考虑慢行附加时分，可以施工前修正基本运行图时适当加以考虑。旅客列车慢行附加时分可以规定在列车区间运行时分内，也可预留在列车停站时分内。

为了满足铁路信、联、闭设备以及道岔、线路日常维修需要，接受多年来事故教训，确保行车安全，一定要坚持“要点”维修的办法，禁止利用列车运行图间隙抢点作业。因此，在编制基本图时应考虑预留“天窗”维修时间的可能性。

第五节　电力牵引区段列车运行图的编制

电力牵引与蒸汽牵引相比较，具有降低运输成本、提高通过能力、改善运营工作条件和乘务组劳动条件等一系列优点。

在采用电力牵引的线路上，由于机车运行速度高，在途中没有上水、清炉等作业，不必因技术需要而停站，甚至可以通过某些区段站，减少机务段数目，减少机车出入库次数，在基本段和折返段的整备作业大大简化，从而可以使机车交路延长。

采用电力牵引时，机车的主要运用方式是循环运转制，机车乘务组可以中途换班，国外铁路普遍实行轮乘制，如图 12-1-1 和图 13-5-1 所示。

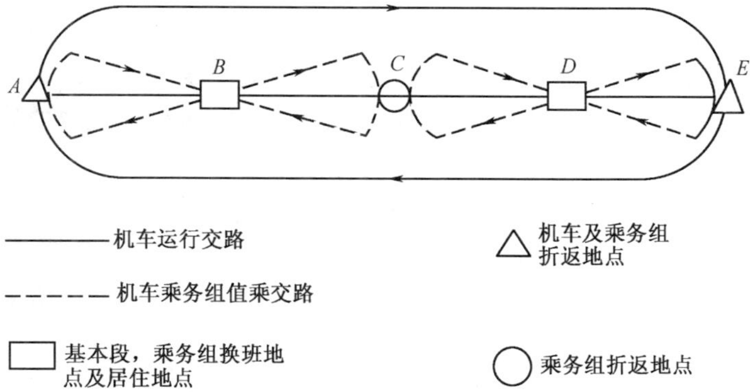

图 13-5-1　轮乘制机车交路图

在图 13-5-1 中 $A-E$ 为长交路牵引区段，机车乘务组不固定服务于某一台机车，在 A、E 折返地点乘务组不休息随原机车折返，在 B、C、D 站乘务组在到发线上换班，乘务组在 C 站交出机车后接乘对向的列车返回基本段。

在电气化线路上，牵引变电所的功率与分布、接触网的导线截面与运行图类型和铺画方式之间有着密切的关系。在编制运行图时，必须充分考虑供电设备的条件。区段内两变电所之间同时运行的列车数越多、列车离变电所的距离越远、线路坡度越陡以及列车的重量越大，接触网的负荷和从接触网到机车受电弓的电压损失也就越大。因此，电力牵引区段列车运行图的编制，必须注意如下特点：

(1)为了保证供电设备有最良好的工作状况，使列车达到最高的运行速度，首先要求运行线在时间和空间上尽可能均衡分布。

(2)线路断面为下坡道和上坡道相互交错的区段，应力求使一个馈电区范围内同时处于上坡位置的列车数少，尤其对位于两个牵引变电所之间中部地段的各区间更须如此。

(3)在采用再生制动的区段内，应注意上坡列车和下坡列车在时间上互相配合，如图13-5-2所示。这样可使上坡列车所需要的大量电流，有一部分可以利用下坡列车施行再生制动时向接触网反馈的电流来补偿。

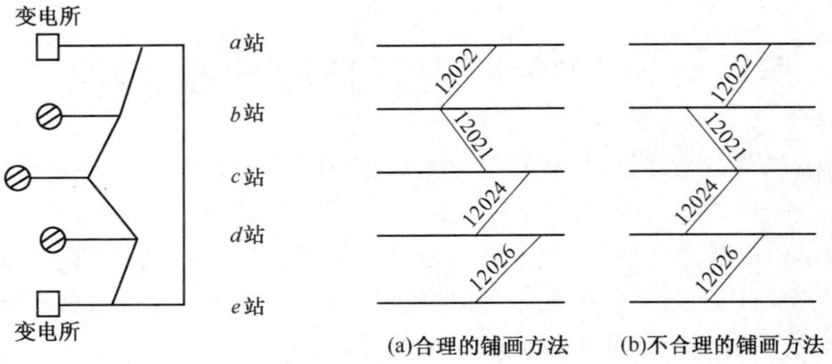

图 13-5-2　电气化区段根据不同线路断面在运行图上铺画列车运行线的方法图

(4)为了避免供电设备超过规定的负荷，应防止由牵引变电所间的同一地段内各分界点同时发出几个列车，各列车的起动和加速在时间上应彼此错开至少 2～3 min。

(5)离牵引变电所较远的区间，因接触网上电压下降幅度较大，应选择合理的会车方案。为了保证电力机车较快地转为按自动特性曲线行驶，应对出站就遇上坡的列车规定其不停车地通过车站。

(6)在线路断面比较平坦的双线区段，应避免超轴列车在相邻变电所的中部地段会车，尽可能使其在接近变电所的地点交会。

(7)在列车运行图上应避免接连铺画超轴列车，最好在旅客列车或重量标准较小的货物列车之后铺画超轴列车。

(8)在双线区段，应充分利用电力牵引条件下货物列车和旅客列车运行时分相差较小的特点，尽量组织列车无越行运行，可显著提高旅行速度。

(9)在列车运行图上，应为接触网的日常检查与维修留出必要的“空隙”时间，并按 V 形天窗的方法预留。此时，接触网应分为几个分段分别进行遮断。单线线路在分段的电流被遮断后，行车即完全中断，而双线线路在一条正线被遮断的时间内，另一条正线仍可作单方向或双方向行车之用。

(10)在线路大修期间，施工“空隙”之后，往往要密集放行列车，此时应注意各列车之间保证有一定的间隔时间。

第六节　列车运行图指标和实行新图前的准备工作

一、列车运行图编制质量的检查

列车运行图全部编完后，必须对列车运行图编制质量进行全面检查。检查的主要内容有：

(1)列车运行图上铺画的客货列车数是否符合所规定的任务。

(2)列车运行线的铺画是否符合规定的各项时间标准，列车的会让是否合理，在中间站停车会让的列车数是否超过各该站现有的到发线数。

(3)摘挂列车的铺画是否满足区段管内货物列车铺画方案的要求。

(4)机车乘务组连续工作时间和机车在自外段所在站的停留时间是否符合规定的时间标准。

(5)在列车运行图上预留的施工“空隙”是否满足施工需要。

(6)局间分界站的列车衔接是否合适，一昼夜内各阶段的列车到发密度是否大体均衡。

二、列车运行图指标

通过检查，确认运行图完全满足规定的要求后，还应计算列车运行图指标。列车运行图指标包括数量指标和质量指标，由各铁路局计算，报中国铁路总公司汇总。

1. 数量指标

(1)旅客运输能力和行包专列、“五定”班列以及货物列车运输能力。

(2)旅客列车、行包专列、“五定”班列及货物列车数。

(3)旅客列车、行包专列、“五定”班列及货物列车走行公里。

(4)各种旅客列车数和货物列车数。

(5)跨局旅客快车和行包专列、“五定”班列停站站名、平均停站时分。

2. 质量指标

(1)旅客列车、行包专列、“五定”班列或货物列车的平均技术速度($v_{技}$)，计算公式为：

$$v_{技}=\frac{\sum nl}{\sum nt_{运}}\quad(\mathrm{km/h})\tag{13-6-1}$$

式中　$\sum nl$——各区段旅客列车、行包专列、“五定”班列或货物列车走行公里的总和，km；

$\sum nt_{运}$——各区段旅客列车、行包专列、“五定”班列或货物列车运行时间总和，包括运行时分和起停车附加时分，h。

(2)旅客列车、行包专列、“五定”班列平均直通速度($v_{直}^{客}$)，计算公式为：

$$v_{直}^{客}=\frac{\sum nl_{客}}{\sum nt_{全旅}}\quad(\mathrm{km/h})\tag{13-6-2}$$

式中　$\sum nl_{客}$——旅客列车、行包专列、“五定”班列走行公里的总和，km；

$\sum nt_{全旅}$——旅客列车、行包专列、“五定”班列全程旅行时间的总和，h，包括运行时间和停站时间。

(3)货物列车的平均旅行速度($v_{旅}$)和速度系数(β),计算公式为:

$$v_{旅}=\frac{\sum nl_{货}}{\sum nt_{旅}} \quad (\text{km/h})$$
$$\beta=\frac{v_{旅}}{v_{技}} \tag{13-6-3}$$

式中 $\sum nl_{货}$——各区段货物列车走行公里的总和,km;

$\sum nt_{旅}$——各区段货物列车旅行时间的总和,包括列车运行时间和中间站的停站时间,h。

(4)直通货物列车在技术站的平均接续时间($T_{接续}$),它是反映技术站相邻区段直通列车运行线相互衔接的质量指标。应分别就每一技术站、铁路局和全路进行计算,其计算公式为:

$$T_{接续}=\frac{\sum n_{直}t}{\sum n_{直}} \quad (\text{min}) \tag{13-6-4}$$

式中 $\sum n_{直}t$——无改编作业通过技术站直通、直达货物列车在站停留时间的总和;

$\sum n_{直}$——无改编作业通过技术站的直通、直达货物列车数。

(5)货物列车平均直达速度($v_{直}^{货}$),它是综合表示货物列车旅行速度高低和技术站接续时间长短的指标,其计算公式为:

$$v_{直}^{货}=\frac{\sum nl'_{货}}{\sum nt'_{旅}+\sum nt_{技停}} \quad (\text{km/h}) \tag{13-6-5}$$

式中 $\sum nl'_{货}$——整个方向货物列车走行公里的总和,km;

$\sum nt'_{旅}$——整个方向各区段货物列车旅行时间的总和,h,包括列车运行时间和在中间站的停站时间;

$\sum nt_{技停}$——所有直通、直达货物列车在该方向各技术站停留时间的总和,h。

(6)客车车底、行包专列车辆在配属站和折返站停留时间以及客车车底运用组数。

(7)客、货运机车在自外段所在站停留时间。

(8)机车周转时间($\theta_{机}$)和机车日车公里($S_{机}$)。这是两项反映机车运用的主要质量指标可分别按如下公式计算:

$$\theta_{机}=\frac{24M}{U_{供应}} \quad (\text{h})$$

$$S_{机}=\frac{\sum nl_{货}+\sum MS_{单}+\sum MS_{双}}{M} \quad (\text{km/d})$$

式中 M——一昼夜内使用机车台数(根据机车周转图确定);

$U_{供应}$——一昼夜内向各区段供应的机车台次;

$\sum MS_{单}$、$\sum MS_{双}$——各为列车运行图规定的单机走行公里和双机牵引公里。

(9)客、货运机车使用台数。

为了进一步评价新列车运行图的编制质量,除计算新列车运行图的各项指标外,并应与现行列车运行图进行比较,分析各项指标提高或降低的主要原因。

三、实行新图的准备工作

铁路总公司列车运行图编制委员会听取各铁路局的汇报,并审核各铁路局的列车运行图提请铁路总公司总经理批准后,由铁路总公司规定全路统一实行新图的日期。为了保证新图能够正确和顺利地实行,必须在实行新图之前做好下列准备工作:

(1)发布有关实行新图的命令,公布跨局新旧旅客列车运行的交替办法。

(2)印制并分发列车时刻表。

(3)各铁路局根据铁路总公司发布的有关命令和指示,拟定执行新图的技术组织措施和新旧客货列车运行的交替计划。

(4)组织有关人员学习新图,使每个有关职工了解、熟悉并掌握新图规定的要求。

(5)根据新图的规定,组织各站修订和编制《车站行车工作细则》。

(6)做好机车、客车和乘务人员的调配工作。

(7)有关局共同召开局分界站会议,共同拟定保证实现新图的措施。

列车运行图在规定的有效期间内,必须严格贯彻执行。跨局列车无中国铁路总公司批准、管内列车无铁路局批准均不得作任何变动。需要调整列车运行图时,跨局客货列车调整范围涉及两个及以上铁路局时由中国铁路总公司组织相关铁路局进行调整,调整范围在铁路局管内时由中国铁路总公司授权铁路局负责调整;局管内客货列车由铁路局组织调整。调整的列车运行图,跨局由中国铁路总公司、局管内由铁路局以文电布置实行。所有调整图的实行文件和列车时刻表均须报中国铁路总公司。为保持列车运行图的相对稳定,提高铁路信誉,调整的列车运行图宜在 4 月或 10 月实行。

第十四章 列车运行图编制的现代化

第一节 我国铁路计算机编制列车运行图研究概况

长期以来，铁路列车运行图都是由人工编制的。由于所要解决的问题错综复杂，每次编图往往要有数百人次参加，历时数月之久。在编图人员技术水平不一，编图工作繁重分头并进的情况下，很难做到多方案优选。所编出的运行图，质量差别很大。同时，因编图费工费时，又不得不减少编图次数，延长执行期间。从而，由于运量测算不准，施工期限变动，机型调整，设备改造等给运行图带来的影响，只能在较小范围内用临时调整运行图的方法来解决，更谈不到从总体上进行优化。现阶段电子计算机应用已相当普及，为提高编图质量，加快编图速度，把编图人员从复杂的、繁琐的手工劳动中解脱出来，实现运行图编制的现代化，已成为当务之急。

利用电子计算机编制列车运行图，实现列车运行图编制的现代化，在国际上早已引起了广泛重视，很多国家从 20 世纪 60 年代起就开展了系统的研究，并取得了很多重要成果。如日本铁路 1972 年起即已实现了用电子计算机编制旅客列车运行图，并于 1981 年建立了编制列车运行图的人机系统，用以完成部分线区旅客列车运行图的编制工作；前苏联铁路于 20 世纪 70 年代末已实现双线自动闭塞区段货物列车运行图编制的自动化。从 80 年代开始，国外铁路的研究工作已由单纯计算机编制列车运行图进一步过渡到建立列车运行信息管理系统，向实现全路列车运行图信息系统管理的阶段发展。根据发达国家铁路的行车组织体制及其实际需要，这些国家计算机编制列车运行图已达到的技术水平和发展趋势是：

(1)建设全路性的计算网络，实现对列车运行图信息的系统管理。

(2)以列车运行图信息管理系统为基础，实现列车运行图编制和调整的智能化。

(3)以列车运行图信息管理系统为基础，实现列车运行过程信息处理智能化。

我国铁路从 20 世纪 60 年代开始尝试利用计算机编制列车运行图的研究工作，经过了 40 多年的探索，经历了编制双线区段列车运行图、单线区段列车运行图、客车方案图、枢纽地区列车运行图的研究发展过程，由从力求最优化的目标出发建立数学模型，到从力求实用、确保编图质量的目标出发建立人机交互的辅助决策系统；从分散研究到协调攻关；从单个研究双线运行图、单线运行图、枢纽地区运行图，到整个研究网状线路运行图，建立列车运行图信息管理，终于探索出一条适合我国铁路路情的计算机编制列车运行图技术发展道路。

第二节 计算机编制列车运行图的基本原理

一、计算机编制列车运行图的系统功能

计算机编制列车运行图是一项以计算机网络为依托，面向具有网状线路的铁路局甚至全路，既庞大又复杂的研究课题。它包括大量基础数据的准备和数据结构、数据管理系统、客车方案制定，列车运行图编制和调整，机车和客车车底周转图编制，列车运行图编制质量审查和

评价指标的统计、分析，列车运行图技术文件输出等功能系统，其中列车运行图编制是核心和技术关键。

二、编制列车运行图的数学模型

如果在以时间为横坐标，以距离为纵坐标的平面上，上行($\lambda=0$)及下行($\lambda=1$)方向第 j 列货物列车或第 i 列货物列车在第 x 区段第 n 站的到达时刻 $T_{j,n,\lambda}$、$T_{i,n,\lambda}$ 和停站时间 $\tau_{j,n,\lambda}$、$\tau_{i,n,\lambda}$ 为已知时，则相应列车运行线的位置就可被唯一地确定。通过 $T_{j,n,\lambda}$、$T_{i,n,\lambda}$ 与 $\tau_{j,n,\lambda}$、$\tau_{i,n,\lambda}$ 以及其他有关参数还可以表示编图过程应遵守的如下约束条件：

(1)列车在区间内的时间不得小于规定的区间运行时间标准，即

$$T_{j,n+1} \ominus (T_{j,n} \oplus \tau_{j,n}) \geqslant t_{j,n}(z) \tag{14-2-1}$$

式中　$t_{j,n}(z)$——第 n 区间规定的相应种类列车运行时分标准，参数中 z 表明列车在区间两端站停车与否的状态，可有四种组合；

$\oplus\ominus$——以 1 440 为模的加、减运算符，为书写方便，以下略去“○”。

(2)自动闭塞区间同种类列车追踪运行间隔时间不得小于相应追踪运行间隔时间标准 I，即

$$|(T_{j',n}+\tau_{j',n})-(T_{j,n}+\tau_{j,n})| \geqslant I \qquad (j \neq j') \tag{14-2-2}$$

(3)自动闭塞条件下，于旅客列车前后允许同方向货物列车到达或通过 n 站的条件，即

$$(T^{z}_{i,n}-T_{j,n})(T^{u}_{i,n}-T_{j,n}) \geqslant 0 \tag{14-2-3}$$

在这里，$T^{z}_{i,n}$ 和 $T^{u}_{i,n}$ 为

$$T^{z}_{i,n} = \min\{[T_{i,n+1}-I^{j,i}_{n+1}-t_{j,n}(z)],(T_{i,n}-I^{i,j}_{n})\}$$

$$T^{u}_{i,n} = \min\{(T_{i,n+1}+I^{i,j}_{n}),[T_{i,n+1}+T^{i,j}_{n+1}-t_{j,n}(z)]\}$$

式中　$I^{j,i}_{n}$，$I^{i,j}_{n}$——对应于按到站条件和出发条件计算的货客和客货列车追踪间隔时间标准。

(4)在乘务组值乘的 c—c' 区段内，列车运行的延续时间不得超过规定的标准 $T^{c}_{(j)}$，即

$$T_{i,c',\lambda}-[T_{j,c+1,\lambda}-t_{j,c,\lambda}(z)] \leqslant T^{c}_{(j)} \tag{14-2-4}$$

(5)在单线区段，对向列车不得同时占用同一区间，即

$$\begin{aligned}&[T_{j,n,\lambda=0}+\tau_{j,n,\lambda=0}-\mu_{j,n,\lambda=0}\tau^{h}_{n,\lambda=0}-(1-\mu_{j,n,\lambda=0})\tau^{b}_{n,\lambda=0},\\&T_{i,n+1,\lambda=0}+\tau^{h}_{n+1,\lambda=1}]\cap[\bigcup_{j'\neq j}(T_{j',n+1,\lambda=1}+\\&\tau_{j',n+1,\lambda=1},T_{j',n,\lambda=1})]=\varnothing\end{aligned} \tag{14-2-5}$$

式中　$\tau^{b}_{n,\lambda}$、$\tau^{h}_{n,\lambda}$——分别为 n 站 λ 方向的不同时到达与会车间隔时间标准；

$\mu_{j,n,\lambda}$——逻辑值，有

$$\mu_{j,n,\lambda}=\begin{cases}1 & \text{当 } \tau_{j,n,\lambda}>0 \text{ 时}\\1 & \text{当 } \tau_{j,n,\lambda}=0 \text{ 时}\end{cases}$$

(6)在非自动闭塞区段，同向列车不得同时占用同一区间，即

$$\begin{aligned}&[T_{j,n,\lambda'}+\tau_{j,n,\lambda'}-\mu_{j,n,\lambda'}\tau^{\mathrm{I}}_{n,\lambda'}-(1-\mu_{j,n,\lambda'})\tau^{\mathrm{II}}_{n,\lambda'},\\&T_{j,n,\lambda'}+\tau_{j,n,\lambda'}]\cap[\bigcup_{j'\neq j}(T_{j',n,\lambda'}+\tau_{j',n,\lambda'},T_{j',n+1,\lambda'})]=\varnothing\end{aligned} \tag{14-2-6}$$

式中　$\tau^{\mathrm{I}}_{n,\lambda}$、$\tau^{\mathrm{II}}_{n,\lambda}$——分别为第 n 站 λ 方向后行列车停车与不停车连发间隔时间标准。

(7)列车占用站线时间相互交错的最大允许数目，不得超过该站给定的到发线数 π_n，即

$$\max\{k_{t,n},t=0,1,\cdots,1\,439\} \leqslant \pi_n \tag{14-2-7}$$

式中　$k_{t,n}$——占用到发线时间跨及 t 时刻的列车数，其计算公式为：

$$k_{t,n}=\sum_{j}\mu'_{j,n}$$

$\mu'_{j,n}$——逻辑值，取值方法为：

$$\mu'_{j,n}=\begin{cases}1 & \text{当 } T_{j,n,\lambda}-\Delta T^{\mathrm{I}}_{n,\lambda}\leqslant t\leqslant T_{j,n,\lambda}+\tau_{j,n,\lambda}+\Delta T^{\mathrm{II}}_{n,\lambda}\text{ 时}\\ 0 & \text{相反情况下}\end{cases}$$

其中　$\Delta T^{\mathrm{I}}_{n,\lambda}$、$\Delta T^{\mathrm{II}}_{n,\lambda}$——分别为 n 站 λ 方向准备接车进路和列车出发后腾空线路的时间。

(8)列车在车站的停站时间不得小于指定的技术停站时间 $\tau^{0}_{j,n,\lambda}$，即

$$\tau_{j,n,\lambda}\geqslant\tau^{0}_{j,n,\lambda}\tag{14-2-8}$$

(9)必须为有计划的线路施工或技术设备检修预留"天窗"，以及必须遵守其他一系列反映具体线路或区段运营特点的补充条件。

通过参数 $T_{j,n,\lambda}$ 和 $\tau_{j,n,\lambda}$ 还可表示一系列反映运行图编制质量的指标，其中主要有：

(1)x 区段内 λ 方向货物列车的总停站次数：

$$K_{x,\lambda}=\sum_{j}\sum_{n}\mu_{j,n,\lambda}\tag{14-2-9}$$

(2)x 区段内 λ 方向货物列车的总停站时间：

$$T_{x,\lambda}=\sum_{j}\sum_{n}\tau_{j,n,\lambda}\tag{14-2-10}$$

(3)在第 x 技术站上 λ 方向到解列车的平均待解时间：

$$t^{\mathrm{g}}_{x,\lambda}=0.1\,\frac{N^{\mathrm{g}}_{x,\lambda}}{24}\left(\frac{N^{\mathrm{g}}_{x,\lambda}}{8}-7\right)t^{0}_{x,\lambda}\cdot\sqrt{\frac{1}{N^{0}_{x,\lambda}-1}\sum_{j}\left[(T_{j,x,\lambda}-T_{j-1,x,\lambda})-\frac{24}{N^{\mathrm{g}}_{x,\lambda}}\right]^{2}}\tag{14-2-11}$$

式中　$N^{\mathrm{g}}_{x,\lambda}$——$x$ 技术站 λ 方向到达解体列车数；

$t^{0}_{x,\lambda}$——到达解体列车在到达场的技术作业时间标准，min。

(4)在第 x 技术站上 λ 方向无改编中转列车的总停留时间：

$$T^{\mathrm{w}}_{x,\lambda}=\sum_{j=1}^{N^{\mathrm{w}}_{x,\lambda}}\tau_{j,x,\lambda}\tag{14-2-12}$$

式中　$N^{\mathrm{w}}_{x,\lambda}$——$x$ 技术站 λ 方向无改编列车数。

(5)第 x 技术站 λ 方向自编货物列车等待运行线的平均停留时间，可用下式近似地确定：

$$t^{\mathrm{a}}_{x,\lambda}=\frac{12(N^{\mathrm{z}}_{x})^{2}(v_{f}^{2}+v_{b}^{2})}{(N_{x,\lambda}-N^{\mathrm{z}}_{x,\lambda})N^{2}_{x,\lambda}}\cdot\frac{1}{1-\frac{N_{x,\lambda}-N^{\mathrm{y}}_{x,\lambda}}{24}\sqrt{\frac{1}{N_{x}-1}\sum_{j}\left(T_{j,x,\lambda}-T_{j-1,x,\lambda}-\frac{24}{N_{x}}\right)^{2}}}\tag{14-2-13}$$

式中　$N^{\mathrm{z}}_{x,\lambda}$、$N_{x,\lambda}$——$x$ 技术站自编货物列车数与总的货物列车数；

v_{f}、v_{b}——图定货物列车出发间隔及自编列车出发间隔变异系数。

有了上述编图质量指标，就可以进一步列出编制运行图的目标函数。

设某铁路方向由 m 个区段组成，要求保证换算运输费用 C 最小的目标函数可用下式表示：

$$C=\sum_{x=1}^{m}\sum_{\lambda=0}^{1}(K_{x,\lambda}e^{\mathrm{I}}_{x,\lambda}+T_{x,\lambda}e^{\mathrm{II}}_{x,\lambda})+\sum_{x=1}^{m+1}\sum_{\lambda=0}^{1}[(T^{\mathrm{w}}_{x,\lambda}e^{\mathrm{III}}_{x,\lambda}+N_{x,\lambda}t^{\mathrm{g}}_{x,\lambda}e^{\mathrm{IV}}_{x,\lambda})+$$

$$N_{x,\lambda}^{z}t_{x,\lambda}^{a}e_{x,\lambda}^{\mathrm{V}}]+\sum_{x=1}^{m+1}\sum_{j}\Delta t_{j,x}e_{x,\lambda}^{\mathrm{VI}}\rightarrow \min \tag{14-2-14}$$

式中　$e_{x,\lambda}^{\mathrm{I}}$、…、$e_{x,\lambda}^{\mathrm{VI}}$——列车每一次起停车、每一在区段内与技术站停留小时、每一车列小时以及每一机车小时相应的换算费用；

$\Delta t_{j,x}$——机车折返时间。

如以获得最大旅行速度值为目标，则有

$$v=\frac{\sum_{\lambda=0}^{1}\sum_{x=1}^{m}\sum_{j}L_{x,\lambda}}{\sum_{\lambda=0}^{1}\sum_{x=1}^{m}\sum_{j}\{T_{j,x',\lambda}-[T_{j,x+1,\lambda}-t_{j,x,\lambda}(z)]\}}\rightarrow \max \tag{14-2-15}$$

式中　x'——x 前方相邻技术站；

$L_{x,\lambda}$——x 区段 λ 方向的长度。

当运行图的编制要保证邻接编组站区段上货物列车在一昼夜内均衡铺画时，则有

$$v_x=\frac{N_x}{24}\sqrt{\frac{1}{N_x-1}\sum_{j}\left(T_{j,x}-T_{j-1,x}-\frac{24}{N_x}\right)^2}\rightarrow \min \tag{14-2-16}$$

如以保证直达及直通列车在方向上各技术站的总停留时间最小，则有

$$T=\sum_{\lambda}\sum_{x}\sum_{j}\tau_{j,x,\lambda}\rightarrow \min \tag{14-2-17}$$

第三节　计算机编制网状线路列车运行图的方法

一、概　　述

对于以图解形式表达列车运行时刻表的列车运行图计算机编制系统的设计，传统方法是按区段和线路技术条件分别进行研究。认为在由 N 个车站和 $N-1$ 个区间组成的线路区段内同方向的列车具有相同的运行径路，将区段内的车站从区段起点站顺序编号，以列车在各站到达和出发时刻为变量，列车的区间时间和车站时间、机车乘务组工作时间、车站停留时间为约束条件，以列车旅行速度、机车运用台数、技术站列车接续时间为优化目标构造优化模型。求解该区段的运行图就是求解一个具有列车数×车站数×2 个变量的多目标规划问题。通常情况下简化为旅行速度极大的单目标规划问题。由于目前尚未有较好的求解大规模时刻表规划的优化算法，通常的方法是通过局部的多次优化来实现全局优化有的甚至转化为求 $m\times n$ 排序模型，用统筹的方法求解。求解的顺序是从区段起点站开始顺序计算或从区段内的限制区间端点站向两端延伸计算。这些方法基本解决了单区段单线路条件下小规模列车时刻表的规划问题。然而，铁路行车组织是基于路网的，在网状线路条件下，存在多条列车运行径路和多种线路技术条件，区段的起点和终点并不是列车的起点和终点，每个区段都有限制区间，列车间的关系是错综复杂的耦合关系。网状线路没有起点和终点。移动一条运行线也许会导致一连串耦合运行线的改变，在网状线路条件下各径路上的具有不同数目的到发时间个数，因此难以用规整的数学模型来描述网内列车的运行，且网内有的车站衔接多个方向，一个车站咽喉同时引入多个线路方向，按单线路衔接方向求解出的无冲突列车时刻表可能存在作业进路冲突。路网内的车站不是按顺序排列的，区间的个数也不等于车站数减 1。一个路网内可能包含数十个区段、数千个列车，因此传统的方法已不能解决网状线路列车运行时刻表的规划问

题。如何描述网状线路关系及网内列车运行是解决网状线路列车时刻表的基础，如何确定网内各线路段列车时刻的计算顺序、设计快速求解算法是解决网状线路列车运行时刻表规划的关键。北京交通大学课题组提出了路网线路分层节点表示法和列车时刻表的序列事件描述法，设计了网状线路列车运行时刻表规划的网络分层并行算法。这里的并行是指计算过程中各线路段列车事件的并发性和单列车事件序列的流水线性，以及多计算机计算时的可分布性。分层是指网络结构的分层描述和列车等级的分层，网络是指网状线路和计算机网络。

二、网状线路的分层节点表示法和列车时刻表的序列事件描述法

一个网状线路可以用两层节点图来表示，如图 14-3-1 所示。上层节点图是以中间站、技术站到发场和线路所为顶点，以区间、技术站车场间联络线为边组成的图，设为图 $G(V,E)$，$|V|$为图内车站个数，$|E|$为图内区间个数。下层节点图是以轨道电路绝缘节、岔心和曲线交点、到发线中心为顶点，以节点间连接的最短轨道线路为边的$|V|+|E|$个子图集，如图 14-3-1 所示。车站与区间的连接点称为边界点，由边界点开始到线路中心点的节点序列称为接入进路，由线路中心点开始到边界点结束的节点序列称为发出进路。列车在网内运行都有一个始点(列车始发站或分界站)和终点(列车终到站或分界站)。定义列车在车站的停留为一个车站列车事件，列车在区间运行为一个区间列车事件。列车由始点到终点的车站组成列车运行径路，径路节点代表车站列车事件，径路两相邻节点组成区间列车事件，由径路上的车站事件或区间事件组成的事件序列就是一个列车运行时刻表。在图 $G(V,E)$ 中，$V=\{i=0,1,\cdots,N_z\}$为车站集合，$E=\{j|j=0,1,2,\cdots,N_q\}$为区间集合。列车 l 由始点到终点在网内运行依次经过的车站集 $P_l=\{p_l|l=0,1,N_p,p_l\in V\}$称为列车径路。车站 i 或区间 i 的下层节点图 $G^i(V^i,E^i)$，$V^i=\{i|i=0,1,\cdots,N_i^i\}$为车站 i 或区间 i 的线路节点集合，$E^i=\{j|j=0,1,2,\cdots,N_j\}$为车站 i 或区间 i 的连接边集合。i 站或 i 区间的边界点为 $B^i=\{b_i|i=0,1,2,\cdots,b_i\in V^i\}$，线路点为 $T_r{}^i=\{t_{ri}|i=0,1,\cdots,t_{ri}\in V^i\}$，$b_i\in B^i$ 至 $t_{ri}\in T_r{}^i$ 的节点序列集合称为接入进路，用 $RI_k^i=\{r_k|k=0,1,\cdots,r_k\in V^i\}$表示。$t_{ri}\in T_r{}^i$ 至 $b_i\in B^i$ 的节点序列集合称为发出进路，用 $RO_j^i=\{r_j|j=0,1,0,r_j\in V^i\}$表示。

由于在时刻表规划系统中，不研究列车在线路上的运动过程，而只求解列车在车站的到发时间。于是，可以把列车在车站停留或占用区间封装为一个事件，且由于网内列车运行的相互关系在运算过程中具有动态性，因此列车运行时刻表规划系统是一个离散事件动态。列车时刻表可以用离散事件序列集合。定义 $q_{ij}=\{x_{ij},y_{ij},RI_i^j,RO_i^j\}$为列车 i 在车站或区间 j 的列车事件。x_{ij}、y_{ij}分别为列车事件的发生和结束时间，对应车站的到达和出发时间或区间的列车占用腾空时间；RI_i^j，RO_i^j 分别为列车 i 在车站区间 j 的接入和发出进路。设 $L=\{l|l=0,1,2,\cdots,N_l\}$为路网内的全部列车，列车 l 在网内 $G(V,E)$中的车站事件序列为 $Q_l^z=\{q_{lj_n}|n=0,1,2,\cdots,j_n\in V\}$，区间事件序列 $Q_l^q=\{q_{lj_n'}|n=0,1,2,\cdots,j_n'\in E\}$，因此，一个列车的时刻表可以表述为 $T_l=\{Q_l^z,Q_l^q\}$，全部列车的时刻表即为 $T=\bigcup_{\forall l\in L}T_l$。

用这种方法可以描述任何大规模的复杂路网结构和网内的列车时刻表。在网状线路的分层节点表示图中，上层节点图表述抽象的车站、区间的相互关系，适用于求列车径路。下层节点图描述了详细的线路结构，车站与区间的连接方式，包含了车站到发线和区间正线的使用方法，可以确定列车沿其径路运行时各节点和区间使用的线路和接发进路，主要是用于确定冲突

列车事件和进行冲突疏解。在网状线路列车运行时刻表规划系统中，旅客列车的径路和数量是预先给定的，货物列车的径路和数量是按编组计划的要求确定的，还有一部分行车量（如单机和调度机车）则依据牵引动力的供给情况临时确定。设 M 为一昼夜的单位时间数目，当单位时间为 1 min 时，$M=1\ 440$；当单位时间为 1 s 时，$M=86\ 400$。则有事件的长度：

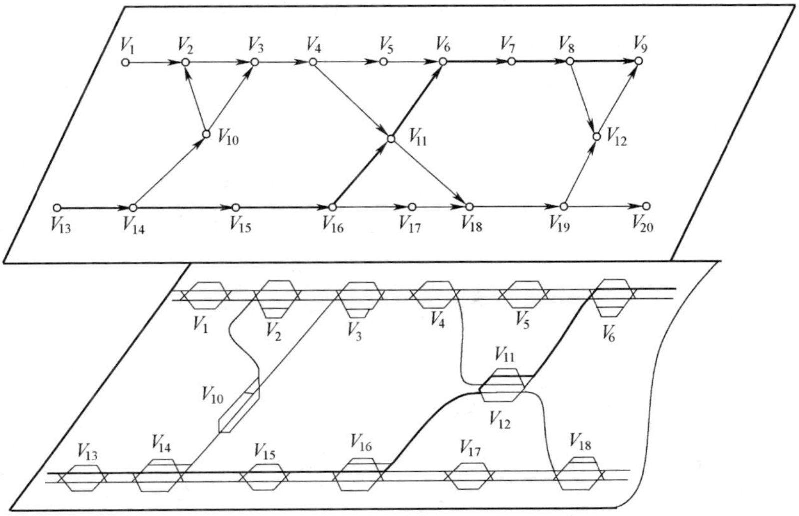

图 14-3-1　网状线路分层节点表示示意图

注：箭头所指为列车径路方向，粗线表示一个列车径路在两层节点图中的径由示意图。

$$\mathrm{Len}(q_{ij})=\begin{cases}(y_{ij}-x_{ij}+M)\ \mathrm{mod}\ M & x_{ij}\geqslant 0, y_{ij}\geqslant 0, i\in L, j\in V \text{ 或 } j\in E\\ 0 & \text{其他}\end{cases} \tag{14-3-1}$$

实际作图时，限定 $\mathrm{Len}(q_{ij})<\dfrac{M}{2}$。

定义列车事件 q_{ij} 的紧前事件 $\mathrm{From}(q_{ij})$ 和紧后事件 $T_o(q_{ij})$ 为

$$\mathrm{From}(q_{ij})=\begin{cases}q_{il}-1 & l>0, p_l\in P_l\\ \varnothing & \text{其他}\end{cases}$$

$$T_o(q_{ij})=\begin{cases}q_{il+1} & l>0, p_l\in P_l\\ \varnothing & \text{其他}\end{cases} \tag{14-3-2}$$

求列车 i 在车站或区间 j 的列车事件，用 $\mathrm{Select}(i,j)$ 表示，则

$$\mathrm{Select}(i,j)=\begin{cases}q_{ij} & p_i\in P_i, \text{有 } p_i=j\\ \varnothing & \text{其他}\end{cases} \tag{14-3-3}$$

求两事件间的时间间隔，用 $\mathrm{Diff}(q_{i_1j},q_{i_2j})$ 表示为

$$\begin{gathered}\mathrm{Diff}(q_{i_1j},q_{i_2j})=(x_{i_1j}-x_{i_2j}+M)\ \mathrm{mod}\ M\\ x_{i_1j}\geqslant 0, x_{i_2j}\geqslant 0, i_1, i_2\in L, j\in E \text{ 或 } j\in V\end{gathered} \tag{14-3-4}$$

事件 q_{ij} 的前行事件 $\mathrm{Prev}(q_{ij})$ 和后行事件 $\mathrm{Next}(q_{ij})$ 为

$$\begin{aligned}&\mathrm{Prev}(q_{ij})=q_{i_1j} \quad i_1\in L \quad \mathrm{Diff}(q_{ij},q_{i_1j})=\min_{\substack{i_i\in L\\ i_i\neq i}}\{\mathrm{Diff}(q_{ij},q_{i_ij})\}\\ &\mathrm{Next}(q_{ij})=q_{i_2j} \quad i_2\in L \quad \mathrm{Diff}(q_{i_2j},q_{ij})=\min_{\substack{i_i\in L\\ i_i\neq i}}\{\mathrm{Diff}(q_{i_ij},q_{ij})\}\end{aligned} \tag{14-3-5}$$

设区间 j 的行车闭塞方式为 $A_j=\begin{cases}0 & \text{自动闭塞}\\1 & \text{其他}\end{cases}$

$$SI(i,j)=\begin{cases}0 & \text{列车 } i \text{ 不停车进入区间 } j\\1 & \text{列车 } i \text{ 停车后进入区间 } j\end{cases}$$

$$SO(i,j)=\begin{cases}0 & \text{列车 } i \text{ 不停车开出区间 } j\\1 & \text{列车 } i \text{ 开出区间 } j \text{ 后停车}\end{cases} \tag{14-3-6}$$

d_{ij} 为列车 i 在车站或区间 j 的运行方向

$$d_{ij}=\begin{cases}1 & \text{列车 } i \text{ 在区间 } j \text{ 为下行列车}\\-1 & \text{列车 } i \text{ 在区间 } j \text{ 为上行列车}\end{cases} \tag{14-3-7}$$

于是,网状线路列车运行时刻表规划问题,当以旅客时间最少为优化目标(均衡和机车指标在布点时优化)时可描述如下:

$$f=\min\left[\sum_i\sum_{j\in V}\mathrm{Len}(q_{ij})+\sum_i\sum_{j'\in E}\mathrm{Len}(q_{ij'})\right]$$

s. t.

$$\begin{cases}\mathrm{Diff}(q_{ij}q_{i_1j})\geqslant(1-A_j)I_f^j+A_j[\mathrm{Len}(q_{i_1j})+TL_j]\\ \qquad\qquad \forall i\in L,\forall j\in E,\mathrm{Prev}(q_{ij})=q_{i_1j},d_{ij}=d_{i_1j}\\ \mathrm{Diff}(q_{i_1j}q_{ij})\geqslant(1-A_j)I_d^j+A_j[\mathrm{Len}(q_{ij})+TL_j]\\ \qquad\qquad \forall i\in L,\forall j\in E,\mathrm{Next}(q_{ij})=q_{i_2j},d_{ij}=d_{i_2j}\\ \mathrm{Len}(q_{ij})=TY_i^j+SI(i,j)\times TQ_i^j+SO(i,j)\times TT_i^j \qquad \forall i\in L,\forall j\in E\\ \mathrm{Len}(q_{ij})\geqslant TZ_i^j \qquad \forall i\in L,\forall j\in V\\ \mathrm{Diff}(q_{ij},q_{i_1j})\geqslant TB^j \qquad i,i_1\in L,i\neq i_1,j\in V,d_{i_1j}\neq d_{ij}\\ \mathrm{Diff}(q_{ij},q_{i_1j})\geqslant TH^j \qquad i,i_1\in L,i\neq i_1,j\in E,\mathrm{Next}(q_{ij})=q_{i_1j},d_{i_1j}\neq d_{ij}\\ [(y_{ij}-x_{i_1j}+M)\bmod M]\geqslant TDF^j \qquad i,i_1\in L,j\in V,d_{i_1j}=d_{ij}\\ [(y_{ij}-x_{i_1j}+M)\bmod M]\geqslant TG^j \qquad i,i_1\in L,j\in V,d_{i_1j}\neq d_{ij},RI_{i_1}^j\cap RO_i^j=\varnothing\\ \sum\limits_{p_i\in P_i}\mathrm{Len}(q_{ip_i})+\sum\limits_{p_{i'}\in P_{i'}}\mathrm{Len}(q_{ip_i'})\leqslant TC_i \qquad i\in L,p_i\in E,p_{i'}\in V\\ (RI_i^j\cup RO_i^j)\cap(RI_{i_1j}^j\cup RO_{i_1j}^j)\neq\varnothing\end{cases} \tag{14-3-8}$$

其中,I_f^j、I_d^j 分别为区间 j 的列车出发追踪间隔时间和列车到达追踪间隔时间;TY_i^j、TQ_i^j、TT_i^j 分别为列车 i 在区间 j 的纯运行时间、起车附加时间、停车附加时间;TB^j、TH^j、TL^j、TDF^j、TG^j 分别为车站 j 的不同时到达间隔时间、会车间隔时间、连发间隔时间、不同时发到或到发间隔时间、不同时通过间隔时间;TC_i 是列车 i 的乘务组工作时间标准;TZ_i^j 为列车 i 在车站 j 的最小停站时间标准。模型中的最后一项约束检查了站线和接发进路冲突。

该模型描述了在列车运行时刻表规划过程中,计算冲突事件的时机及冲突疏解时遵守的约束。从该模型可以看出,事件冲突的条件体现在时间冲突和接发进路冲突两方面。当事件间不满足时间间隔要求且接发进路有冲突时,则称两事件为冲突事件。疏解就是从时间上或空间上将冲突事件化解。因此,模型的求解不仅是求列车事件的发生和结束时间,还必须求解各列车事件的接入和发出进路。只有这样,才能保证求得的时刻表是合理的时刻表。

上述模型描述了大规模网状线路列车运行时刻的计算方法。因其不同于传统的优化模型，没有现成的求解算法，故必须设计新的求解算法。分析模型Ⅰ可知，所有的优化和约束都是针对于给定列车在给定区间内进行(车站是区间的端点站)。因此，新的求解算法可以以区间为主线，以列车为辅线进行设计。

三、网络分层并行算法设计

时刻表规划算法的优化目标都是旅行速度极大或旅行时间极小。机车运用和技术站列车接续时间的优化通常都是在列车布点阶段完成。求解时刻表后可用指派问题求解算法优化机车接续方案。而以旅行时间极小为优化目标的含义就是压缩列车在区段内各站停站时间至极小，也就是保持区段内各站采用紧凑的交会、越行方案。大规模时刻表规划问题目前尚无有效的求全局最优解算法，因此本文用分层局部滚动优化的方法来达到优化全局目标的目的。即按列车优先级分层，以当前层某一区间列车事件为临时参照事件，按模型Ⅰ的约束条件找出相邻列车事件，按最优化原则安排事件的运行方案。当发生冲突时，应将其信息反馈到高层，依据优化条件适当调整高层列车运行方案。由此可知，用这种方法求解，就是轮询各列车事件，按列车优先级和最优化原则疏解各事件间的冲突。因此，列车事件可以有三种状态：未布点状态、未优化状态、已优化状态。当所有列车事件都成为已优化状态时，就可求得一个合理的列车运行时刻表。所以，时刻表规划问题的求解算法就是列车事件的状态转移算法将列车逐个地从始点到终点依次优化其事件序列的方法称为顺推纵向状态转移法。将列车逐个地从终点到始点依次优化其事件序列的方法称为反推纵向状态转移法。以区间为主线将区间逐个地依时间顺序依次优化相应列车事件的状态转移法称为横向状态转移法。在网状线路条件下，由于列车事件间存在的相互耦合关系，如按纵向状态转移法求解，则可能造成先优化的车站占据有利位置，后优化的列车找不到优化位置，造成能力浪费。甚至求不出可行解。网状线路没有始点和终点，如按横向状态转移法求解，不恰当的主线区间顺序可能造成列车接续不合理，产生不合理的停车时间，导致旅行时间过长和车站到发线约束得不到满足而求不出可行解。因此，必须采用横向优化的同时兼顾纵向优化的混合状态转移法。由于这一算法是在分层网状线路条件下按列车优先级进行分层计算，计算过程中各区间列车事件具有并发性，各列车的序列事件具有流水线性，而且这一算法也适用于网络中多台计算机同时求解大规模时刻表规划问题，因此将其称为网络分层并行算法，记为 NHPA。

网络分层并行算法的基本计算过程有：

(1)收集各区间的列车事件：

$$Q^j = \bigcup_{i \in L} \{\mathrm{Select}(i,j)\} \qquad i \in E$$

和运算区间

$$E^q = \{e_q \mid q = 0,1,2,\cdots,e_q \in E\} \qquad (14\text{-}3\text{-}9)$$

(2)确定主线运算区间。按下列条件确定主线运算区间：

①与指定优先运算站相关的区间按顺序计算。

②与同一端点站相关的所有车站列车事件全部为已优化状态的区间。

③按①、②找不到运算区间时，所有未运算区间中通过能力利用率最大的区间。

(3)将关键列车集中的有已优化状态事件的相关列车序列事件从关键运算区间用纵向状态转移法向主线运算区间进行状态转移。对主线区间所有未布点状态的列车事件布点，将它们转移为未优化状态。

(4)优化相邻列车事件间的运行方案，将相应列车事件转移为已优化状态。

(5)将与主线区间的列车事件相关的列车并入关键列车集。

为便于算法描述，这里令 $ID(q_{ij})=i$ 为取事件列车编号函数；

$$s(q_{ij})=\begin{cases}-1 & \text{未布点状态}\\ 0 & \text{未优化状态}\\ 1 & \text{已优化状态}\end{cases} \tag{14-3-10}$$

为取事件状态函数；$KT=\{t_{ri}\,|\,i=0,1,2,\cdots,t_{ri}\in L\}$ 为关键列车集；$Q^k=\{q_{kl}\,|\,k\in L,t\in P_k,D(q_{kl})\in KT,s(q_{kl})=1\}$ 为与关键列车集对应的关键列车事件集。

定义 $$\text{Prepared}(E_q)=\begin{cases}v_q & v_q\in V,\forall i,i\in L,\text{Select}(i,v_q)\neq\varnothing,s(q_{iv_q})=1\\ 0 & \text{其他}\end{cases} \tag{14-3-11}$$

称为区间 E^q 的事件并发函数。当 $\text{Prepared}(E^q)=v_q$ 时，称 E^q 在端点 v_q 处可并发，否则不可并发。

网络分层并行算法的形式化描述如下：

Step 1　$\forall j,Q^j=\bigcup\limits_{i\in L}\{\text{Select}(i,j)\}$　$\forall j\in E,E^q=\{e_q\,|\,q=0,1,2,\cdots,e_q\in E\}$ 为 $G(V,E)$ 中一连通子图的关联边集合。

Step 2　$E^q=\varnothing$ 则算法中止，输出列车运行时刻表，否则确定主线区间 e_q，取区间序列事件 Q_q^e。

Step 3　$KQ_q^e=Q^k\cap Q_q^e$，如 $KQ_q^e\neq\varnothing$，则按模型Ⅰ用纵向状态转移法，将 KQ_q^e 内各列车事件由关键区间向主线区间转移为已优化状态。

Step 4　Q_q^e 内未布点的事件布点，转移为未优化状态。

Step 5　将 Q_q^e 按列车等级分层，按模型Ⅰ以分层顺序横向优化 Q_q^e 内的列车事件。

Step 6

$$KT\leftarrow KT\cup\{\bigcup_{\substack{\forall q_{ie_q}\in Q_q^e\\ i\in L}}\text{Select}(i,q_{ie_q})\}$$

$$E^q\leftarrow E^q-\{e_q\}\qquad \forall q_{ie_q},s(q_{ie_q})=1 \tag{14-3-12}$$

重复 Step 2。

在图 14-3-1 中，设 V_{13} 和 V_9 为指定优化运算站，则用 NHPA 的计算过程如图 14-3-2 所示。

由算法可知，模型Ⅰ的求解不是顺序的，具有并发性，而由关键区间向主线区间列车事件状态转移，又满足了列车事件的流水线性要求，故此算法为并行计算方法。

如果采用网络分布式计算，则可使用两台主机同时计算，各台主机的运算流程在图 14-3-2虚线处分开。图中横越虚线的线路为网络数据交换方向。网络分布式计算的分布原则是保证各台主机计算范围为整个网状线路的一个连通子图。若以铁路局分布子图，则各局间分界口为网络信息交换点，可完成全部路网列车时刻表的计算。

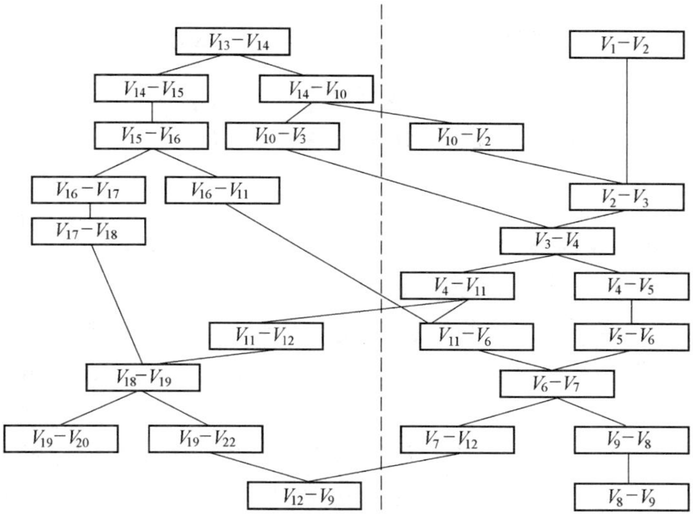

图 14-3-2　网络分层并行计算树示意图

参 考 文 献

[1] 胡思继.列车运行组织及通过能力理论.北京:中国铁道出版社,1993.
[2] 胡思继.铁路行车组织.北京:中国铁道出版社,1998.
[3] 胡思继,等.铁路区间通过能力计算方法研究.铁道部科技发展计划项目研究报告,1993.
[4] 胡思继,等.网状线路列车运行图编制系统的研究.铁道部科技发展计划项目研究报告,1997.
[5] 胡思继,等.北京(哈尔滨、沈阳、南昌、昆明)铁路局计算机编图系统的研究.北京(哈尔滨、沈阳、南昌、昆明)铁路局科技发展计划项目研究报告,1998(1999、2000、2000、2001).
[6] 胡思继,等.铁路货物运输组织指标评价体系.铁道部科技发展计划项目研究报告,1998.
[7] 胡思继,等.全路通道运输能力配置与全路线别货流结构协调的研究.铁道部科技发展计划项目研究报告,2006.
[8] 胡思继.实现按图行车、改革我国铁路行车体制.铁道科技动态,1987(2).
[9] 胡思继.关于我国铁路组织按图行车现状和问题的研究.北方交通大学学报,1987(27).
[10] 胡思继,等.关于铁路旅客快车运行线路网络优化的研究.北方交通大学学报,1991(3).
[11] 胡思继,等.区段内列车晚点传播理论的研究.中国铁道科学,1994(6).
[12] 胡思继.京沪线客流和旅客快车开行方案的分析.北方交通大学学报,1995(增刊).
[13] 胡思继,等.关于铁路区间允许占用率计算方法的研究.中国铁路,1997(7).
[14] 胡思继,等.铁路运输产品及其营销.中国铁路,1998(2).
[15] 胡思继,等.京沪高速铁路客流区段通过能力问题的研究.北方交通大学学报,1998(6).
[16] 胡思继,等.密集发车条件下列车束缓冲时间确定方法的研究.北方交通大学学报,2001(2).
[17] 胡思继,等.列车运行调整问题的无延迟调度算法研究.铁道学报,2003(2).
[18] 胡思继,等.列车运行调整方案实时安全诊断算法研究.中国安全科学学报,2004(2).
[19] 胡思继,等.高速铁路网旅客列车运行组织研究.铁道部科技发展计划项目研究报告,2012.
[20] 胡思继,等.高速铁路通过能力计算理论和方法的研究.铁道部科技发展计划项目研究报告,2013.
[21] 胡思继.列车运行图编制理论.北京:中国铁道出版社,2007.
[22] 中华人民共和国铁道部.列车运行图编制管理规则.北京:中国铁道出版社,2009.